KB069651

학교 또래상담

School peer counseling

2판

| 노성덕 저 |

학지사

2판 머리말

또래상담은 2012년 이후 학교폭력 예방정책으로 선택되어 전국적으로 확산되기에 이르렀다. 개별 학생에 대한 조력활동으로 시작된 또래상담은 이제 학교 현장에서 '서로 돕는 문화', 즉 우리네 전통적 정신문화 유산인 '상부상조(相扶相助) 문화'를 확산시키는 하나의 운동으로 자리매김해 가고 있다. 이기적이며 개인중심주의로 대변되는 현대사회에 시원한 샘물 같은 운동이 바로 또래상담인 것이다.

소위 전공 학술서적이라 불리는 책을 쓰고 나면, 그것은 시나 수필이 아니기에 문체가 건조하고 다소 무겁다는 한계를 보이기 마련이다. 그럼에도 필자는 또래상담을 통해 학교의 문화를 서로 돕는 문화로 변화시키고, 나아가 대화와 상식이 통하는 사회를 만들고 싶어 하는 상담자와 교사에게 실질적인 도움이 될 수 있는 내용으로 구성하고자 애를 써 보았다.

2판에서는 기존 책의 내용에 장애학생에 대한 또래상담 적용을 더하였다. 그리고 또래상담이 확산되면서 교사들로부터 요구받아 온 '임명 후 지도방안'에 대해 약간의 지면을 할애하여 추가로 설명하였다. 그러면서 기존의 7장을 구성하던 '학교 또래상담 정착평가 기준'을 5장 '학교 또래상담 운영에 대한 연구' 3절에 배치하여 연구의 관점에서 다시 다루어 보았다. 또한 2009년 이후에 출간된 연구들을 추가로 분석하여 3장과 4장에 포함함으로써 또래상담 연구 결과물이 더욱 풍성해졌다.

이 책은 학교에서 또래상담을 실시해야 하는 초보 상담자 또는 처음으로 또래상담반을 맡아 운영하는 전문상담교사 내지 학교 상담부 교사를 위해 상당한 부분을 할애하였다. 그리고 어느 정도 또래상담 운영 경험을 가진 교사들이 학교 내에 시스템으로 정착시키려 하는 욕구를 반영한 내용도 포함하였다. 마지막으로 또래상담을 학문적으로 접근하고자 하는 연구자들을 위한 배려도 놓치지 않았다. 이 책을 아래와 같은 순서로 읽는다면, 보다 더 효율적일 것이라 생각된다.

- 처음 또래상담을 운영하는 상담자 및 교사: 1 · 2장 ▶ 9 · 10장 ▶ 5장 ▶ 7 · 8장 ▶ 나머지 장
- 또래상담 운영 경험이 있는 상담자 및 교사: 1 · 2장 ▶ 7 · 8장 ▶ 3 · 4장 ▶ 11장 ▶ 나머지 장
- 또래상담 연구자: 1 · 2장 ▶ 3 · 4 · 5 · 6장 ▶ 7 · 8장 ▶ 11장 ▶ 나머지 장

그동안 또래상담을 생활지도 장면에 적용하는 방안을 함께 고민하고 토의했던 숙명여자대학교 교육대학원 석사과정 학생들이 마련한 운영 방안 몇 가지를 부록에 담았다. 또래상담을 학교 장면에 적용하고자 하는 교사들에게 도움을 주기 위한 것이다. 이 자료들은 아이디어를 만들어 낸 이들에게 동의를 구하고 실명과 함께 제시하였다.

또래상담은 서로 돕는 문화를 학교에 뿌리내리는 운동이면서 동시에 이 나라 미래를 짊어질 리더를 양성해 내는 운동이다. 대화할 줄 알고, 대화로 상대방을 설득할 줄 알며, 대화하기 위해 자기감정을 조절할 줄 알고, 대화를 통해 문제를 해결할 줄 아는 사람들이 학교에서 조용히 성장해 가고 있다. 그 수가 이제 7만에 달한다. 수년 또는 십수 년 내에 예리한 눈빛과 냉철한 머리, 그리고 따뜻한 가슴을 가진 리더들이 이 나라 곳곳에서 지혜로 번득이는 리더십을 발휘할 것이라고 필자는 믿어 의심치 않는다. 어느덧 중학생으로 성장하여 소하중학교 또래상담자로 활동

하고 있는 큰아들 상현이와 아빠 같은 상담전문가가 되겠다는 둘째아들 시현이도 우리 사회의 바람직한 리더가 될 것이라고 기대해 본다.

이 책의 부록으로 좋은 아이디어를 제공해 주신 숙명여자대학교 교육대학원 석사과정 선생님들께 감사드린다. 각각의 아이디어는 분명 학교 현장에서 귀하게 쓰일 것이라고 믿는다. 또한 오늘도 전국에서 활동하고 있는 모든 또래상담자들과 지도교사들, 상담전문가들에게 존경과 사랑의 마음을 전한다. 그리고 고려대학교 구로병원에서 근무하면서 동료상담자 역할을 하느라 애쓰는 아내(이경옥)에게도 감사하고 싶다. 마지막으로 이 책을 출간해 주신 학지사 김진환 사장님과 책 출판을 위해 세세한 교정 작업과 주옥같은 조언을 아끼지 않은 학지사 편집부 이지혜 선생님, 매번 귀찮은 주문을 잘 소화해 주시는 유명원 차장님께 감사드린다.

남산골 신당동 한국청소년상담복지개발원에서

노성덕 씀

1판 머리말

필자가 또래상담을 처음 접한 것은 석사과정 3학기이던 1995년 초여름이었다. 그때 또래상담자 자격연수를 받았는데, 또래상담 초기 프로그램이었던 것으로 기억된다. 그 후 몇 년이 지나 한국청소년상담원에 입사하면서 또래상담 사업을 담당하게 되었다. 당시 여러 전문가를 만나게 되었고, 우리는 또래상담이야말로 아래로부터 필요에 의해 시작되는 교육혁신 내지 학교상담의 중요한 도구가 될 수 있다고 확신하면서 전국을 누볐다.

그 당시에 우리가 가졌던 중요한 관심사는 네 가지 정도였던 것으로 기억된다. 첫째, 학교에서 또래상담 운영을 효율적으로 할 수 있는 지침을 개발하는 것이었다. 둘째, 매년 개발되는 산발적인 프로그램을 지양하고 발달연령에 맞는 표준화된 기본 훈련 프로그램을 개발하는 것이었다. 셋째, 청소년의 흥미를 유발하기 위해 연수 내용과 프로그램에 촉진활동과 레크리에이션을 대폭 적용하는 것이었다. 넷째, 또래상담을 전국 조직화하고, 전문지도자 제도를 만들어서 지역을 담당하게 하는 것과 전국 또래상담자 활성화 대회를 만들어 내는 것이었다.

그렇게 목표를 가지고 뛰다 보니 4~5년이 홀쩍 지나가 버렸다. 이렇게 필자의 또래상담 경험과 축적된 지식은 모두 한국청소년상담원을 모태로 한 것이다. 그 후 소년원(현재는 학교로 개칭)에서 프로그램 개발과 시범 운영에 참여하고, 군에 적용하기 위해 방안을 찾는 것에 대한 자문, 또 기업과 교회 등에서 또래상담을 적용하는 것에 대한 교육 및 자문 역할도 하였다. 다양한 또래상담 지원 활동을 하면서 우리 사회에 타인을 돕고자 하는 사람이 그토록 많다는 사실에 놀랐고, 감격했고, 행복했고, 자랑스러웠다.

필자의 또래상담에 대한 관심은 박사논문으로 이어졌다. 사실 박사논문 주제를 놓고 고민하고 있을 때 지도교수이신 김계현 선생님께서 먼저 또래상담을 주제로 논문을 준비하면 어떻겠느냐고 제안하셨다. 마침 방에 들르셨던 김창대 선생님과 김동일 선생님께서도 좋겠다면서 맞장구를 쳐 주셔서, 내심 또래상담 정착과정을 연구하고 싶었던 나는 얼마나 감사했는지 모른다. 그때가 박사과정 2학기 늦가을이었다. 이 책의 3부와 4부는 필자의 박사논문 결과를 토대로 재정리한 것이며 김계현 선생님, 그리고 김창대, 김동일 선생님의 따뜻하고 섬세한 지도가 묻어 있는 내용들이다.

이 책은 총 4부로 구성되어 있다. 1부는 학교 또래상담에 대한 기본적인 이해를 돕기 위해 마련되었다. 학교 또래상담의 의미와 학교 또래상담의 전개과정에 대해 소개하였는데, 필자는 또래상담을 전문상담의 연속선상에서 설명해 보고자 노력하였다. 2부에서는 학교 또래상담에 대한 우리나라 연구들을 개괄하여 정리해 보았다. 우리나라에서 수행된 학교 또래상담 관련 연구들을 훈련 프로그램 개발연구, 학교 또래상담의 효과, 운영에 대한 연구 등으로 구분하여 논의하였고, 전체 논문을 정리하여 소개하였다. 3부에서는 학교에서 또래상담이 정착해 가는 과정을 분석하여 소개하였다. 특히 정착을 평가할 수 있는 기준을 제시하고, 실제 또래상담을 정착시킨 것으로 평가된 고등학교 교사들을 인터뷰하고 그 녹취록을 제시하였다. 아쉬운 것은 정착과정에서 실패한 학교들을 대상으로 실패 원인을 분석해 보지는 못했다는 것이다. 이것은 향후 과제가 될 것이다. 4부에서는 3부의 정착과정 분석 내용을 바탕으로, 정착에 영향을 미치는 요인들을 제시하였다. 그리고 학교 또래상담을 따라 할 수 있도록 운영 길라잡이를 제공하였으며, 마지막으로 학교 또래상담이라는 주제에서 더 생각해 볼 과제를 제시하였다.

필자는 또래상담이 학교상담의 훌륭한 대안일 수 있음을 확신하고 있다. 최근 학교폭력이나 학교성폭력 등이 사회문제로 대두되고 있다. 이의 영향으로 학교폭력 예방 및 대책에 관한 법률이 제정되었고, 학교 내 CCTV 설치 추진, 성폭력 예방 교육 및 학교폭력 예방 교육의 의무화, 전문상담교사 배치 등이 제도화되었다. 하지만 학교 내에서의 폭력이나 정신건강 문제들은 우리 사회에서 연일 화두가 되고 있다. 이런 상황을 볼 때 학교에 전문상담자를 배치하는 방안과 더불어서 또래상담을 활용하는 것은 학생들과 교사들, 나아가 고령화 사회를 맞이하여 한 명의 청소년이라도 소중하게 길러내고자 하는 국가적 과업을 수행하는 데 실질적인 도움이 될 것이다.

이 책은 그런 점에서 학교상담의 대안적 방법을 모색하는 대학원 및 학부 수업 교재로 적합하고 현장에서 학교상담에 관심을 가지고 접근하는 교사 및 상담자도 유용하게 활용할 수 있을 것이다. 각 장을 시작하면서 학습목표와 학습개요를 배치하여 장의 내용을 미리 파악할 수 있도록 하였고, 장을 마무리하면서 요약과 학습과제를 제시해 둠으로써 더 생각해야 하는 부분들을 고민할 수 있게 하였다.

또래상담 정착과정을 분석하기 위하여 도움을 청했을 때 많은 분들이 기꺼이 도움을 주겠다고 나섰는데, 그분들의 조언과 도움이 오늘 이 책의 내용이 있게 했다.

그동안 필자에게 많은 도움을 주신 강원도청소년상담지원센터 김미영 선생님, 원주육민관고등학교 김병숙 선생님, 전 충청북도청소년상담지원센터 김수진 선생님, 강원도 양양여자고등학교 김영국 교감선생님, 서울영신여자고등학교 김현준 선생님, 경상남도 양산시청소년지원센터 노옥숙 선생님, 서강대학교 박승민 선생님, 민족사관고등학교 박혜선 선생님, 신철원고등학교 백향하 선생님, 안양신성고등학교 송인호 선생님, 전라남도 순천청암고등학교 신래영 선생님, 양산제일고등학교 유승기

선생님, 평택대학교 교육대학원 이명우 선생님, 이화여자대학교 이문희 선생님, 광주세종고등학교 이민영 상담실장님, 삼성생명 상담실 이상희 선생님, 가톨릭대학교 이지은 선생님, 우송대학교 정은미 선생님, 안양여자상업고등학교 조영미 선생님, 대구광역시 청소년상담지원센터 채연희 선생님, 안양여자고등학교 최수경 선생님, 인천시청소년상담지원센터 최한나 소장님, 대구경상공업고등학교 최해룡 선생님, 천안교육청 한길자 선생님, 그리고 특별히 순천향대학교 남상인 선생님과 이화여자대학교 유성경 선생님께 머리 숙여 감사드린다.

이 책을 저술하기 위해 필요한 사진과 자료들을 기꺼이 제공해 주신 분들에게 진심으로 고마움을 표현하고 싶다. 강원도청소년상담지원센터와 안양시청소년지원센터 선생님들, 그리고 안양여자고등학교 최수경 선생님과 민족사관고등학교 박혜선 선생님, 서울영신여자고등학교 김현준 선생님에게 깊은 감사를 드린다. 그리고 교정본을 세심하게 읽고 조언해 준 한국청소년상담원의 김소연 선생님과 김호정 선생님께도 감사드린다. 또한 학교 또래상담 저술을 상담학총서로 제안해 주신 김계현 선생님께 감사드린다. 선생님은 필자의 은사이실 뿐만 아니라 상담자로 세상을 살아가는 방법을 하나하나 가르쳐 주시고 보여 주시는 지혜로운 멘터이자 컨설턴트이시다. 아빠가 책을 만들어 내는 동안 옆에서 탱탱볼로 놀기도 하고 책 보면서 질문도 하고, 아빠의 질문에 답변도 해 준 사랑하는 큰아들 상현이와 작은아들 시현이, 그리고 아내에게도 지면을 빌려 고마움을 전한다. 끝으로 이 책의 출간을 맡아 주신 학지사 김진환 사장님과 책 출판을 위해 세세한 교정 작업과 주옥같은 조언을 아끼지 않은 학지사 편집부 김경민 선생님께 감사드린다.

신당동 한국청소년상담복지개발원에서

노성덕 씀

차 례

제1부 학교 또래상담의 이해

제3부 또래상담 운영의 실제

제11장 더 생각해 볼 주제 ··· 381

★ 부록: 또래상담 운영 방안 아이디어

제1부

학교 또래상담의 이해

거북이를 짝사랑한 토끼 이야기

거북이를 몹시 짝사랑하는 토끼가 있었다. 토끼는 거북이를 너무너무 사랑한 나머지 누군가의 입에서 '거'라는 말만 나와도 혼자 얼굴이 빨개지고 숨이 턱 막히고 가슴이 쿵쿵 뛰었다. 하지만 이런 토끼의 마음을 아는 친구는 아무도 없었다. 거북이도 전혀 눈치를 채지 못하고 있었다. 그저 토끼만의 불타는 짝사랑이었다.

토끼가 잠 못 이루며 사모하는 거북이는 은둔형에 가까울 만큼 우울하게 살고 있었다. 거북이는 동작이 너무 느려서 게으름뱅이, 느림보라는 별명이 이름처럼 따라다녔다. 그래서 거북이에게는 열등감이 많았다. 거북이는 집 안에서 인터넷을 하거나 낮잠을 즐기면서 거의 혼자 지냈고, 간혹 집 밖에 나오더라도 친구들과 어울리지 않았다. 그런 거북이를 멀리서 지켜볼 때마다 토끼는 마음이 참 아팠다. 그렇기에 늘 사랑하는 거북이를 위해서 무엇을 해 줄 수 있을지 고민하는 것이 토끼의 중요한 일과 중 하나였다. 마침내 토끼는 거북이를 도울 방법을 생각해 냈다.

어느 화창한 수요일, 토끼는 말 많고 시끄러운 여우와 늑대를 데리고 거북이를 찾아갔다. 토끼는 자신만의 이벤트를 들킬까 봐 두근거리는 마음을 억누르면서 냉랭하게 말했다.

"야, 거북아. 나랑 달리기 시합하자."

거북이는 어이없다는 듯 한마디로 잘라 말했다.

"누구 놀리니?"

토끼는 비웃는 듯한 표정을 하고 거북이와 여우와 늑대를 번갈아 보면서 건들거리며 말했다.

"너 질까 봐 쫄아서 그러지?"

순간 거북이는 자존심이 확 상했다. "뭐?"

여우와 늑대도 토끼처럼 건들거리며 말했다.

"거북이님 쫄으셨네…."

약이 바짝 오른 거북이의 얼굴빛이 하얗게 변했다. 그걸 지켜보면서 토끼는 마음이 아팠다. 하지만 거북이를 위한 이벤트를 준비하는 심정으로 더 열심히 놀렸다. 마침내 화가 머리끝까지 치솟은 거북이가 말했다.

"그래, 해보자. 길고 짧은 건 대 봐야 아는 거지."

말이 채 끝나기도 전에 여우와 늑대가 큰 소리로 떠들면서 숲으로 뛰어갔다.

"얘들아~ 토끼하고 거북이가 달리기 시합하기로 했따아~~."

말릴 겨를도 없었다. 순간 거북이는 후회했다. 하지만 이미 엎질러진 물이 되고 말았다. 힘없이 돌아서서 집으로 들어가는 거북이의 뒷모습을 바라보며 토끼는 한참을 그 자리에 서 있었다.

마침내 경주하는 날이 돌아왔다. 거북이는 일단 약속 장소로 가기는 하지만 잘 말해서 시합을 취소하려고 마음먹었다. 토끼와 거북이가 달리기 시합을 한다는데 누가 관심이나 가지겠나 하는 것이 거북이의 마음이었다. 그런데 약속 장소로 나간 거북이는 깜짝 놀라고 말았다. 무슨 숲 속 운동회라도 열린 것처럼 숲 속 친구들이 다 모여 있었고 온갖 플래카드와 깃발들이 바람에 나부끼고 있었다. 플래카드에는 '거북이 파이팅! 거북이 이겨라!' 라는 내용도 있었다. 거북이는 어쩔 수 없이 경기에 참여해야 했다. 멀리서 몸을 풀고 있는 토끼가 보였다. 오늘따라 유독 토끼의 몸이 날래 보였다. 거북이는 한숨을 푹 쉬었다.

"준비~이~~ 땅!!"

출발을 알리는 신호가 떨어지기 무섭
게 거북이는 열심히 달렸다. 반면 토끼는
최선을 다해 천천히, 그러나 봐준다는 의
심을 받지 않을 속도를 유지하며 달렸다.
한참을 달리던 토끼가 뒤를 돌아보자 거
북이가 보이지 않았다. 토끼는 언덕 위까
지 달려 올라가서 반대쪽을 보았다. 몇
번을 확인하고 봐 두었던 큰 나무가 보였
다. 토끼는 나무 근처에 도착해서는 친구들 들으란 듯 큰 소리로 말했다.

"어허! 거북이가 도착할 때까지 기다리다가 여기서 송년회 하겠네!!"

친구들이 왁자지껄 웃어댔다.

"이거 거북이 올 때까지 낮잠이나 자고 갈까?"

토끼는 친구들 보는 데서 벌렁 드러누웠다. 그러고는 한참을 뒤척이다가 잠이 든 척했다. 토끼의 생각은 이랬다.

"내가 자는 척 누워 있으면 거북이가 도착해서 나를 보겠지. 거북이도 지치고 힘들 테니 나를 발견하면 깨우겠지? 그럼 나는 못 이기는 척 일어나서 깜짝 놀란 듯 친구들에게 큰 소리로 말해야지. '우와, 그냥 갈 수도 있었는데 거북이가 나를 깨웠네. 그냥 가면 자기가 이겼을 텐데!! 이런 의리 있는 친구를 어떻게 게으름뱅이, 느림보라고 놀릴 수 있냐?' 그런 다음 거북이를 업고 덩실덩실 큰 걸음으로 골인 지점까지 가서는 땅에 내려놓고 나란히 손잡고 골인해야지. 우와, 생각만 해도…."

생각만으로도 행복했다. 그런데 그렇게 뒤척이다가 토끼가 그만 잠이 들고 말았다. 한참을 자다 깨어 실눈을 뜨고 보니, 거북이가 막 언덕 정상을 넘어 토끼가 누워 있는 나무를 향해 오고 있었다. 순간 토끼는 반사적으로 코를 골면서 잠꼬대를 해댔다. 거북이가 잘 보게 하려고. 그러고는 다시 한 번 황홀한 생각에 빠져들었다.

"거북이가 '야! 토끼야.' 하고 부르면 일어날까? 흔들어 깨울 때까지 기다릴까? 아님 앞발로 터치하는 순간 일어날까?"

생각만 해도 행복하기 그지없었다. 그때 거북이가 토끼 발아래까지 도착했다. 토끼의 심장은 거의 배 밖에서 느껴질 만큼 쿵쿵거렸다. 거북이가 잠자고 있는 토끼에게 가까이 다가오더니 앞발을 들었다. 토끼는 심장이 멎는 것만 같았다. 거북이는 앞발을 들고 몇 걸음 걷더니 뒤꿈치도 살짝 들었다. 그리고는 … 발자국 소리 한번을 내지 않고 사악~ 토끼 옆을 지나쳐 갔다.

토끼는 당황했다. 황당하기도 하고 슬프기도 하고 화도 나고, 감정이 참 복잡했다. 그렇다고 벌떡 일어날 수도 없는 노릇이었다. 토끼는 더 열심히 코를 골며 자는 척해야 했다. 눈물이 흘렀다. 그렇게 오지도 않는 잠을 자는 척하면서 토끼는 땅바닥에 붙어 있었다. 한참 후에 저 멀리서 요란한 소리가 들려왔다. 숲 속이 진동하는 듯했다.

"우와~ 거북이가 토끼를 이겼다!! 달리기 시합에서 거북이가 토끼를 이기는 이변이 일어났다. 제 꾀만 믿고 까불더니 결국 게으른 건 토끼였다!!"

숲 속에 기적이 일어난 것이다. 순식간에 토끼는 친구들 사이에서 웃기는 녀석이 되어 버렸다. 반면 거북이는 인내와 끈기의 상징, 새마을운동의 표상, 속이 꽉 찬 사고 중심의 성숙한 혁신적 차세대 리더로 떠올랐다. 그리고 오늘날까지 그 이야기는 전해져서 현대인마저도 타고난 재주만 믿던 토끼가 묵묵한 인내심을 발휘한 거북이에게 낮잠을 자다 졌다고 알고 있다.

왜 이처럼 토끼가 낮잠을 자다가 시합에 졌다고 알고 있을까? 토끼가 입을 다문 채 자신만의 비밀로 간직했기 때문이다. 왜 토끼는 자신만의 비밀로 간직한 채 먼발치에서 성공한 거북이를 바라보았을까? 거북이를 사랑했기 때문이다. 사랑했으니까, 본래 활기찬 거북이의 모습을 보고 싶었으니까, 그리고 거북이를 도와주는 것이 원래 목적이었으니까 그것으로 만족하면서 비밀을 지켜 주었기 때문이다. 그럼 그 거북이 이야기를 필자는 어떻게 알게 되었을까? 가슴만 쓸어내리던 토끼가 필자에게 상담을 요청해 와서 …. ^^

또래상담을 하다 보면 토끼 같은 또래상담자들을 많이 보게 된다. 친구를 위해 도움을 주고 기꺼이 비밀을 지켜 주는 듬직한 또래상담자들 말이다. 사실 상담자의 가슴속엔 토끼가 간직한 것 같은 비밀이 많이 들어 있다. 또래상담자들은 자기가 도움을 준 거북이들이 활기차게 학교 생활을 하는 것을 지켜보면서 함께 행복해하곤 한다.

그래서일까? 아무도 없는 새벽녘에 또래상담이 잘 운영되는 학교에 들어가 보면, 바람 부는 날 운동장 주변의 나무에서 이런 소리가 들린단다.

"순이는 내 덕에 살았는데… 길동이는 내 도움 덕에 대학 갔는데…." ^^

학습 목표

• 또래상담과 학교 또래상담의 의미를 안다.
• 또래상담자의 자질과 역할에 대해 안다.
• 또래상담 지도자의 자질과 역할에 대해 안다.

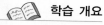 **학습 개요**

이 장에서는 학교 또래상담의 의미를 살펴보고, 또래상담자와 또래상담 지도자의 자질과 역할에 대해 소개한다. 또한 또래상담에 대한 이해를 돕기 위해 또래상담의 주체, 대상, 활동 내용 등의 정의를 살펴본 후에 이를 재정의한다. 또래상담은 '또래'와 '상담'이 만나서 만들어진 용어다. '또래'란 비슷한 문화를 공유하고 살아가는 비슷한 연령대의 사람들을 말한다. 그리고 또래상담에서 '상담'은 협의의 심리치료보다 광의로 해석된다. 또래상담은 소정의 훈련을 받은 학생이 전문가의 슈퍼비전하에 비슷한 연령의 다른 친구들을 조력하는 활동을 의미한다. 같은 맥락에서 학교 또래상담은 학교라는 공간을 중심으로 이루어지는 또래상담 활동을 일컫는다. 이 장을 공부함으로써 또래상담의 기초가 되는 지식을 얻게 될 것이다. 더불어 학교 장면에서 활용될 수 있는 학교상담의 한 분야 또는 한 방법으로서 또래상담에 대해 생각하는 계기를 가지게 될 것이다.

제1장
학교 또래상담의 의미

1. 또래상담

1) '또래'와 '상담'의 의미

또래상담은 '또래'와 '상담'이 결합된 용어다. '또래'란 비슷한 문화 속에서 생활의 장을 공유하고 살아가는 비슷한 연령의 사람들을 말한다. 하지만 비슷한 연령이라고 하여도 연령대에 따라 또래의 범위에는 차이가 있다. 초 · 중 · 고등학생 시기에는 한 살 차이도 민감하게 구분하는 특성이 있기 때문에 같은 연령의 친구들 내지는 한두 살 많거나 적은 범위의 사람들이 또래가 된다. 특히 우리나라의 경우 학창 시절의 또래란 '같은 나이의 친구'로 여겨지는 경향이 있다. 심지어 같은 학년이라 하더라도 초등학교를 일곱 살에 입학한 사람과 여덟 살에 입학한 사람을 구분하는 경향이 있고, 한 해 늦게 고등학교에 입학한 친구도 동류 취급을 하지 않을 만큼 한두 살 차이에 민감한 반응을 보이기도 한다. 그러던 또래의 범위가 성인이 되면 매우 넓어진다. 조금 과장된 표현으로 남성의 경우 군 제대 후 예비군 교육을 받을 때면 웬만하면 또래로 받아들이게 된다. 여성의 경우는 결혼 및 출산 후 자녀 양육에 대한 이야기를 공유하면서 30대와 40대가 또래가 될 수 있기 때문에 또래의 폭이 상당히 넓어진다는 것이다(노성덕, 2008). 그래서 또래를 '비슷한 문화를 공유하는' 비슷한 연령의 사람들이라고 한다.

또래상담에서 '상담'은 협의의 '심리치료'보다 광의의 의미를 가진다(구본용, 구혜영, 이명우, 1994). 외국의 경우에도 또래상담에서 상담의 의미를 상당히 포괄적으로 이야기하고 있다(Carr & Saunders, 1998; Tindall, 1995).

일반적으로 상담이라는 단어를 들으면 전문가들은 자연스럽게

'Counseling & Psychotherapy'를 연상한다. 전문가 입장에서는 협의의 심리치료로 정의할 수밖에 없는 것이다. 그런데 'counseling'과 'psychotherapy'라는 단어가 상담(相談)으로 번역되면서 우리 사회에서는 혼선이 야기되고 있다. '相談'이 가진 한자의 의미 때문에 '이야기를 나누는 행위'와 혼동하는 것이다. 그래서 서로 마주 앉아 이야기를 나누는 것을 상담이라고 다소 광범위하게 해석한 것 같다. 그 결과 '상담'이라는 전문 용어가 '법률상담' '소비자상담' '부동산상담' '대출상담' '환불상담' 등에 자연스럽게 활용되고 있다. 상담(相談)과 상담(商談)이 혼용되는 경우라고 할 수 있다.

그러나 본래 'counseling'이 가지고 있는 뜻에는 '충고' '조언' '정보제공' 등의 의미가 포함되어 있기에 반드시 잘못 사용된 예라고 주장하기도 어렵다. 즉, 그 관점에서는 정보도 제공하고 조언도 해 주는 일련의 활동에 '상담'이라는 용어를 사용한다고 해서 크게 잘못되었다고 보기는 어렵다는 것이다. 다만 상담이 하나의 전문 영역으로 자리 잡고 있는데도 일반적인 의미로서의 'counsel'과 전문적인 의미로서의 'counseling'이 구분되지 않아 생기는 현상이기도 하다. 요즘에는 상거래를 목적으로 상담(商談)하는 것을 강조하기 위해 '상담'보다는 '컨설팅'이라는 용어를 더 많이 활용하는 것 같다. '법률 컨설팅' '부동산 컨설팅' '재정 컨설팅' 등이 그것이다.

그렇다면 또래상담에서의 '상담'이라는 용어가 광의의 의미로 사용된다는 것은 무슨 뜻일까? 또래상담은 상담전문가들의 관점에서 보면 비전문가를 활용한 조력활동이다(노성덕, 2008; 이상희, 노성덕, 이지은, 2004; Varenhorst, 1984). 다시 말해, 전문가가 아닌 비전문가를 활용하는 '도움주기 활동'이다. 전문가가 아니기 때문에 체계적으로 오랜 시간을 투자하여 전문적인 훈련을 시켜서 전문상담자처럼 심리치료 활동을 하도록 할 수 없다는 한계가 있다. 전문가를 양성할 목적으로 석·박사과정에

준하는, 또는 청소년상담사와 같은 국가자격을 취득할 만큼의 교육을 제공하기보다는 약간의 훈련을 통해 타인을 조력할 수 있도록 하려는 의도를 가지고 있다. 따라서 '상담'이라는 용어를 사용하고 있으나 타인에게 '도움을 주는 활동'이라는 광의로 해석된다는 것이다. 도움을 주는 활동이 우리 사회에 상당히 많지만, 그중에서도 상담적인 방법으로 도움을 주는 것이 바로 또래상담에서 상담이 가지는 의미라고 할 수 있다.

2) 또래상담, 상담의 전문성과 질적 수준

또래상담의 의미를 탐색할 때는 또래상담에서의 상담 전문성 내지는 질적인 수준에 대한 고민도 따라야 한다. 또래상담의 전문성이나 상담의 질을 논의하는 것에는 논란의 여지가 많다. 그럼에도 불구하고 이렇다 할 논의 없이 준전문가에 의한 활동으로만 치부하기에는 부족함이 있다. 또래상담자들의 활동이 전문가들의 활동에 비해 효과가 있는지를 집단상담 운영이라는 측면에서 연구한 논문들이 있다. 연구들은 한결같이 또래상담자가 운영한 집단의 효과와 전문가가 운영한 집단의 효과 간에 차이가 없다고 주장하고 있다. 이 논문들은 이 책의 4장에서 소개하기로 한다. 이는 비록 집단상담 운영에 국한된 연구이지만 시사하는 바가 있다. 만약 개인상담, 매체상담 등에서도 전문가 못지않은 효과를 확인하게 된다면 상당히 큰 파장도 있을 것이다. 그러나 그런 결과가 나타날 수 있는 개연성에 대해서는 고민해 볼 필요가 있다. 또래상담은 상담인가? 또래상담의 활동은 전문적인 상담활동이라고 할 수 있는가? 활동이 효과를 가져온다고 해서 전문적인 상담이라 할 수 있는가?

어쩌면 전문성의 질과 관련된 것은 상담만의 문제는 아닐 것이다. 의사들에게도 딜레마는 있다. 의사 면허를 가진 사람과 면허를 갖지 않은 사람은 분명히 다르다. 하지만 배 아픈 손자의 배를 어루만지면서 '할미

손은 약손'을 읊조리는 것만으로도 배앓이를 멎게 하는 것, '화장실 다녀오면 낫는다.'고 충고하는 경험 많은 형부의 말대로 해서 아픔이 사라지는 것, 그리고 의사가 약을 처방해서 배앓이가 멎는 것 간에는 어떤 차이가 있다고 해야 할까? 분명 큰 차이가 있다.

교사들의 경우는 어떨까? 학교에서 교사로 일하려면 교사 자격증을 취득해야 한다. 그러나 교육이라는 관점에서 보면 자녀를 집에서 지도하는 엄마나 교사 면허 없이 과외로 학습을 지도하는 대학생이나 혹은 교사 면허는 없으나 학원에서 학생들을 가르치는 강사 간에 어떤 차이가 있는지 명확하게 정의하기 어려운 점이 있다. 하지만 분명히 차이는 있다. 의사나 교사는 국가에서 정하는 바에 따라 면허나 자격을 취득해야만 병원이나 학교에서 일할 수 있다. 그리고 그곳에서 일할 수 있는 공인된 사람을 의료인 또는 교육자라고 한다. 그렇다면 상담은 어떨까?

'상담'은 말하기 좋아하는 사람이라면 아무나 할 수 있는 것처럼 이야기하는 사람도 있다. 이를테면 '대화만 잘하면 되는 것 아니냐.' '이야기를 잘 듣고 충고해 주면 그것이 상담이다.'와 같은 생각이 그렇다. 그러다 보니 '수다가 상담이 되고, 인생 경험 많은 어르신이 상담자로 제격'이라는 주장까지 나오고 있다. 물론 여기서 말하는 대화란 대화(對話)의 깊은 의미까지 고려한 용어라기보다는 그냥 이야기하기 정도의 의미를 가진 것이다. 그러나 분명 수다만으로도 마음의 아픔이 사라지는 경우도 있다. 그러면 상담인 것과 상담이 아닌 것은 어떻게 구별될 수 있을까?

사실 상담인 것과 상담이 아닌 것의 구분과는 별도로, 상담이라는 테두리 안에서도 이를 더 정교화하기 위한 시도들이 있다. 이른바 생활지도, 상담, 심리치료, 정신치료 간의 차이를 규명하고자 하는 노력이다. 이와 같은 노력의 이면에는 직업의 영역을 공고히 하고자 하는 의도도 있다고 생각된다. 생활지도는 교사가, 상담은 상담전문가가, 심리치료는 임상전문가가, 그리고 정신치료는 정신과 의사가 하는 일인 것처럼 묘사하는데, 실제 그 경계는 불분명하다(이장호, 2005). 가령 상담과 심리치료를 정말 차이를 두고 설명할 수 있는가 하는 문제라든지 심리치료와 정신치료의 차이가 무엇인지를 구별해 낼 수 있는가 하는 문제 등은 해결되기 어려워 보인다. 전문성의 차이도 있겠지만, 직업 간 또는 학문 간 경쟁과 정치적 논쟁도 숨어 있다. 그러나 이는 고객, 즉 상담이 필요한 사람들의 입장에서는 그다지 중요한 논쟁은 아니다. 물론 논쟁들이 결과적으로 고객의 권익을 위해서라고 언급되지만, 로저스(Rogers, 1942)나 아이비 부부와 시멕-다우닝(Ivey, Ivey, & Simek-Downing, 1987)처럼 상담과 심리치료를 굳이 구별하지 않고 같은 개념으로 사용하는 것이 더 고객을 중심에 두고 생각하는 것인지도 모르겠다. 우리나라의 경우 한국심리학회의 분과학회인 상담심리학회의 이전 명칭이 오랫동안 '상담 및 심리치료학회'였는데, 이 역시 같은 맥락에서 연유된 것으로 생각된다. 어찌되었든 상담과 심리치료를 구분하려는 노력은 계속되고 있는데, 사실 연속선상의 개념이지 경계가 분명한 개념이 아닌 것은 분명하다.

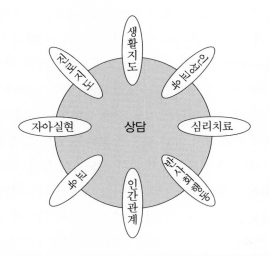

[그림 1-1] 상담과 여타 도움활동 간의 관계(박성희, 2001, p. 28)

　박성희(2001)는 생활지도, 상담, 심리치료, 정신치료를 함께 비교할 수 있는 대상이 아니라고 보았다. 생활지도와 심리치료 및 정신치료는 용어의 표현만 보아도 대상이 분명하나 상담은 대상이 없는 활동이고 오히려 대상을 찾아 적용되어야 하는 수단의 개념이라고 보면서, 생활지도, 심리치료, 정신치료에서 '상담'이라는 개입의 내용을 빼면 무엇이 남겠느냐고 반문하고 있다. 다시 말해, 상담은 여타의 영역에 모두 중첩되어 있는 수단이자 방법으로서의 전문 활동이라는 것이다. 다소 무리는 있지만, 상담은 인근의 유사한 활동들의 중핵이 되고 모두를 포괄할 수 있는 폭넓은 방법으로 제시되고 있는 듯하다. 박성희의 주장이 상담 현장에서 일하고 있는 상담자에게는 시사하는 바가 상당히 크다. 힐과 오브라이언(Hill & O' Brien, 1999), 이건(Egan, 2002) 등은 아예 상담(counseling)이라는 개념보다는 조력활동(helping)이라는 개념을 제시하면서 여타의 활동을 포괄하려는 관점을 가지고 있기도 하다.

　힐과 오브라이언은 조력활동(helping), 상담(counseling), 심리치료(psychotherapy)의 구분이 혼돈스럽다고 하면서 'helping'을 상담의 개념까지 포괄하는 확대된 개념으로 사용하고 있다. 그들의 주장을 상황 이해 없이 다 받아들이기는 어렵지만 매우 중요한 지적임에는 틀림이 없다. 이건은 아예 상담을 'helping'으로 즐겨 사용하고 있다. 이것은 상담이라는 전문 활동이 가진 경계의 불분명성에 기인하고 있는 듯한데, 이건의 입장에서는 타인을 조력하는 직업, 즉 돕는 직업의 영역이 공식적인 상담자와 비공식적 상담자, 그리고 상황 때문에 타인을 돕게 되는 일반인의 활동까지도 포괄하는 매우 넓은 개념이다. 물론 상담에 대한 정의도 많은 것이 사실이다. 상담에 대한 정의는 정신역동, 행동수정, 인지상담, 현실요법, 인간주의 상담 등 상담의 이론에 따라 차이가 있다. 그 가운데 특정 이론의 입장에서보다 종합적인 관점에서 정의한 몇 가지를 살펴보면 다음과 같다.

도움을 필요로 하는 사람(내담자)이 전문적 훈련을 받은 사람(상담자)과의 대면관계에서 생활 과제의 해결과 사고, 행동 및 감정 측면의 인간적 성장을 위해 노력하는 학습과정이다(이장호, 2005, p. 3).

전문적 훈련을 받은 상담자와 조력을 필요로 하는 내담자가 상담활동의 공동주체로서 내담자의 자각 확장을 통해 문제 예방, 발달과 성장, 문제해결을 달성함으로써 그의 삶의 질을 향상시키기 위해 함께 노력하는 조력과정이다(노안영, 2006, p. 19).

상담의 상식적 의미는 '개인적 문제'를 '대화로', 즉 지시나 강요가 아닌 민주적 대화를 통해서 '해결'하는 것이다(김계현 외, 1999, p. 3). 개인 자신이 교육적·직업적·심리적 잠재능력을 발견하고 발전시켜 갈 수 있도록 하고, 그로인하여 최상의 수준에서 개인적 행복과 사회적 유용성을 성취할 수 있도록 돕는 과정이다(김계현 외, 1999, p. 14, 대영백과사전의 정의 인용).

위의 개념들은 각각의 전문가가 '상담'이라고 정의한 것이다. 그런데 이러한 정의에 '심리치료'라고 제목을 붙인다면 정말 어울리지 않는 제목과 정의가 될까? 그렇지 않다. 왜냐하면 애초에 상담과 심리치료라는 것이 상당 부분 중첩되어 있기 때문에 심리치료의 정의라고 제목을 붙여도 어색하지는 않다.

그렇다면 또래상담은 어떻게 이해해야 하는 것일까? 앞에서 또래상담을 '상담적인 방법으로 조력하는 활동'이라고 제시하였다. 조력활동의 연속선상에서 볼 때 또래상담이 위치하는 곳은 어디일까? 그리고 그것을 상담 전문성의 연속선상에서 이해하려고 시도하는 것이 과연 어려운 것일까? 또래상담뿐만 아니라 또래상담자가 받는 훈련과 슈퍼비전의 양과 비슷한 정도의 교육을 받으면서 준상담자로 활동하는 다른 사람들은 어떠한가? 이를테면 대표적으로 상담 자원봉사자들이나 상담기관에서 업무 보조를 담당하는 사람들을 들 수 있다. 청소년 상담 영역만 해도 전국에서 활동하는 상담 자원봉사자가 10만여 명으로 추산되고 있다. 상담 자원봉사자는 20시간 또는 60시간의 양성교육과 매년 정기적인 보수교육 및 슈퍼비전을 받으면서 전화상담, 사이버 상담, 일시보호 상담,[1] 학교 출장 집단 프로그램의 운영, 심리검사 실시 및 채점 등의 업무를 수행하고 있다. 그렇다면 그들을 무엇이라고 불러야 하는가?

   통상 상담전문가를 거론할 때는 대학원 교육을 받았는지의 여부와 상담 자격증의 소지 여부로 판단하는 경향이 있다. 우리나라에서는 상담전문가 자격증을 언급할 때 국가자격증인 청소년상담사, 전문상담교사, 직업상담사, 그리고 전국적인 학회에서 발급하는 자격증인 한국상담학회의 전문상담사, 한국심리학회 산하 상담심리학회의 상담심리사 등을 대표적으로 꼽는다. 그런데 이런 자격증 취득의 조건을 충족시키기가 까다롭다. 만약 석사학위나 박사학위를 취득하지 않았다면 자신의 전문성을 입증하기 위해 제출해야 하는 서류가 매우 많고 심사가 엄격하다. 그래서 보통 상담전문가라고 이야기할 때는 상담을 전공하고 대학원에서 석사학위를 취득한 사람을 최소의 요건으로 보고 있으며, 이마저도 초보상담자라고 칭하는 경향이 있다. 그런데 최근 우리나라에서는 상담이라는 영역이 인기를 끌면서 학부과정에도 상담학과가 제법 생겼다. 명칭도 상담학과, 상담교육학과, 청소년상담지도학과, 상담심리학과, 복지상담학과 등으로 다양하다. 그러면 통상적인 기준에서 상담전문가는 석사 이상이어야 하는데, 위의 학부를 졸업하고 학사학위를 취득한 사람은 무엇이

---

1) 일시보호 상담이란 용어는 공식적인 용어가 아니다. 현재 전국 16개 시·도의 청소년상담복지센터에서 위기상담을 위해서 운영하고 있는 일시보호소가 있는데, 그곳에서 이루어지는 활동을 일시보호 상담이라고 칭해 보았다. 이에 대해서는 앞으로 다양한 논의가 필요하다고 본다.

라고 불러야 하는가? 이것은 우리나라 상담 영역에서 새로 정리해야 할 과제다. 만약 정리되지 않으면 상담학과를 졸업해도 상담을 할 기회를 얻지 못한 채 대학원에 진학하는 것만을 목적으로 삼아야 할 것이고, 그러면 상담학과의 의미가 없어져 버린다. 마치 의예과처럼 되어 버리는 것이다.

필자가 지금 고민하면서 정리하려고 하는 상담과 또래상담의 전문성과 질적 수준의 연속선상에 또 다른 그룹이 떠오른 것이다. 하지만 이 책에서는 자원봉사자나 학부 수준의 상담전공 학생들에 대한 논의는 더 이상 진행하지 않으려 한다. 다만 또래상담의 위치를 설정해 보는 일에 국한해서만 부분적으로 논의하고자 한다.

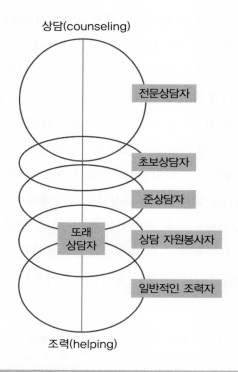

[그림 1-2] 상담 전문성 수준에서 학생 또래상담자의 위치

[그림 1-2]는 이와 같은 수준을 추상적으로 표현한 것이다. 정확한 경계가 없기 때문에 일반적인 조력자에서부터 전문상담자에 이르기까지 매 수준별로 겹치는 영역이 있기 마련이다. 또래상담자는 그림에서와 같이 상담 자원봉사자와 동일한 위치를 차지한다고 볼 수 있다. 또래상담자들의 활동이 가져다주는 효과만을 보면 준상담자 수준까지 볼 수도 있고, 초중고교 학생으로서 개입하는 방법과 태도를 보면 일반적인 조력자라고 볼 수도 있다. 그러나 대체적으로 또래상담자는 상담 자원봉사자 정도의 위치에 두는 것이 현재로서는 적절해 보인다.

필자는 콩나물국을 좋아한다. 그래서 결혼한 후 아내에게 자주 콩나물국을 만들어 달라고 요청했고, 어떤 때는 직접 요리해서 먹기도 했다. 필자와 아내 둘만 있을 때는 콩나물국을 끓이면서 고춧가루도 넣고 매운 청량고추도 넣어서 먹었다. 그러다가 아이들이 태어났고 지금은 9세, 4세가 되었는데 둘 다 콩나물국을 좋아한다. 그런데 콩나물국을 요구하는 수준이 달라졌다. 4세 된 작은아들은 기본적인 콩나물국을 좋아한다. 9세 된 큰아들은 잘게 썬 파가 들어가야 좋아한다. 그리고 아내와 나는 여전히 매운 청량고추가 조금은 들어가야 콩나물국답다고 생각한다. 어느 때는 고춧가루도 풀어야 한다. 어느 날 문득 이런 생각이 들었다. '4세 된 아들의 입을 만족시키는 콩나물국과 9세 된 아들의 입을 만족시키는 콩나물국, 그리고 아내의 입을 만족시키는 콩나물국은 모두 같은 콩나물국인데도 차이가 크구나.' 마찬가지로, 상담을 고객의 관점에서 생각해 보면 고객의 문제해결을 위해 양념과 같은 변형된 개입전략이 필요하다. 아동상담에서는 놀이치료, 미술치료를 중요한 상담방법으로 활용하고 있고, 청소년 집단상담에서는 촉진활동을 중요한 전략으로 활용하고 있으며, 위기청소년을 효율적으로 돕기 위해 찾아가는 상담, 긴급구조 상담, 자립지원 프로그램 등을 운영하고 있듯이 말이다. 그렇다면 학교상담에는 어떤 전략이 필요할까? 필자는 또래상담을 학교와 학생이라는 고객에게 제공해 줄 수 있는 효율적인 상담전략 중 하나로 제시하고 싶다.

어쩌면 힐과 오브라이언, 이건이 사람을 돕는 일련의 활동을 조력으로 보고 관련된 모든 활동을 그 연속선상에서 이해하려고 했던 것도 같은 맥락일지 모른다. 전문상담의 맥락에서 볼 때 또래상담은 분명 상담이라 하기 어렵다. 그런데 전문상담을 통해 얻을 수 있는 효과를 또래상담이 가져오고 있고, 또 또래상담 활동의 내용을 보면 다분히 상담적이라고 할 수 있다는 점에서 '상담이 아니다.'라고 말하기도 어렵다. 더욱이 이미 많은 상담학자들이 자신의 저술에서 또래상담을 상담의 한 유형으로 소개하고 있기도 하다. 또래상담을 전문상담의 맥락에서 제대로 이해하기 위해서는 또래상담 대상자의 문제를 정의하고 증상의 원인을 이해하고 상황에 맞게 개입한다는 상담의 구조로 정리해 볼 수 있을 것이다. 하지만 이를 이 책에서 본격적으로 다루기에는 한계가 있다. 앞의 [그림 1-2]에서와 같이 또래상담을 잠정적으로 준전문상담자, 상담 자원봉사자 정도의 위치에 두고 이후 논의를 전개하겠다.

2. 학교 또래상담

이제 위의 고민을 전제로 하여 학교 또래상담에 대해 논의하려고 한다. 학교 또래상담은 학교라는 공간을 중심으로 이루어지는 또래상담 활동을 일컫는다. 이를 이해하기 위해서는 또래상담의 개념을 조금 더 이해하는 것이 필요하다. 또래상담은 또래상담 활동의 주체, 대상, 내용 및 방법을 정하는 것으로 개념을 분석해 볼 수 있다.

또래상담 적용 초창기의 루시안(Lucian, 1977)이라든지 메이와 래드마셔(May & Rademacher, 1980)의 정의를 보면, 또래상담이란 "특별히 훈련받은 학생이 다른 동료 학생의 학업, 인성, 행동 등과 관련된 문제를 도

와주는 것"이다. 이 정의는 '특별히 훈련받은 학생'을 또래상담 활동의
주체로, '다른 동료 학생'을 활동의 대상으로, '학업, 인성, 행동 등과 관
련된 문제를 도와주는 것'을 활동의 내용 및 방법으로 정의하고 있다. 그
들의 정의에서 또래상담 활동의 주체는 '특별히 훈련받은 학생'이다. 여
기에서 특별한 훈련이란 무엇일까? 이는 정의된 기술만을 가지고도 살펴
볼 수 있다. 정의에 따르면 또래상담은 '특별한 훈련을 받게 한 후에 친
구들의 학업문제, 성격문제, 행동상 문제를 도와주는 것'인데, 또래상담
자들은 친구들의 학업문제나 성격문제 또는 행동상 문제를 조력할 수 있
도록 특별한 교육을 받아야 한다. 이처럼 또래상담의 정의에는 또래상담
에 대한 다양한 정보가 함축되어 있다. '누가 또래상담자인가?' '누구를
대상으로 활동하는가?' '어떤 활동을 전개하는가?' 등이 기본적으로 대
부분의 정의에 담겨 있다.

또래상담에 대해 그레이와 틴달(Gray & Tindall, 1978)은 "다른 사람에
게 조력적인 역할을 수행하는 준전문가들의 다양한 대인 간 조력활동"
으로 정의하였고, 롬바디와 카렉(Lombardi & Carek, 1978)은 "연령 차이가
3세 이내인 또래 학생이 다른 학생의 학교 적응문제, 직업문제, 개인문
제 등에 관하여 도와주는 것"이라고 하였다. 치커링(Chickering, 1987)도
"자신의 생활 경험을 바탕으로 비슷한 또래에게 지지적인 역할을 제공
하는 것"으로 정의하였다. 그레이와 틴달은 또래상담 활동의 주체를 준
전문가(paraprofessional)라고 좀 더 구체적으로 언급하고 있다. 앞에서도
제시한 바와 같이, 또래상담자는 준전문가에 해당한다. 여기에 치커링의
견해를 더한다면 자신의 생활 경험을 바탕으로 준전문가로서 또래에게
역지사지의 감정으로 지지해 주는 활동이 또래상담 활동이다. 롬바디와
카렉은 3세 이내라는 연령 차이를 또래상담 대상으로 언급하고 있는데,
우리나라 학교 또래상담 활동범위와 매우 유사한 주장이다. 이처럼 활동
의 주체인 또래상담자나 활동의 대상인 또래에 대한 언급은 상담자가 또

래상담을 어떤 목적으로 활용하는가와 관계가 깊다.

배런호스트(Varenhorst, 1984)는 또래상담을 "대인 간 조력활동을 수행
하도록 학생들을 훈련시키고 지도하는 하나의 과정"으로 설명하면서,
"또래상담자들을 찾아오거나 또는 그들에게 의뢰된 비슷한 연령의 내담

〈표 1-1〉 또래상담의 정의

상담자	활동 주체	활동 대상	활동 내용 및 방법
루시안(1977), 메이와 래드마셔(1980)	특별히 훈련받은 학생	다른 동료 학생	학업, 인성, 행동과 관련된 문제 돕기
그레이와 틴달 (1978)	준전문가	다른 사람	다양한 대인 간 조력활동
롬바디와 카렉 (1978)	또래 학생	연령 차이가 3세 이내인 다른 학생	학교 적응문제, 직업문제, 개인문제 등을 돕기
배런호스트 (1984)	대인 간 조력 활동을 훈련받고 지도받는 학생	찾아오거나 의뢰된 비슷한 연령의 내담자	상담 제공
이형득과 김정희 (1983)	특별히 훈련받은 재학생	정상적인 동료 학생	성장과 발달 및 인간관계 발달의 능력 촉진
홍경자와 김선남 (1986)	상담전문가가 아닌 어느 정도 훈련받은 학생	다른 학생	문제해결에 도움을 주는 상담자 역할
김진희, 이상희 및 노성덕(1999)	비슷한 연령과 유사한 생활 경험 및 가치관을 가진 일정 훈련을 받은 청소년	주변에 있는 정상적인 또래	발달과정에서 경험할 수 있는 문제해결에 조력하며, 지지적인 도움 제공
이상희, 노성덕 및 이지은(2010)	훈련받은 사람	생활 현장을 공유하는 비슷한 연령대의 또래	지지적 관계를 맺고 도움 주기

자에게 상담을 제공하는 것"이라고 정의하였다. 이 정의는 또래상담자를 훈련시키고 지도해 가는 과정을 정의에 포함함으로써 다른 이들의 정의를 확대시키고 있다. 즉, 특별한 교육을 일정 기간의 훈련에 국한하지 않고 지속적인 지도가 주어지는 과정으로 본 것이다. 우리나라의 경우, 학교 또래상담을 운영할 때 일시적 훈련이 아닌 지속적인 활동으로 장려하고 그에 대해 슈퍼비전을 제공해 주는 틀까지 포괄하고 있으므로 배런호스트의 관점을 많이 수용하고 있음을 알 수 있다. 글래딩(Gladding, 2009) 역시 유사한 의미로 "긍정적이고 독특한 방식으로 학교와 상담자에게 도움을 주는 특별히 선택되고 훈련받은 학생들"을 또래상담자라고 정의하고 있다.

이형득과 김정희(1983)는 또래상담을 "특별히 훈련받은 재학생이 지도자가 되어 몇몇 정상적인 동료 학생을 대상으로 그들의 성장과 발달 및 인간관계 발달의 능력을 촉진하려는 의도에서 이루어지는 대인관계의 과정"이라고 정의하였다. 그리고 홍경자와 김선남(1986)은 "상담에 관한 전문가가 아닌 일반 학생이 어느 정도의 훈련을 거쳐 다른 학생의 문제해결에 도움을 주고 상담자의 역할을 해 주는 것"이라고 정의하고 있다. 이형득과 김정희의 정의는 활동 내용과 방법을 '성장과 발달 및 인간관계'에 두어 병리적인 문제가 아닌 정상적인 사람의 일시적 문제 극복을 조력하는 활동에 초점을 두고 있다. 또래상담자들이 전문상담자가 아닌 준전문가인 점을 고려한다면, 더욱이 또래상담을 학교에 적용하여 학생들로 하여금 상담활동을 하게 할 경우에는 병리적인 문제를 다루도록 할 수 없을 것이다. 이형득과 김정희의 정의에서처럼 성장과 발달 과정 중에 발생하는 일시적 부적응이나 문제들에 대한 초기 개입이 현실적으로 적합한 활동일지도 모르겠다. 그런 점에서 또래상담의 정의에서부터 병리적인 문제해결에 초점을 두는 것이 무리일 수 있다. 홍경자와 김선남이 활동의 주체를 상담전문가가 아닌 사람으로 제안하고 있는 것도 이형득과 김정희의 주장과 무관하지 않다. 그렇다면 전문가가 아닌 학생이 상담자의 역할을 한다는 것은 어떤 의미일까? 이에 대해서는 이 장의 3절 및 2장 1절에서 설명하겠다.

1990년대 후반에 이르러 김진희, 이상희 및 노성덕(1999)은 또래상담을 "비슷한 연령과 유사한 생활 경험 및 가치관 등을 지닌 청소년 중에 일정한 훈련을 받은 후에 자신의 경험을 바탕으로 주변에 있는 정상적인 다른 또래들이 발달과정에서 경험하는 문제의 해결에 조력하여, 그들이 성장·발달할 수 있도록 생활의 제반 영역에서 지지적인 도움을 제공하는 행위"라고 정의하였다. 그리고 이상희, 노성덕 및 이지은(2010)은 "훈련받은 사람이 생활 현장을 공유하는 비슷한 연령대의 또래와 지지적인 관계를 맺고 도움을 주는 일련의 활동과정"이라고 하였다. 이처럼 김진희 등(1999)과 이상희 등(2010)은 또래상담의 주체인 훈련받은 사람의 활동 내용을 지지적 도움 또는 지지적 관계를 맺고 도움을 주는 활동으로 기술하고 있다는 점에서 다른 학자들과 약간의 차이를 보인다. 또한 또래상담의 대상 내지는 또래의 범위를 우리나라 상황에 맞게 정하고자 노력한 모습을 엿볼 수 있는데, '비슷한 연령과 유사한 생활 경험 및 가치관 등을 지닌 청소년'이라거나 '생활 현장을 공유하는 비슷한 연령대의 또래'라고 대상을 정의한 것이 그 예다. 그러나 이상의 다양한 정의는 또래상담 활동의 주체, 대상, 내용 및 방법을 규정하는 틀에서는 크게 다르지 않다.

외국에서는 또래상담이 또래상담자가 수행하는 역할에 따라 각기 다른 명칭으로 불리고 있다. 또래 친구의 학업을 도울 때는 또래교사(peer tutor, peer instructor: Mazur, 1997; Topping & Croom, 1988), 일반적인 도움을 주고자 할 때는 또래도우미(peer helper: Carr, 1998; Myrick & Sorenson, 1997; Tindall & Salmon, 1990), 친구들 사이의 갈등을 중재하는 역할을 강조할 때는 또래중재자(peer mediator: Gilhooley & Schench, 2000; Gladding,

2009; Schrumpf, Crawford, & Bodine, 1997; Tindall, 2014), 대인관계에서의 성장과 발달에 중점을 두고자 할 때는 또래촉진자(peer facilitator: Brackenbury, 1995; Dollarhide & Saginak, 2003), 전문상담자나 교사를 돕는 역할을 강조할 때는 또래조수(peer assistant: Anderson & Pellicer, 2001), 이 외에도 또래코치(peer coach: Barbknecht, 2001; Gottesman, 2000), 또래자문가(peer consultant: Heppner & Johnston, 1994), 또래멘토(peer mentor: Gladding, 2009) 등의 용어를 사용한다. 우리나라에서는 또래상담자(peer counselor)와 또래도우미(peer helper)의 두 용어가 보편적으로 사용되고 있다. 그리고 2012년부터 경기도 교육청에서는 경기도 지역 학교에서 적용되는 갈등 중재 프로그램에 참여하는 또래상담자를 '또래중조자(仲助者: mediator, 중재자)'라고 특성화하여 칭하고 있기도 하다. 그러나 이런 용어들은 모두 또래상담자의 역할과 활동 내용을 단어를 통해 좀 더 구체적으로 표현했을 뿐이다.

　이제까지 언급한 여러 상담자의 의견을 종합해 보면, 학교에서의 또래상담이란 "약간의 상담훈련을 받은 학생이 그 훈련 내용에 기초해서 전문가의 슈퍼비전하에 교내의 비슷한 연령의 또래 학생들을 돕는 활동"이라고 정의할 수 있다.

　이 정의에는 세 가지 중요한 부분이 있다. 첫째는 '훈련을 받았다.'는 것이고, 둘째는 '전문가의 슈퍼비전을 받는다.'는 것이며, 셋째는 '학교에서 다른 사람을 돕는다.'는 것이다. 또래상담에서는 이 세 가지를 모두 중요하게 여기지만, 필자는 이 중 '학교에서 다른 사람을 돕는다.'는 것에 대해 조금 더 언급하고 싶다. 간혹 어떤 이들은 또래상담을 오해하여 집단상담처럼 10회기 혹은 12회기 훈련 프로그램만을 적용한 후 또래상담을 했다고 이야기하기도 한다. 그러나 이는 또래상담자 훈련 프로그램을 집단상담처럼 활용했을 뿐이다. 아마도 또래상담 훈련 프로그램을 자기성장 집단 프로그램으로 오해하는 사람들이 있는 것 같다. 하지만 그렇게 훈련 프로그램을 활용하고 나서 이후에 활동이 진행되지 않았다면 그것은 또래상담을 한 것이 아니다. 또래상담은 훈련과 함께 실제로 '또래를 돕는 활동을 할 때' 의미가 있다(노성덕, 2008). 한 번 더 강조하자면, 또래상담 훈련을 받은 학생이 또래 친구를 돕는 활동을 하지 않으면 그것은 또래상담이 아니다. 물론 또래상담자 훈련 프로그램을 실시하고 그 효과를 알아보고자 연구를 수행할 때는 또래상담 훈련 프로그램에만 초점을 둘 수 있다. 그러나 그것도 이후 또래상담자의 지속적인 활동을 전제로 한 것이어야 한다. 또래상담은 또래상담자로 훈련받는 것과 실제로 또래 학생들을 대상으로 또래상담 활동을 하는 것, 그리고 또래상담자들의 활동에 대해 전문지도자가 지도해 주는 것이 어우러져야만 제 빛을 발휘할 수 있다.

3. 또래상담자와 또래상담 지도자

1) 또래상담자

또래상담자는 또래상담자 양성교육을 받고 또래상담자로 임명된 학생을 말한다. 앞에서는 이를 '약간의 훈련을 받은 학생'이라고 모호하게 표현하였다. 또래상담자는 전문상담자의 슈퍼비전하에 비슷한 연령의 또래를 조력하는 활동을 하는 일종의 준상담자(paracounselor or paraprofessional) 또는 상담 자원봉사자다. 앞서 논의한 바와 같이, 또래상담자는 전문상담자가 아니라 타인을 돕고자 하는 마음을 가진 사람이다. 다시 말해, 타인을 돕고 싶어서 약간의 상담훈련을 받고 또래상담 활동에 자원한 준전문가다. 이상적으로 보아 또래상담자는 또래상담을 하지 않더라도 누군가를 돕는 활동을 하며 살 사람이다. 우리 사회 곳곳에는 타인을 돕는 것에 특별한 애정을 가지고 사는 사람들이 있다.

이건(2002)은 사람들을 돕는 직업(helping profession: 상담자, 정신과 의사, 심리학자, 사회사업가, 성직자 등) 중 제2선에 속한 사람들이라는 개념으로 설명하기도 하였다. 즉, 공식적으로 돕는 직업을 가진 사람들은 아니지만 타인에 대한 관심으로 비공식적인 돕기활동을 통해 타인을 조력하는 사람들이라는 것이다. 그는 다양한 직업에 속해 있는 사람들 중에 타인에 대한 관심으로 얼마든지 도움 주는 활동을 할 수 있다고 주장하면서 교사의 예를 들었다. 수학 교사가 수학을 가르치면서 동시에 학생들이 발달상 경험하는 문제를 탐색하고 이해하도록 도와주는 일을 하기도 한다는 것이다. 그리고 바텐더나 미용사들도 타인을 돕는 데 비공식적으로 활동하는 이가 있다고 전한다. 사실 우리나라에서도 그런 현상을 찾아내는 것이 어렵지 않다.

이장호, 정남운 및 조성호(2005)는 상담의 효과 측면에서 전문상담자가 아니고도 인간의 행동적 · 심리적 변화를 가져올 수 있다고 설명하였다.

> 사람들이 일상생활에서 여러 가지 심리적인 곤경에 처했을 때 그들에게 도움의 손길을 내밀고 '치유'해 준 사람들은 체계적인 상담교육을 받은 전문가가 아닌 경우가 많다. 또한 그들이 제공한 도움의 내용 역시 전문적인 상담기법들로 구성된 것이 아닌 경우가 대부분이다. 그런데도 사람들은 이러한 '주위 사람들'의 도움으로 삶의 곤경에서 벗어날 수 있고, 자신과 세상에 대한 더 나은 이해와 통찰을 얻는다(이장호 외, 2005, pp. 14-15).

필자에게도 이와 비슷한 경험이 있다. 초등학교 6학년 때 담임선생님이 성적이 많이 뒤처지는 학생들을 성적이 우수한 학생과 일대일로 짝을 지어서 방과 후에 학습하게 하였다. 필자도 성적이 많이 떨어지는 학생과 짝이 되어 그 친구 집에 가서 공부를 가르쳐 주고 친구의 할머니로부터 맛있는 것을 많이 얻어먹은 기억이 있다. 이것은 또래상담에서 또래교수(peer tutor, peer instructor)라고 불리는 것인데 벌써 30여 년 전에 우리나라 초등학교에서 이루어졌던 것이다.

필자는 고등학교 때 친구들에게 집중적으로 도움을 받은 경험도 가지고 있다. 고등학교 3학년 때 필자가 중·고등부 회장을 맡으면서 애정을 가지고 몰두했던 교회가 두 패로 나뉘어 크게 다투고 분열된 사건이 있었다. 한참 감수성이 예민했던 학생들의 충격은 이만저만이 아니었다. 기독교인이 아닌 사람은 이해하기 어려울 수도 있는데, 그것은 목숨을 버리는 시도를 할 만큼 큰 충격이었다. 불과 몇 달 전까지도 학생회를 이끌었던 필자는 많은 날들을 정말 힘들게 보냈는데, 그때는 이런 어려움을 담임에게 말할 수 없었다. 혹시라도 그 이야기를 하면 담임선생님이 교회를 욕할까 봐 말도 못하고 시험을 보다가 뛰쳐나가기도 했다. 삶의 목표가 사라져 버린 느낌이었다. 그때 나의 사정을 아는 친구들이 자기 교회로 데려가고, 자기 집으로 데려가서 재워 주고, 함께 도서관 옆 매점에서 한참을 이야기하고 도와주고, 자기 도시락을 건네주며 거의 그렇게 한 학기를 다 보낸 기억이 있다. 그때 함께해 주었던 친구들은 나의 또래상담자였다.

이건의 관점을 빌린다면, 또래상담자는 자신이 속해 있는 학교에서 어려움에 놓인 친구들을 돕는 준전문가라고 할 수 있다. 지역이나 연령을 떠나 이런 사람들이 존재한다. 하지만 경우에 따라서는 타인을 돕는다고 한 것이 결과적으로는 타인에게 도움이 되기보다 오히려 해가 되고 자신에게도 해가 되는 경우가 있다.

예를 들면, 우리나라 속담에 "친구 따라 강남 간다."라는 말이 있다. 이 말은 원래 친구가 어디에 간다 하니까 자신은 아무 생각 없이 그냥 친구를 따라 나서는 속없는 사람이나 혹은 친구가 좋아서 친구가 하는 대로 한다는 것을 비유하는 말이다. 하지만 현장에서 상담을 하다 보면 이것이 또

또래상담자(출처: 안양여자고등학교, 2001)

다른 의미로 다가온다. 어떤 마음 여리고 착한 학생이 가출해서 강남으로 도망가려는 친구를 만류하다가 얼떨결에 함께 가출한다는 그런 서글픈 이야기로 말이다. 친구를 만류하다가 부산역까지 함께 가고, 부산역에서 만류하다가 얼떨결에 무궁화호를 함께 타고, 어찌어찌 하다 보니 서울역에 도착해서 기차가 끊겨 되돌아가지도 못하고 그냥 함께 가출 청소년이 되어 버린 그런 아이들 말이다. 또는 친구가 맞짱을 뜨게 된 상황에서 의리상 가방을 지켜 주겠다고 싸움판 옆에 끝까지 셋이서 서 있다가 조직으로 걸려드는 친구도 있다. 애나 어른이나 이런 상황이 참 많다. 돕는 것이 다 도움이 되는 것이 아니라는 것을 간과한 데서 비롯된 상황이다.

　그러나 어찌되었든 타인을 돕고자 하는 순수한 마음과 활동은 그 자신과 그가 속해 있는 학교 또는 지역사회를 풍요롭게 하는 훌륭한 자산이다. 만약 친구들을 돕기 좋아하는 학생을 발굴하여 효율적으로 또래를 조력하고 결과적으로 자신에게도 이득이 되게끔 할 수 있다면, 문제가 심각하게 부각되기 전에 학교 현장에서 초기에 예방하는 효과를 가져올 수 있다. 요컨대, 또래상담자란 "타인을 조력하는 데 관심을 가지고 있는 사람 중에 상담적인 방법으로 조력하는 훈련을 받고 다른 사람을 도와주는 활동을 하는 사람"이라고 할 수 있다(노성덕, 2008).

2) 또래상담 지도자

또래상담 지도자는 또래상담자를 양성하고 지속적으로 슈퍼비전을 해 주는 사람을 말한다. 또래상담 지도자는 상담기관의 상담전문가, 학교 전문상담교사, 학교상담을 담당하고 있는 상담부 교사, 한국청소년상담복지개발원으로부터 또래상담 지도자 양성교육을 받고 기관이나 학교에서 또래상담자를 지원하고 있는 사람 등이다(오혜영, 지승희, 조은경, 백현주, 신주연, 2006). 또래상담 지도자는 또래상담의 기본 개념, 또래상담 활용 목적, 또래상담자 양성 프로그램, 또래상담자의 활동 내용, 학생으로서의 또래상담자 자기 관리 등에 대해 포괄적인 지식과 경험이 있어야 한다. 또래상담 지도자는 또래상담자를 양성하고, 활동에 대해 슈퍼비전을 제공하며, 자신이 속해 있는 학교 현장에 적합한 또래상담 활동의 내용을 개발하고 평가해야 한다. 그리고 궁극적으로는 또래상담이 학교에 정착되어 학교상담의 하나로 학생들에게 유익한 도움을 제공하도록 하는 데 노력해야 한다.

(1) 또래상담 지도자의 자질

또래상담 지도자는 청소년인 학생을 또래상담자로 훈련하고 지도해야 하기 때문에 전문가적 자질을 갖추어야 한다. 그들이 또래상담 운영을 좌우한다고 해도 과언이 아니다. 김진희 등(1999)은 또래상담 지도자들에 대한 면접조사를 토대로 또래상담 지도자의 인간적 자질과 전문적 자질을 제시하였다. 또래상담 지도자에게 필요한 인간적 자질은 ① 인간에 대한 기본적 신뢰와 수용능력, ② 정확한 자기 이해와 자신감, ③ 탐구정신과 창의성, ④ 융통성과 유머 감각 등이다. 또래상담 지도자에게 필요한 전문적 자질은 ① 상담 전반에 관한 지식과 경험, ② 인간 행동의 이해 및 의사소통 방법의 인식, ③ 훈련 목표에 대한 명확한 인식, ④ 집단 체험활동 지도능력 등이다.

이와 같은 자질이 갖추어지면 또래상담을 학교에서 적용하고 운영하는 데 수월할 것이다. 그러나 이런 자질을 모두 갖추어야만 또래상담을 운영할 수 있다는 것은 아니다. 인간적 자질과 전문적 자질을 향상시키기 위해 지속적인 훈련과 지도를 받으면서 또래상담을 운영할 수도 있다.

최근 학교에 배치되고 있는 전문상담교사가 또래상담 지도자의 기능을 수행하거나 또는 교과담임이 다른 과목을 가르치면서 또래상담 지도자의 기능을 수행할 경우에는 초보상담자들이 직면하는 문제들을 고려하면서 자기 관리를 하거나 전문가에게 슈퍼비전을 받을 필요가 있다. 코리(Corey, 2002)는 초보상담자가 직면하는 문제들을 제시하였는데, 학교에서 또래상담을 지도하는 교사가 참고한다면 도움이 될 것이다. 또래상담에 맞게 재정리하면 아래와 같다.

1 불안을 의식하고 처리하기: 또래상담자들을 선발하고 관리하고 슈퍼비전 하는 데 따르는 불안이 없는 것처럼 부정하지 말고, 불안을 의식하고 처리하는 용기가 필요하다.

2 자신을 개방하기: 내담자의 자기 탐색 수준을 깊게 하고 치료관계를 강화하는 효과를 위해서 자신을 적절하게 개방하는 것이 필요하다. 또래상담자들에게 교사의 학창 시절 경험을 개방한다면 또래상담자들의 모델이 될 수도 있다.

3 완벽주의를 경계하기: 실수를 두려워하지 말라. 누구나 실수할 수 있다. 처음부터 또래상담을 완벽하게 준비하고 진행할 거라는 기대를 하지 말라. 실수는 새로운 업무를 야심차게 추구하는 사람의 친구다.

4 자신의 한계를 인정하기: 전문상담자라고 해도 모든 내담자를 치료할 수는 없다. 학교 교사는 더욱 그렇다. 또래상담자들을 지도하는

데도 한계가 있다. 현실적으로 환경을 통제하는 데 한계가 있고, 또 래상담자들을 슈퍼비전 하는 데도 한계가 있다. 따라서 이를 인정하고 대안을 찾는 노력이 필요하다.

5 요구가 많은 대상자를 다루기: 또래상담 지도자가 해 줄 수 있는 선을 분명하게 밝혀 두는 것이 필요하다.

6 비자발적 내담자를 다루기: 내담자를 준비시키는 것이 특히 중요하다. 또래상담 훈련에는 친구 따라 생각 없이 참여한 후보생도 있다. 상담에서는 타인의 손에 이끌리어 억지로 내방하는 사람을 비자발적 내담자라고 한다. 또래상담 지도자는 친구 따라 강남 오듯 또래상담 동아리에 참여한 학생을 자발적인 훈련생으로 변화시키는 것에 관심을 가져야 한다.

7 모호성을 견디기: 초보상담자들은 자신이 개입한 상담의 결과가 보이지 않는 것에 대한 불안함을 가진다. 또래상담 역시 마찬가지다. 또래상담 훈련뿐 아니라 또래상담자의 활동이 초래할 결과들도 짧은 시간 내에 확인하기 어렵다. 따라서 또래상담 지도자는 목표를 명확하게 하고, 중간 평가를 통해 모호성을 극복하는 대안 마련을 할 줄 알아야 한다.

8 내담자와의 관계 속에서 자신을 잃지 않기: 초보상담자들은 내담자에 대한 걱정을 지나치게 많이 해서 내담자가 가진 신경증이 상담자에게 투사되도록 할 수 있다. 초보상담자들은 내담자를 잘 다루는 방법도 배워야 하지만, 내담자를 그냥 내버려 두는 방법을 배우는 것도 필요하다. 또래상담 지도자도 마찬가지다. 또래상담자를 관리하면서 그냥 자율적으로 활동하도록 보장해 주는 것이 필요하다.

9 유머를 개발하기: 또래상담 지도자에게는 유머가 꼭 필요하다.

10 내담자와 책임을 나누기: 모든 책임을 또래상담 지도자가 지려고 할 필요는 없다. 또래상담 훈련생들과 책임을 함께 나누는 것이 필

요하며, 함께 나눈 책임이 결실을 맺으면 결과에 대한 공도 함께 나누어야 한다.

⑪ 충고하고 싶은 마음을 견디기: 또래상담자들의 활동을 슈퍼비전 하다 보면 가르치고 싶은 욕구에 시달리게 된다. 빨리빨리 대안을 제안해 주고, 인생을 살아 본 경험이 있는 성인으로서 좋은 이야기도 해 주고, 자신의 경험을 토대로 충고도 해 주고 싶은 마음에 사로잡히기 쉽다. 그러나 이러한 충고하고 싶은 마음을 달래야 한다.

⑫ 자신의 역할을 명확하게 하기: 또래상담 지도자는 교과담임 또는 전문상담교사의 직무 외에도 또래상담 지도자이며 상담자로서의 역할에 대해서도 인식하고 있어야 한다.

⑬ 적절한 기법을 사용하기: 시간을 때우기 위해서, 훈련 회기를 채우기 위해서 무계획적으로 아무 기법이나 주먹구구식으로 사용하는 것을 피해야 한다.

⑭ 자신만의 상담 양식을 개발하고 적용하기: 또래상담 지도자는 자기 나름의 독특한 지도방법과 활동 내용을 개발하고 적용하기 위해 노력해야 한다.

(2) 또래상담 지도자와 윤리

또래상담 지도자는 전문가로서 윤리적 태도를 가져야 한다. 또래상담을 비롯해서 학교에서 상담을 담당하는 교사에게는 교사로서의 윤리 외에도 상담자로서의 윤리가 적용될 수 있다. 만약 또래상담을 담당하는 지도교사가 전문상담교사라면 더더욱 말할 나위 없을 것이다. 상담자 윤리는 한국상담학회나 한국심리학회 산하 한국상담심리학회의 홈페이지에서 윤리요강 등을 참고하면 도움이 될 것이다.[2] 특히 또래상담 지도자

---

2) 한국상담학회(http://www.counselors.or.kr), 한국상담심리학회(http://www.krcpa.or.kr)

는 또래상담자들과 함께 비밀보장에 대한 사항과 성적(性的) 문제에 대한 사항에 유의하여야 한다. 학교라는 좁은 공간에서 이루어지는 조력활동인지라 소문이 무척 빠르다. 그러므로 또래상담자들의 활동을 슈퍼비전 해 주고, 또래상담자들 간에 또는 교사의 입장에서 습득한 내용을 비밀리에 간직하기가 쉽지만은 않다. 따라서 이에 대해 각별히 주의하지 않으면 도움을 준 대상에게서 습득한 정보가 개인의 사적인 이득을 위해 오용되는 경우가 발생할 수 있다. 또래상담 지도자는 또래상담자들에게 비밀보장에 대한 교육을 빠뜨리지 않아야 한다.

또한 성적인 문제에 대해서도 항상 조심해야 하는데, 상담교사가 학생들을 상담하다 보면 고민과 문제를 가진 학생들이 상담교사에게 자신의 심리적 상태를 전이시킬 수 있다. 이와 같은 전이의 의미를 해석하지 못하고 교사가 학생과 사랑에 빠지는 등 부적절한 관계를 가지게 되는 것은 범죄행위에 해당한다는 것을 알아야 한다. 학생들의 경우는 자신의 부적절한 감정과 행동의 의미를 해석할 수 있는 능력이 부족하기에 순수한 사랑이었다고 혹 이야기할지도 모르겠다. 그러나 상담교사에게는 변명의 여지가 없다. 설령 변명의 여지가 있어서 사건이 잘 무마된다고 할지라도 상담자로서의 입지는 다시 세울 수 없으며 관리자는 상담실이나 또래상담의 운영을 더 이상 맡기지 않을 것이다. 이것은 상담교사의 자기 관리 측면이기도 하다.

(3) 또래상담 지도자와 소진

또래상담 지도자는 또래상담을 운영하면서 업무에 지쳐 소진(burn out)될 수 있기 때문에 이를 예방하기 위한 조치들을 강구해 두어야 한다. 특히 지도자가 교사일 경우 업무가 지나치게 과중될 수 있다. 만약 교과를 담당하는 교사가 또래상담 지도자를 겸하고 있다면 그것은 거의 봉사 내지는 희생이랄 수밖에 없을 것이다. 따라서 이 책에서 거듭 강조하는 시스템을 염두에 두고 또래상담을 기획해야 한다. 전문상담교사가 지도자 역할을 하는 경우에도 업무과중은 피할 수 없을 것이다. 특히 또래상담을 시작한 한두 해에는 신경써야 할 것이 무척 많기 때문에 업무를 적절하게 분산시키는 지혜가 필요하다. 9장에서 선배 교사들이 어떻게 업무를 분산시키고, 보조인력을 활용하고, 시스템의 관점에서 또래상담을 운영하였는지를 상세하게 설명하였다. 이를 참고한다면 소진을 예방하는 데 어느 정도 도움이 될 수 있을 것이다. 코리(2002)는 상담자가 소진을 예방하기 위해 취할 수 있는 조치들을 제시하였는데, 이 중 또래상담 지도자에게 적용할 수 있다고 여겨지는 것을 조금 수정하여 소개하고자 한다.

1 또래상담의 목표, 우선순위, 기대를 평가하고 그것이 실현 가능한 것인지, 그리고 당신이 원하는 것을 획득하게 해 줄 것인지를 확인해 보라.

2 당신은 모든 활동 및 당신 생활의 능동적 주체라는 사실을 인식하라.

3 학교 업무 이외의 다른 흥밋거리도 찾고 개발하라. 여가활동도 하고, 여행도 하고, 새로운 경험도 하고, 자기 삶의 의미도 찾아라.

4 학교 업무와 또래상담 관련 일을 다양하게 그리고 창의적으로 수행할 방법을 탐색하라.

5 적절한 수면, 운동, 식사 및 이완을 통해 건강을 유지하라.

6 서로 어려움이나 경험을 나눌 수 있는 동료를 만들어라.

7 또래상담에 필요한 것들을 구할 수 있는 방법을 찾아보고, 동료나 다른 전문가에게서 배워라. 그러나 항상 구할 수 있다고 기대하지는 말라.

8 외부에서 가치를 찾으려 하지 말고, 자기 확신, 자기 보상을 위해 일하는 것을 배워라.

⑨ 당신이 지금 하고 있는 일을 평가하는 시간을 가져라. 계속 시간이
나 노력을 투자해야 할 것인지, 아니면 방법을 바꾸는 것이 더 나은
지를 결정하는 시간을 가져라.

⑩ 타인이 책임져야 할 일은 떠맡지 말라. 교과담임 외에 또래상담 지
도자로서의 업무만으로도 과중할 것이다.

⑪ 학회, 연구회, 세미나 등 교육이나 워크숍 등에 참석하고 관련 문헌
을 읽어서 새로운 지식을 보충하라.

⑫ 스트레스를 줄이는 방향으로 일을 재배치하라.

⑬ 자신이나 또래상담자의 한계를 인식하라. 또래상담자는 학생이고
청소년이라는 것을 잊지 말라.

⑭ 실수를 저지르는 자신을 용서하고 자신의 불완전함을 수용하라.

다음에 제시한 것은 소진 자가 측정 질문지다. 정기적으로 자신의 상
태를 점검하고 적합한 방법으로 스스로에게 휴식을 제공하는 것은 지도
자의 지혜로운 자기 관리라 할 수 있을 것이다.

소진(burn out) 자가 측정 질문지

※ 최근 당신의 상태를 돌아보면서 다음 질문에 대답하세요. 번호의 예를 보고, 각 질문에 해당하는 번호를 기입하세요.

1-전혀 그렇지 않다　　2-거의 그렇지 않다　　3-드물게 그렇다
4-때때로 그렇다　　5-자주 그렇다　　6-대부분 그렇다　　7-항상 그렇다

질 문	점 수
1. 피곤하다.	
2. 기가 빠진 느낌이다.	
3. 즐겁게 하루를 보낸다.	
4. 몸이 녹초가 되었다.	
5. 정신적으로 지칠 대로 지쳤다.	
6. 행복하다.	
7. 피곤해서 죽을 지경이다.	
8. 에너지가 다 소진되었다.	
9. 스스로가 불행하다는 생각이 든다.	
10. 과로했다는 느낌이 든다.	
11. 자신이 무가치하다는 생각이 든다.	
12. 무언가에 붙잡혀 꼼짝 못하는 느낌이다.	
13. 만사에 싫증이 난다.	
14. 근심 걱정이 떠나지 않는다.	
15. 타인들에 대해 실망하고 화가 난다.	
16. 자신이 정신적으로나 육체적으로 약해졌다는 느낌이 든다.	
17. 이제는 별다른 희망이 없다는 생각이 든다.	
18. 타인들로부터 거부당하는 느낌이 든다.	
19. 낙관적으로 생각한다.	
20. 정력적으로 일한다.	
21. 사는 게 겁이 난다.	

※ 채점요령

가. 3번, 6번, 19번, 20번을 뺀 나머지 질문의 점수들의 합 ( )

나. 3번, 6번, 19번, 20번 점수들의 합 ( )

다. 32에서 나 점수를 뺀 점수 ( )

라. 가 점수와 다 점수를 합한 점수 ( )

당신의 번아웃 점수 = 라 ÷ 21

※ 점수해석

가. 3점 미만: 번아웃에 대해 걱정할 필요가 없다.

나. 3~3.6점: 곧 닥쳐올 번아웃 상태를 예방할 필요가 있다. 자신에게 내재된 위험 요소들에 대해 관심을 가져야 한다. 삶을 재미있게 만들 새로운 것을 찾거나 자신을 돌아볼 기회를 자주 갖는 것이 중요하다. 가정이나 직장에서 개선되어야 할 것이 무엇인지 자세히 살펴봐야 한다.

다. 3.7~5점: 곧바로 대책을 세우지 않는다면 중대한 위기에 처할 확률이 높다. 일과 여가의 밸런스를 유지하고 삶의 재미를 되살리기 위한 보다 효과적인 대책을 세워야 한다.

라. 5점 초과: 매우 심각한 번아웃 위기에 처해 있다고 할 수 있다. 따라서 전문가를 찾아 도움을 청하는 것이 필요하다.

● 요약

학교에서의 또래상담은 "소정의 상담훈련을 받은 학생이 학교 내에서 그 훈련 내용에 기초하여 전문가의 슈퍼비전하에 비슷한 연령의 또래 학생들을 돕는 활동"이라고 정의할 수 있다. 또래상담자는 타인을 조력하는 데 관심을 가지고 있는 학생 중에 상담적인 방법으로 조력하는 훈련을 받고 다른 사람을 도와주는 활동을 하는 사람이다. 또래상담 지도자는 또래상담자를 양성하고 지속적으로 지도해 주는 사람이다. 또래상담 지도자는 상담기관의 상담전문가, 학교 전문상담교사, 상담부 교사, 한국청소년상담복지개발원으로부터 또래상담 지도자 교육을 받은 사람 등을 말한다.

● 학습 과제

- 또래상담에서 '또래'의 의미와 '상담'의 의미에 대한 자신의 생각을 말해 보시오.
- 또래상담자를 준전문가라는 관점에서 보고 '중요한 역할'과 '역할의 한계'에 대하여 설명해 보시오.
- 또래상담자에게 가장 필요한 자질이 무엇인지 자신의 의견을 밝혀 보시오.
- 또래상담 지도자에게 요구되는 인간적 자질과 전문적 자질에 대해 설명해 보시오.
- 또래상담 지도자가 소진을 예방할 수 있는 방안에 대해 설명해 보시오.

학습 목표

- 또래상담이 학교에 가져다주는 유익에 대해 이해한다.
- 학교 또래상담이 가지는 현장 상담 시스템으로서의 기능과 내용에 대해 이해한다.
- 우리나라에서의 또래상담 전개과정을 안다.

 ## 학습 개요

이 장은 또래상담이 학교에서 적용되고 있는 이유를 생각해 보고, 상담의 새로운 영역이라는 관점에서 현장 상담 시스템에 대해 논의한다. 그리고 외국과 우리나라에서 또래상담이 전개된 과정을 간략하게 소개한다. 학생들은 친구에게 자신의 고민을 털어놓는 경향이 있었다. 상담전문가나 교사 또는 부모에게 자신의 고민을 털어놓거나 상담을 청하는 비중보다는 친구나 비슷한 연령의 또래에게 상담을 요청하는 비중이 더 높았다. 이것이 또래상담을 학교에서 활용하게 된 첫 번째 이유다. 교사의 입장에서는 부족한 상담 인력을 또래상담자들이 보강해 주는 효과가 있다. 학교 상담을 담당하는 교사는 교과담임이 겸직하는 경우가 많다. 설령 전문상담교사가 또래상담을 운영한다고 하더라도 한 학교의 전교생을 대상으로 상담활동을 하는 데는 한계가 있다. 그래서 협력자가 필요하며, 이에 상담교사는 또래상담자들을 협력자로 여긴다. 이것이 학교에서 또래상담을 활용하게 된 두 번째 이유다. 또래상담자들의 활동이 있었다면 그 결과로 활동의 효과가 있어야 한다. 이 효과는 연구자들의 관심 이전에 도움을 청한 학생들이 먼저 평가할 일이다. 학생들은 또래에게 고민을 털어놓으면 도움이 된다고 인식하고 있다. 이것은 학교에서 또래상담자들의 활동이 지속되는 이유라고 할 수 있다.

제2장
학교 또래상담의 전개

1. 학교에서의 적용 이유

우리나라에서 또래상담은 학교상담의 한 방법으로 활용되고 있다. 한국청소년상담복지개발원에 따르면 2013년 한 해 동안 7,310명의 교사가 또래상담 지도자 연수를 수료하였고, 5,217개 학교에서 또래상담반이 운영되었다. 이들 학교에서 양성된 학생 또래상담자는 77,233명이었다(한국청소년상담복지개발원, 2014). 이는 2004년까지 5,700명의 교사와 48,500명의 또래상담자가 활동했다는 보고(교육인적자원부, 2005)나, 2001년 한 해 동안 353개교와 30개 상담기관에서 13,025명의 또래상담자가 활동했다는 보고(노성덕, 이문희, 2001)와 비교해 보면 가히 획기적인 발전이라고 할 수 있다.

이렇게 또래상담은 학교 장면에 폭넓게 활용되면서 우리나라 학교상담에서 빼놓을 수 없는 중요한 방법으로 거론되고 있다(구광현 외, 2005; 김계현 외, 2003; 설기문, 2002; 안창일, 1999; 연문희, 2003; 유형근, 2002; 이상민 외, 2003; 이재규, 2005; 천성문 외, 2004). 또래상담이 학교상담으로 적용되고 있는 것은 몇 가지 측면에서 그 이유를 찾을 수 있다.

1) 친구에게 고민을 이야기하는 학생들

학생들은 자신의 고민을 교사나 상담전문가보다 또래 친구에게 쉽게 이야기하는 경향이 있다. 학창 시절에는 고민이 많다. 유형도 가지가지이고 고민 중에는 위장된 고민도 있다. 성인들도 학생 시절에 그런 고민이 많았다. 그런데 성인이 되면서 자신이 크고 작은 많은 고민을 가지고 있었다는 것을 잊어버린다. 아니, 그런 고민이 모두 세상 사는 걱정거리로 나이와 함께 자라 버린다. 그래서 학생들의 고민을 진지하게 들어 줄 마음의 공간도 사라져 버린다.

　학생들은 자신의 고민을 비슷한 처지의 친구들에게 털어놓는다. 그리고 그 이야기가 또래 사이에서 자연스럽게 수용되고 공유되는 경향이 있다. 이것은 또래가 서로 비슷한 공감대를 형성하고 있기 때문으로 보인다. 또래상담은 청소년기의 이러한 특성을 활용한 상담전략이기에 학생상담으로 적절하다는 것이 많은 전문가의 공통된 견해다(구광현 외, 2005; 이상희 외, 2010; Carr & Saunders, 1998; Cole, 2001; Myrick & Erney, 1979; Studer, 2005).

　이와 같은 주장을 뒷받침해 주는 조사연구들이 많다. 화성시청소년상담실(2003)에서 화성시의 중·고생 795명을 대상으로 조사연구한 바에 따르면 친구에게 고민을 상담한다고 응답한 학생이 전체의 68.9%였다. 이 조사는 고민이 있을 때 대화 정도가 아니라 상담을 요청하는 대상을 물은 것이다. 그래서 이 수치는 단지 고민을 털어놓는 대상으로서가 아니라 상담 요청 대상으로서의 의미를 가진다. 조사자의 의도가 어떻든, 학생들은 자신의 문제를 의논하는 대상으로 약 2/3가 친구를 꼽았다.

　광역 단위의 조사연구도 꽤 있다. 유순덕, 김현미 및 김상수(2003)가 경기도 지역 중·고생 1만 1,560명을 대상으로 조사연구를 하였는데, 응답자의 69.4%가 친구에게 고민을 상담한다고 하였다. 광주광역시청소년종합상담실(2000)에서 광주광역시 고등학생 935명을 대상으로 한 연구에서는 56.3%가 친구에게 고민을 털어놓는다고 밝혔다. 두 조사연구 모두 고민을 털어놓는 대상으로 또래를 꼽는 비율이 과반수를 훨씬 넘고 있다. 청소년은 학교폭력이라는 노출하기 다소 어려운 문제에 대해서도 피해 사실을 털어놓는 대상으로 친구를 일순위로 꼽고 있다. 김영순 등(2002)이 충남 지역 초·중·고생 1,135명을 대상으로 조사한 연구에서는 23.7%로, 그리고 청소년보호위원회(2002)의 전국 단위 연구에서는 31.5%로 조사되었다.

이상희, 노성덕 및 이지은(2000)은 전국적으로 표집하여 조사연구를 한 적이 있는데, 초등학생 27%, 중학생 46%, 고등학생 48%가 친구에게 고민을 털어놓는다고 응답하였다. 고민을 털어놓는 대상으로 친구를 꼽은 이 비율은 모든 학령에서 각각 1위다. 이처럼 다른 어떤 대상보다 친구들에게 고민을 털어놓는 학생의 비율이 높다는 것을 알 수 있다.

학생들이 친구들에게 먼저 고민을 털어놓는다는 사실은 학교 상담교사들에게 많은 시사점을 준다. 청소년들이 친구에게 고민을 털어놓기 때문에 학교 안에서 문제를 가진 학생을 교사보다는 또래 학생들이 먼저 알게 되는 것은 당연하다. 따라서 또래를 활용한다면 고민이 심각한 양상으로 발전되기 전에 현장에서 학생들의 수준에 맞는 다양한 방식으로 즉각적인 도움을 줄 수가 있다. 이것은 고민을 듣는 초기 단계에서 또래상담자들이 적절하게 개입만 한다면 많은 문제를 사전에 예방하는 것이 가능하다는 이야기다(천성문, 설창덕, 2003).

앞에서 또래상담의 의미를 살펴볼 때 여러 각도에서 논의해 본 바와 같이, 또래상담은 상담전문가의 활동은 아니다. 그러나 치료 효과 측면에서 보면, 상담전문가의 시각에서 유치한 방법도 학생들의 세계에서는 약효가 있는 방법인 경우가 많다. 또래상담자는 친구를 상담할 때 상담신청 → 접수면접 → 사례 회의 및 배정 → 초기 면접 등의 절차를 밟지 않는다. 그래서 전문적인 상담의 관점에서 보면 상담이라는 형식이 없는 활동처럼 보일 수도 있다. 하지만 그것이 학생들 사이에서는 오히려 더 효율적일 때가 있다. 동질적인 태도와 방식에서 자신의 고민을 털어놓고 또 고민이 수용되는 경험을 하면서, 부정적인 정서가 긍정적인 정서로 변화되고 긍정적인 정서 속에서 다양한 대안행동을 모색하며 문제가 더 커지기 전에 초기 단계에서 이미 형성되어 있는 친구관계를 토대로 해결책을 찾도록 돕는 것이야말로 학교 장면에 어울리는 개입방법일 수 있다.

상담의 중요한 목적을 예방에 두고 있다는 점을 상기해 볼 때(김계현 외, 2009; 연문희, 강진령, 2002), 또래상담자들의 활동은 학교 안에서 매우 가치 있는 활동이라 할 수 있다. 또래상담은 고민을 듣는 초기 단계에 또래가 또래를 돕도록 구안된 것이어서 실제로 문제를 예방하고 전문가에게 의뢰되도록 하는 데 도움이 되는 것으로 알려져 있고, 이런 전략이 학교 장면에서 유용하게 활용되고 있다고 할 수 있다.

하지만 교실에서 일어나는 일들을 조기에 포착하고 개입한다는 것에 대해 주의해야 할 사항이 있다. 사실 교실에서 일어나는 일을 포착하는 것은 또래상담자만이 할 수 있는 일은 아니다. 이미 교실에는 또래상담자 말고도 반장, 부반장, 총무와 같은 리더가 있다. 그들도 친구들의 문제를 조기에 파악한다. 하지만 개입에 문제가 있을 수 있다. 친구들로부터 파악한 정보를 단순히 담임교사나 학생부 교사 등에게 전달하는 것이 또래상담자의 역할이 아니다. 그렇게 된다면 또래상담은 친구들 사이에서 신뢰를 잃는다. 또래상담자는 고민이 있는 친구에게 다가가서 상담을 해 주는 상담자다. 그래서 또래상담을 '좋은 친구 되기'라고 표현하기도 하는 것이다. 자신의 역량을 벗어나는 문제는 교내 전문가와 의논하지만, 이 의논은 상담자들이 어려운 사례를 슈퍼비전 받거나 다른 전문가에게 의뢰하는 것과 같다. 또래상담자들은 교실에서 고민을 가진 친구를 찾아가 도움을 주고, 자신이 도울 수 없는 부분에 대해서는 다른 또래상담자 또는 지도교사가 도울 수 있도록 친구에게 친절하게 설명하여 선택하게끔 지원하는 사람이다. 이렇게 함으로써 현장에서 문제를 초기에 예방하는 효과를 가져온다. 그렇기에 또래상담이 학교상담의 하나로 활용되고 있다.

2) 학교상담 협력자로서의 또래상담자

또래상담자는 학교에서 상담교사의 협력자로 활동하고 있다. 우리나라 학교상담의 한계로 지목되는 것 가운데 한 가지가 상담 인력의 부족이다(구본용, 1999; 김계현 외, 2003; 안창일, 1999; 천성문, 설창덕, 2003; 한숙경, 오인수, 2002). 이런 상황에서 또래상담자가 상담교사의 협력자로 활동하고 있다는 것은 특별한 의미를 가진다고 할 수 있다.

　현재 학교상담 전담인력 배치는 아직도 일부에 불과하여서 전체 학교를 감안하면 매우 부족한 실정이다. 2004년에 초중등교육법이 개정되면서 2005년 9월부터 지역 교육지원청에 전문상담교사를 순회상담교사라는 명칭으로 배치하였고, 2006년부터 순차적으로 임용고시를 통해 학교상담만을 전담하는 전문상담교사를 임용하고 있지만 그래도 상담인력 부족문제는 여전히 지속될 것으로 보인다. 매년 전문상담교사 배치는 점차 확대되고는 있으나 그 증가추세가 매우 미미한 상태이며, 이 간극을 극복하기 위해 계약직 상담자인 '학교 전문상담사'를 배치하거나 교과를 맡고 있는 교사에게 상담교사를 겸직하게 하고 있다. 하지만 전문상담사나 상담을 겸직하는 상담부 교사가 한 학교에 많아야 2~3명에 불과하여 교과지도와는 별도로 학교에서 상담을 수행하기는 매우 어려운 상황이다. 학교 내 상담 지원을 위하여 교육과학기술부에서 2009년부터 위프로젝트(wee project)를 시작한 것은 매우 고무적이라 할 수 있다. 위프로젝트는 학교 안과 학교 밖을 연계하여 학생상담을 효과적으로 수행하려는 목적으로 시작되었다. 위프로젝트는 학교 내에 위클래스(wee class)를 설치하고, 지방 교육지원청 단위로 위센터(wee center)를, 광역교육청 단위로 위스쿨(wee school)을 설치하고 상담자를 배치하고 있다. 위프로젝트와 여성가족부의 청소년상담복지 시스템이 서로 연계한다면 상당한 인력보강 효과가 있을 수 있겠으나 사실 매년 급증하고 있는 학생상담 수요를 감당하기에는 그다지 효율적이지만은 않을 듯하다. 2014년 현재 120개 교육지원청 산하에 위센터가 설치되고, 200개 지방자치단체에 청소년상담복지센터가 설치되었으나 각 센터마다 상담을 신청하는 학생들로 인해 1개월에서 3개월까지 대기자가 발생하고 있다.

김계현 등이 2001년도에 이런 현실을 언급하였지만 10년 이상이 지난 2014년에도 크게 나아진 것 같지 않다. 앞에서 언급한 것처럼 전문상담교사를 배치한 것이 큰 변화이기는 하지만 전체 학교를 놓고 볼 때는 미미하다. 2011년 말부터 학교폭력 문제가 사회문제화 되어 2012년부터 수년 내에 모든 학교에 전문상담교사를 배치한다고 정부에서 나서고는 있지만, 사실 모든 학교에 전문상담교사를 배치하여도 인력문제는 계속 거론될 것이다. 한 사람의 전문상담교사가 적게는 1,000여 명, 많게는 3,000여 명의 학생을 상담하고 지도하는 것 자체가 한계를 안고 있기 때문이다.

좀 더 이상적으로 이야기하자면 학교 교사 전체가 상담자로서의 기능을 충실하게 하여도 학생들의 문제를 다루는 데는 여전히 한계가 있을 것이다. 학생들 문제에 대처하기 위하여 교사들뿐만 아니라, 학부모 자원봉사회 등 다양한 사람들이 쉬는 시간, 청소시간, 점심시간 등에 교실이나 학교 내 구석진 곳을 순찰하는 노력을 기울여도 학생들의 고민이나 친구 간 갈등 등을 예방하고 돕는 데는 한계가 있다.

이런 상황에서 또래상담자들의 활동은 업무 과중에 시달리는 학교 상담교사를 도와서 친구들을 상담해 주는 소중한 보조인력 기능을 수행하는 셈이 되고 있다는 것이다(대구광역시교육과학연구원, 2003). 교육지원청 상담자원봉사회, 법무부 지원 학부모상담실, 학교 사회사업가 배치, 스쿨 폴리스, 퇴직경찰 지원 등 다른 대안들도 모색되거나 시도되고 있지만 지역별로 각기 다양해서 언제 중단될지 모른다는 한계를 안고 있다. 따라서 교사 입장에서는 외부에서 유입되는 한시적 인력과 비교해 볼 때 또래상담이 강력한 대안으로 인식되는 듯하다. 미국에서도 전문가가 상담수요에 비해 부족했던 상황이 또래상담을 활용하도록 하는 중요한 계기가 되었다(Gladding, 2009; Steisel, 1972).

연문희와 강진령(2002)은 이런 측면에서 자발적으로 타인을 돕기 원하는 학생에게 필요한 소정의 훈련을 이수하게 한 후 타인을 돕는 활동을 하게 하는 것은 학교에서 상담이 필요한 학생에 대해 1차적 상담 서비스를 제공하는 것이 된다고 하였다. 그리고 상담교사나 교사가 학생들에게 많은 시간을 할애할 수 있는 방법의 대안이 될 수 있다고 제안하였다. 이런 주장은 학생들의 문제를 2개의 범주로 나누는 것을 전제로 한다고 볼 수 있다. 예를 들어, 학생들이 호소하는 문제는 문제의 수준에 따라 위기 문제와 비교적 해결이 쉬운 문제로 구분할 수 있다. 비교적 해결이 쉬운 문제에 대한 개입은 1차적 상담 서비스를 통해 도움을 주고, 위기문제는 2차적 상담 서비스를 통해 도움을 준다. 대체로 문제의 분포를 보면 2차적 상담 서비스로 해결해야 하는 위기문제는 1차적 상담 서비스로 해결할 수 있는 정도의 문제에 비해 적다. 그렇기 때문에 또래상담자가 대화와 관심 정도로 해결할 수 있는 문제들에 개입해 준다면 상담교사의 업무 부담이 상당히 줄어들 것이다. 결국 또래상담자의 활동은 상담교사가 더 심각하고 어려운 문제로 고통받는 학생들에게 집중할 수 있도록 도와주는 셈이 된다.

이재규(2005)는 한 걸음 더 나아가 학교에서 또래상담자가 운영하는 또래 집단상담을 학교 집단상담 모형의 하나로 제안하였다. 다시 말해, 학교에서 집단상담을 운영할 때 또래상담자를 활용하는 모형을 공동상담자 모형으로 제시한 것이다. 전체 학생을 대상으로 집단상담을 상담교사가 혼자서 진행하려면 엄두가 나지 않을 것이다. 그렇다고 매번 외부 자원봉사자에게 부탁하여 지원받기도 쉽지 않다. 따라서 또래상담자가 집단상담을 이끌거나 또는 공동으로 운영하도록 한다면, 이미 선행연구를 통해 전문상담자 못지않은 효과를 가져온다고 입증되었듯이 학교상담에 기여할 수 있다. 이재규의 모형과는 다소 차이가 있지만, 이미 현장에서는 또래상담자가 심성수련 등을 이끌고 있기도 하다. 다음은 서울 모 여자고등학교 또래상담 지도교사의 녹취록 일부다. 이 글은 이 책의 8장에도 소개되어 있다.

> …1학년들, 신입생이죠? (음) 3월에 1학년 신입생을 대상으로 집단상담을 합니다. 시간상 하루에 다 할 수 없어서, 열두 반 내지 열다섯 반 되니까 하루에 세 반씩 남겨 가지고 (음) 조를 편성하면은 한 15개 조 편성이 돼요. (음) 그럼 저희 아이들이 15명 필요하잖아요. (음) 하루에 한두 반 남겨서 우리 아이들 다 투입해 각 반을 조별로 나눠서는 집단 심성수련을 합니다. (네) 그때 그 1학년들이 많이 바뀌어요. 중학생이 처음 1학년에 올라올 때 엄마들 전화가 상담실로 많이 옵니다. (음) 왜냐면 '과연 우리 아이가 고등학교 올라가서 잘 적응할까.' … 고등학교는 다 다른 중학교에서 올라온 이질 집단이니까 갈등으로 알력이 좀 생겨요. (네) 같은 중학교 나온 애들끼리 타 학교 애들하고 알력이 생겨 패싸움하고 막 그러니까 학부모가 무척 걱정하더라고요. (음) 근데 저희는 1학년은 딱 묶어 가지고 심성수련을 해요. 사실 우리는 한 회밖에 안 하는 건데, 하루 오후 남겨서 한 2시간 정도 하는 건데도 처음 만난 아이들끼리 굉장히 친해져요. (아) 마음 터놓고 이야기하니까. 이걸 보면서 '야, 이 프로그램은 매년 학년 초에 해야 된다, 이거.' (아) 학교 아이들 적응하기 위해서도, 학교폭력 예방을 위해서도, 왕따 예방을 위해서도 이거 진짜 중요한 거구나, (음) 필요한 거구나.

천성문과 설창덕(2003)도 또래상담자 역시 학생이기에 상담활동을 통해 스스로 성장하고 행복한 삶을 추구해 갈 수 있도록 배우는 사람들임을 명심해야 한다고 주의를 촉구하면서도, 여러 이점 때문에 또래상담이 유력한 학교상담의 한 부분으로 자리 잡고 있다고 지적하였다.

3) 문제해결에 도움을 주는 또래상담

학교에서의 또래상담 활용은 청소년이 자신의 고민을 또래 친구에게 이야기한다거나 준전문가 활용을 통하여 상담 기능을 확대시키고자 하는 관점이 크게 작용한 결과로 보인다. 그러나 그것이 전부는 아니다. 만약 또래상담이 전문가들을 위해 단지 청소년을 활용하는 것에 불과했다면 입시 위주의 교육 분위기가 주류인 우리나라 학교에서는 결코 지속적으로 활용되지 못했을 것이다.

앞의 두 가지 이유는 또래상담이 시작된 초기 배경일 수 있다. 사실 그런 목적으로 시도되는 활동은 많다. 그런데 또래상담이 처음 시작한 이래 지속적으로 학교상담의 하나로 존속하는 이유는 또래상담 활동이 또래상담자로 참여하는 학생에게 큰 유익을 주기 때문이고, 그들의 도움을 받는 학생들에게도 효과가 있음이 입증되고 있기 때문이다. 이런 현상은 또래상담이 적용되는 학교에서 어렵지 않게 목격할 수 있다. 현재 많은 교사가 눈으로 목격하고 입으로 전하는 데 그치지 않고, 실험연구를 통해 또래상담 활용이 또래상담자와 대상 학생에게 도움이 되고 있음을 밝혀내고 있다. 이러한 연구는 초 · 중 · 고등학생뿐만 아니라 대학생과 유치원생, 그리고 장애를 가진 학생 등 다양한 연령과 대상에게 확대되고 있다. 그와 관련된 이야기는 2부에서 자세히 다루고 있다.

2. 현장 상담 시스템[3]으로서의 학교 또래상담

앞 절에서 언급한 바와 같이 학교에 상담전문가를 배치하기 시작한 것

---

3) 현장 상담 시스템이라는 용어는 상담학계에서 공식적으로 사용하고 있는 용어는 아니다. 필

은 불과 몇 년 되지 않는다. 2014년 현재 전국에 배치되어 있는 전문상담교사는 1,300여 명이다. 우리나라의 학교 현황을 보면 2014년 3월을 기준으로 초등학교 5,913개교, 중학교 3,173개교, 고등학교 2,322개교 등 총 11,408개교다. 이를 전문상담교사 현황과 비교해 보면 전체 학교에 상담전문가를 배치하는 일은 아직도 요원하다. 그러나 전문상담교사 배치가 완료될 때까지 학교상담을 보류할 수는 없는 노릇이다.

그러면 이런 상황을 어떻게 보완할 수 있을까? 어떤 학교는 학부모 자원봉사자를 활용하기도 하고, 어떤 학교는 전체 교사의 상담 역량을 강화시켜 이 문제를 해결하려고 한다. 하지만 아무리 노력을 기울여도 학생들 사이에서 벌어지는 일들을 파악하여 예방하거나 개입하거나 혹은 의뢰하는 일은 쉽지 않다. 그렇다면 교실에서 문제가 발생하는 초기에 이를 인지하고 개입할 수 있는 장치를 마련하는 것이 필요한 것 아닐까? 일부 학교에서는 교실, 화장실 뒤, 운동장 구석, 매점 뒤 등에 CCTV를 설치하여 이에 대응하려고 시도하고 있다. 그러나 CCTV는 폭력과 같이 가시적으로 확인할 수 있는 것 이외의 상황을 포착하는 데는 한계가 있다. 오히려 학생들을 감시하는 듯한 인상을 주어 인권문제를 유발할 수도 있다. 가시적으로 확인 가능한 학생들 간 행동뿐만 아니라 언어적 교류, 비언어적 의사소통, 표정, 태도, 학급 분위기 등을 인지하여 문제를 사전에 포착하는 것은 기계적 장치로 해결할 수 없는 부분이다.

그렇다면 친구를 돕기 좋아하는 따뜻한 마음을 가진 학생이 학급 현장에서 생활하다가 자연스럽게 그런 상황을 인지하고 초기에 대응할 수 있도록 하는 것이 많은 문제를 예방할 수 있지 않을까? 일상 속에서 자연스럽게 문제를 감지하고, 자기가 가지고 있는 역량 범위 내에서 돕는 활동

자는 상담전문가가 없지만 상담이 필요한 현장에 상담 기능이 존재하도록 조치를 취해 놓는 것을 현장 상담 시스템이라는 용어로 잠정 정의해 보았다. 이와 관련된 내용은 필자의 저술 『찾아가는 상담』(학지사, 2008)의 2부 5장 '현장 상담 시스템: 또래상담'을 참고하기 바란다.

을 하도록 한다면 효율적이지 않을까? 타인을 돕는 것이 자기를 돕는 것이라는 속담도 있듯이, 돕는 활동을 하는 학생도 성장하게 되지 않을까? 이런 고민에서 시작된 것이 또래상담이다.

학교 또래상담이 현장 상담 시스템이 되는 이유는 전문상담자가 턱없이 부족한 상황에서 상담 보조인력이라 할 수 있는 사람들을 훈련시켜서 현장에서의 예방활동, 문제 초기에 이미 형성되어 있는 대인관계 맥락에서의 개입, 그리고 전문가 또는 상담기관으로의 연계를 가능하게 하기 때문이다(노성덕, 2008). 말하자면 상담이 필요한 현장에 상담 기능이 존재하도록 조성해 놓는 것이다. 현장에서의 상담 기능은 자연적으로 형성되는 것이 아니다. 기초적인 수준의 상담훈련을 받은 구성원들이 모종의 조직을 구성하여 조력활동을 하도록 하고, 비교적 오랜 기간 현장에서 예방, 조기 개입, 의뢰 등의 상담 기능을 수행할 수 있도록 전문가가 지도하는 모형을 가지기 때문에 이를 시스템이라고 지칭하였다.

현장 상담 시스템으로서의 또래상담은 [그림 2-1]과 같은 기능을 가진다. 이 기능은 ① 조기 발견, ② 조기 개입 및 문제 예방, ③ 의뢰, ④ 슈퍼비전 등의 기능으로 구분할 수 있는데 각각의 내용을 조금 더 살펴보고자 한다.

[그림 2-1] 또래상담 활동 모형

1) 조기 발견

이미 이 절 및 앞 절 '학교에서의 적용 이유'에서도 언급한 바 있지만, 학생들의 돌출 행동이나 고민은 교실에 있는 친구가 가장 먼저 알아차린다. 개인적인 특성에서 비롯되는 문제, 특정 학생의 가정문제로 인해 영향 받는 교실 분위기, 교우 간 갈등, 학교폭력, 학급 및 학교 부적응의 문제들은 담임의 눈에 잘 띄지 않는 경우가 많다. 왜냐하면 학생들이 자신의 문제를 담임교사나 교과교사가 있는 곳에서 드러내는 경우는 많지 않기 때문이다. 오히려 교우 간 갈등, 학교폭력, 가정문제로 인한 돌출 행동을 보이다가도 교사가 나타나면 행동을 멈추고 눈치껏 조용히 상황을 수습해 버리기 때문이다.

이런 상황이고 보면 학생들의 일기장에 표현된 갖가지 고통을 친구들이나 부모는 아는데 정작 교실 관리의 책임을 맡고 있는 교사는 가장 나중에 알게 되는 경우도 발생한다. 문제는 커지기 전에 초기에 발견하여 해결하는 것이 가장 효과적이라는 것은 누구나 아는 것이다. 그런데 학급 관리의 책임을 맡고 있는 담임교사가 문제를 가장 늦게 파악한다면, 이미 해결하기 어려운 상태에 도달해 있을 가능성도 높다.

따라서 조기에 문제를 발견해 내는 기능이 학급 내에 존재하도록 하는 것이 필요한데, 또래상담이 그 시스템의 일부를 담당할 수 있다는 것이다. 물론 이것은 또래상담자들이 문제를 조기에 발견해서 담임교사에게 고자질하는 식의 기능을 가진다는 것은 아니다. 조기에 발견하면 그 사실을 담임교사나 상담교사에게 일러바치듯 보고하는 것이 아니라, 자연스럽게 다음 단계인 조기 개입 및 문제 예방 시스템으로 연결될 수 있다. 이 과정에서 '보고'나 '고자질'이 아닌 '문제해결을 위한 의뢰'로서 담임교사나 상담교사에게 정보가 전달될 수는 있다. 이 정보전달의 과정은 전문상담자가 개인적으로 또는 기관 차원에서 다루기 곤란한 사례를 상사나 기관 운영위원회에 보고하는 것과 같은 맥락으로 이해할 수 있다.

2) 조기 개입 및 문제 예방

또래상담자들이 학급에서 문제가 돌출된 친구를 발견하면 또래친구로서 형성되어 있는 기본적인 대인관계 맥락에서 개입하게 된다. 이 개입은 또래상담자 개인의 수준에 따라 전문적인 상담처럼 될 수도 있지만, 더 많은 경우에는 관심표현에 기초한 대화가 더 큰 비중을 차지한다.

이 관심표현은 의외로 다양한 효과를 가져다준다. 또래상담자들의 관심표현에 기초한 말걸어 주기, 문제해결에 필요한 대안행동 찾는 것을 돕기 등의 상담활동은 결과적으로 대상 학생들의 심리적 안정을 높이고, 학급 적응을 향상시키며, 각종 부적응적 특성들을 감소시키는 효과를 가져오는 것으로 보고되어 있다. 그 내용들은 4장에서 학교급별로 정리해 두었다.

또래상담이 전문상담 못지않은 효과를 가져오는 것은 아마도 또래상담자들이 주로 조기 개입을 시행하기 때문인지도 모른다. 대체로 전문상담자들은 문제 초기를 경험하고 있는 내담자를 잘 만나지 못한다. 오히려 문제가 상당히 심화된 상태의 내담자를 주로 만난다. 다시 말해, 해결하기 이미 어려운 상태에 도달해 있는 내담자가 전문상담자를 찾게 된다는 것이다. 하지만 교실에서는 문제 초기에 또래상담자들이 개입하기 때문에 심각해지기 이전의 상태에서 문제를 다루게 되고, 이것이 결국 문제해결을 더 효율적으로 만드는 결과를 가져온다는 것이다. 이런 측면에서 살펴보면 또래상담자들의 조기 개입은 학교 차원 또는 전문가들의 관점에서 '문제 예방'이 된다. 그래서 또래상담은 조기 개입 및 문제 예방 시스템의 기능을 가지게 되는 것이다.

3) 의뢰

또래상담자가 상담전문가가 아니라는 이야기는 이 책 곳곳에서 논의하였다. 또래상담자는 친구관계에 기초해서 상담활동을 한다. 그러므로 친구관계에 기초해서 돕기 어려운 문제는 또래상담자들을 혼란과 무기력에 빠뜨린다. 이성 친구를 사귀는 것에 대한 고민은 또래상담자가 도울 수 있으나, 이성 친구와의 성관계로 인한 문제를 또래상담자가 도울 수는 없다. 친구 간 갈등문제를 또래상담자가 중재할 수는 있으나, 학교폭력이 비화되어 양 부모가 소환되는 수준의 문제를 또래상담자가 해결해 줄 수는 없다. 또한 외로움의 문제, 고독의 문제에는 또래상담자가 개입해서 도움을 줄 수 있으나, 우울, 외상 후 스트레스장애, 강박장애 등의 정신증적 장애는 또래상담자가 상담할 수 없다.

문제를 조기에 발견하고 예방적 차원에서 조기 개입을 하는 것은 또래상담자들이 충분히 해낼 수 있으나 보다 전문적인 수준에서 개입해야 할 경우에는 당연히 전문가에게 의뢰해야 한다. 이 의뢰 시스템이 또래상담에 존재한다. 1차적인 의뢰는 또래상담을 지도하는 교사나 학교 내 상담교사가 될 것이다. 그런데 문제가 학교 내에서 다루어지기 어렵거나 곤란한 경우 2차적인 의뢰를 할 수 있다. 2차적인 의뢰는 위센터, 청소년상담복지센터, 정신건강증진센터, 건강가정지원센터, 사설 전문상담기관, 정신과 전문의 등에게 할 수 있다.

4) 슈퍼비전

또래상담자들의 활동에는 반드시 슈퍼비전이 전제된다. 슈퍼비전은 지도교사가 이메일을 통해 간단하게 점검해 주는 것에서부터 공개 사례 발표까지 다양하게 진행될 수 있다. 대체로 또래상담에는 또래상담자들의 상담활동에 대한 슈퍼비전과 지도교사의 또래상담반 운영에 대한 슈퍼비전이 존재한다. 특히 또래상담자에 대한 슈퍼비전은 비형식적 과정까지 아우르는데, 매주 도움 활동을 점검하고 활동의 내용, 활동방법, 또래상담자의 태도 등을 중점적으로 슈퍼비전한다. 이 과정은 반드시 형식을 갖추어 진행되기보다는 이메일, 홈페이지 게시판, 상담실에서의 짧은 만남을 통한 지도, CA시간을 통한 동료슈퍼비전 등의 다양한 형태를 가지고 있다. 이런 점에서 보면 상담전문가들이 실시하거나 또는 슈퍼바이지로 참여하는 형식을 갖춘 슈퍼비전과는 차이가 있다. 그렇지만 학교현장에 맞는 슈퍼비전 시스템이 또래상담에 존재한다는 것은 매우 의미있는 일이다. 이상의 시스템을 학교와 지역 전문상담기관 간의 기능으로 확대해서 생각해 보면 [그림 2-2]처럼 표현할 수 있다.

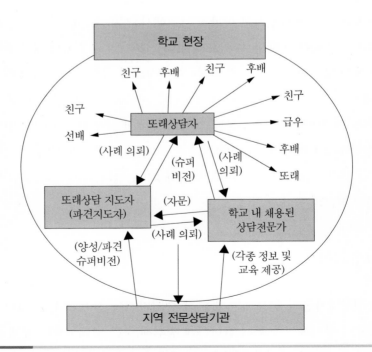

[그림 2-2] 현장 상담 시스템으로서의 학교 또래상담(노성덕, 2008)

현장 상담 시스템으로서의 학교 또래상담에는 또래상담자, 또래상담 수혜자인 대상 학생, 또래상담 지도자, 상담전문가, 지역 전문상담기관 등이 관련되어 있다. 인적 구성은 학교마다 차이가 있을 것이다. 또래상담자는 학급이나 학교에서 친구나 급우, 후배 등을 대상으로 또래상담 활동을 한다. 그리고 또래상담 지도자(또래상담교사, 외래 전문가 등)와 학교 내 상담전문가(전문상담교사, 계약 상담자 등)는 또래상담자에게 슈퍼비전을 해 준다. 또래상담 지도자는 외부에서 파견된 상담전문가일 수도 있고, 또래상담 지도자 자격을 가진 학교 내 교사일 수도 있으며, 또래상담 지도자 자격을 갖춘 상담 자원봉사자일 수도 있다. 학교 내 상담전문가는 사립학교의 경우 외부에서 채용된 상담자일 수 있고, 공립학교의 경우는 배치된 전문상담교사이거나 전문상담자 자격을 갖춘 학교 내 교사일 수 있다. 또래상담 지도자와 학교 내 상담전문가가 누구냐에 따라 역할을 적합하게 구분하여 협력함으로써 또래상담자를 더 효율적으로 지도할 수 있고, 학교 내 또래상담 동아리를 잘 운영할 수 있다. 또한 또래상담 지도자는 지역 전문상담기관과 연계하여 다양한 지원을 끌어낼 수 있다.

이상희 등(2010)은 지방 청소년상담복지센터의 또래상담동아리연합회 운영을 예로 들고 있는데 그것은 [그림 2-3]과 같다. 이 그림은 학교 또래상담이 현장 상담 시스템으로 기능하는 데 지역의 청소년상담기관이 어떤 역할을 하는지 보여 주고 있다. 지역 청소년상담복지센터에서는 또래상담자 훈련리더와 보조리더를 훈련하여 학교에 파견해 주고, 학교의 또래담당교사를 자문하고 교육함으로써 학교에 인력과 프로그램을 지원하는 역할을 한다. 훈련리더와 보조리더는 학교에 들어가서 또래상담자를 훈련시키고 슈퍼비전해 주는 역할을 수행하되 학교 상담교사와 협력한다. 학교 상담교사는 청소년상담복지센터로부터 또래상담에 대한 정보와 자료를 제공받고, 학교 내에서 또래상담 사업 전체를 총괄하여

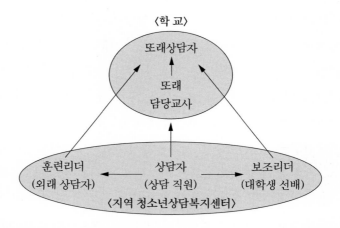

[그림 2-3] 학교와 지역 청소년상담기관 연계체계(이상희, 노성덕, 이지은, 2010)

운영한다. 이런 시스템은 학교 내에서 또래상담을 실시하고자 하는 학교와 또래상담 프로그램을 통해 청소년을 돕고자 하는 지역 청소년상담복지센터의 욕구가 만나서 이루어진 현장 모델이라 할 수 있다. 그렇기에 비교적 오랜 기간 존속할 수 있으며 또래상담이 현장 상담 시스템으로 자리 잡는 데도 기여한다고 할 수 있다.

3. 또래상담의 전개과정

"상담학의 역사는 짧지만 상담의 역사는 길다."라는 말이 있다. 또래상담도 마찬가지다. 또래상담의 역사는 짧지만 또래 조력활동의 역사는 길고도 길다. 또래 조력활동의 역사는 인류의 역사와 맞먹을 수 있다. 사람은 누군가를 도와주는 일을 통해 자기를 실현하는 존재이기 때문이다. 이런 관점에서 본다면 또래상담은 '이론적 틀에 근거를 두고 시작하였다'기보다는 사람들 사이에서 필요에 의해 일어난 현상이라고 할 수 있다(구본용, 구혜영, 이명우, 1994; 이상희 외, 2010; Varenhorst, 1984). 그런데 자연 상태에서 타인을 조력하는 현상에는 긍정적인 결과와 부정적인 결과가 공존한다. 쉽게 말하면, 앞 장에서 언급한 것처럼 타인을 돕는다는 것이 도움이 되지 못하고 오히려 해로울 경우도 있다는 말이다. 이에 타인을 조력하는 현상을 긍정적인 방향으로 이끌어 낼 수 있다면 상당히 다양하고 많은 문제를 현장에서 조기에 개입하여 예방할 수 있게 된다. 또래상담은 그런 관심에서 시작되었다. 그리고 또래상담자의 활동이 학교에서 전문가 못지않은 효과를 가져온다는 점을 인식하게 되면서 학교 내에서도 널리 확산되었다(이상희 외, 2010; 이형득, 김정희, 1983; Bobias & Myrick, 1999; Trux & Carkhuff, 1965; Vriend, 1969; Zimpfer, 1974).

1) 미국과 캐나다의 또래상담

1960년대에 북미를 중심으로 정신보건 분야에서 또래상담의 전개에 큰 영향을 끼친 준전문가(paraprofessional) 운동이 일어났다. 당시에 훈련받은 정신보건 분야의 전문가가 상담 수요에 비해 부족하였다는 것이 준전문가의 활약을 끌어들이게 된 것이다(Steisel, 1972). 이 과정에서 준전문가를 활용한 성공적 사례들이 보고되면서, 준전문가도 적절한 훈련을 받으면 일상적인 생활 장면에서 알맞은 도움을 줄 수 있다는 생각을 하게 되었다(Trux & Carkhuff, 1965; Vriend, 1969; Zimpfer, 1974). 브리앤드(Vriend, 1969)는 디트로이트 고등학교에서 또래상담 활동을 시도해 보았다. 브리앤드는 학생들도 약간의 훈련을 하면 또래에게 도움을 줄 수 있다는 결과를 제시하였다. 이 연구는 청소년도 상담자의 역할을 할 만한 잠재력이 있다는 것을 보여 주었다는 점에서 청소년 또래상담 적용의 시초라고 할 수 있다.

햄버그와 배런호스트(Hamburg & Varenhorst, 1972)는 캘리포니아 팔로

알토 학군에서 상당히 광범위하게 또래상담을 적용하였다. 그들은 부적
응 및 발달과정상 문제를 지닌 학생들을 돕기 위한 프로그램을 개발하였
는데, 이 프로그램은 청소년을 또래상담자로 활용하기 위한 구체적인 훈
련과 실습 과정을 포함하였다. 햄버그와 배런호스트의 영향으로 1970년
대에는 여러 형태의 또래상담 프로그램이 개발·확산되었다(Varenhorst,
1984). 1980년대 후반 이후로는 북미의 또래상담이 학교 장면뿐 아니라
병원이나 기업 및 일반인 사이에 자리 잡아 갔다. 그리고 개입하는 영역
도 약물남용, 문제행동, 갈등해결, 괴롭힘, 성문제, 진로, 대인관계 등으
로 세분화되고 확대되었다(Bobias & Myrick, 1999; Carr, 1983; Guanci, 2002;
Tobler, 1986).

　1980년대 이후 미국과 캐나다에서 전개된 또래상담의 특징 중 하나는
조직적인 활동 전개다. 캐나다에서는 1980년대에 빅토리아 대학에서 또
래상담 프로젝트(peer counseling project)가 수년간 실시되었는데, 이 프
로젝트의 종료 후에도 또래상담에 대한 요구가 지속되었다. 이러한 요구
에 힘입어 빅토리아 대학의 교수인 카(Carr)는 비영리 민간단체인 또래상
담연구소(Peer Resource)를 설립하여 운영하면서 캐나다 또래상담의 중
심체 역할을 하게 되었고, 현재에 이르기까지 프로그램 개발과 훈련 및
연구 사업을 전개하고 있다. 카는 2000년 이후 또래상담을 멘터 프로그
램과 코칭 프로그램에까지 확대 제공함으로써, 학교 현장을 넘어서 기업
과 병원, 지역사회에까지 확장시키고 있다. 미국에서는 1984년에 또래상
담 연합회라 할 수 있는 NPHA(National Peer Helping Association)가 조직
되었다. NPHA는 미국의 37개 주와 14개 국외단체가 연계되어 있는 조직
으로, 프로그램 개발과 훈련 및 자격 부여, 그리고 연구사업을 수행하고
있고 매년 연차대회를 개최하고 있다(이상희 외, 2010). 또한 또래상담의
중요성을 널리 알리기 위하여 10월의 마지막 주를 '빨간 리본 주간(Red
Ribbon Week)'으로 지정하여 시행하고 있고, 그 주의 수요일을 '전국또

래상담자의 날(National Peer Helper Day)'로 명명하고 전국적인 행사를 개최하고 있다(www.peerhelping.org). 미국과 캐나다에서는 또래상담 지도자 양성교육 프로그램을 세분화하여 개발하고 지도자 자격을 부여하고 있으며, 문제 영역별로 다양한 또래상담자 활동 지침서 개발이 시도되고 있다.

2) 우리나라의 또래상담

우리나라에서도 또래 조력활동의 역사는 매우 길다. 조선시대 서당의 접장[4]제도나 삼국시대 화랑제도 등에서도 이미 그 구체적인 사례를 발견할 수 있다. 굳이 또래상담이 무엇인지 알지 못해도, 사람들은 자신의 고민을 비슷한 또래에게 털어놓고 마음의 위안을 찾기도 하고 해결책을 모색하기도 한다.

우리나라에서 또래상담이 형식을 갖추고 본격적으로 활용된 것은 1980년대 대학의 학생생활연구소에서부터다. 자기성장 프로그램이나 인간관계 훈련 프로그램과 같은 집단상담에 참여했던 대학생이 그 프로그램의 보조리더나 리더가 되어 집단상담을 이끌거나 보조하는 형태를 '동료상담'이라는 이름하에 소개하였다(이관용, 김순화, 1983; 이형득, 김정희, 1983; 장혁표, 1986; 홍경자, 김선남, 1986). 이후 또래상담이라는 용어와 혼용되다가, 1990년대 중반에 이르러 동료상담의 주 대상이 대학생에서 중·고등학생까지로 확대되면서 또래상담이라는 용어를 더 보편적으로 사용하게 되었다. 그리고 다양한 대상과 다양한 문제에 적용하게

---

4) 접장이란 오늘날의 반장과 같은 의미가 있다. 규모가 큰 서당에서 훈장 혼자 많은 학동을 가르칠 수 없었으므로 학동 중 나이가 들고 학력이 우위인 사람을 접장으로 임명하여 하급과정의 학동을 가르치게 한 자생적 제도다. 이는 또래상담에서의 또래교수(peer tutor)와 유사하다.

되었다.

이상희 등(2010)은 우리나라에 또래상담이 소개된 이래 또래상담이 전개되어 온 과정을 태동기(1980년대), 확산기(1990년대), 정착기(2000년대)로 나누어 제시하고 있다. 그러나 이렇게 시기를 구분하는 것에는 좀 더 신중함이 필요하다. 우리나라 또래상담의 전개과정을 태동기와 확산기, 그리고 정착기라고 구분하였을 때는 각 시기에 맞는 특성들이 우리나라에서 보편적으로 확인되어야 하기 때문이다. 그러나 또래상담 전개과정을 연대별로 개괄해 본다는 것은 의미가 있다고 하겠다.

1980년대는 또래상담의 태동기라고 하였는데 이 시기에 대학에 동료상담이 소개되었기 때문이다(이관용, 김순화, 1983; 이형득, 김정희, 1983). 입시 위주의 중·고등학교 교육을 받아오다가, 새롭게 맞이하는 대학생활은 학생들에게 많은 도전과 자유 및 혼란을 주게 된다. 이러한 대학생활의 어려움을 해결하고 건강한 인성 발달을 돕기 위해 대학에서는 부속상담센터를 설치하였다. 그러나 요구에 비해 상담센터에서 제공할 수 있는 서비스는 제한될 수밖에 없었다. 그것은 앞에서 논의한 전문인력의 부족과도 관계가 깊다. 그래서 대안으로 활용한 것이 또래상담이다(장혁표, 1986; 추석호, 1987).

1990년대에는 또래상담 활용이 이전보다 확산되는 특징이 나타난다. 대학 상담기관에서 집단상담 프로그램을 진행하는 또래상담이 효과가 있다고 알려지면서, 또래상담자의 역할을 다양한 장면으로 확장시키고 그 효과를 검증하는 연구가 진행되어 중·고등학교까지 그 대상이 확대되었다. 특히 중·고등학교로 또래상담이 급속히 확산된 것은 1994년 문화관광부 산하 한국청소년상담원[5](전 청소년대화의광장)에서 국책사업으로 또래상담자 양성 및 운영 사업을 시작하면서부터다(구본용 외, 1994;

---

5) 2012년에 청소년복지지원법 개정에 따라 한국청소년상담원은 한국청소년상담복지개발원으로 명칭이 변경되었다.

금명자, 장미경, 양미진, 이문희, 2004; 이상희 외, 2010; www.kyci.or.kr). 한국 청소년상담복지개발원에서는 1994년부터 1999년까지 중·고등학교에서 또래상담자를 양성할 수 있도록 5종의 또래상담자 훈련 프로그램과 지도자용 지침서를 개발하였다(구본용 외, 1994; 김용태, 김인규, 구본용, 1996; 이상희 외, 2000). 그리고 전국 단위로 또래상담 지도자와 청소년 또래상담자 양성교육을 실시하였는데, 시·도 및 시·군·구 청소년상담실[6]과 연계하여 또래상담 지도자 양성, 또래상담 시범운영, 프로그램 개발 및 보급 등의 지원사업을 통해 급속하게 또래상담이 확산되었다(이상희 외, 2010). 또래상담이 학교에 널리 알려지면서 중·고등학교를 중심으로 또래상담 동아리가 결성되어 운영되자, 현장 교사들을 중심으로 그 효과를 검증하는 연구가 활발하게 수행되었다(강경자, 1996; 김명주, 1997; 박선주, 1999; 우승희, 1999; 윤현미, 1997).

  2000년대에 이르러 좀 더 정교한 형태로 또래상담을 운영하기 위한 노력이 이루어졌다. 이를테면 또래상담자 훈련 프로그램이 대상 학생의 수준에 따라 초·중·고등학교 단계별 프로그램으로 개발되었고(이상희 외, 2000), 또래상담의 효과를 검증해 보고자 하는 연구들이 더욱 활기를 띠었다. 또한 지역에 따라서는 도·광역시 교육청에서 각급 학교에 또래상담 운영을 권고하는 등 교육당국의 관심이 뒷받침되었다. 2000년 이후의 큰 특징 가운데 하나는 연합모임의 결성이다. 연합모임은 또래상담 지도자와 또래상담자의 지역별 연대를 활발하게 해 주었다. 특히 2000년도부터 각 지역에서 또래상담 지도자와 또래상담자 대표들이 참여하는 전국 또래상담활성화대회가 개최되었고, 이를 계기로 도 단위 또는 시·군 단위로 또래상담 연합 캠프를 운영하는 지역이 나타나기 시작했다(금명자 외,

---

6) 청소년상담실은 청소년상담센터, 청소년지원센터 등의 명칭을 거쳐서 2012년에 청소년복지 지원법 개정에 따라 청소년상담복지센터로 명칭이 변경되었다.

2001년 전국 또래상담활성화대회: 또래상담자 전국 대표

2006년 안양시 또래상담연합회 캠프
(출처: www.egfriend.or.kr)

2004; 오혜영, 지승희, 조은경, 백현주, 신주연, 2006; 장미경 외, 2003; 노성덕, 이문희, 2001).

이러한 연합 캠프는 청소년들이 참여하는 또래상담 학술대회의 성격을 띠고 있으며, 우수 사례 발굴 및 전국 대표들의 교류를 통해서 또래상담이 더욱 확산되는 계기를 마련한 것으로 평가되고 있다. 이렇듯 2000년대 이후에 그 운영이 확산되고 교육당국의 관심이 증가되면서 지역별 또래상담 연합회가 조직되는 상황에 대해, 이상희 등(2010)은 이 시기를 또래상담 정착기로 분류하기도 하였다.

오혜영 등(2006, pp. 13-15)은 이상희 등보다 더 세분하여 또래상담 전개과정을 설명하고 있다. 이를 소개하면 다음과 같다.

1. 1994~1996년: 1차 상담 서비스를 강조한 준상담자 훈련기. 수적으로 부족한 학교 상담교사를 대신해서 학교에서 학생들의 심리적 어려움을 민감하게 감지한 후 1차 상담 서비스를 제공하는 또래상담자 훈련

2. 1997~1998년: 또래상담자의 기본 역할 규정기. 또래상담자 자신의 우정의 중요성을 강조하여 또래상담자가 대안적인 상담자의 역할을 학교에서 좀 더 효율적으로 수행하며, 또래상담자 자신의 친구 관계 발달을 촉진하는 역할을 강조

3. 1999년: 또래상담의 학교 활성화 방안 모색기. 또래상담의 운영 방안에 대한 연구를 수행하여 또래상담 지도자들이 학교 현장에서 또래상담을 운영하는 절차, 방법 및 내용에 대한 실제적인 지침을 제공

4. 2000~2002년: 청소년기의 발달 단계별 또래상담 방안 탐색기. 청소년 초기, 중기, 후기의 발달 특징과 초·중·고등학교 급별 수준에 적합하게 적용될 수 있도록 세분화된 프로그램 개발에 힘썼던 시기. 또한 또래상담이 활성화되면서 또래상담자가 휴대하고 활용하기에 간편한 포켓북 형식의 지침서 개발. 전국 또래상담활성화대회 개최

5. 2003년~현재: 또래상담자 정신 확립 및 연합활동 강조기. 또래상담자 정신을 확립하고, 또래상담자에게 유대감과 공동체 의식을 증

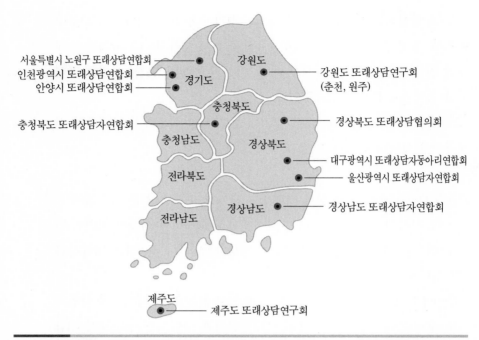

서울특별시 노원구 또래상담연합회
인천광역시 또래상담연합회
안양시 또래상담연합회

강원도

강원도 또래상담연구회
(춘천, 원주)

경기도

충청북도

충청북도 또래상담자연합회

충청남도

경상북도

경상북도 또래상담협의회

대구광역시 또래상담자동아리연합회
울산광역시 또래상담자연합회

전라북도

경상남도

경상남도 또래상담자연합회

전라남도

제주도

제주도 또래상담연구회

[그림 2-4] 전국 지역별 또래상담연합회 현황(출처: www.kyci.or.kr, 2007년 12월 현재)

진하기 위하여 또래상담 수첩과 배지를 제작 · 교부함. 시 · 도 단위
의 연합활동이 전국적으로 확산됨. '또래상담자와 함께하는 배려
하는 학교 만들기' 캠페인 전국 개최

오혜영 등의 소개는 다분히 학교를 중심으로 한 또래상담 전개과정을
외부 전문가의 시각에서 정리한 것이라고도 할 수 있다. 우리나라에서
학교 또래상담은 인성교육의 한 차원에서 진행되는 경향이 있다. 그것은
학교 또래상담 관련 연구들이 인성에 미치는 영향을 분석하는 것에 집중
된 것을 봐도 알 수 있다. 관련 연구들에 대해서는 5장에서 구체적으로
살펴보았다.

또래상담 활용이 학교 장면에서 보편화되면서 소년원 학교에서도 적

용을 시도하고 있다(법무연수원, 2005). 소년원 학생들의 인성 함양과 재범 방지 및 사회 적응과 자활이라는 맥락에서 또래상담 적용을 선택하려는 듯하다. 노성덕 등(2010)은 서울소년원에서 시범운영한 또래상담 프로그램을 소개하면서 원내에서 또래끼리 서로 돕는 문화가 소년원의 목적 성취와 맥을 같이 한다고 제시하고 있다. 이에 따라 법무부에서는 내부적 문제해결 방안의 하나로 또래상담을 제시하기도 하였다(법무부 범죄예방정책국, 2009)

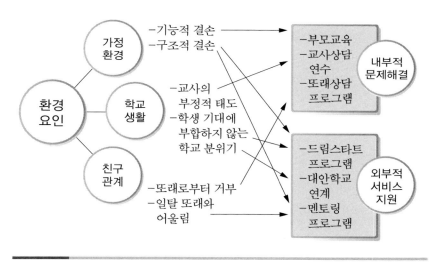

[그림 2-5] 범죄 예방 개요(법무부, 2009, p. 6)

　이렇듯 또래상담은 대학과 중고등학교를 넘어 기업, 교회, 성당, 군대 등 다양한 장면에 확산되어 가고 있는데, 군에서는 부적응 병사를 지원하는 방안의 하나로 또래상담을 검토한 바 있다(최병순, 안현의, 서선우, 강진영, 2008). 군 내에서 문제사병을 조기에 발견하고 개입함으로써 극단의 사고를 예방할 수 있는 점은 학교 내 또래상담 활용의 계기와 유사하다. 양미진, 신효정 및 송미경(2008)은 군에서 또래상담자 훈련에 적용

가능한 '군 솔리언 또래상담 프로그램'을 개발하고, 4개 집단을 대상으로 시범운영하기도 하였다. 이 프로그램은 한국청소년상담복지개발원의 솔리언 또래상담에 기초하여 군 상황에 맞게 재구성한 것이다.

• 양성 및 보수 교육

| 신병
교육 | ➡ | 특기교육
(사단/1주) | ➡ | 자대
배치 | ➡ | 보수교육
(수시) |

- 특기교육: 자살 예방교육(QPR), 상담 기본교육(상담병 임무, 상담기법, 상담 보고일지 작성요령 등)
- 보수교육: 또래상담 훈련(주 1~2회/1회당 1.5~2H, 총 8회기)
  대대/연대 내 또래상담 동아리 활동(사례 공유 등)

[그림 2-6] 군 또래상담 운영 방안(최병순 외, 2008, p. 32)

이러한 분위기를 반영하듯 한국청소년상담복지개발원에서는 또래상담의 핵심이라 할 수 있는 주요 개념들과 기법, 운영의 틀을 표준화하고 질적으로 관리하기 위하여 2007년에 보통명사화된 '또래상담'을 일종의 상품명인 '솔리언 또래상담'으로 전환하고 상품등록을 완료하였다.

솔리언 또래상담(출처: www.kyci.or.kr)

또래상담은 제도적인 측면에서 2012년에 새로운 국면을 맞이하게 되었다. 2005년에 사회적으로 큰 물의를 일으켰던 학교폭력이 2011년 말부터 다시금 이슈가 되면서 또래상담이 주요 정책으로 선택된 것이다. 부처합동으로 발표된 학교폭력 대응정책 중 예방정책으로 또래상담이 지정되면서 전체 학교에 연차적으로 또래상담을 확대하는 안이 결정되었다. 일차 연도인 2012년에 18억 원의 예산이 배정되었고(대통령실, 2012), 초등학교 5, 6학년 교과서에 또래상담과 또래중재 프로그램을 기술하는 안이 포함되었다. 이에 따라 전체 3,326개 중학교에 또래상담반을 설치하게 되었으며, 2014년에는 전체 중학교와 또래상담반 운영을 희망하는 초등학교, 고등학교로 확산되고 있다.

● 요 약

학교에 또래상담이 적용되는 이유는 크게 세 가지 정도로 정리할 수 있다. 즉, 자기의 고민을 또래에게 털어놓고 조언을 구하는 청소년기의 특성, 상담 인력이 부족한 학교 현장에 또래상담자가 보조인력으로서의 기능을 가진다는 것, 그리고 이런 활동을 통해 또래상담자와 또래상담 대상자들이 성장한다는 것이다. 또래상담은 비록 상담전문가가 없거나 부족하더라도 조기 예방, 기존의 관계 속에서의 개입, 전문가에게의 의뢰 등 상담 기능을 현장에 맞추기 때문에 현장 상담 시스템이라 할 수 있다. 이 용어는 실험적인 용어이지만 검토해 볼 만하다고 생각된다. 또래상담의 적용은 현장에서 부족한 전문인력을 대신하여 준전문가를 활용했을 때 상당한 효과가 있다는 발견에서부터 시작되었다. 우리나라에서는 대학의 상담기관에서 처음 도입하였으나, 1990년대에 국가에서 청소년상담 정책의 하나로 수행하면서 초 · 중 · 고교로 확산되었고, 현재는 학교뿐 아니라 기업, 교회, 성당, 소년원, 군대 등으로 그 적용이 확대되고 있다.

● 학습 과제

- 또래상담이 학교에 자리매김하고 있는 이유를 정리해 보시오. 특히 청소년기의 발달적 특성과 상담 인력의 부족이라는 학교상담 현장에서의 특성을 중심으로 전개해 보시오.
- 전문상담자와 준전문상담자의 차이에 대해 설명해 보시오.
- 또래상담자, 상담 자원봉사자 등과 같은 준전문가를 활용하여 현장 상담 시스템을 구축할 수 있는 방안에 대해 논의해 보시오.
- 또래상담이 향후 어떤 영역에서 활용될 수 있을지 찾아보고, 그 적용 방안에 대해 논의해 보시오.
- 다음 참고자료에 강원도 지역의 또래상담연합회 활동을 발췌해서 제시해 놓았다. 이 자료를 살펴본 후 학교 또래상담을 지역의 전문상담기관과 연계하여 어떻게 활용할 수 있을지 논의해 보시오.

2007년 강원도 또래상담연합회 활동

이 자료는 강원도청소년상담복지센터에서 2007년 강원도 내 또래상담 활동을 총정리한 것으로 강원도청소년상담복지센터의 허락하에 여기에 소개한다(강원도청소년상담지원센터, 2008). 자세한 내용은 강원도 또래상담연합회 홈페이지를 방문하여 참고하기 바라며, 여기에서는 간략한 내용만을 소개한다.

◑ 강원도 내 또래상담반 운영 학교 및 또래상담자 현황

〈학교 및 또래상담자 현황〉

구 분	학교 수	또래상담자 수
초등학생	19	278
중학생	47	1,044
고등학생	45	855
계	111	2,177

2007년 한 해 동안 또래상담 활동에 참여했던 학교는 18개 시·군의 111개교이고, 또래상담자로 활동한 학생은 2,177명이었다.

〈강원도 내 지역별 또래상담 운영 학교 현황〉

지역	초	중	고	계
춘천시	3	7	5	15개교
원주시		11	7	18개교
강릉시		6	6	12개교
동해시	1	5	2	8개교
태백시		1	1	2개교
속초시			1	1개교
삼척시		1	2	3개교
홍천군	1	2	1	4개교
양양군			1	1개교

지 역	초	중	고	계
횡성군	2	3	3	8개교
영월군	1	1	2	4개교
평창군		2	2	4개교
정선군	1	1	3	5개교
철원군	3	3	2	8개교
화천군	4		2	6개교
양구군	1	1		2개교
인제군	1	1	3	5개교
고성군	1	2	2	5개교
계	19	47	45	111개교

◑ **또래상담 지도교원 직무연수: 강원도교육청 직무연수**
  −1차: 2007년 4월 21~22일(중등교사 50명)
  −2차: 2007년 8월 7~8일(초등교사 49명)
  −3차: 2007년 11월 17~18일(중등교사 49명)

◑ **중학생 또래상담자 양성교육(강원도교육청 예산 지원)**
  −일시: 2007년 6월 8~9일
  −장소: 철원군 담터 수양관
  −대상: 철원지역 3개 중학교 학생 86명

◑ **여름 캠프: 제6회 강원도 또래상담자 한마음 축제**
  −일시: 2007년 7월 20~21일
  −대상: 또래상담자 196명(17개 시·군 64개교 또래상담자 대표), 교사 45명
  −내용: 특강, 시상, 함께 뛰기, 웃음치료, 레크리에이션 등

◑ **2007년 시상 현황**
  −강원도지사 표창(학생 4명, 교사 1명)
  −강원도교육감상(학생 2명, 교사 1명)
  −한국청소년상담원장상(학생 3명, 교사 1명)
  −강원도청소년상담지원센터 소장상(학생 5명)
  −연말 우수또래상담자(40명), 최우수동아리(2개교), 우수동아리(21개교)

◑ 또래상담 카페 운영
　─또래상담연합회 카페: http://cafe.daum.net/deepure

◑ 민족사관고등학교 또래상담반 MPT(Minjok Peer Tutoring)[7]

민족사관고등학교 또래상담 동아리 김다은(또래상담자)[8]

　고등학교에 입학하여 바쁜 생활을 한 지도 어느덧 2년이 다 되어 간다. 동시에 2년차 MPT(Minjok Peer Tutoring) 매니저로서의 활동도, 그리고 지난 6개월간 내가 맡은 MPT 대표로서의 임무 또한 마무리되어 간다. 나는 처음 MPT 매니저로 선발되었던 날을 아직도 기억한다. 박혜선 선생님의 또래상담자 과정을 수료한 후, 나에게는 MPT라는 동아리에 지원할 기회가 주어졌다. 튜터링 프로그램의 취지를 듣고, 나는 망설임 없이 지원하였고, 조금 센 경쟁률을 뚫고 선발되었다. 비록 처음에는 구체적인 목표의식 없이 시작했지만, 활동을 하며 그리고 지금은 그 활동들을 되돌아보며 많은 것을 느끼게 되었다.

　MPT는 민족사관고등학교 학생들의 학습에 매우 중요한 부분을 차지한다. 이 제도를 통해 학생들은 잘하는 것은 가르쳐 줌으로써 자신의 실력을 더 향상시키는 동시에 봉사를 할 수 있고, 자신이 잘 못하는 부분에 대해서는 뛰어난 실력을 지닌 주위 학생들에게 도움을 받을 수 있다. MPT의 중요성에 대해 다시 생각하다 보면 늘 내가 하는 일에 대해 새삼 책임감과 부담을 느끼게 된다.

　우리 학교에서는 산골짝에 위치한 지리적 특성 때문에 개인 과외나 학원을 다니는 것이 불가능하다. 그런 점에 대해 고마워해야 할지 원망해야 할지는 잘 모르겠으나, 덕분에 우리는 서로서로 돕고 살게 되었다. 그것이 바로 MPT다. MPT 매니저가 하는 일은 튜터링 팀들을 매칭해 주는 것부터 마무리하는 것까지 튜터링의 일거수일투족을 관찰하고 관리하는 것이다. 매니저로서 활동하던 지난 2년간 자습 시간에 식당에 올라가서 튜터링을 하고 있는 친구

---

7) 민족사관고등학교 또래상담 동아리는 이 학교 교사인 박혜선 선생님이 2002년부터 시작하였다. 박혜선 선생님은 또래상담자의 활동을 영역으로 구분하여 세 개의 동아리로 체제를 갖추었는데, MPT는 그중 하나다. 세 개의 동아리는 목적에 따라 속삭임(총 21명; 개인별 면대면 상담, 신입생 전체 일대일 대면상담, 우체통상담, 사랑의 카드, 온라인상담, 횡성 지역 또래상담 등 또래상담 활동), MPT(20명; 또래학습 도우미), 꾸밈음(14명; 신입생의 학교 적응 조력을 위한 소식지 「첫마음」, 학습 가이드북 Know How Do How 발간)으로 구성되어 있다.
8) 강원도청소년상담복지센터에서 2008년에 발간한 『또래상담사례집』(pp. 106-107)에서 김다은 학생의 활동 사례를 발췌하였다.

들을 보면 은근히 뿌듯했다. 우리가 매칭해 준 도우미들이 배우미들에게 열정적으로 설명하는 것을 보고, 나도 우리 학교 학생들의 학업과 관련된 고민거리를 더는 데 도움이 될 수 있다고, MPT 매니저가 되길 잘했다고 늘 생각했다.

하지만 모든 면이 좋지만은 않았다. 간혹 시간을 조작하거나 허위로 튜터링을 진행하는 팀들도 있던 것 같아 마음이 아팠다. 그러면서 그런 의미 없는 튜터링을 예방하기 위해서는 내가 더 열심히 하는 방법밖에는 없다는 것을 깨달았다. 특히 선배들 같은 경우에는 연락하기도 힘들었지만 보고서와 소감문을 내라고 부탁하는 것도 힘들었다. 아무리 일을 열심히 하려고 해도 선배들에게 그런 부탁을 계속 드리는 것이 쉽지는 않았다. 또한 몇몇의 학생들은 어차피 다음 튜터링 때 보충할 과목이나 도우미로 활동할 계획이 없다며 일부러 소감문과 보고서를 제출하지 않았다. 그런 학생들은 아무리 매니저가 제출하라고 해도 그냥 무시한 채 제출하지 않아 힘들었다.

1학년 때의 경험을 토대로 2학년 때에는 MPT 프로그램을 조금씩 개혁하려고 노력했다. 번거로움을 덜기 위해 도우미가 튜터링 진행 후 제출해야 했던 학습보고서를 없애고, 매니저들이 각 담당 팀을 쉽게 관리할 수 있도록 튜터링 진행표에 진행상황을 기록하도록 하였다. 매번 진행을 할 때마다 나는 5팀 정도를 맡아 관리했다. 그중 가장 기억에 남는 팀은 1학년의 도우미와 2학년의 배우미로 구성된 팀이었다. 화학 경시대회를 나갈 정도로 화학에 뛰어난 친구가 화학 공부를 어려워하는 선배를 도와주었다. 선배가 후배에게 배운다는 것이 쉽지만은 않은 일이었을 텐데, 이 팀은 다른 팀들보다 훨씬 열심히 튜터링을 진행했다. 담당 매니저로서, 이런 모습을 볼 때 나는 가장 뿌듯함을 느꼈다.

지난 2년간 MPT 활동을 되돌아보면 처음에는 참 실수를 많이 한 듯하다. 친구들이 원활히 튜터링을 진행할 수 있도록 도와주는 것이 우리의 일인데, 처음에 학교에 와서는 누가 누구인지도 잘 몰랐다. 나름대로 얼굴을 익히고 자습 시간에 식당을 배회하면서 튜터링 팀들을 관찰하기도 하고, 보고서와 소감문 미제출자를 줄이기 위해 배우미와 도우미 이름을 써서 보고서와 소감문을 뽑아 전달해 주기도 했다. 그런데 마지막 확인을 하지 못해 온전한 결과를 이루지 못한 것이 또 미흡했다. 그러다 차차 MPT 일이 몸에 익었다. 그리고 MPT 매니저라는 명칭이 나에게는 너무나도 익숙해져 버렸다.

나는 한 학교에 다니고 있는 한 고등학생에 불과하다. 비록 나 스스로 엄청난 능력으로 친구들에게 도움을 준 것은 아니지만, 친구들에게 학업에 도움을 줄 수 있었던 것에 대해 감사한다. MPT 매니저로서, 민족사관고등학교 학생들의 영원한 학습도우미로서, 나는 지난 2년간 진정으로 행복했다.

제2부

학교 또래상담 연구

학습 목표

- 또래상담자 훈련 프로그램의 개발 의도와 프로그램 내용을 이해한다.
- 외국의 또래상담자 훈련 프로그램 모델을 안다.
- 우리나라의 또래상담자 훈련 프로그램 모델을 안다.
- 또래상담 활동 목표에 적합하게 또래상담자 훈련 프로그램을 개발하고 실제에 적용할 수 있다.

 학습 개요

또래상담자 훈련 프로그램의 개발은 학교에서 또래상담을 운영하고자 하는 전문가들이 초기에 수행해야 할 과업이다. 또래상담을 운영하기 위해서 또래상담자를 선발하고 양성해야 하는데, 이때 의도적이지 않은 훈련을 제공할 수는 없기 때문이다. 따라서 상담자들은 또래상담자 훈련 프로그램 구성에 관심을 갖지 않을 수 없다. 전문가들은 또래상담자를 훈련시킬 때 주요하게 다루어야 하는 사항이 무엇인지에 대해 많은 고민을 해 왔다. 그 결과 대체로 또래상담 프로그램은 훈련 대상을 누구로 할 것이냐와 어떤 문제들을 다루게 할 것이냐에 따라 내용이 선정되고 훈련 기간이 조정되었다. 또래상담 프로그램을 개발하기 위해서는 해당 학교의 주된 이슈가 되는 문제가 무엇인지, 또래상담자로 하여금 어떤 활동을 하게 할 것인지, 실제 또래상담자의 역량을 어디까지 끌어올릴 것인지, 그리고 학교와 지역사회 여건이 어떠한지를 고려하는 것이 필요하다. 독자는 이 장을 공부하면서 외국과 우리나라에서 개발·적용되고 있는 또래상담자 훈련 프로그램을 알아봄으로써 향후 또래상담을 운영하고자 할 때 필요한 중요한 지식을 갖추게 될 것이다.

제3장
또래상담자 훈련 프로그램 개발

또래상담을 학교에 적용하고자 하는 상담자들은 훈련 프로그램을 개발하는 데 관심을 가져왔다. 외국의 경우에는 배런호스트가 처음으로 프로그램을 소개한 것을 비롯해서 틴달, 카 등이 또래상담자 양성 프로그램을 지침서화하였다. 우리나라의 경우에는 대학에서 동료상담자를 양성하여 대학 상담기관의 집단상담 보조리더로 활용할 목적으로 프로그램이 개발되었다가, 1990년대 중반에 청소년대화의광장(현 한국청소년상담복지개발원)에서 국가의 청소년상담 정책의 일환으로 또래상담을 시작하면서 초·중·고등학생 및 대학생에게 적용 가능한 청소년용 또래상담자 훈련 프로그램을 개발하였다. 또래상담자 훈련 프로그램은 각각의 단위활동 구성의 타당성에 대한 논리를 제시하거나 예비연구(pilot study) 등을 거쳐 출판되었다. 이후로 후속 연구들을 통해 프로그램이 다시 검증되는 과정을 거치면서 수년 동안 반복 활용되고 있다.

또래상담자 훈련 프로그램을 개발하고자 할 때는 몇 가지 고려해야 할 사항이 있다. 또래상담자 훈련에 필요한 콘텐츠를 구성하는 것은 당연히 고려해야 할 사항이다. 그러나 콘텐츠를 제대로 구성하기 위해서는 또래상담자 활동의 한계와 적용 장소인 학교를 고려해야 한다.

또래상담자들은 전문상담자나 급여를 받는 직업인이 아니라, 봉사자에 준하는 학생들이라는 것을 반드시 고려해야 한다. 간혹 이를 간과한 또래상담 지도자들이 또래상담자를 마치 전문가 내지는 직업인으로 착각하는 경우가 있다. 그래서 과도한 목표나 과도한 활동 내용을 구성하여 학생들에게 가르치고 요구하는 경우가 있는데, 대부분 실패하고 만다. 예를 들어, '또래상담자들을 활용한 학교폭력 근절' '또래상담자들을 활용한 성폭력 사례 개입' '학교폭력 가해 학생에 대한 또래상담자의 중재' 등이 그것이다. 이러한 주제를 다루고자 할 때는 또래상담자들이 누구이며, 어느 정도의 역량을 갖추고 있는 학생들인지를 잘 고려해서 그 수준과 역량에 맞는 극히 일부분의 역할을 부여해야 한다. 정부에서 또래상담 프로그램을 학교폭력 대응정책으로 설정하였을 때, 학교폭력 근절보다는 학교폭력 예방에 초점을 두었음을 기억할 필요가 있다(대통령실, 2012). 또한 또래상담이 적용되는 학교 현장을 고려하여 프로그램이 구안되어야 한다. 교과과정, 수업시간과 점심시간 등 학교 운영을 고려하지 않은 채 마치 하나의 교과목처럼 프로그램을 구성한다면 학교에서 활용되기 어렵다. 또 같은 학교라 하더라도 초등학교, 중학교 등 학교급에 따라 프로그램이 다르게 고려되어야 하고, 정규학교, 대안학교, 특수학교 등 학교의 특징에 따라 또래상담 프로그램이 적합하게 구안되어야 한다.

우리나라에서 진행되고 있는 후속 연구들에 대한 논의는 4장에서 좀 더 상세하게 다루기로 하고, 이 장에서는 또래상담 프로그램 개발에 대해 포괄적으로 다루고자 한다. 제시한 외국의 프로그램은 우리나라에서 현재 활용되고 있는 프로그램에 영향을 미친 것으로 보이는 프로그램에 초점을 두었다. 우리나라의 프로그램은 대체로 한국청소년상담복지개발원에서 개발한 프로그램을 주축으로 소개하면서 새롭게 시도하고 있는 프로그램을 몇 가지 소개하고자 한다.

1. 우리나라 프로그램 개발에 영향을 끼친 외국 프로그램

외국, 특히 미국과 캐나다의 경우 또래상담 프로그램은 또래상담자의 활동 영역에 따라 매우 다양하게 개발되어 왔다(Carr, 1993). 우리나라의 경우에도 대학생 대상 또래상담자 훈련 프로그램과 청소년 대상 또래상담자 훈련 프로그램이 개발되어 왔으며, 각 프로그램들은 또래상담자의 활동 영역과 관련되어 있다.

형식적인 구성을 갖춘 또래상담자 훈련 프로그램은 배런호스트(1980)가 처음 소개하였다. 배런호스트는 캘리포니아의 팔로알토(Palo Alto) 학군에서 11년간 또래상담을 실행하고 연구하면서 『학생 또래상담 훈련 교육과정 안내서(*Curriculum Guide for Student Peer Counseling Training*)』라는 프로그램 지침서를 출판하였다. 이 프로그램은 총 15회기로서, 전반부 7회기는 기본 기술훈련으로, 후반부 8회기는 특수문제 영역에 대한 개입전략으로 구성되어 있다. 배런호스트는 전반부는 주로 대화기법을 통해 기본 기술을 훈련하도록 구성하였고, 후반부는 당시 주요 관심사였던 문제 영역을 이해하고 개입하는 내용으로 구성하였다. 주요하게 다루고 훈련시키는 문제 영역은 또래상담자의 활동 영역과 관계가 깊다. 배런호스트는 또래상담자가 가족문제, 친구관계 문제, 약물 및 건강 문제,

〈표 3-1〉 또래상담자 훈련 프로그램(Varenhorst, 1980)

구 분	회 기	훈련 내용
전반부 (기본 기술훈련)	1	일대일 관계
	2	의사소통 기술: 질문
	3	경청하기
	4	비언어적인 의사소통
	5	낯선 사람 대하기
	6	어른 대하기
	7	의사결정 과정과 가치
후반부 (특수문제 영역)	1	상담 프로그램 소개
	2	가족문제
	3	친구관계 문제
	4	약물 및 건강 문제
	5	성문제
	6	죽음의 문제
	7	민감한 문제
	8	전문가에게 의뢰하기

성문제, 자살 등 죽음의 문제, 기타 민감한 문제를 다루도록 했으며, 마지막 훈련 회기에서는 전문상담자에게 대상 학생을 의뢰하는 방법과 절차 및 지역 내 전문가에 대한 정보를 습득하도록 하였다.

틴달과 그레이(1985)의 프로그램도 1부와 2부로 구성되어 있는데, 1부는 '효과적인 또래상담자가 되기 위한 기본 기술훈련'이고 2부는 '다양한 장면과 주제별로 또래상담 기술을 적용하기'다. 프로그램의 구성은 배런호스트(1980)의 프로그램과 비슷하다.

틴달과 그레이(1985)는 세부적인 상담 기술과 태도를 가르치는 데 초점을 맞추면서, 집단상담처럼 훈련 프로그램이 진행되는 것이 훈련 프로그램의 주목적은 아니라고 했다. 오히려 효과적인 상담 기술과 태도를 습득하는 과정에서 집단의 효과, 즉 자기 이해가 부수적으로 이루어진다고 보았다. 틴달과 그레이는 또래상담자 훈련 프로그램이 집단치료 프로그램처럼 운영되는 것을 경계한 듯하다. 사실 또래상담자 훈련 프로그램은 준전문가를 양성하기 위한 교육 프로그램이다. 다시 말하면 상담자 교육 프로그램에 가깝다. 그런데 상담자 교육 프로그램에 가깝게 내용을 구성하여 운영한다고 하여도, 강의 위주이기보다는 워크숍 형태로 교육이 진행되다 보니 애초에 기대했던 것과는 달리 치료 효과가 나타난다. 그래서 많은 상담자가 또래상담자 훈련 프로그램에만 참여하여도 학생이 긍정적으로 변한다는 것에 관심을 가지고 연구를 진행하고 있다. 이에 대해서는 4장에서 상세하게 설명하고 있는데, 초등학교, 중학교, 고등학교에서 또래상담자 훈련 프로그램에 참여한 학생에게서 발견된 긍정적 변화에 관한 연구들을 소개하였다. 그러나 틴달과 그레이의 관점에서는 이것이 부수적인 '뜻밖의 결실'이다. 친구를 돕기 위해서 자기를 이해하는 실습을 하거나 대화의 방법을 배우고 실습을 하는 과정에서 또래상담자가 변화되는 경우가 있다는 것이다. 하지만 본래 또래상담자 훈련 프로그램은 기본적인 상담 기술과 태도를 습득하는 것이 목표다. 그것은 그들의 훈련 프로그램에도 반영되어 있다(Tindall & Gray, 1985).

〈표 3-2〉에서 알 수 있듯이, 이 프로그램의 기본 기술훈련 부분에서는 초보상담자 교육과정에서 흔히 배우는 대화 기술이 제시되어 있다. 배런호스트가 전반부에서 제시한 것과 비교해 볼 때 좀 더 구체적이고 세부적인 기술을 가르치려고 했던 것으로 보인다. 하지만 우리나라에서

〈표 3-2〉 또래상담자 훈련 프로그램(Tindall & Gray, 1985)

구 분	회 기	훈련 내용
기본 기술훈련	1	또래상담의 정의 및 개괄
	2	주의집중 기법
	3	의사소통의 걸림돌
	4	공감기법
	5	요약기법
	6	질문기법
	7	진실성 기법
	8	자기주장 기법
	9	직면기법
	10	문제해결 기법
	11	또래상담 활동에 활용하기
주제별 적용	1	약물 및 알코올 남용: 예방과 중재
	2	스트레스 관리
	3	자기존중감 향상시키기
	4	리더십
	5	개인상담을 통한 또래 조력활동
	6	소집단 이끌기
	7	학급 집단 이끌기
	8	섭식장애
	9	자살 예방활동
	10	상실에 대한 대처전략
	11	또래상담과 윤리
	12	자기평가

틴달과 그레이가 제시한 기법들을 또래상담자에게 가르치기는 쉽지 않아 보인다. 실제 여러 시도가 있었으나 가르치는 데는 어려움이 많았다. 그럼에도 불구하고 또래상담자 훈련 프로그램이 집단치료 프로그램이 아닌 준전문가 양성 프로그램임을 강조해야 한다는 점은 이상희, 노성덕 및 이지은(2000)의 초·중·고 단계별 또래상담자 훈련 프로그램 개발의 원리에도 충실하게 나타나고 있다. 다만, 훈련을 강조하다 보면 다소 내용이 딱딱하거나 어려울 수 있다는 단점이 있기에 이상희 등은 이에 대한 보완이 필요함을 제안하였으며, 그들이 개발한 단계별 프로그램에서는 놀이를 통해 또래상담의 내용을 배우는 방법에 상당히 심혈을 기울였음을 확인할 수 있다.

캐나다에서는 카와 선더스(Carr & Saunders, 1998)의 프로그램이 1980년대부터 적용되었다. 카와 선더스가 구성한 프로그램은 배런호스트(1980), 틴달과 그레이(1985)의 프로그램과는 달리 2부를 구조화하지 않았다. 1단계는 '기본 기술훈련'을 약 11회기로 구성하였지만, 2단계는

〈표 3-3〉 또래상담자 훈련 프로그램(Carr & Saunders, 1998)

구 분	회 기	훈련 내용
1단계 기본 기술훈련	1	주의집중 기술
	2	의사소통 장애물 대처전략
	3	적극적 경청
	4	상황을 비위협적으로 전환시키기
	5	직면과 피드백
	6	자기노출 기법
	7	가치에 대하여
	8	또래상담자 윤리 및 전문가 의뢰
	9	문제해결 및 의사결정 기법
	10	주변 전문가, 단체 등 지역사회 자원 활용
	11	기타 기법
2단계	또래상담자 활동에 대한 슈퍼비전	

또래상담자들의 상담활동에 대한 슈퍼비전을 제공하고 있다. 그리고 훈련방법에서도 틴달과 그레이의 제안과는 차이를 두었다. 대체로 틴달과 그레이는 준전문가 양성교육임을 강조하여 기본 개념을 가르치려 했지만, 카와 선더스는 명확한 상담 기술에서 출발하는 것보다 학생들의 경험에서 출발하는 방법을 제안하였다. 이를 경험적 학습 사이클(experiential learning cycle)이라고 하였다. 틴달과 그레이의 방법이 다소 연역적이라면, 카와 선더스의 방법은 귀납적이라고 할 수 있다.

그렇다고 기본 기술훈련이 틴달과 그레이, 배런호스트의 프로그램과 비교하여 덜 지적인 작업이라 하기는 어려워 보인다. 어찌되었든지 배런호스트(1980), 틴달과 그레이(1985)의 프로그램은 지나치게 준전문가 교육에 초점이 맞추어져 있어서 동기가 충분히 있는 학생들이 아니고서는 적용하기가 어렵다는 한계가 있다. 왜냐하면 상담을 배울 목적으로 참여한 학생들이 아니어서 내용이 어렵거나 복잡하면 학습에 어려움을 겪을 수도 있기 때문이다. 카와 선더스(1998)의 프로그램은 경험에서 이끌어 내는 귀납적 훈련방법을 채택하여 학생을 중심에 놓고 훈련한다는 강점이 있지만, 청소년기의 특성상 앉아서만 훈련받는 것을 싫어한다는 것에 대한 대책을 마련하지는 못하였다. 비록 동기가 있다고 하여도, 청소년의 경우 책상에 앉아서 주지적으로 학습하는 것보다는 다양한 활동을 통해 더 잘 배울 수 있는 특성이 있는데 이를 간과한 것이다. 이 외에도 또래상담자 훈련 프로그램 개발에 관한 연구들은 위의 연구들에서 크게 벗어나지 않고, 대체로 상담자의 기본 자질에 관한 훈련 내용으로 구성되어 있다(Campbell, 1988; Chickering, 1987; Snyder, 1990).

이상과 같은 프로그램과는 다소 다른 접근이 브래큰베리(Brackenbury, 1995)의 주장에서 보인다. 그의 주장 중에 특히 관심이 가는 것은 각각의 훈련 회기를 성공적으로 운영하기 위해서 필요한 사항들을 제안하였다는 점인데 그것은 다음과 같다.

① 또래상담자에게 학교와 지역사회에서 자원으로 활용할 수 있는 상담기관이나 전문가 목록 제공하기
② 프로그램과 훈련생 인적사항 등이 들어 있는 바인더 제공하기
③ 또래상담자로 하여금 일지를 기록하게 하여 정기적으로 나누기
④ 훈련은 간단하고 재미있고 역할에 맞는 내용으로 구성하기
⑤ 촉진활동(ice breaking)과 역할극 활용하기
⑥ 항상 간식 제공하기

브래큰베리는 또래상담자에게 바인더를 제공하여 교육 내용과 활동 내용을 정리할 수 있도록 해야 한다고 주장하였다. 상담기관과 전문가 목록, 또래상담 동아리 회원 명단과 전화번호 및 이메일, 각 회기에 진행할 프로그램, 친구들을 대상으로 또래상담 활동을 한 것에 대한 기록지 등을 바인더에 정리해 두면 또래상담 교육과 활동을 좀 더 체계적으로 관리할 수 있을 것이다.

또한 매 훈련 회기를 간단하고 재미있고 또래상담 활동에 맞는 내용으로 구성해야 한다고 제시하였다. 프로그램을 재미있게 하기 위해서 게임을 활용할 것을 제안하고 있으나 주의도 필요하다. 단지 놀기 위한 게임이 아닌 프로그램 내용을 쉽게 이해하도록 돕는 게임이어야 한다. 게임과 함께 실제 또래상담 활동에 대비한 역할연습이 필요하며, 매 회기에 약간의 간식이 제공되는 것이 필요하다. 브래큰베리의 주장은 우리나라 초·중·고등학생들을 대상으로 또래상담 훈련을 실시하는 데 유용한 제안이라고 여겨진다. 이런 방향은 이상희, 노성덕 및 이지은(2000)의 단계별 프로그램에서도 나타나고 있다.

2. 우리나라 또래상담자 훈련 프로그램 개발연구

1) 대학생용 또래상담자 훈련 프로그램

우리나라에서 초창기에 진행된 또래상담자 훈련 프로그램은 배런호스트(1980), 틴달과 그레이(1985)의 영향을 많이 받았다. 하지만 이들 프로그램의 경우 대체로 또래상담 훈련 대상을 동료상담자라는 이름하에 대학생으로 하였기 때문에 집단상담 보조리더로서 갖추어야 하는 내용이 중요하게 다루어졌다(장혁표, 1986; 홍경자, 노안영, 1985; 홍경자, 김선남, 1986). 그러다 보니 집단상담 보조리더로서 필요한 기본적 지식을 갖추도록 하는 데 관심이 있었던 것으로 보인다. 홍경자와 노안영(1985)의 프로그램은 피드백 주고받기, 자신과 타인 이해, 질문, 호감 표시 등을 내용으로 하고 있고, 장혁표(1986)의 연구에서는 자기 각성, 대인관계 기술, 의사소통 및 상담 기술 등의 내용을 담고 있다. 김광은(1992)은 사관생도들을 위한 또래상담자 훈련 프로그램을 개발하여 적용하기도 하였다.

대학생 또래상담자 훈련 프로그램에 대한 관심은 2000년도 이후에도 계속되었다(김혜숙, 2000; 채유경, 2001; 황재연, 2009). 채유경(2001)은 대학생용 또래상담 프로그램을 개발하였는데, 그 내용은 〈표 3-4〉와 같다. 채유경의 프로그램은 또래상담자들이 조력활동을 할 수 있는 역량강화의 초기 단계와 비슷한 느낌을 준다. 이 표를 보면 배런호스트, 틴달과 그레이, 카와 선더스가 제시했던 프로그램 중 기본 기술훈련에 해당하는 내용과 흡사함을 알 수 있다. 이 프로그램의 경우 후속 조력활동에 대한 훈련이 보강되는 것이 필요해 보인다. 하지만 대학생용 프로그램이라는 점을 고려해 볼 때 초·중·고교와는 다르게 생활이 전개되는 대학교에서 지도자가 의도하는 활동에 맞게 프로그램이 구안되었다고 생각할 수

〈표 3-4〉 대학생용 또래상담자 훈련 프로그램(채유경, 2001)

회기	주 제	활동 내용
1	자기소개 및 친밀감 형성	• 또래상담의 목적 및 진행과정 소개 • 친밀감 형성을 위한 집단활동 및 집단원 소개
2	친구관계 탐색	• 인간관계 되돌아보기 – 관계의 거리 • 집단화 그리기: 자기 모습 및 경험 나누기
3	대인관계 이해	• MBTI 그룹 작업: 대인관계 속에서의 갈등 이해
4	부정적 감정 이해	• 자기주장의 부정적 경험 나누기 • 공격/방어 하기: 2인 1조
5	공감 경험	• 대화를 가로막는 걸림돌 경험과 이해받은 경험
6	나 전달법 (I-message)	• 나 전달법: 역할극 – 3인조 활동 • 경험 나누기 및 과제 제시
7	도움 주기	• 집단원 중 1명의 고민을 함께 나누고 도움 주기
8	마무리	• 과제 확인 및 종결

〈표 3-5〉 교대 학생용 또래상담자 훈련 프로그램(김혜숙, 2000)

주 제	활동 내용
또래상담 오리엔테이션	• 또래상담 및 또래상담자의 의미 • 참여자 개개인에게 또래상담 교육의 의미
긍정적 조력관계 형성기법	• 촉진적 인간관계의 특성 이해 • 촉진적 인간관계가 바람직한 또래관계에 대해 가지는 시사점 • 대화의 기본 기술
문제 영역별 조력 기술 익히기	• 교대생의 진로문제 조력 기술 • 대인관계 문제 및 갈등관리 조력 기술 • 학업문제 조력 기술 • 성격 및 자아성장 관련 조력 기술 • 전문가와의 연계 및 의뢰를 위한 정보와 방법
사회적 지지망 형성하기	• 또래상담자 역할의 다양성 • 긍정적 사회 환경으로서의 또래상담자

도 있다.

김혜숙(2000)은 교육대학교 학생들을 위한 또래상담 교육 프로그램을 개발하였다. 김혜숙이 제안한 내용을 약간 수정하고 정리하여 제시하면 〈표 3-5〉와 같다.

프로그램 단위활동 구성을 살펴보면 채유경의 프로그램보다 김혜숙의 프로그램이 상담자 양성 프로그램을 더 지향하고 있음을 알 수 있다. 김혜숙은 또래상담자로서 긍정적인 조력방법과 문제 영역별 조력 기술을 익히는 것 등 실질적인 조력활동 학습을 다루고 있다.

황재연(2009)은 대학생 또래상담자가 사용할 수 있는 자기효능감 향상 프로그램을 개발하였다. 황재연이 개발한 프로그램은 단순히 프로그램 보조를 하는 수준을 넘어서서 또래상담자가 주도적으로 집단상담을 운영하는 것에 초점이 맞추어져 있다는 점에서 기존 연구보다 진일보했다고 할 수 있다.

2) 청소년용 또래상담자 훈련 프로그램

또래상담자 훈련 프로그램을 초 · 중 · 고등학교에 본격적으로 적용한 것은 한국청소년상담복지개발원의 연구에서부터였다. 1994년부터 1998년까지 5종의 훈련 프로그램과 지도자용 지침서 등이 개발되었다 (김진희, 이상희, 노성덕, 1999). 5종의 프로그램은 '기본 자질훈련 프로그램' '갈등관리 프로그램' '좌절극복 프로그램' '친구 되기 프로그램' '통합본'으로서, 이 프로그램들은 틴달과 그레이(1985)의 영향을 많이 받았다. 1994년에 처음 개발된 또래상담자 훈련 프로그램의 내용은 〈표 3-6〉과 같다.

구본용, 구혜영 및 이명우(1994)가 개발한 훈련 프로그램은 3단계로 구성되어 있다. 1단계는 인간관계와 우정을 다루고 있고, 2단계는 틴달과

〈표 3-6〉 또래상담자 훈련 프로그램(구본용 외, 1994)

단계	구 분	훈련 내용
1단계	또래상담자 기초 교육	• 인간관계의 본질 • 우정의 본질
2단계	촉진적 의사소통 기술 훈련	• 경청 기술 • 수용적 존중 기술 • 공감적 이해 기술 • 솔직성 표현 기술 • 구체성 표현 기술
	문제해결 조력 의사소통 훈련	• 직면 반응 • 즉시성 • 질문하기 • 자기 개방
3단계	조력행동의 방법과 절차	• 문제 확인하기 • 의사 결정하기 • 행동 계획하기 • 실천 확인하기

그레이(1985)가 제안한 기본 기술훈련의 내용을 반영하고 있으며, 3단계
는 실제적인 조력과정을 상담의 과정으로 구성하여 제공하고 있다. 하지
만 프로그램을 청소년에게 가르치고 활동하도록 하기에는 내용이 어렵
다는 한계가 있다. 그래서 이후 문제 영역별 프로그램 개발을 수년간에
걸쳐 시도하였는데, 결국 통합본과 초 · 중 · 고 단계별 프로그램에 이르
러서는 '친한 친구 되기' '대화하는 친구 되기' '도움 주는 친구 되기'
의 세 가지 개념을 설정하고 브래큰베리(1995)와 비슷한 관점에서 프로
그램이 재구성되었다. 하지만 이후 다른 내용의 프로그램 개발은 진행되
지 않았다. 2000년 이후 수행된 학교 또래상담 관련 연구에서도 대부분
의 연구자들이 초 · 중 · 고 단계별 프로그램을 사용하고 있는 것으로 보
아, 이전 프로그램이 학생들에게 적용하기에 어려움이 많았던 것으로 보

인다. 그러나 구본용 등(1994)이 개발한 프로그램은 실제적인 적용보다
는 청소년 연령에 해당하는 학생들을 대상으로 개발한 또래상담 훈련 프
로그램이었다는 점에서 의의가 크다.

한국청소년상담복지개발원에서는 초·중·고등학생들에게 빈번하
게 발생하는 문제들을 파악하여 학급에서부터 그에 대처하는 내용을
또래상담자에게 훈련시키기 위해 다양한 내용의 프로그램을 개발하였
다. 먼저 구본용, 이재규, 박한샘 및 공윤정(1995)은 갈등관리 또래상담
자 훈련 프로그램을 개발하였는데, 그 내용은 '또래상담자로서의 기본
인성 측면의 훈련'과 '갈등관리 실제 프로그램'으로 나누어 볼 수 있다
(〈표 3-7〉 참조).

갈등은 학교폭력이나 대인관계 문제 등과 관계가 깊은 문제 상황이다.
우리나라 청소년은 대화로 갈등을 해결하기보다 감정적으로 대처하기
쉽기 때문에 우발적인 사건사고가 일어나는 경향이 있다. 이 때문에 한
국청소년상담복지개발원에서는 또래상담자가 친구 간의 갈등을 중재할
수 있는 능력을 갖추기를 기대한 듯하다.

그러나 초·중·고 구분 없이 개발된 이 프로그램은 초등학생이나 중

〈표 3-7〉 갈등관리 또래상담자 훈련 프로그램(구본용 외, 1995)

구분	회기	훈련 내용
또래상담자 인성적 측면	1	프로그램 소개 및 신뢰감 형성
	2	친구 만들기 및 친구관계의 유지·발전
또래상담자 기술적 측면	3	친구 마음 이해하기
	4	내 마음 전달하기
실천적 측면	5	갈등의 유형과 자신의 대처방식 이해하기
	6	갈등의 파괴적, 합리적 대처방식 배우기
	7	친구의 어려움 확인하기
	8	종합실습

학생에게 적용하기에 한계가 있다. 그리고 고등학생의 경우에도 자신의
갈등 처리방식에 대한 학습 없이 짧은 시간에 갈등관리 훈련을 받고 타
인에게 적용한다는 것은 현실적으로 부담이 되었다. 이런 점에서 갈등관
리 또래상담자 훈련 프로그램은 특정 문제에 대비한 조력훈련이었다는
점에서는 높이 평가할 수 있으나 또래상담자 활동을 촉진하는 데는 한계
를 보인다. 이런 문제점은 다음 프로그램에서도 나타난다. 좌절관리 또
래상담자 훈련 프로그램은 김용태, 김인규 및 구본용(1996)이 개발하였
으며, 총 11회기로 구성되어 있다(〈표 3-8〉 참조). 이 프로그램은 우리나
라 학생들이 시험 성적이나 대인관계 등에서 좌절을 경험하는 경향이 크
다는 점에 착안하여 그에 대한 대처방안의 하나로 좌절을 다룰 수 있는
또래상담자를 학급에 배치하고자 하는 목적에서 개발되었다. 그래서 또
래상담자 훈련에 참여하는 자신들의 좌절 경험을 되돌아보고, 좌절에 따
른 부정적이고 파괴적인 감정 및 그에 수반되는 생각과 행동을 다루는

〈표 3-8〉 좌절관리 또래상담자 훈련 프로그램(김용태 외, 1996)

구 분	회 기	훈련 내용	
준비	1	프로그램 및 자기소개	
	2	친구관계 돌아보기	
좌절 경험 인식	3	좌절 경험에 대한 탐색	
좌절의 심리적 세계	4	감정을 다루는 원칙 배우기	
	5	실망의 생각과 행동 다루기	
	6	분노의 생각과 행동 다루기	
	7	절망의 생각과 행동 다루기	
좌절한 친구를 돕는 방법	8	좌절한 친구와 관계 맺는 방법	
	9	좌절한 마음을 이해하는 방법	
	10	상담선생님에게 연결하는 방법	
정리	11	정리 요약 및 프로그램 평가	

방법을 제안하고 있다. 그리고 좌절을 경험하고 있는 친구를 돕는 방법을 학습하도록 함으로써 교실 내에서 그러한 친구들을 발견했을 때 도와주고자 하였다.

그러나 실제로 프로그램을 운영하면서 중학생이나 고등학생에게 훈련시키기에 다소 어려움이 있다는 점이 발견되었다. 왜냐하면 또래상담자가 기본적인 자질향상 훈련과 대화기법 등을 익히기에도 시간이 부족한데, 문제 중심 해결방법이라 할 수 있는 좌절관리 프로그램을 배우고 또 그것을 또래에게 적용할 수가 없었기 때문이다.

한국청소년상담복지개발원에서는 또래상담자의 활동이 실제 문제를 다루는 것에는 한계가 있음을 인식한 듯하다. 실제로 또래상담자가 갈등 또는 좌절 중재를 하기 위해서는 또래상담자에게 그러한 중재를 할 만한 역량이 있어야 하고, 그 역량을 키워 주기 위해서 프로그램이 복잡하지 않고 쉬우면서도 목적 달성 가능한 내용으로 구성되어야 한다. 이것이 바로 또래상담자 훈련 프로그램의 개발에서 어려운 점이다.

실제 문제를 다루도록 하기 위해서 구체적인 문제 상황을 설정하고 이에 대한 지식과 개입전략을 가르치려고 훈련 내용을 구성하다 보면 석사 수준의 상담전문가 양성교육이 되기 쉽다. 구성되어 있는 프로그램만을 보면 더할 나위 없이 좋은 내용과 훌륭한 교육방법을 담고 있는데, 초등학생에게 교육이 가능한가의 관점에서는 이상과 현실의 괴리가 크다는 것을 어렵지 않게 발견할 수 있다. 다루고자 하는 내용과 그것을 수용해야 하는 교육 대상을 모두 고려하고 프로그램을 구안해야 한다는 점 때문에 또래상담자 훈련 프로그램은 개발이 쉽지 않다. 특히 연령 측면에서 초등학생, 중학생, 고등학생, 대학생을 고려해야 하고, 전문적 측면에서 상담전문가가 아니며 그렇다고 준전문가라고 지칭하기도 쉽지 않은 초·중·고교 학생이 대상임을 고려해 보면, 어느 정도의 지식을 어떤 방법으로 훈련시켜서 실제 얻고자 하는 목표를 달성해 낼 수 있을지 깊이 고민하지 않을 수

〈표 3-9〉 친구 되기 중심 또래상담자 훈련 프로그램(구본용 외, 1997)

단 계	구 분	회기	훈련 내용
준비	또래상담이란?	1	친구의 필요성 인식
		2	내가 맺고 있는 친구관계 돌아보기
자기 경험 인식	친구 사이의 걸림돌	3	나의 친구관계 걸림돌은?
		4	친구관계 걸림돌의 유형 파악
긍정적 자기개념	내 모습 비추어 보기	5	친구관계에서의 내 모습은?
		6	친구관계를 촉진해 나가기 위하여
효과적 의사소통	친구에게 먼저 한 걸음을	7	친구와 가까워지는 방법
		8	나의 마음 잘 전달하기
문제해결 조력	도움을 필요로 하는 친구에게	9	친구에게 도움 줄 수 있는 방법 찾기
정리	프로그램 평가	10	배운 내용 정리 및 요약

없다. 그래서 한국청소년상담복지개발원의 또래상담자 훈련 프로그램은 친구 되기에 초점을 맞추면서 재개발되었다(구본용 외, 1997).

구본용, 금명자 및 송수민(1997)은 친구 되기라는 개념을 또래상담자 훈련 프로그램의 중핵으로 삼고 10회기 프로그램을 재개발하였다(〈표 3-9〉 참조). 친구 되기 프로그램은 무엇이 친구 사이의 걸림돌이 될 수 있는지 알아보기, 친구관계에서 내 모습 살펴보기, 친구에게 먼저 다가 가기, 도움 주는 활동 배우기 등의 내용으로 구성되어 있다.

이후 한국청소년상담복지개발원에서는 4종의 프로그램을 통합한 프로그램을 개발하였는데 그다지 활용되지 못하는 상황이 지속되었고, 현장에서 다양한 연령에 적용하기 어렵다는 점과 학생들이 배우기에 한계가 있다는 피드백을 받았다. 그리하여 2000년도에 이상희, 노성덕 및 이지은(2000)이 초 · 중 · 고등학교 또래상담자 훈련을 위한 단계별 프로그램을 개발하기에 이르렀다(〈표 3-10〉 참조).

현재 학교에서 적용되고 있거나 혹은 4장에서 소개될 또래상담 효과에 관한 연구를 수행하는 학교 상담자 대부분이 초·중·고 단계별 또래상담자 훈련 프로그램을 사용하고 있을 만큼 기존의 문제점을 보완하고 있는 것으로 보인다. 그뿐만 아니라 법무부 소년원에서 일부 적용하고 있는 프로그램이나 대기업 상담실에서 적용하고 있는 또래상담자 훈련 프로그램도 단계별 프로그램을 변형하거나 응용한 것이다.

이상희, 노성덕 및 이지은(2000)의 프로그램은 몇 가지 특징을 가지고 있다. 첫째, 또래상담자의 정체성을 세 가지 개념으로 확립하였다. 이 개념은 한국청소년상담복지개발원의 또래상담자 훈련 프로그램 통합본에서부터 시도되어 오던 것인데, '친한 친구 되기(friendship)' '대화하는 친구 되기(counselorship)' '도움 주는 친구 되기(leadership)'가 그것이다. 또래상담자는 또래 친구들에게 친한 친구가 되어 주고, 대화하는 친구가 되어 주고, 도움 주는 친구가 되어 주는 활동을 하는 준전문가라고 개념

〈표 3-10〉 단계별 또래상담자 훈련 프로그램(이상희 외, 2000)

구 분	초등학생용	중학생용	고등학생용
들어가기	• 프로그램 소개/신뢰감 형성 프로그램/자기소개/집단규칙		
친한 친구 되기	• 나의 좋은 친구 • 친구관계 살펴보기 • 친구 다시 보기 • 우린 소중한 친구	• 친구의 의미 • 친구관계 살펴보기 • 친구에게 다가가기	• 친구란? • 나의 친구관계는? • 친구에게 먼저 한 걸음
대화하는 친구 되기	• 대화는 주고받는 것 • 대화의 기본 자세 • 친구 마음 이해하기	• 대화의 기본 자세 • 어기역차 전략 • 잠하둘셋 전략 • 대화 종합연습	• 대화를 잘하려면 • 공감적 이해 • 내 마음 전달하기
도움 주는 친구 되기	• 친구 사이의 어려움 • 도움 주는 친구 사이	• 원무지계 전략 • 도움되는 활동들	• 고민하는 친구에게 1 • 고민하는 친구에게 2 • 친구에게 도움을
마무리	• 훈련 내용 정리/프로그램 내용과 진행에 대한 평가		

화하였다. 이 세 가지 개념은 '또래상담이란 무엇인가?' '또래상담자는 어떤 활동을 하는 사람인가?' '또래상담자에게 무엇을 훈련시키는가?' '또래상담 활동 결과 또래상담자들에게는 어떤 유익이 있는가?' '또래상담 지도자는 무엇을 이해해야 하는가?' 등의 다양한 질문에 대한 해답을 간략하게 내포하고 있다. 단계별 프로그램에서는 이 세 가지 개념을 중심으로 회기활동을 구성하였다.

둘째, 기존의 통합본은 세 가지 개념에 맞게 기존의 프로그램을 통합하다 보니 다루어야 할 내용이 많고 그 내용이 어려워지는 단점을 가지게 되었다. 이런 한계를 극복하기 위해 ① 훈련 내용은 적게 구성하되 가르치고자 하는 목적 달성을 극대화시킬 수 있는 지식으로 구성하고, 그러면서 현장 적용이 가능하도록 하기, ② 매 훈련 회기에 촉진활동을 활용하여 재미있게 경험하도록 하기, ③ 역할연습과 실습 등을 활용하기와 같은 원칙을 프로그램 개발에 적용하였다. 단계별 프로그램은 배런호스트(1980), 틴달과 그레이(1985)가 제시한 기본적인 상담훈련 내용과 브래큰베리(1995)가 제시한 성공적인 회기 운영의 방법을 적용한 것이라 할 수 있다.

셋째, 가장 큰 특징은 초등학생, 중학생, 고등학생을 단계별로 연계한 프로그램으로 구성하였다는 것이다. 단계별 프로그램이 개발되기 전까지 우리나라 또래상담 훈련 프로그램은 대학생용과 청소년용으로 양분되어서 활용되었다. 그러다 보니 청소년용 교재를 초등학생부터 고등학생까지 모두 사용해야 하는 어려움에 부딪히게 되었다. 이런 어려움은 또래상담자 훈련 프로그램을 개발해서 현장에 제공할 때마다 문제가 되었다. 단계별 프로그램에서는 친한 친구 되기, 대화하는 친구 되기, 도움주는 친구 되기의 세 가지 개념을 지식 구조로 구성하고, 이를 나선형 교육과정으로 편성하여 내용과 훈련방법을 심화하는 방식을 택했다. 나선형 훈련과정으로 편성하면서 전국의 초등학생, 중학생, 고등학생을 표집하여 설문조사를 하였는데, 초등학생은 친한 친구 되기, 중학생은 대화하는 친구 되기, 고등학생은 도움 주는 친구 되기 영역이 또래상담자 활동으로 더 적합하다고 인식하는 것으로 나타났다. 이에 따라 〈표 3-10〉의 음영으로 강조한 부분에서 확인할 수 있듯 설문조사를 통해 얻은 결과를 토대로 학령별로 회기를 더 배정하는 방법으로 프로그램을 구성하였다.

넷째, 단계별 또래상담자 훈련 프로그램에만 있는 고유의 지식을 창출하였다는 특징을 가지고 있다. 대개 새로운 프로그램을 구성하면 고유의 지식이 일종의 브랜드처럼 존재하는 것이 좋다. 단계별 프로그램에서는 '생기리 전략' '어기역차 전략' '잠하둘셋 전략' '원무지계 전략' 등을 구성하여 또래상담자가 조력활동을 위해 쉽게 연상하면서 활용하도록 하였을 뿐만 아니라 그 전략 자체가 단계별 또래상담자 훈련 프로그램을 연상시키는 하나의 브랜드 기능까지 가지고 있다.

단계별 또래상담자 훈련 프로그램은 현재까지도 광범위하게 활용되고 있다. 단계별 또래상담자 훈련 프로그램은 초등학교에서 또래상담자를 시작한 학생이 중학교에 진학해서도 심화학습을 받으면서 지속적으로 또래상담자로 활동할 수 있고, 이후 고등학교에 진학해서도 같은 맥락의 훈련과 활동을 가능하게 한다는 장점이 있다. 다만 한 가지 아쉬운 점은 한국청소년상담복지개발원에서 2007년에 솔리언 또래상담이라는 명칭으로 기관의 또래상담을 브랜드화하면서 단계별 프로그램의 의미를 고려하지 못한 채 각 회기의 프로그램만을 재구성하여 솔리언 또래상담자 훈련 프로그램으로 개편하였다는 점이다. 그래서 초창기의 문제점으로 간주된 학령을 고려하지 못한 프로그램으로 평가될 가능성이 있다. 그러므로 이에 대한 대책이 후속 연구로 진행되어야 한다.

신옥(2001)은 또래 조력망을 활용한 청소년상담 프로그램을 개발하였다. 신옥은 또래상담자를 훈련시키기 위해 '대인관계 기술' '긍정적 자아개념 향상' '갈등해결 능력 함양' '자신의 진로 탐색하고 설계하기' 등의 내용을 주요 주제로 삼았다. 이 프로그램은 내용만으로 보면 갈등 해결을 주목적으로 하고 있는 듯하다. 도입 단계, 대인관계 기술훈련 단계, 긍정적 자아개념 단계, 진로 탐색 단계, 마무리 단계가 모두 또래상 담자의 기본 자질 함양을 위해 구성되어 있고, 실제 문제해결을 위한 부분이 갈등해결 단계로 독립 편성되어 있는 것에서 그 목적을 엿볼 수 있다. 이 프로그램은 한국청소년상담복지개발원의 훈련 프로그램 II, III과 비슷한 맥락을 가지고 있는데, 광범위하게 활용되지 못한다는 점이 아쉽다. 그러나 실제 현장에서 갈등해결을 위해 또래중재(peer mediation) 프로그램을 운영할 목적을 가질 경우 신옥(2001)의 프로그램은 강력한 도구가 될 수 있으리라 생각된다.

중재를 목적으로 하는 프로그램 개발은 이승연(2008)이 기초연구를 수행한 바 있다. 이승연은 또래상담으로 청소년 자살을 예방하기 위한 프로그램을 개발하기 위하여 또래상담자를 게이트키퍼로 활용할 수 있을지

〈표 3-11〉 또래상담자 훈련 프로그램(신옥, 2001)

구 분	회기	훈련 내용
도입	1	프로그램 안내 및 자기소개 시간
대인관계 기술훈련	2	신뢰감 형성하기
	3	의사소통 기술 훈련하기
긍정적 자아개념	4	자기 자랑하기
	5	칭찬하기
갈등해결	6	효과적인 자기표현 기술 익히기
	7	무패적 방법 익히기
진로 탐색	8	직업 탐색하기
	9	진로 설계해 보기
마무리	10	공동 작업하기

에 대해 관심을 가지고 조사연구를 실시하였다. 일반계 고등학생 442명을 대상으로 설문조사를 실시한 결과 84%의 학생들이 또래의 자살위험을 알게 되었을 경우 주변 어른에게 알리는 대신, 스스로 대화를 통해 돕는다고 보고하였다. 따라서 청소년들을 게이트키퍼로서 훈련시켜야 하고, 다른 청소년들의 자살위험을 식별하여 보다 전문적 도움을 제공하거나 연결 가능한 어른들에게 이를 알릴 수 있도록 훈련되어야 하는 시사점을 제시하였다. 자살이라는 위기 상황에서 또래상담자들을 어떻게 중재자로 활용해야 하는지 탐색한 연구로서 매우 가치가 높다고 할 수 있다. 오화진(2011)은 중학교 신입생의 학교생활 적응을 돕기 위해 또래지지 집단상담 프로그램을 개발하여 적용하기도 하였다.

초등학생을 위한 또래상담 훈련 프로그램을 개발하고 적용한 연구도 있다. 이상숙(1999)은 집단따돌림에 대한 개입을 목적으로 초등학생용 프로그램을 개발하였다(〈표 3-12〉 참조). 이상숙은 프로그램을 개발하면서 단위활동 선정의 기준으로 다섯 가지 조건을 제시하였다. 이런 조건의 제시는 초등학교 학급에 적합한 프로그램을 구안하려는 연구자의 노력으로 볼 수 있으며, 내용은 다음과 같다.

1 초등학교 아동 발달단계에 알맞은 내용
2 학습 현장에 적용하기 쉬운 프로그램
3 교사가 아니더라도 또래 수준에서 적용할 수 있는 프로그램
4 집단 구성원의 역동적 상호작용에 의해 공동체 의식 함양에 도움을 줄 수 있는 프로그램
5 왕따 퇴치에 도움이 될 수 있는 예후적 효과를 기대할 수 있는 프로그램

이상숙의 프로그램을 앞서 개괄한 또래상담자 훈련 프로그램과 비교

해 보면 상담자 양성 프로그램이라기보다는 자기성장 집단에 더 가깝다. 다분히 체험 중심의 프로그램이지 준상담자 교육 프로그램이라고 보기는 어렵다. 그런데도 이것이 초등학생 수준의 또래상담 프로그램으로 활용되고 있다.

　이상숙은 이 프로그램을 활용한 결과 집단따돌림 아동이 자기 특징을 알고 이해하며 자신감을 가지게 되었다고 보고하였다. 집단따돌림을 당하던 아동은 또래조력자의 활동을 통해 사회적 기술, 대인관계 능력 등을 발전시켜 또래와 좋은 관계를 유지하게 되었다고 밝혔다. 이런 결과로 보아 목적을 달성하기 위해 관련이 있다고 여겨지는 활동들을 구안하여 활용하는 것이 나름 의미가 있다고 볼 수 있다. 그러나 프로그램을 개발하고 적용할 경우 각각의 단위활동이 실제 또래상담자 훈련과 어떻게 연관되어 있는지를 논리적으로 설명하는 것은 필요하다고 생각한다. 이후 이보리(2013)는 학교폭력 예방을 위한 프로그램을 개발하였고, 홍미경(2009)은 외모 만족도 향상을 위한 또래상담 프로그램을 개발하여 적용하기도 하였다.

〈표 3-12〉 초등학생용 또래상담자 훈련 프로그램(이상숙, 1999)

회 기	프로그램	훈련 내용	
1	함께 해요	• 집단 편성 • 애칭 짓기	
2	마음을 열어요	• 역할 바꾸기(역지사지) • 험담 수용하기 • 사물과의 대화	
3	우리는 하나	• 손에 손 잡고 • 놀이마당 • 작은 손길 큰 사랑	
4	힘을 모아요	• 공동작품 만들기(가족신문 만들기) • 공동과제 해결(집단 의사결정 체험)	

전용표(2002)는 인터넷을 이용한 또래 성상담자 양성교육 프로그램을 개발하였다. 이것은 성상담이라는 특정 영역에 또래상담을 적용한 것이라 할 수 있다. 전용표는 실업계 고등학교 재학생을 대상으로 한 설문조사에 기초하여 성 교육용 CAI(computer assisted instruction) 프로그램을 개발하였다. 그 내용은 1단계 상담 기술 실습, 2단계 성 지식 테스트, 3단계 성 가치관 훈련으로 구성되어 있다(〈표 3-13〉 참조).

전용표는 청소년이 활발하게 이용하는 사이버 공간에서 무분별하게 음란물 등에 노출되어 있는 학생들의 성 지식과 가치관에 영향을 미치고자 했던 것 같다. 또래상담자에게 기본적인 교육을 제공한 후 성 지식 테스트, 성 가치관 훈련 등을 제공하고, 실제 사이버상에서 활동할 수 있도록 하였다. 또래상담자에게 웹상에서 제공한 교육의 내용은 CAI로 구성하였는데, 이는 [그림 3-1]에 정리되어 있다.

전체적으로 보면 하나의 교육을 실행하고 평가한 후 다음 단계로 넘어가도록 하는 전통적인 CAI 프로그램을 활용하였다. 이 과정은 또래상담자 스스로 자기 속도에 맞추어 학습할 수 있다는 강점이 있고, 수시로 담당교사에게 메일을 보내 부족한 지식을 보충할 수 있다는 특징을 가지고

〈표 3-13〉 또래 성상담자 교육과정(전용표, 2002)

구 분	일 시	학습 내용	
기초	준비 기간	성상담이란?	
		성폭력 상담과정	
1단계	1주차	상담 기술 실습	
2단계	2주차	성 지식 테스트	
	3주차		
3단계	4주차	기본 단계	성 가치관 훈련
	5주차	심화 단계	
	6주차		

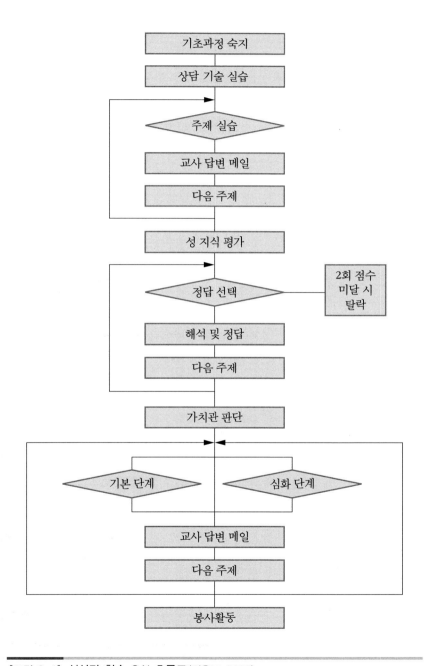

[그림 3-1] 성상담 학습 CAI 흐름도(전용표, 2002)

있다. 전용표는 모든 과정을 이수한 학생만이 실제로 활동에 투입되도록 구안하였다.

성상담 학습 CAI의 전체 사이트맵에서는 성상담에 대한 실제 또래상담이 주메뉴 바로 하단에 배치되어 있고, 나머지는 대체로 또래상담자 훈련 관련 내용 등이 배치되어 있다. 성상담과 관련하여 또래상담자가 사이버상에서 '공개상담' '비밀상담' 등을 수행하도록 하는 것이 이 프로그램의 최종 목적이라 할 수 있기 때문에, 교육 프로그램 내용도 성 지식과 가치관에 국한되어 있다. 이것은 아마도 학생들의 수준을 고려한 것이라 보인다. 성폭력 문제나 정신건강과 관련되는 문제는 상담기관을 링크하여 의뢰할 수 있도록 장치를 마련해 두고 있다.

전용표의 시도는 시공간적 제약이 많은 우리나라 학교 여건에 적합한 프로그램을 제공했다는 데 시사점이 크다. 이렇게 인터넷을 활용하는 것은 시간과 공간의 제약이 상당히 큰 우리나라 학교 상황에서 사이버 공간을 학교상담과 연계하여 운영함으로써 특정 문제에 대한 현실적 개입

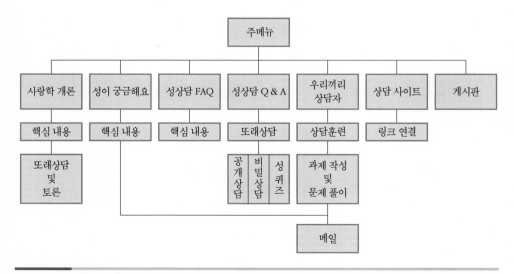

[그림 3-2] 성상담 학습 CAI 전체 사이트맵(전용표, 2002)

의 폭을 넓힐 수 있다. 또 무리한 활동으로 또래상담자와 학부모가 가질 수 있는 부담을 줄일 수 있다는 이점도 있다. 그러나 사이버 공간에서 교육하고 상담하고자 하는 본래의 의도에 비해 실제 활용이 이루어지지 않을 수 있다는 한계도 있다. 그럼에도 불구하고 또래상담을 학교에 활용하고 학교상담의 한 방법으로 적용하기 위한 다양한 훈련 프로그램이 모색되고 시도될 필요가 있으며, 사이버 공간을 활용하는 것이 매우 창의적인 방법일 수 있다는 데는 의심의 여지가 없다고 본다.

청소년을 위한 또래상담 프로그램 개발에 대한 관심은 소년원과 군부대로 이어졌다. 소년원용 또래상담 프로그램은 소년원생들의 원내 적응을 지원하고, 재범을 방지하기 위한 목적으로 법무부에서 외부 전문가에게 의뢰하여 개발되었다(노성덕, 정지연, 명선희, 김병관, 2010). 이 프로그램은 궁극적으로 소년원생들의 사회 적응을 지원함으로써 재범을 방지하고자 하는 목적을 가지고 있다. 또한 또래상담 프로그램 적용을 계기로 소년원에 '또래도우미' 제도를 도입하였다. 또래상담 프로그램은 "소년원 내 생활 적응을 일차적으로 돕는 데 초점을 두기 때문에 '생활 갈등 중재' '또래교수 활동: 검정고시, 자격증 취득 조력활동' '원생활 적응 조력' 등을 강조한다. 그래서 훈련 프로그램의 예시와 과제 등이 실제적인 생활상의 조력활동을 진행하도록 맞추어져 있으며, 갈등을 해결하는 데 필요한 자질을 향상시키는 것에 관심을 가지고 있다."(노성덕 외, 2010, p. 115).

또래상담은 군부대에도 적용되고 있는데, 군대 내 병사의 대부분이 청소년기본법으로 보나, 발달단계상으로 보나 청소년기에 해당하므로 또래집단의 영향을 많이 받을 것으로 전제하기 때문이다. 이런 점을 고려하여 한국청소년상담복지개발원에서는 군 솔리언 또래상담 프로그램을 개발하여 적용하였는데, 군 병사들의 심리적 건강을 돕고, 군대 내 사고 예방과 건강한 군문화 확산에 기여할 것으로 평가되고 있다(양미진, 신효정, 송미경, 2008). 이를 근간으로 강진영(2009)은 또래상담병을 제도적으로 도입할 것을 제안하고 있는데, 2장에서 소개한 바와 같이 또래상담을 활용하여 상담병과를 개설하는 것까지 검토한 바 있다. 현재 소년원이나 군에서 적용되고 있는 또래상담 프로그램은 모두 한국청소년상담복지개발원의 단계별 또래상담자 훈련 프로그램에 기초하고 있는데, 향후 다양한 장면에서 여러 형식과 방법으로 적용 가능한 프로그램이 개발될 필요가 있다고 보인다.

요약

또래상담자를 양성하여 활동하도록 하기 위해서는 목적에 맞는 프로그램의 개발이 필요하다. 그러나 또래상담자가 직업적인 상담자가 아닌 자원봉사자 수준의 준전문가임을 고려하여 활동의 내용, 훈련방법, 전문가와의 연계, 지속적인 슈퍼비전 제공 등을 생각해야 한다. 우리나라 또래상담자 훈련 프로그램은 초기에 배런호스트와 틴달, 카 등의 영향을 받았으나, 이후 우리나라 상황에 맞는 다양한 프로그램 개발 시도가 있었다. 앞으로도 우리 문화와 특성에 맞는 다양한 프로그램 개발이 필요하다. 더불어 문제 영역별로 또래상담자가 수월하게 초기 개입할 수 있는 창의적인 시도도 필요하다.

학습 과제

- 또래상담자 훈련 프로그램을 개발하고자 할 때 중요하게 고려해야 할 사항에 대해 논의해 보시오.
- 단계별 또래상담자 훈련 프로그램이 가지는 특징이 무엇인지 설명해 보시오.
- 이 장에 소개되어 있는 또래상담 훈련에 대한 내용을 참고하여 당신이 훈련시킬 또래상담자를 가정하고 훈련 프로그램을 구성해 보시오.
- 우리나라 학교에서 또래상담을 시도하고자 할 때 훈련 프로그램에서 주의해야 할 사항은 무엇인지 정리해 보시오.

학습 목표

- 또래상담이 초등학교, 중학교, 고등학교에 어떤 효과를 가져오는지 안다.
- 학교 또래상담의 연구 주제와 관심 변인들에 대해 이해한다.
- 또래상담을 주제로 연구를 설계할 수 있다.

 **학습 개요**

학교 또래상담이 실제로 어떤 효과를 가져오는지 이해하는 것은 매우 중요한 작업이다. 이 장에서는 우리나라 초등학교, 중학교, 고등학교에 적용된 또래상담이 실제로 어떤 영역에 대해 긍정적 영향을 미치는지를 알아보았다. 초등학교, 중학교, 고등학교로 나누어 또래상담자 훈련 프로그램 실시의 효과, 또래상담자 활동의 효과, 프로그램 실시 및 활동의 효과, 기타 연구로 구분하여 개관해 본다. 학교급에 관계없이 또래상담은 또래상담 훈련 및 활동에 참여하는 또래상담자에게 다양한 영역에서 의미있는 변화와 효과를 가져오고 있다. 그리고 또래상담자의 활동으로 상담받은 친구들이 변하고, 또래상담자가 속해 있는 학급과 학교가 변화하는 효과를 보여 주고 있다. 여기에 소개된 연구논문들뿐 아니라 다양하게 시도된 현장 연구들을 살펴보는 것은 또래상담을 실제로 운영하고자 하는 상담자가 창의적인 아이디어를 얻는 중요한 방법이 될 것이다.

제4장
우리나라 학교 또래상담의 효과

120

또래상담을 각급 학교에서 활용했을 때 과연 효과가 있을까? 효과가 있다면 누구에게 어떤 효과가 있을까? 또래상담자 훈련 프로그램 개발과 함께 또래상담의 성과에 관심 있었던 연구자들은 '과연 또래상담 교육과 활동이 또래상담자에게 도움이 되는가?' 또는 '또래상담 대상 학생이나 집단 참여자, 학급 학생 등 대상 집단을 돕는 데 효과적인가?' 하는 주제에 대한 연구를 수행하였다. 또래상담 연구들은 교육대학원에서 쓰인 논문의 비중이 매우 높다. 그래서 또래상담 연구들은 대체로 현장 연구의 특성을 가지고 있다. 또래상담 연구가 현장 연구의 특성을 가진다는 것은 현직 교사의 관점에서 학생지도에 가장 필요한 것이 무엇인지를 해결하고자 하는 의지가 반영되었을 가능성이 크다는 점과 외적 타당도 확보 측면에서는 강점이다. 그렇지만 현장 연구의 특성상 내적 타당도가 위협받는 상황이 있음을 보게 된다. 이 장에서는 여러 제한점에도 불구하고 현장에서 또래상담을 적용하고 그 효과를 검증하고자 수행된 국내 연구를 초등학교, 중학교, 고등학교로 나누어 개괄하였으며, 또 장애를 가진 학생을 대상으로 한 연구를 간략하게 살펴보고자 한다. 대학이나 성인 대상 연구들은 논외로 하였다. 그리고 우리나라 초등학교, 중학교, 고등학교, 장애학생 대상 및 대학교에서 수행된 연구 목록은 6장에 표로 정리하여 제시하였다. 또래상담 연구에 관심을 가지고 있는 현직 교사나 상담자에게 학교 또래상담 관련 논문을 쉽게 활용하도록 도움을 주고자 한 것이다.

1. 초등학교에서의 연구

1) 초등학교 또래상담자 훈련 프로그램의 효과

또래상담자 훈련 프로그램만으로도 초등학생에게 변화가 있을 수 있는지를 확인하고 싶은 연구자가 많았던 것 같다. 오정아(2006)는 초등학교 6학년 40명을 실험집단과 통제집단으로 나누어 연구를 진행하였다. 또래상담자 훈련 프로그램 실시 결과 훈련생인 초등학교 학생의 관점 수용이 유의미한 향상을 보였고($p < .01$), 공감적 관심이 향상되었으며($p < .01$), 정서적 공명능력이 향상되었다($p < .01$). 결과적으로 연구자는 또래상담 훈련 프로그램이 초등학교 또래상담 훈련생의 공감능력 향상에 효과적이라고 제시하였다. 발달심리학의 관점에서 보면 초등학교 고학년에 해당하는 연령은 청소년기의 자아중심성이라는 특성을 경험하기 때문에 타인을 공감하는 것이 쉽지 않다. 더욱이 공감이라는 특성이 단기간 훈련으로 향상되는 것이 아닌데도 또래상담 프로그램만으로 공감능력이 향상되었다는 연구 결과는 의미하는 바가 매우 크다고 할 수 있다. 아마도 또래상담 훈련 프로그램이 가지고 있는 타인의 감정과 생각을 고려하는 훈련과 실습의 영향으로 보인다. 이나미(2011)는 학급 임원에게 적용하여 또래수용도와 공감능력이 향상되었음을 보고하고 있는데, 다른 학생의 관점 수용이 또래리더의 자질 향상에 도움을 준다는 점에서 오정아와 같은 관점을 보여 주고 있다.

김상은(2007)은 초등학교 5학년을 대상으로 6주간 11회기로 또래상담자 훈련 프로그램을 실시하였다. 그 결과, 또래상담자 훈련에 참여한 학생들이 통제집단에 비해 교우관계와 학교생활 만족도에서 유의미한 향상이 있었다. 특히 교우관계 하위 영역 중에서 또래와의 어울림, 감정,

초등학생 또래상담자 훈련(출처: www.gycc.org)

또래 속에서의 자기 위치 지각, 친구에 대한 관심도를 높이는 데 효과적
이었다고 보고하고 있다. 학교생활 만족도의 하위 영역에서는 프로그램
참여 결과 교사 만족도와 친구 만족도는 유의미한 향상이 있었으나 학교
자체에 대한 만족도에서는 유의미한 향상이 없었다. 아마도 단기간의 또
래상담자 훈련 프로그램만으로는 학교라는 더 큰 단위의 조직에 대한 만
족도 향상에 영향을 미치는 데 한계가 있었던 것으로 보인다.

연구자들은 또래상담자 훈련 프로그램만으로도 초등학교 훈련생들의
의사소통 능력, 자아개념, 학교생활 만족도 등을 향상시킬 수 있을지 검
증하기도 하였다. 김은미(2003)는 또래상담 훈련 결과 초등학교 고학년 학
생들의 의사소통 능력(p < .01)과 자아개념(p < .05) 점수가 통제집단에 비
해 유의미하게 향상되었다고 보고하였다. 김은정(2002)은 초등학교 4학년
학생들을 대상으로 자아개념이 또래상담을 통해 향상될 수 있는지를 연
구하였다. 김은정은 자아개념이 낮은 아동과 중간 이상인 아동으로 나누
어 또래상담에 참여시켰는데, 특히 자아개념이 낮았던 아동의 경우 자아
개념 전체와 학급 성취 자아개념에서 유의미한 향상이 있었다고 보고하
였다. 외국의 경우 바우만과 마이릭(Bowman & Myrick, 1980)의 연구에서

도 3~6학년 학생들이 동료조력자로 활동한 후 자아개념이 긍정적으로 변화하였다고 보고하고 있다. 그렇다면 초등학교 저학년 학생에게도 이런 향상이 있을 수 있을까? 이는 김정미(2007)가 연구를 통해 확인하였다. 김정미는 초등학교 3학년을 대상으로 또래상담자 훈련 프로그램을 실시하고 그 결과를 보고하였다. 김정미의 보고에 따르면, 또래상담자 훈련 프로그램에 참여한 학생들은 통제집단에 배정된 학생들에 비해 자아개념과 의사소통 능력 점수에서 유의미한 향상을 보였다($p < .001$). 홍미경(2009)은 외모 만족도가 향상되었다는 연구 결과를 제시하기도 하였다.

고학년의 경우에는 또래상담자 훈련 프로그램이 다양한 영역에서 도움이 되는 것으로 나타났다. 김미정(2005)은 6학년 여섯 학급에서 선발된 20명의 학생들에게 또래상담자 훈련 프로그램을 실시하여 자기 능력 지각에 어떤 영향을 미치는지를 알아보고자 하였다. 연구 결과, 또래상담자 훈련 프로그램에 참여한 학생들의 자기존중감, 사회능력, 품행에 대한 자기 능력 지각에서는 유의미한 향상이 있었으나, 학업능력, 운동능력, 신체 매력에 대한 자기 능력 지각에서는 유의미한 차이를 보이지 않았다. 학업능력이나 운동능력, 신체 매력은 사실 또래상담자 훈련과는 그다지 관련이 없는 변인이라고 보이기 때문에 이와 같은 연구 결과는 당연하다고 생각된다. 신현근(2003)은 또래상담 훈련 결과 6학년 또래상담 훈련집단 학생들의 자기효능감과 사회성 점수가 유의미하게 향상되었다고 보고하였다($p < .05$). 임희수(2008)도 또래상담 훈련이 자아존중감과 인간관계 향상에 영향을 미침을 보여 주었다($p < .001$).

백세연(2006)은 6학년 학생 35명을 실험집단 18명, 통제집단 17명으로 나누어 11회기에 걸쳐 또래상담자 훈련 프로그램을 실시하였다. 그 결과, 자아개념과 자기표현 능력에서 유의미한 향상이 있었다. 특히 자아개념의 경우에는 전체 하위 영역에서 유의미한 향상이 있었다. 백세연은 연구를 진행하면서 학급을 관찰한 결과 "학급 학생들 간 다툼이 크게 감소하였고, 일부만이 무리를 지어 어울리던 학급의 교우관계 분위기가 전체적으로 함께 어울릴 수 있는 분위기로 변하였다."라고 보고하기도 하였다. 백세연의 연구는 또래상담을 활용하는 것이 오정아가 검증한 공감능력 향상과 함께 학교폭력이나 왕따 등을 예방하거나 초기 대응을 하는데 유용할 것이라는 추측을 가능하게 한다. 그리고 실제로 집단따돌림에 초점을 둔 연구가 진행되기도 하였는데, 그 내용은 또래상담자 활동의 효과를 검증한 연구에 소개되어 있다(박광원, 2005; 전영희, 2006). 강선영 (2011)과 최현정(2008)은 또래 칭찬활동 프로그램을 적용하였는데 문제행동, 자아개념, 교우관계와 학급 응집성 등이 영향 받았음을 밝혔다. 이들 연구는 또래상담을 다양한 형태로 학급에서 적용할 수 있는 개연성을 보여 주었다는 데 의의가 있다.

또래상담자 훈련 프로그램의 효과가 종료 이후에도 지속될 수 있을까? 김영희(2004)는 초등학교 5, 6학년 16명에게 사전검사를 실시하여 점수를 기준으로 매우 유사한 두 사람을 짝지은 후 그들을 각각 실험집단과 통제집단에 배치하고 실험집단에 대해 또래상담자 훈련 프로그램을 실시하였다. 그 결과, 자아존중감과 의사소통 기술 점수에서 유의미한 향상이 있었다. 김영희는 훈련이 종료된 후에 효과의 지속성을 알아보기 위해 지속검사를 실시했는데, 검사 결과 의사소통 기술검사는 유의미한 차이를 지속적으로 보였으나 자아존중감에서는 차이를 보이지 않았다. 이 연구 결과는 또래상담자 훈련 프로그램 종료 후에 활동지도 없이 훈련 경험만으로 자아존중감 향상을 기대하기는 어렵다는 것을 보여 준다.

김은애(2003)는 6학년을 대상으로 또래상담 훈련을 실시한 결과 교우관계와 자아개념에 유의미한 향상이 있었다고 보고하였다. 김은애는 이런 효과가 10주 후까지 지속될 것인지를 확인하였는데, 교우관계 하위영역 중 친구 간의 적응, 자아개념 중 정의적 자아개념의 효과가 지속되고 있다고 보고하였다. 특이한 점은 자아개념의 하위 영역 중 학문적 자아개념은 사후검사 직후에는 개선되지 않은 것으로 나타났으나 10주 후의 지속검사에서는 유의미한 향상을 보였다는 것이다. 김지정(2004)은 훈련과 활동을 동시에 연구하면서 효과가 지속될 수 있을지를 검증해 보았다. 김지정은 초등학교 5학년 학생들에게 또래상담 훈련을 시킨 후 또래에게 상담활동을 하도록 하였다. 연구 결과, 또래상담 훈련을 받은 후 또래상담자의 의사소통 능력이 유의미하게 향상되었고, 또래상담을 받은 대상 학생들의 경우에는 사회성 점수에서 협동성과 사교성 모두 통제집단에 비해 유의미한 향상을 보였다. 또래상담 훈련 후 지속검사와 또래상담 서비스를 제공받은 대상 학생의 경우는 종료 후 추가로 실시한 검사에서도 각각 의사소통 능력과 사회성 향상이 유지되고 있는 것으로 나타났다. 김영희(2004), 김은애(2003)의 연구 설계와 김지정의 연구 설계의 차이는 또래상담자 훈련을 실시한 후 실제로 또래상담 활동을 지도했느냐 하는 것이다. 단지 또래상담 훈련만 실시한 후 지속적인 효과를 기대했던 김영희나 김은애의 연구에서는 지속되지 않는 특성들이 더 발견되었다. 그러나 또래상담 훈련 이후 실제 활동을 설계하고 연구를 진행한 김지정은 기대했던 지속 효과를 모두 거둘 수 있었다. 물론 실험마다 지속적인 효과가 나타나는지는 여러 변인의 영향을 받기 때문에 그 결과가 다양해질 수 있다. 그러나 위의 연구 결과를 보면, 또래상담은 실제 활동까지 겸했을 때 더 강력한 효과가 있다. 이것은 "가르치면 배우는 것이 더 많아진다."라는 속담과도 무관하지 않아 보인다.

유인애(2006)는 고립아에 초점을 두고 연구를 진행하였다. 고립아 30명을 선정하여 실험집단과 통제집단에 15명씩 배치하고 실험집단에게 초등학생용 또래상담 훈련 프로그램을 실시하였다. 그 결과, 실험집단의 아동이 통제집단 아동에 비해 사회적 · 정서적 고립 수준, 자아개념 수준, 외로움 수준, 불안 수준에서 통계적으로 유의미한 차이를 보였다. 이로써 초등학교에서 또래상담자 훈련은 고립아의 심리적 특성을 긍정적으로 변화시키는 데 효과적이었음을 알 수 있다고 주장하였다.

2) 초등학교 또래상담자의 활동이 가져다주는 효과

또래상담자를 양성한 후 일정 기간 활동하였을 때 어떤 효과를 거둘 수 있을까? 또래상담자에게는 어떤 변화가 있고, 또래상담을 받은 학생에게는 어떤 변화가 있을지 알아보고자 하는 연구들이 있다.

이은미(1991)는 초등학교 6학년 또래상담자들이 초등학교 3학년에게 집단상담을 실시하게 하였는데, 그 결과 3학년 학생들의 학교 관련 태도가 긍정적으로 변화되었다. 초등학교 6학년 학생들을 집단상담 리더로 활용한다는 시도 자체는 새로웠으나, 안타깝게도 이은미의 앞선 연구에도 불구하고 이후 초등학교에서 이와 같은 연구 설계는 활발하게 나타나지 않았다.

또래상담자의 활동이 따돌림 현상에도 직접적으로 영향을 미칠 수 있는지에 관심을 가진 연구들도 있다(이혜미, 2013; 박광원, 2005; 전영희, 2006). 박광원(2005)은 또래상담자의 활동이 집단따돌림 피해학생의 대인관계 특성과 집단따돌림 학생이 소속해 있는 학급의 또래 수용지수에 미치는 영향을 연구하였다. 이 연구에서는 집단따돌림을 당하는 학생 4명을 4명의 또래상담자가 상담하도록 하였는데, 집단따돌림을 당하는 학생의 적응성, 사회성, 봉사성, 창의성이 향상되었다. 또한 집단따돌림을 당하는 학생이 속해 있는 학급의 또래 수용지수가 향상되었다. 결과적으로 박광원은 또래상담 활동으로 따돌림을 당하는 학생의 부적응행동을 감소시키고 학급의 또래 수용지수를 향상시킴으로써 따돌림 현상을 방지하는 데 효과적이었다고 밝히고 있다. 전영희(2006)도 초등학교에서 또래상담 활동이 집단따돌림에 영향을 미칠 수 있는지를 알아보았다. 결과적으로 또래상담 활동이 전개된 학급에서는 집단따돌림 현상이 유의미하

게 감소하였는데, 특히 남학생의 집단따돌림이 현저히 감소하였고, 집단
따돌림이 심했던 그룹에서도 현저한 감소가 있었음을 보고하였다.

따돌림에 대한 직접적인 개입은 아니지만 교우관계나 학급 응집력 등
에 영향을 주어 관계의 문제들을 해결해 보고자 한 연구도 있다(김형일,
2010; 정미, 2004). 정미(2004)는 5학년 학생을 대상으로 또래상담 훈련 프
로그램을 5주에 걸쳐 실시하고, 이후 4주간 또래상담 활동을 하도록 지
도한 후 교우관계와 학급 응집력에 영향이 있는지를 연구하였다. 정미는
또래상담자 훈련 프로그램 실시 전후의 변화보다는 또래상담자의 활동
결과로 대상 학생에게 어떤 영향이 있는지를 보고자 하였다. 연구 결과
로 또래상담자가 또래상담 활동을 전개한 학급의 교우관계 척도와 학급
응집력에 유의미한 향상이 있었음이 보고되었다. 정미는 이후 추수지도
와 면담 및 인터넷 카페 운영 등을 통해 또래상담 활동과정을 분석하면
서 다음과 같이 기록하고 있다.

> 그들(또래상담자)이 보람을 느끼거나 좋았던 점으로 친구를 사귀게 된 점, 친
> 구를 이해할 수 있게 된 점, 자신을 통해 밝아지는 친구의 모습을 보고 자신감과
> 자부심을 얻은 점, 친구와 학급에 대한 봉사 등을 보고한 내용을 통해, 또래상담
> 활동과정과 그 성과로부터 어려움을 함께 나누고 도움을 주는 친구 및 좋은 친
> 구가 있음으로 해서 학급 분위기가 좋아지고 학교를 즐거운 곳으로 만들 수 있
> 다는 가능성이 확인되었다(정미, 2004, p. 48).

정미가 인터넷 카페 운영 등을 통해 또래상담자들의 활동을 관리했다
면, 박인숙(2003)은 인터넷 카페 운영을 넘어서 사이버 또래상담 프로그
램을 적용하였다. 그 결과 초등학생의 교우관계에 유의미한 향상이 있었
다고 밝혔다. 박인숙의 연구는 학급 내 초등학생들을 교육하여 홈페이지
를 통해 상담활동을 하도록 유도한 것이었다.

3) 초등학교 또래상담자 훈련 프로그램과 또래상담자 활동을 겸한 연구

또래상담자 훈련 프로그램과 활동의 효과를 동시에 알아보고자 하는 연구도 수행되었다. 박은경(2006)은 4학년 1개 학급에서 8명의 학생을 선발하여 또래상담자 훈련을 실시하고 활동을 지도하면서 또래상담자의 자아개념과 학교생활 적응에 영향을 미치는지를 반복측정 이원변량분석으로 검증하였다. 그 결과 또래상담자 훈련 프로그램과 또래상담 활동에 참여한 학생들의 자아개념과 학교생활 적응 점수가 통제집단에 비해 유의미한 향상을 보였는데, 또래상담자 훈련 프로그램 참여 직후뿐만 아니라 활동 이후까지 지속적인 향상을 보였다. 송효진(2006)은 6학년 학생을 대상으로 또래상담자 훈련 프로그램을 실시하였다. 그 결과 훈련 프로그램에 참여한 학생들의 사회성 점수에서 유의미한 향상이 있었다고 보고하였다(p < .01). 송효진은 또래상담자 훈련을 마친 학생들이 또래상담 활동을 한 결과 그들이 속한 학급의 학급 응집력이 통제집단에 비해 유의미한 향상이 있었다고 보고하였다(p < .001). 김미혜(2005)는 초등학교 6학년을 대상으로 1주일에 2회기씩 6주간에 걸쳐 총 11회기의 또래상담자 훈련 프로그램을 실시하고, 수료한 또래상담자가 한 달 동안 또래상담을 실시하도록 한 후 사회 성숙도와 학급 응집력의 변화를 알아보았다. 연구 결과, 또래상담자 자신의 사회 성숙도와 또래상담자들로부터 상담을 받은 학생들의 학급 응집력 점수가 통제집단에 비해 유의미한 차이를 보였다. 권선영(2005)도 송효진처럼 6학년 학생의 또래상담 활동이 사회성과 학급 응집력에 영향을 미치는지 확인하는 연구를 수행하였는데, 특별히 인기가 있는 아동을 또래상담자로 활용하였다. 권선영은 초등학교 6학년 6개 학급에서 사회성 측정검사 결과를 통해 인기가 있다고 지목된 남녀 각 16명을 또래상담자로 선발하여 훈련시키고, 학급에서 또

래상담 활동을 하도록 지도하였다. 그 결과, 인기 아동인 또래상담자의 자아개념이 통제집단보다 유의미한 향상을 보였고, 그들로부터 또래상담을 받은 내담자 학생들의 자아개념도 통제집단에 비해 유의미한 향상이 있었다. 브래큰베리(1995)는 또래상담자를 선발할 때 성숙한 학생들을 찾아내는 것이 필수적인 과제라고 제시한 바 있다. 그가 제시한 성숙한 학생들은 정서적, 성격적, 인간관계적 태도에서 성숙한 학생들을 말한다. 권선영의 연구가 비록 브래큰베리의 관점과는 차이가 있다 하더라도, 특정 조건을 갖춘 학생들을 또래상담자로 활용하려고 시도했다는 점에서는 의미가 있다고 본다. 또래상담자가 또래상담 운영에 미치는 영향의 정도를 생각해 보면 향후 기대하는 조건을 갖춘 학생을 선발하여 성과를 알아보는 연구가 더 진행될 필요가 있다.

초등학생의 열등감 감소에 영향을 미치는지를 연구한 예도 있다. 이석두(2004)는 초등학교 5학년에게 13회기의 또래상담자 훈련을 실시하였다. 그리고 훈련 후 임명받은 또래상담자가 77일 동안 또래상담 활동을 하도록 하였다. 연구 결과로 또래상담 대상 학생들이 통제집단에 비해 열등감에서 유의미한 감소를 보였는데, 특히 열등감의 하위 영역에서는 신체적 열등감과 사회적 열등감이 유의미한 감소를 보였다($p < .05$). 그러나 지적 열등감에서는 유의미한 차이를 보이지 않았다. 더불어 또래상담자 훈련을 받은 또래상담자에게서는 열등감이 감소되기는 하였으나 통계적으로 유의미하지는 않았다. 이는 선발된 그룹 자체가 애초에 열등감이 낮았기 때문에 더 낮아지는 데 한계가 있었던 것으로 보인다.

노성덕과 김계현(2004)은 초등학교, 중학교, 고등학교를 망라하여 1990년도부터 2003년까지 국내에서 진행된 또래상담 성과 연구논문 36편을 대상으로 메타분석을 실시하였다. 초등학교에 국한된 연구는 아니지만 여기에서 간략하게 소개하고자 한다. 36편의 대상 논문으로부터 157개의 효과 크기를 메타분석으로 통합하여 성과 정도를 비교 분석하였는데,

157개 효과 크기의 평균은 1.18이었다. 이 효과 크기는 상당히 '크다'고 할 수 있다. 1.18의 효과 크기를 다른 메타분석 연구와 비교해 보아도 상당히 효과가 크다는 것을 알 수 있다. 김계현, 이윤주 및 왕은자(2002)는 국내 집단상담 연구 198편을 메타분석해서 0.99의 효과 크기를 얻었고, 임은미와 임찬오(2003)는 진로집단 성과연구 93편을 메타분석해서 0.68의 효과 크기를 얻었다. 임지선(2001)은 인본주의적 집단상담과 인지행동적 집단상담 연구물들을 대상으로 1.04를, 그리고 이원이(2002)는 공부방법 프로그램을 메타분석하여 0.45의 효과 크기를 얻었다. 이렇듯 다른 집단 프로그램의 메타분석 결과와 비교했을 때도 또래상담의 효과 크기는 '상당히 크다'고 이야기할 수 있다.

신금란(2013)은 2004년부터 2012년까지의 성과 연구 60편을 대상으로 메타분석을 실시하였다. 이 연구에서는 124개의 효과 크기를 분석하였는데, 평균은 0.96이었고, 종속변인 중에는 의사소통이 1.65로 가장 높게 나타났다. 또한 학령기에 따라서는 중학교가 1.10으로 가장 높았고, 이어 고등학교 1.01, 초등학교 0.83으로 나타났다. 신금란은 메타분석을 하면서 학교 관련 태도나 학교폭력 관련 변인에도 상당한 효과가 있으며, 노성덕과 김계현(2004)이 제시했던 비행행동 감소 효과와도 일치하고 있음을 보고하였다. 초등학교에서 또래상담자들의 활동이 비행행동, 정학처분 등을 감소시켰다는 미국에서의 3년 종단연구와도 같은 맥락임을 고려해 볼 필요가 있으며(Schellenberg, Parks-Savage, & Rehfuss, 2007), 이에 대한 추가 연구들이 필요하다고 보인다.

2. 중학교에서의 연구

1) 중학교 또래상담자 훈련 프로그램의 효과

중학생을 대상으로 실시한 또래상담 연구에는 또래상담자 훈련 프로그램을 통해 의사소통 기술, 인간관계, 자아존중감 등에 향상이 있었는지를 확인하는 연구가 많다(박영희, 2013; 이경리, 2013; 송영희, 2013; 김경화, 2008; 최현주, 2003; 소원미, 2003; 강영미, 2004; 황미숙, 2007). 최현주(2003)는 중학생에게 또래상담자 훈련 프로그램을 실시한 결과 비교집단에 비해 자아존중감과 인간관계 점수가 유의미하게 향상되었다고 보고하였다($p < .01$). 소원미(2003)는 중학생을 또래상담자 훈련 프로그램에 참여시킨 결과 통제집단에 비해 의사소통과 인간관계 점수가 유의미하게 향상되었다고 보고하였다($p < .01$). 강영미(2004)는 농촌 지역 소재 중학교 2, 3학년에게 또래상담 훈련 프로그램을 실시한 결과 통제집단에 비해 의사소통과 학교생활 태도 점수가 각각 유의미하게 향상되었다고 보고하였다($p < .05$). 황미숙(2007)은 중학교 1학년 12명에게 10회기에 걸쳐 또래상담 훈련 프로그램을 실시한 결과 통제집단에 비해 의사소통 능력과 학교생활 관련 태도 점수가 각각 유의미하게 향상되었다고 보고하였다. 외국의 경우 랩, 더킨 및 모스(Rapp, Dowrkin, & Moss, 1978)는 7~8학년 학생들이 또래상담자로 활동한 후 자아개념과 학교 관련 태도에 긍정적 변화가 있었다고 보고하였다. 보비어스와 마이릭(Bobias & Myrick, 1999)은 8학년 또래상담자들이 6학년 문제행동 학생들에게 개입하여 학교 출석, 학교 성적, 학교 관련 태도 등의 측면에서 효과적인 도움을 주었다고 보고하기도 하였다. 이선숙(2005)은 여자 중학생을 대상으로 6회기에 걸쳐 또래상담자 훈련을 실시하였다. 그 결과, 자아존중감과 사회 성숙도가

통제집단에 비해 유의미한 향상을 보였다. 정영실(2005)은 중학생을 대상으로 또래상담자 훈련을 실시한 결과 자아존중감과 사회성이 통제집단에 비해 유의미한 향상을 보였음을 보고하였다. 이렇듯 여러 가지 변인에 대해 또래상담자 훈련 프로그램이 효과가 있다는 것은 다양하게 검증되었다.

정인호(2003)는 또래상담자 훈련이 도서 지역의 학교에 재학 중인 중학생의 사회성을 향상시켰다고 보고하였다. 조영자(2005)는 중학생을 대상으로 또래상담자 훈련을 실시한 결과 자아존중감과 의사소통 능력이 통제집단에 비해 유의미한 향상을 보였다고 밝혔다. 기영애(2005)는 중학교 3학년을 대상으로 또래상담자 훈련을 실시하였고, 김정미(2008)는 여중생을 대상으로 훈련을 실시하였는데, 자아존중감과 의사소통 능력 및 인간관계에서 통제집단에 비해 유의미한 향상을 보였다.

또래상담자 훈련 프로그램이 중학생의 발표력이나 부모-자녀 의사소통 양식에 영향을 미치는지를 확인하고자 한 연구도 있었다. 최달수(2004)는 중학교 2, 3학년에게 또래상담자 훈련을 실시하였는데, 훈련에 참여한 집단의 학생들에게서 자아존중감 향상과 발표력 신장이 유의미하게 있었다고 보고하였다(p < .05). 최달수는 특히 발표력이 신장된 이유를 '또래상담 훈련을 진행하는 동안 남 앞에서 자신감 있게 발표하는 데 초점을 맞추었기 때문'이라고 밝히고 있다. 백수정(2006)은 중학교 1학년 9명을 대상으로 총 8회에 걸쳐 또래상담자 훈련을 실시하고 부모-자녀 의사소통에 유의미한 변화가 있는지를 연구하였다. 이 연구에서는 부모-자녀 의사소통에 유의미한 향상이 보이지 않았다. 8회의 또래상담자 훈련이 또래상담자와 그의 부모 간 의사소통을 향상시키는 데는 한계가 있었던 것으로 보인다. 혹은 중학생을 대상으로 하였기 때문일 수도 있는데 이를 확인한 연구는 없다. 다만 고등학생 대상에서 부모-자녀 의사소통에 유의미한 향상이 있었다는 연구는 있다(조혜진, 2004).

중학생 또래상담자 훈련(출처: www.gycc.org)

2) 중학교 또래상담자의 활동이 가져다주는 효과

중학교 또래상담자가 집단을 운영하는 것과 전문상담자가 집단을 운영하는 것에는 어떤 차이가 있을까? 또래상담의 초기 연구에서 이와 같은 비교연구가 있어 흥미롭다. 김태창(1986)은 전문상담자와 중학생 또래상담자로 하여금 집중적 집단상담을 운영하도록 하고 두 집단을 비교하였다. 양 집단 모두 남자 중학생을 대상으로 하였으며 자아개념 검사를 사전-사후 검증하였다. 그 결과, 양 집단 모두 자아개념이 유의미하게 향상되었으나 집단 간 차이는 없었다. 그러므로 남자 중학생을 대상으로 집단상담을 운영할 때 또래상담자가 운영하는 집단상담이나 전문상담자가 운영하는 집단이 유사한 효과를 가져온다고 할 수 있다. 이는 전문가가 부족한 학교 현장에 또래상담자를 활용하여 상담활동을 전개하는 것이 효율적일 수 있음을 보여 주는 연구다. 물론 이러한 결과를 확실히 수용하기 위해서는 문제의 유형이나 정도에 따라 각기 다른 연구들이 더 필요할 것이다. 정춘옥(1989)도 전문상담자와 중학생 또래상담자가 운영한 집단상담 참가자들의 자아실현 점수에 차이가 있는지를 검증하였다. 정춘옥은 정상 학생 집단과 부적응 학생 집단을 2개 집단씩 총 4개 집단을 구성하였다. 그리고 전문상담자와 또래상담자가 정상 학생 집단과 부적응 학생 집단을 각각 맡아서 운영하도록 하였다. 연구 결과, 정상 학생 집단이나 부적응 학생 집단 모두에서 전문상담자와 또래상담자 간에 유의미한 차이를 발견하지 못하였다. 오히려 정상 학생 집단에서는 또래상담자가 운영한 집단이 유의미하지는 않으나 하위척도에서 더 높은 향상이 있었다. 부적응 학생 집단에서는 전문상담자가 운영한 집단이 유의미하지는 않으나 더 향상을 보이기도 하였다.

이와 같은 주제는 송인아(2000)의 연구에서도 나타난다. 비록 고등학교에서 수행한 연구이지만 소개해 보도록 한다. 송인아는 고등학생을 대상으로 전문상담자와 또래상담자 사이에 효과 차이가 있는지를 알아보았는데, 진로상담에서는 전문상담자와 또래상담자 간 상담 효과에 차이가 없었지만, 이성문제 상담에서는 전문상담자가 또래상담자보다 효과가 더 크게 나타났다. 송인아의 연구는 또래상담자가 다룰 수 있는 문제 영역과 전문상담자에게 의뢰해야 하는 문제 영역이 다를 수 있음을 시사해 준다고 할 수 있다. 단일 연구라는 제한점이 있지만 말이다. 아쉽게도 이런 연구가 지속적으로 수행되지는 않았기에 의미 있는 지식을 얻기에는 한계가 있다.

김혜경(2006)은 중학교 2학년 20명에게 11회기에 걸쳐 또래상담 훈련을 실시한 후 급우들을 대상으로 사이버상에서 또래상담 활동을 하도록 하였다. 그 결과, 사이버상의 상담 위주로 활동했음에도 또래상담자들의 의사소통 점수에서 유의미한 향상이 있었다. 특히 표현의 명확성, 경청, 자기 노출, 감정 처리 등에서 통제집단에 비해 의미 있는 점수 향상이 있었다. 이와 같이 사이버 상담활동으로도 또래상담자들의 의사소통 기술을 향상시킬 수 있었듯이, 앞으로 또래상담자의 활동에 더욱 다양한 개입방법이 활용될 수 있을 것으로 기대된다.

또래상담자가 진로상담 활동을 전개하도록 설계한 연구도 있다. 최미옥(2001)은 중학교 2학년 여학생 20명을 5명씩 4개 집단으로 구성하여 또래상담자 4명으로 하여금 각 집단을 대상으로 진로 탐색 집단상담을 운영하도록 하였다. 그리고 집단 참여자들의 진로 성숙도가 향상되는지를 검증하였다. 연구 결과, 중학교 또래상담자가 운영한 진로 탐색 집단상담에서 참가자들의 진로 성숙도가 유의미한 향상을 보이지 않은 것으로 나타났다(p > .05). 최미옥은 이와 같은 결과를 분석하면서 다음과 같은 내용을 이유로 제시하였다(최미옥, 2001, p. 40).

1. 또래상담자의 훈련 기간이 짧고 실전 경험이 부족해 집단상담에 응집력을 가질 수 있도록 동료 학생들을 이끌어 나가는 데 미숙한 면이 많았다.
2. 피험자 선정 시 기간이 짧아 프로그램에 대한 사전 홍보를 하지 못했고, 연구자의 편의에 따라 담임교사의 추천을 받아 프로그램에 참여하였으므로 자발성과 적극성이 부족했다.
3. 집단상담 프로그램을 연구자가 구성할 때 집단에 적극적으로 참여할 수 있도록 하는 촉진활동이나 놀이활동 같은 것을 활용하는 방안을 마련하지 못해 집단의 응집성을 높이는 데 어려움이 많았다.
4. 집단상담 평가 설문지에서 진로 탐색을 할 수 있는 직업 현장의 경험이나 각 직업군에 속한 사람들을 만나는 것과 같은 현장 체험의 기회를 가지고 싶었으나 회기가 짧아 원하는 기회를 줄 수 없었다.

연구자는 또래상담자를 활용하여 직업 성숙도를 향상시키고자 하였으나 이에 대한 사전 준비가 부족했다는 것을 지적하고 있다. 진로 영역과 같이 특수한 영역에 또래상담자를 투입하고자 하는 관심은 꾸준히 있어 왔으나, 구체적으로 어떻게 준비시켜서 활동하게 해야 하는지에 대한 고려가 부족하였다. 마치 형식도야설에서처럼 또래상담자 기본 훈련만으로도 모든 것이 극복될 수 있을 것처럼 잘못 생각한 측면도 있는 것으로 보인다. 실제로 특정 문제 영역에 대해 또래상담자를 활용하고자 한다면 또래상담 운영을 준비할 때부터 특정 문제를 고려한 기획안이 나와야 할 것이다. 그리고 또래상담자를 훈련 또는 실습시킬 때 기획한 내용이 모두 적용되어야 할 것이다.

대인관계 능력 향상 등에 대한 연구 주제는 활동의 효과를 알아보고자 하는 연구자들에게 상당히 매력이 있는 듯하다. 서형옥(2004)은 중학교 2학년 또래상담자가 중학교 1학년 13명을 대상으로 집단 리더를 수행하도록 하고, 집단 참여자들의 인간관계에 어떤 영향이 있는지를 연구하였다. 연구 결과, 또래 리더에 의한 집단상담 실시 후에 참여자들의 인간관계 하위 영역 중 이해성을 제외한 만족감, 의사소통, 신뢰성, 친근성, 민감성, 개방성 등에서 모두 통제집단과 비교하여 유의미한 향상을 가져왔다(p < .05). 이남희(2005)는 중학교 3학년 2개 학급 소속의 또래상담자로 하여금 6개월 동안 학급 전체 학생을 대상으로 또래상담 활동을 하도록 하였다. 그리고 6개월의 활동 기간 중 매월 마지막 주 토요일에 만나서 슈퍼비전을 제공하였다. 결과적으로 또래상담자의 활동은 2개 학급 학생들의 교우관계를 향상시켰고 학급 분위기에 긍정적인 영향을 미쳤다. 특히 학급 분위기에서는 하위 영역인 학급 친구에 대한 태도와 학급 생활 태도 모두에서 p < .001 수준에서 유의미하게 향상되었다. 이남희는 연구 결과를 토대로 다음과 같이 제언하였다.

중학교 학생들에게 체계적인 또래상담자 훈련을 제공하고 학급에 적절하게 배치하여 상담활동을 하게 한다면, 또래상담자가 속한 학급의 교우관계와 학급 분위기 향상에 도움이 될 것이며, 학교 현장에서 심화되어 가는 개인 이기주의 성향이나 집단따돌림 같은 부정적 교우관계 개선에 기여할 것으로 기대된다. 청소년의 다양한 문제를 지도할 수 있는 전문상담자가 부족한 학교 현장에서 또래의 인정과 지지에 큰 영향을 받는 청소년의 특성에 맞는 또래상담자의 활용은 학교 현장에서 발생할 수 있는 문제의 예방 차원에서 의의를 갖는다(이남희, 2005).

중학교에서의 또래상담 활동은 초등학교에서보다 더 심각한 문제를 다루는 데에도 적용되고 있다. 특히 따돌림 피해나 학교 부적응 학생들에 대한 개입을 연구하는 경우가 있다. 이남희도 따돌림 피해자에 대한 개입은 아니었으나 또래상담이 집단따돌림 같은 문제를 해결하는 데 도움이 될 것이라고 주장한 바 있다. 정정임(2006)은 중학교 2학년 또래상담자로 하여금 약 4개월 동안 같은 학교 따돌림 피해학생들을 만나 상담 활동을 전개하게 한 후 대상 청소년의 따돌림 피해 관련 변인이 변하는지를 연구하였다. 이 연구에 따르면 따돌림 피해학생은 따돌림 척도에서의 변화 및 자아존중감, 대인관계, 학교 적응에서의 유의미한 변화를 보였다. 정정임은 향후 따돌림 피해학생들이 긍정적인 자아개념을 형성하고, 주위 친구들과도 잘 어울리며, 좀 더 긍정적인 태도로 학교생활에 제대로 적응할 수 있도록 도움을 주는 방안으로 나아가야 할 것을 제안하였다. 최혜숙(2003)은 중학교 3학년 또래상담자로 하여금 중학교 2, 3학년 학교생활 부적응 학생을 상담하도록 하였다. 그 결과, 우선 또래상담 활동을 제공받은 학교 부적응 학생의 자아개념이 현저하게 향상되었고, 그들이 자신을 긍정적으로 바라보고 스스로 가치 있고 능력 있는 존재임을 확인하는 데 도움을 주었다. 또한 학교생활 부적응 학생의 학교 적응이 현저하게 향상되었으며 그들이 자신과 타인을 이해하고 더불어 사는 사회라는 인식을 갖게 하였다. 송정화(1998)는 여자 중학생 동료상담자로 하여금 선도 대상 학생을 상담하도록 하였는데, 비행청소년의 비행 태도 점수와 비행 성향 점수가 통제집단에 비해 유의미한 감소가 있었다. 또한 비행 관련 행동과 태도가 감소하여 동료상담 활동이 선도 대상 학생에게 긍정적인 변화를 가져왔다고 밝혔다.

또래상담 프로그램에 상담이론을 적용한 연구도 보인다. 김영돈(2011)은 현실요법을 적용하여 또래상담자의 자아탄력성이 높아지는 결과를 보여 주었고, 오화진(2011)은 지지집단을 적용하여 중학교 신입생의 학교생활 적응을 향상시킨 결과를 보여 주기도 하였다. 향후 다양한 상담이론을 또래상담과 접목하여 효과를 확인하는 연구가 활발해지기를 기대해 본다.

3) 중학교 또래상담자 훈련 프로그램과 또래상담자 활동을 겸한 연구

채연희(2003)는 중학교 1학년 학생 40명을 대상으로 15주 동안 15회기 또래상담자 훈련 프로그램을 실시하였다. 그 결과, 자기존중감, 학업능력, 사회능력, 운동능력, 품행, 신체 매력 등에 대한 또래상담 훈련생의 자기평가에서 모두 유의미하게 향상되었다. 채연희는 또한 또래상담 훈련을 마친 또래상담자 12명을 세 실험학급에 각각 2명, 4명, 6명을 배치하고 15주 동안 활동하도록 한 후 또래상담자 배치 수에 따른 학급 응집력의 향상을 알아본 결과 모든 실험학급에서 유의미한 향상이 있었음을 밝혀냈다. 또래상담자 배치 수에 따라서도 학급 응집력의 하위 영역별로 유의미한 차이를 보였는데, 대체로 또래상담자가 4명 이상일 때 의미가 있는 것으로 나타났다. 이 연구에서는 3명을 배치한 경우가 설계에서 제외되었기 때문에 3명을 배치했을 경우의 변화에 대해서는 알아보지 못하였다는 아쉬움이 있으나, 실제 교실에 어느 정도의 또래상담자를 배치했을 때 학급 문화에 영향을 미칠 수 있는지 알아보았다는 데 의의가 크다고 할 수 있다.

중학교에서의 또래상담 활동을 평가하는 질적 연구를 수행한 경우도 있다. 이명희(2004)는 강원도 내 교사 38명을 대상으로 또래상담 활동 실태 및 문제점을 분석하는 연구를 진행하였다. 이명희는 연구 결과를 토대로 또래상담의 효율적 운영을 위해 필요한 조건들을 제시하였다.

1 또래상담 활동에 필요한 공간 및 재원의 충분한 확보가 필요하다. 아직도 학교 현장에서 '상담부'는 열악한 시설과 과중한 업무를 기피하여 지원하는 교사로 구성되는 경향이 많아 보인다.

2 또래상담의 우선 덕목이 또래 간의 인간관계 개선 및 갈등 해소에 있는 만큼, 프로그램 운영 시 MBTI(Myers-Briggs Type Indicator) 등의 검사를 활용하여 자신의 성격 유형 및 소질, 열등 기능 등을 이해하도록 하는 것이 좋다.

3 상담 시간의 확보가 문제로 나타났는데, 이를 해결하기 위해 많은 학교에서 인터넷상의 이메일을 통해 또래상담 활동을 활발하게 전개하고 있는 것으로 조사되었다. 일부 교사는 인터넷에 사로잡혀 있는 학생들을 위해 인터넷보다는 편지나 사랑의 쪽지 등을 이용하여 이를 해결하는 것으로 조사되었다. 시간 확보는 학업 위주의 빡빡한 학교 일정과 교사의 업무 과중으로 인한 것으로, 이를 위해 상담교사에게는 교과시수를 줄여 주고 상담활동을 하는 학생들에게는 특기적성 교육 시간 또는 특활 시간을 할애하여 봉사활동을 통해 타인을 섬기는 실천활동을 전개하도록 학교에서 제도적인 뒷받침을 마련해 주어야 한다.

4 또래상담을 활성화하기 위해서는 지역 청소년상담기관 등과 연계하고, 상담 자원봉사자를 활용하여 다양한 교육을 접하도록 하는 것이 좋다(이명희, 2004).

이명희는 중학교 운영에 필요한 조건들을 연구를 통해 밝혀냈는데, 대체로 학교 또래상담 운영에 대한 다른 전문가들과 의견을 같이하고 있다. 이를테면 예산 확보라든지, 또래상담자의 역량강화, 또래상담 활동에 대한 제도적 뒷받침, 지역 청소년상담기관 등과의 연계 등을 제안했는데, 그 내용은 김진희, 이상희 및 노성덕(1999), 이상희, 노성덕 및 이지은(2010), 브래큰베리(1995), 카와 선더스(1998), 틴달(1995) 등의 견해와 같다. 운영에 대해서는 5장에서 자세히 다루고 있다.

3. 고등학교에서의 연구

1) 고등학교 또래상담자 훈련 프로그램의 효과

신래영(2003)은 여자 고등학생을 대상으로 또래상담자 훈련을 실시하였는데 자아존중감과 인간관계 점수가 향상되었다고 보고하였다(p < .05). 서정숙(2005)은 인문계 여자 고등학생을 대상으로 또래상담자 훈련을 실시하였는데 사회적 효능감 점수가 향상되었다고 보고하였다. 최해룡(2004)은 또래상담 훈련 프로그램이 남자 공업계 고등학교 학생들의 인간관계 능력, 의사소통 능력, 문제해결 능력을 유의미하게 향상시켰다고 보고하였다. 박은정(2007)은 또래상담 훈련 프로그램 실시 후 실험집단의 자아존중감 하위 영역에서 학업 및 전반적 자아, 친구 관련 자아, 신체능력 자아 영역에서 유의미한 향상이 있었다고 밝혔다. 또한 대인관계에서는 만족감, 신뢰감, 친근감, 개방성 영역에서 유의미한 향상이 있었다고 밝혔다. 박은정은 연구 결과를 토대로 또래상담이 청소년의 대인관계 형성 및 발달을 촉진하고 교우관계에 도움을 줄 수 있으므로 학교 현장에서 발생하는 학교폭력이나 집단따돌림 등 청소년이 당면한 문제를

예방할 수 있다고 제안하고 있다.

　부분적으로 효과가 입증되지 못한 연구들이 고등학생을 대상으로 한 연구에서 여러 편 발견된다. 김향희(2005)는 또래상담자 훈련이 인간관계 점수에는 유의미한 향상을 보였으나 학교생활 관련 태도에는 유의미한 차이가 없었다고 보고하였다. 김향희는 연구 대상이었던 인문계 고등학교의 특성상 학교 시간표에 맞추다 보니 3개월 동안 학사 일정에 따라 행사, 정기시험 등으로 인해 훈련모임을 가질 수 없어서 훈련이 연속적이지 못했던 점이 결과에 영향을 미쳤다고 보고하였다. 류부열(2007)은 인문계 고등학교 1학년 남녀 학생 13명에게 4주 동안 8회기의 또래상담 훈련 프로그램을 제공하고 그 효과를 검증하였다. 연구 결과, 훈련 참여자들의 친사회적 행동과 자아존중감은 유의미한 향상을 보였으나 공감능력은 유의미한 차이를 보이지 않았다. 류부열은 공감능력이 유의미한 향상을 보이지 않은 것은 훈련에만 그쳤을 뿐 실제 활동에는 적용하지 않았기 때문이라고 보아, 공감능력 향상을 위해서 훈련과 함께 이후 다양한 장면의 상담활동을 수행하도록 하고 슈퍼비전을 제공해 주어야 한다고 제언하고 있다. 전선숙(2010)은 공감능력에서 더 나아가 자기조절능력에 긍정적 영향을 미침을 보여 주기도 하였다.

　윤재웅(2002)은 또래상담자 훈련 프로그램을 남자, 여자, 혼성집단으로 구분하여 주 1회씩 10회기 프로그램을 실시한 후 집단 유형에 따라 다른 효과가 나타나는지를 확인하는 연구를 수행하였다. 연구 결과, 세 집단 모두에서 인간관계, 대인 간 의사소통에서 유의미한 향상이 있었다. 그러나 자기효능감은 남자 집단에서만 유의미한 향상을 보였다. 변상해와 김세봉(2011)은 인문계 고등학생에게 적용한 결과 의사소통 기술과 사회적 효능감에 영향을 미쳤다고 보고하였다. 강주영(2009)은 의사소통 기술뿐 아니라 리더십에 영향을 미쳤다고 보고하고 있어서, 이나미(2011)가 학급 임원에게 적용했던 연구와 같은 맥락에서 이해할 수 있다.

프로그램이 부모-자녀 관계에 영향을 미치는지를 확인한 연구도 있었다. 조혜진(2004)은 또래상담 훈련 프로그램 실시 후 실험집단의 자아개념, 부모-자녀 의사소통 점수에 유의미한 향상이 있었다고 보고하였다(p< .01). 특히 부-자녀, 모-자녀 의사소통에서 모두 유의미한 향상이 있었다고 밝혔다.

이미 또래상담자로 활동하고 있는 학생들에게 심화 프로그램을 실시하고 또래상담자에게 꼭 필요하다고 여겨지는 인간관계 태도 및 의사소통 기술이 향상되는지를 알아본 연구도 있다. 이영미(2004)는 또래상담자 훈련을 마치고 활동하고 있는 고등학생들을 대상으로 10회기 심화 프로그램을 실시하였는데, 심화 프로그램은 이미 또래상담자로 활동하고 있는 학생들의 인간관계 태도와 의사소통 기술에 유의미한 향상을 가져다주었다. 김영돈(2011)은 중학생을 대상으로 현실요법을 적용하여 또래상담의 효과를 알아보았는데, 이는 심화 프로그램의 하나로 이해할 수 있다. 이황은(2009)은 미술치료를 적용하여 고등학생의 의사소통 기술과 대인관계가 향상되었음을 보여 주었다.

고등학생 또래상담자 훈련(출처: www.gycc.org)

2) 고등학교 또래상담자의 활동이 가져다주는 효과

박선종(2003)은 고등학교 1, 2학년 18명을 또래상담자로 훈련시킨 후 학교 내 요선도 학생 18명을 사이버상에서 상담하도록 하였다. 그 결과, 요선도 학생의 미래관, 일탈행동, 생활 적응력, 진로의식 등에서 의미 있는 변화가 나타났다. 박선종은 1년 동안의 또래상담 운영을 통해 이 같은 결과를 보였는데, 특히 그는 요선도 학생의 부모에게서도 유의미한 태도의 변화가 있었다고 보고하였다. 특별히 자녀의 문제행동에 대한 지도와 진로 선택을 위한 보조활동 등에 대한 관심이 향상되었다고 밝혔다. 그리고 요선도 학생의 학부모가 비행 예방에 또래상담 활동이 효율적이라고 인식한다는 보고를 하였다. 사이버상에서의 또래상담에 관한 연구는 금희라(2001)도 수행한 바 있다. 금희라는 사이버 또래상담의 유용성에 대한 연구에서 사이버 또래상담을 경험한 고등학생의 경우 75%가 실제 문제를 해결받고 싶은 내담자였고, 13%는 자료실이나 게시판을 이용한 청소년, 5%는 그냥 사이트를 방문한 것으로 조사되었다. 금희라는 사이버 또래상담 유경험자가 무경험자에 비해 학교생활 만족도 점수가 유의미하게 높았다고 보고하였다.

요선도 대상 청소년에 대한 개입에서 외국의 경우에는 가출 청소년을 대상으로 이루어진 또래의 약물남용 예방 프로그램이 효과가 있다는 연구가 있었다(Fors & Jarvis, 1995). 그리고 학교에서 또래상담을 운영하면서 개입의 효과를 장기간 연구한 결과 또래상담자의 영향력은 같은 학급 학생들의 사회성과 학교 관련 태도를 향상시켰으며, 특히 학교폭력, 비행, 약물남용과 같은 문제들에 효과적인 것으로 보고되기도 하였다(McKeon & Dinero, 1999). 우리나라에서도 약물남용에 대한 또래상담 활동의 효과를 검증한 연구가 있다. 최혜정(2004)은 실업계 고등학교 학생들의 약물남용 예방에 또래상담이 도움이 될 수 있는지 알아보기 위해 연구를 수행하였다. 이 연구에서는 1학년 7명을 또래상담자로 훈련하여 임명한 후 활동하도록 하였는데, 또래상담자 자신과 또래상담자들이 속하여 있는 학급 학생들의 약물 지식과 약물에 대한 태도가 통제집단에 비해 유의미하게 변하였다. 이에 최혜정은 약물남용과 같은 특수 문제 영역에 또래상담을 활용할 것을 제안하였다. 최희경(2008)의 연구도 약물남용 예방에 효과적임을 보여 주었다.

그랜트(Grant, 1987)의 연구에서는 또래상담자가 속한 집단에서 학교 출석률이 높아졌고, 약물복용을 피하는 경향이 높아졌으며, 학업에 더 많은 관심을 가지게 되었다고 보고하였다. 그리고 폭력이나 약물중독 등 문제가 있는 청소년의 학업 중도 포기를 예방하기 위해 진행된 또래상담 프로그램에서도 이 활동에 참가했던 청소년의 출석률, 자존감, 학교에 대한 긍정적 태도가 증가한 것으로 보고된 바 있다(Nenortas, 1987). 최해룡(2002)의 연구에서도 이와 비슷한 결과가 보고된 바 있다. 실업계 고등학교 2학년을 대상으로 또래상담을 1년 동안 운영했는데, 2학년 전체 학생의 결석률과 중도 탈락률이 같은 학교 1, 3학년이나 동일 지역의 다른 실업계 고등학교에 비해 현저히 낮았다는 것이다.

양금옥(2002)은 부모의 양육 태도의 영향으로 굳어진 통제소재를 또래상담 경험으로 변화시킬 수 있는지에 관심을 가지고 연구를 수행하였다. 이 연구는 또래상담 경험 학생 92명과 일반 학생 78명을 대상으로 조사하였는데, 또래상담 훈련에 참가한 학생들이 친구들의 문제를 확인하고 문제해결을 조력하는 과정에서 내적 통제소재를 향상시킨 것으로 분석되었다. 박민영(2003)의 연구는 또래상담자 훈련을 이수하고 실제로 또래상담 활동을 전개한 여자 고등학생을 대상으로 자아개념 향상에 영향을 미치는지를 조사하였는데 자아개념 점수가 유의미하게 향상되었다. 박민영은 실험에 참가한 여자 고등학생들이 "이 활동을 통하여 친구를 상담하면서 자신을 다시 한 번 돌아보게 되고 자신감을 갖게 되었다. 다른 많은 학생에게도 이와 같은 활동이 유익할 것이다."라고 언급한 내용을 소개하였다.

윤현미(1997)는 고등학교 또래상담자가 진로결정 집단상담을 실시하도록 하였는데, 그 결과 합리적 의사결정 유형과 직업 선택 확신 및 진로결정 점수가 통제집단에 비해 유의미하게 향상되었고 의존적 의사결정 유형이 유의미하게 감소하였다. 천경화(1992)는 집단 구성원의 상호 신뢰 정도가 동료상담 빈도와 상관이 있는지를 알아보았다. 이 연구는 2개 고등학교 1, 2학년 567명을 대상으로 조사되었는데, 분석 결과 상호 신뢰 정도는 동료상담 빈도와 정적 상관이 있었다. 특히 상담받은 친구에게 반복해서 상담을 받은 사례들이 발견되었는데, 이것은 '신뢰할 수 있는 제한된 친구에게 라포 형성을 기초로 한 상담관계를 이루었음'을 의미한다고 해석하기도 하였다. 천경화의 연구는 또래상담이 단회로 끝나지 않고 비교적 지속성을 가지고 있음을 시사해 준다. 이는 또래상담 활동이 나름대로의 모형을 가지고 진행되고 있음을 보여 준다고 할 수도 있는데, 안타까운 것은 천경화 이후 이와 유사한 연구가 없었다는 것이다.

활동 경험에 대한 질적 분석을 수행한 연구도 있다. 백향하(2004)는 여자 상업고등학교 또래상담자 2학년 8명을 대상으로 심층면담을 실시하고 CQR(consensual qualitative research: 평정자 간 논의와 동의과정을 통해 내용을 범주화하는 질적 분석방법)로 기술하였다. 그 결과를 또래상담자가 어떤 방식으로 무슨 활동을 하는지, 자신이 변화되었다고 주관적으로 인식하는 내용이 무엇인지, 보람 있고 만족스러웠다고 주관적으로 인식하는 경험 내용이 무엇인지, 그리고 힘들고 어려웠다고 주관적으로 인식하는 경험 내용이 무엇인지로 나누어 기술하였는데, 이를 정리하면 다음과 같다.

첫째, 또래상담자는 직접적인 대화와 통신매체를 활용하고 있으며 함께 게임을 하거나 놀아 주기, 음식 나누어 먹기, 상담교사에게 의뢰하기 등의 활동을 하는 것으로 나타났다. 주요 상담 내용은 가정문제, 친구관계 문제, 이성교제 및 성 관련 문제, 학업문제, 진로문제, 학교 적응문제, 위기상담 등이었다.

둘째, 또래상담자가 또래상담 활동 경험을 통해 자신이 변화되었다고 주관적으로 인식하는 내용은 자신의 성격 및 정서에서의 내면적인 변화와 타인에 대한 이해와 수용 등의 대인관계에서의 변화, 학교생활에서의 긍정적인 변화를 경험한 것이었다.

셋째, 또래상담자는 상담한 후에 결과가 만족스러울 때, 친구에게서 고맙다는 긍정적인 피드백을 받을 때, 친구와 교사 및 가족에게서 인정과 격려를 받을 때, 그리고 자기 성장에 도움을 줄 때 보람 있고 만족스러워했다.

넷째, 또래상담자가 또래상담 활동 경험 중 힘들고 어려웠다고 주관적으로 인식한 내용은 친구와 교사에게서 이해받지 못할 때, 자신의 부족함을 느낄 때, 친구의 고민을 해결해 주지 못하고 실질적인 도움을 제공해 주지 못할 때, 시간 활용의 어려움 등이었다.

특히 연구자는 또래상담 활동을 통해 또래상담자가 "성격이 긍정적인 방향으로 변화되고 자신과 타인에 대한 이해와 수용 등을 통해 성숙되었음을 주관적으로 인식하여 스스로 긍정적인 변화를 깨닫고 있었다."라고 지적함으로써, 또래상담 활동이 또래상담자 자신을 성장시키는 데 기여함을 강조하였다.

3) 고등학교 또래상담자 훈련 프로그램과 또래상담자 활동을 겸한 연구

특정 문제에 대해 또래상담자가 개입할 수 있도록 훈련 프로그램을 개발하고 적용한 연구가 있다. 전용표(2002)는 인터넷을 이용한 또래 성상담자 양성교육 프로그램을 개발하였다. 전용표는 실업계 고등학교 재학생을 대상으로 한 설문조사에 기초하여 성교육용 CAI 프로그램을 개발하고, 실제 또래상담자가 프로그램을 활용하여 또래를 대상으로 성상담을 실시하도록 하였다. 그 결과 인터넷상에서 또래상담자를 대상으로 원격교육 학습 효과가 높았으며, 또래 성상담을 하였던 내담자는 성 고민을 해결하는 데 도움이 되었다고 응답하였다.

최혜숙(2006)은 또래상담 훈련 프로그램과 또래상담자의 훈련 효과를 연구하였다. 최혜숙은 또래상담자 훈련 프로그램에 참여하는 집단을 실험집단으로, 그리고 또래상담자가 활동하는 학급을 실험학급으로 정하고, 독서상담 프로그램을 비교집단 및 비교학급으로, 무처치 집단을 통제집단 및 통제학급으로 정하여 세 집단 간 차이를 비교하는 연구를 설계하였다. 연구 결과, 또래상담자 훈련 프로그램은 훈련생들의 인간관계 점수와 자기효능감 점수를 유의미하게 향상시켰다. 또한 또래상담자가 소속되어 있는 학급의 응집력과 학교생활 만족도가 비교집단이나 통제집단에 비해 유의미한 변화가 있었다. 최혜숙은 이 연구 결과를 바탕으로 다음과 같이 제언하였다.

> 학교 현장에서 재교육이나 각종 상담연수를 통하여 상담교사는 많이 늘어났으나 실제 상담활동을 하는 경우는 드문 편이며, 특히 인문계 고등학교의 경우 입시 위주의 교육 환경으로 상담실 운영 및 상담 시간의 확보가 제대로 이루어지지 않고 있는 실정이다. 따라서 또래상담은 많은 스트레스와 문제를 경험하고 있는 학생들을 포함한 청소년의 정신건강과 삶의 질을 향상시키고 아울러 우리의 교육 현실을 개선시키는 데 상당한 기여를 할 것으로 생각된다(최혜숙, 2006, p. 95).

이것은 청소년의 정신건강 문제를 다루는 데 또래상담자가 기여할 수 있다는 주장이다. 더불어 또래상담자의 활동이 교육 현실을 개선시킬 것으로 보고 있는데, 이는 입시 위주의 교육 현실이 안고 있는 문제를 또래상담을 통해 예방하거나 해결할 수 있음을 의미하는 것이다.

노성덕과 김계현(2007)은 고등학교에 또래상담이 정착하였는지를 평가할 수 있는 기준 마련에 관심을 가졌다. 또래상담이 이미 수년 이상 운영되고 있는 학교가 증가함에 따라, 또래상담 운영에 대한 평가연구의 일환으로 정착 여부를 알 수 있는 기준을 마련하고자 하였다. 노성덕과 김계현은 20명의 전문가를 패널로 구성하여 정착평가 기준에 대한 델파이 연구를 수행하였다. 20명의 전문가는 10명의 현장 상담자와 10명의 대학교수로 구성되었다. 연구 결과, 일곱 가지 정착평가 기준을 델파이 합의로 구성하였다. 정착평가 기준에 관한 연구는 7장 3절에서 자세히 다루고자 한다.

노성덕과 김계현(2007)은 이 평가 기준이 고등학교에서의 또래상담 정착 여부를 판가름하는 절대 기준이 되는 데는 한계가 있지만, 또래상담을 학교에서 운영하고자 하는 교사에게는 자신의 또래상담 운영과정을 스스로 평가하거나 또는 운영의 지향점으로 삼을 수 있다고 제안하고 있다. 노성덕(2007a, 2007b)은 고등학교에 또래상담이 어떻게 정착해 가는지에 대한 과정분석과 함께 고등학교에 또래상담이 정착하는 데 영향을 미치는 요인을 분석하여 제시하기도 하였다. 자세한 내용은 3부에서 소개할 것이다.

4. 장애학생에 대한 적용 연구

많은 연구들이 장애를 가진 학생을 지원하는 데 또래상담이 효과가 있음을 보여 주고 있다. 장애를 가진 학생을 대상으로 또래상담을 적용하는 경우 일반학생을 대상으로 하는 경우와 다른 몇 가지 특징이 있다. 첫째, 장애학생을 지원하는 경우 대체로 또래상담이라는 용어보다는 또래중재라는 용어를 사용하는 경우가 많다. 둘째, 장애학생을 지원하기 위해 또래상담을 적용하는 경우 인지행동 상담기법을 적용하여 개별지원에 초점이 맞추어지거나 사회성을 향상시키기 위하여 놀이, 미술 등 매체를 활용하는 경우가 많다. 셋째, 장애학생에게 또래상담을 적용하는 경우에는 중고등학생 연령보다는 유아, 유치원, 초등학교 등 비교적 저연령에서 시도되는 경향이 있다. 이는 장애에 대한 조기 개입이 치료에 보다 더 효과적이라는 특수교육의 관점이 반영된 결과라고 보인다. 그렇다고 해서 성인 대상의 개입이 없는 것은 아니다.

학교 장면에서는 통합학급에서 일반학생과 장애를 가진 학생 간 관계형성 및 장애학생의 적응에 대한 연구들이 있다. 허희선(2011)은 초등학교 통합학급에서의 또래도우미 활동이 장애/비장애 학생들의 상호 이해를 증진시키고, 장애학생의 학교생활 적응에 긍정적 도움이 된다고 보고하였다. 장혜영(2011)도 통합학급 내 또래도우미 활동이 일반학생의 정서능력을 함양시키고 장애학생에 대한 수용태도에 긍정적 영향을 미친다는 결과를 보여 주고 있다.

또래중재는 학습장애에도 적용되었는데 구은정(2010)은 학습장애 학생의 읽기 능력을 향상시켰다고 보고하고 있고, 이태수와 김동일(2006)은 학습장애 학생의 읽기 유창성뿐만 아니라, 또래중재에 참여한 또래교사의 읽기 유창성도 향상되었다고 보고하였다.

보다 심각한 장애에 대한 또래중재에서는 장애 유형에 따른 특성을 고려하여 다양한 기법을 조합한 형태로 적용되었다. 유수연(2008)은 요리활동을 활용하여 자폐아동의 사회적 상호작용을 향상시켰고, 황성자(2011)는 협동미술 활동을 활용하여 발달지체아의 의사소통 발화를 유도하였다. 김경화(2006)는 역할극을 적용하여 사회적 상호작용 기술과 의사소통 기술을 향상시켰고, 박인영(2006)은 찰흙놀이 활동을 활용하여 ADHD학생의 부적응 행동을 감소시켰으며, 신미희(2006)는 조형놀이 활동을 적용하여 ADHD학생의 주의산만 행동과 충동성을 감소시켰다.

특수교육 영역에서는 장애를 가진 학생들을 지원하는 방법으로 또래 상담을 지속적으로 활용할 것으로 보인다. 이때의 또래상담은 일반학생을 대상으로 하는 경우와 다르다는 점을 고려하여, 대상 학생의 특성에 맞게 프로그램을 구성하고, 대상 학생의 변화속도에 맞추어 프로그램을 운영해야 할 것이다.

● 요약

또래상담은 초등학교, 중학교, 고등학교에서 또래상담자 훈련 프로그램의 개발, 또래상담 프로그램의 효과, 또래상담자들의 활동 효과, 훈련 프로그램 참여와 활동의 효과, 운영에 대한 평가 등 다양한 연구들이 진행되고 있다. 또래상담 연구에서 주로 다루어지는 변인들은 의사소통 기술, 대인관계, 학교생활 관련 태도, 학급 응집력, 자아개념, 자기존중감, 학교 만족도, 사회성 등이며, 드물게 열등감, 발표력, 진로 성숙 또는 진로 의사결정, 부모-자녀 의사소통, 비행, 약물남용 등이 다루어지고 있다. 다소 특정 변인에 치우쳐 있는 경향을 극복하여 다양한 변인들과 현상들을 다루는 연구가 지속적으로 확장될 필요가 있다.

● 학습 과제

• 또래상담 연구가 현장 연구로서 가지는 장점과 한계에 대해 논하시오.

• 또래상담에서 주로 활용되는 연구 변인들을 살펴보고 새로 적용되어야 할 변인들을 탐색해 보시오.

• 이 장의 연구 내용을 고려하면서 앞으로 또래상담 연구에서 새로 다루어야 할 주제로 무엇이 있을지 당신의 견해를 밝히시오.

• 또래상담 연구에서의 타당도 확보를 위한 방안을 설명해 보시오.

학습 목표

- 학교에서 또래상담 운영에 필요한 것이 무엇인지를 안다.
- 학교에서의 또래상담 운영 기획안을 작성할 수 있다.
- 학교에서 또래상담을 운영하는 과정에 대해 안다.
- 또래상담 정착평가 기준에 대해 안다.

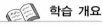 **학습 개요**

또래상담을 학교에 효율적으로 적용하기 원하는 상담자들은 또래상담 운영 방안에 대해 고민해 왔다. 그래서 학교에서 어떻게 또래상담을 준비하고, 시작하고, 또래상담자를 모집해서 훈련하고, 어떤 활동을 시키고, 활동에 대해 어떻게 지도해 주어야 하는지 등에 관심을 쏟아 왔다. 또래상담은 학생들을 또래상담자 훈련 프로그램에 참여시키는 것만을 의미하지 않는다. 훈련을 받은 후에 지도교사의 슈퍼비전을 받으면서 또래상담 활동을 하여야만 또래상담이라 할 수 있다. 그러기 위해 필요한 제반 요건이 무엇인지를 확인하고 실제 운영에 필요한 지식을 얻도록 하기 위해 이 장을 마련하였다. 이 장에서는 또래상담 운영과정에 대한 연구를 소개하고, 효율적인 또래상담 운영을 위해 필요한 조건을 살펴본다.

제5장
학교 또래상담 운영에 대한 연구

앞의 장들에서 여러 차례 또래상담을 시스템 또는 체계라고 소개하였다. 시스템의 관점에서 볼 때 또래상담에는 운영의 틀이 필요하다. 단회적인 집단상담이나 일회적인 상담이라면 굳이 운영의 틀이 필요하지 않을 것이다. 하지만 또래상담을 학교에서 지속적으로 활용하기 위해서는 인적·물적 자원을 확보하고 관리하는 것이 필요하다. 이 때문에 여러 연구자들은 또래상담을 학교에 적용하면서 효율적인 운영 방안 모색에 관심을 가져왔다(구광현, 이정윤, 이재규, 이병임, 은혁기, 2005; 금명자, 장미경, 양미진, 이문희, 2004; 김진희, 이상희, 노성덕, 1999; 이상희, 노성덕, 이지은, 2010; Brackenbury, 1995; Carr, 1998; Cole, 2001; Tindall, 1995).

1. 또래상담 운영 조건

틴달(1995)은 또래상담이 성공적으로 운영되기 위한 필요조건과 운영 단계를 제안하였다. 그가 제시한 성공적 필요조건을 간략하게 재정리하면 다음과 같다. 이 조건은 우리나라 또래상담 운영 방안에도 상당한 영향을 주었다.

1. 또래상담자, 또래상담 지도자, 동료교사, 학교 관리자, 학부모 등 또래상담에 관련된 모든 사람에 대한 고려가 계획 단계부터 있어야 한다.
2. 또래상담자 훈련 프로그램은 구조화된 것이어야 한다. 훈련 프로그램은 강의, 워크숍, 세미나, 기타 어떤 형태로 제시되어도 좋으나 효과적이어야 한다.
3. 감수성 훈련 집단(encounter group)과 같은 단기적 참만남 집단이나

짧은 시간에 이루어지는 일회성 워크숍은 또래상담자를 훈련시키기에 부족하다.

④ 훈련 프로그램이 반드시 장기적일 필요는 없으나, 훈련 대상자가 훈련 내용을 충분히 이해하고 자신의 기술로 통합할 수 있을 만큼의 기간은 필요하다.

⑤ 감수성과 따뜻함 및 타인에 대한 인식과 같은 특성을 지닌 사람들을 훈련 대상자로 선발할 때 훈련의 효과가 크다.

⑥ 슈퍼비전이 중요하다. 슈퍼비전은 훈련 대상자가 실제로 또래를 만나 상담하는 것이 가능하도록 지속적인 추후 프로그램으로 운영할 수 있다.

⑦ 또래상담 활동의 효과와 문제점을 파악하기 위하여 평가와 연구가 반드시 필요하다.

⑧ 프로그램 참여자는 또래상담의 의미와 적용에 관심을 가져야 한다.

⑨ 또래상담자 훈련 및 상담활동 도중 또래상담자를 전문상담자가 싫어하는 잡무를 보조하는 역할로 이용해서는 안 된다. 전문상담자 못지않게 자신이 책임지고 활동해야 하는 중요한 역할을 그들에게 주어야 한다.

⑩ 또래상담의 윤리적 측면에 대해서 또래상담을 훈련받는 학생들이 충분히 배우고 지도받아야 한다.

⑪ 또래상담자는 너무 다른 가치 체계를 가진 집단보다는 자기 또래를 조력하여야 한다.

⑫ 적절하게 훈련된 또래상담자는 AA(Alcoholics Anonymous, 익명 알코올중독자 모임)와 같은 지지집단으로서도 기능할 수 있다.

⑬ 또래상담자를 양성하는 전문상담자는 훈련자로서뿐만 아니라 조정자, 촉진자, 조직 관리자 및 평가자로서의 역할도 할 수 있어야 한다.

또래상담 지도자 양성교육 장면(출처: www.egfriend.or.kr)

틴달(1995)의 제안은 학교에서 또래상담자를 효율적으로 활용하기 위한 것이다. 제시한 조건들은 ① 참여하는 사람들의 준비 상태 고려, ② 구조화된 훈련 프로그램 준비, ③ 지속적 훈련 및 슈퍼비전 제공, ④ 또래상담에 대한 평가와 연구 수행, ⑤ 또래상담자의 상담활동 강조 및 지도, ⑥ 또래상담자의 윤리교육 등으로 요약할 수 있다.

또래상담을 학교에 적용하기 위해서는 먼저 또래상담 지도교사 및 동료 교사, 학교 운영진, 또래상담 훈련 대상자들에게 충분한 동기가 유발되도록 준비하는 것이 필요하며, 또래상담자를 잡무를 하는 사람이 아닌 또래상담 활동을 전개하는 준전문가로 인식하는 것이 필요하다고 강조한다. 또래상담자의 선발 및 훈련과 후속 교육은 일회적이거나 단기적인 것이어서는 안 되며, 지속적인 교육과 슈퍼비전이 제공되어야 한다. 그리고 또래상담 활동을 하면서 직면하게 되는 다양한 상황에서 또래상담자가 어떻게 윤리적 태도를 유지해야 하는지에 대한 교육도 포함되어야 한다. 더불어 또래상담자의 활동과 또래상담 운영에 대한 평가와 연구가 수행되어야 한다. 윤리교육 및 평가와 연구는 또래상담 활동이 전문적인 활동이 되도록 하는 것인데, 그 연구의 중요성과 우리나라 또래상담 연구에 관해서는 4장에서 자세히 언급한 바 있다.

김진희 등(1999)은 또래상담 지도자가 또래상담의 효과적 운영을 위해 필요하다고 지각하는 것에는 ① 예산 확보, ② 인적자원, ③ 제도적 뒷받침 등도 포함된다고 언급하고 있다. 예산 확보에 대해서는 카(1998)나 콜(Cole, 2001)에게서는 찾아볼 수 없는 것이었다. 이것은 우리나라 학교 현장에서 새로운 프로그램이 적용되는 데 영향을 미치는 것이라 할 수 있다. 하지만 우리나라 학교 현장에서 별도의 예산을 확보하기란 쉽지 않다. 이것은 그야말로 또래상담을 운영하는 교사의 역량에 의존하게 된다. 우리나라의 또래상담 지도교사는 대체로 학교 관리자를 설득하여 동아리 활동비로 확보하거나 학교 인근 서점이나 문구점으로부터 후원을 받거나, 지역사회 청소년상담기관으로부터 현금은 아니어도 예산이 소요되는 활동들을 상담기관의 사업으로 지원받는 등의 보완책을 사용하고 있다.

인적자원은 또래상담자를 훈련시키고 관리할 전문인력에 대한 필요성, 그리고 제도적 뒷받침은 교장, 교감 및 간부교사들의 허용 및 인정과 관련된 것이었다. 이것은 틴달(1995)과 카(1998), 콜(2001)의 주장과도 같다. 김진희 등(1999)은 연구를 통해 또래상담이 효율적으로 운영되고 활성화되기 위한 조건 및 주의사항을 다음과 같이 제시하였다.

① 또래상담 프로그램을 계획하고 지도·감독할 지도자는 훈련시킬 능력과 열정이 있어야 한다.

② 또래상담은 또래상담자의 질적 수준에 성패가 달려 있다. 따라서 지원자를 잘 선택하고 적절한 훈련을 제공해야 한다.

③ 또래상담 훈련 및 활동은 상당한 헌신이 필요하므로 책임감과 자발적인 태도를 갖추어야 한다.

④ 또래상담자의 역할 및 임무를 분명하게 규정하고 확실히 인식하도

록 해야 한다.

5 학교장을 비롯한 학교당국은 또래상담자를 승인하고 지지·격려
  해 주어야 한다.
6 또래상담자의 상담활동을 지속적으로 지원·격려·보호해 주어야
  한다.

김진희 등은 또래상담지도자 및 또래상담자의 역량을 많이 강조한다.
그런데 적절한 보상이나 보호 체계가 따르지 않을 경우 심리적 소진을
경험할 수 있다. 열정과 헌신의 강조에는 적절한 보상과 보호가 따라야
하기 때문이다. 또래상담자로서의 활동 자체가 내적 보상이 이루어진다
고 볼 수도 있으나, 이상희, 노성덕 등(2010)은 외적인 보상, 즉 ① 훈련
수료증, ② 또래상담자 수첩 및 배지, ③ 봉사활동 점수로의 인정 등의
보상체계도 필요하다고 언급하고 있다. 그러나 이와 같은 보상체계는 또
래상담의 본래의 취지와 의미가 퇴색되지 않도록 각별한 주의가 필요하
다고 본다.

콜(2001)도 학교에서 또래상담을 시작하는 데 필요한 필수조건으로 다
음 여섯 가지를 제시하고 있다.

1 학교장 및 교감 또는 부장교사에게 필요성 등을 인식시키기
2 함께 일할 동료 교사에게 개념과 필요성 등을 인식시키기
3 학부모에게 정보 제공하기
4 학생들에게 또래상담에 대한 정보 제공하기
5 학생 선발하기: 훈련 대상을 누구로 하며, 어떻게 선발할 것인지 결
  정하기
6 훈련 프로그램을 정하고 동료 교사와 학생들에게 훈련 프로그램에
  대해 알려 주기

콜의 관심은 또래상담이 학교에서 처음 시작될 때 효율적으로 운영되도록 하는 것이었는데, 이 여섯 가지 조건은 또래상담과 관련된 사람들에 대한 사전 준비 작업과 훈련 프로그램에 대한 것이다. 콜은 특히 학교장이나 교감, 부장교사 및 또래상담 지도자, 또래상담자와 부모에게 또래상담의 의의를 충분히 설명하고 납득시키는 것의 중요성을 강조하였다.

브래큰베리(1995)는 학교에서 또래상담을 효과적으로 시작하기 위해서는 ① 교장의 승인, ② 교사, 학생, 학부모 간 협력, ③ 또래상담반 활동내용에 학교의 요구를 최대한 반영시키기 등이 필요하다고 주장하였다. 그는 특히 또래상담자의 자질을 강조하였는데, 또래상담 활동을 해낼 수 있는 성숙한 학생들을 찾아내는 것이 필수적인 과제라고 하였다. 브래큰베리가 제시한 성숙한 학생들은 ① 정서적으로 성숙한 학생, ② 타인이 평가하기에 신뢰 있는 행동을 한다고 보이는 학생, ③ 리더십을 발휘하는 학생, ④ 친구들과 비교적 좋은 관계를 유지하는 학생, ⑤ 따뜻하고 다정한 성격을 가진 학생, ⑥ 긍정적인 태도를 보여 주는 학생, ⑦ 타인에 대한 관심과 돕고자 하는 마음을 가지고 있으며 실제로 표현하는 학생, ⑧ 타인의 감정과 자존심을 존중하는 태도를 가지고 있는 학생, ⑨ 타인에게 좋은 역할 모델을 할 수 있는 학생, ⑩ 괜찮은 성적을 유지하는 학생, ⑪ 학교 출석률이 양호한 학생들이다.

앞서 1장에서 또래상담자를 소개할 때 "전문상담자가 아니라 타인을 돕고자 하는 마음을 가진 사람… 이상적으로는 또래상담을 하지 않더라도 누군가를 돕는 활동을 하며 살 사람"이라고 묘사하였다. 이는 브래큰베리가 또래상담자로 적합한 학생을 묘사한 것과 같은 맥락으로 볼 수 있다. 하지만 그가 제시한 모든 조건을 만족시키는 학생만을 골라 또래상담을 운영하는 것은 쉽지 않다. 따라서 또래상담자를 선발할 때 이상과 현실을 고려한 선택이 있어야 할 것이다. 그럼에도 불구하고 브래큰베리가 제시한 성숙한 학생들을 만난다면 또래상담 운영은 매우 성공적으로 진행될 것이다. 그에 대한 이야기는 9장에서 또래상담 정착에 영향을 미치는 요인들에 관해 언급하면서 조금 더 논의하려고 한다.

마이릭과 소렌슨(Myrick & Sorenson, 1997)도 실제적인 또래 프로그램 운영을 위해 다음 사항을 유념해야 한다고 주장하였다.

① 또래상담 훈련자: 또래상담 지도교사는 또래상담의 활동 내용과 질에 영향을 미친다.

② 목표 설정: 또래상담 프로그램을 통해 무엇을 얻고자 하는가를 결정하는 것이 필요하다.

③ 지지 체계 확보: 학교 관리자, 동료 교사, 부모, 또래상담 구성원의 지지를 얻어 내야 한다.

④ 훈련을 위한 장소 선택: 탁자와 의자가 붙박이어야 하는지, 이동 가능해야 하는지, 훈련장소 면적은 어느 정도여야 하는지, 조명이나 기타 준비물을 충분히 활용할 수 있는지 등을 고려하여 장소를 선택해야 한다.

⑤ 훈련생 선발: 다른 친구들을 돕는 활동을 하고자 하는 학생들을 선발한다.

⑥ 훈련 커리큘럼 구조화: 프로그램을 구조화한다.

⑦ 또래상담에 대한 감독과 평가

⑧ 다른 또래상담 훈련자와의 네트워크: 다른 또래상담 지도교사들과 연계하여 연구 모임을 운영하고 지역 협의회 등에 참여하는 것은 또래상담을 효과적으로 운영하는 데 도움이 된다.

마이릭과 소렌슨은 여러 연구자들이 제안한 것과는 다소 다른 것을 추가하고 있는데, 훈련을 위한 장소 선택과 다른 또래상담 훈련자와의 네트워크를 중요한 요소로 제시하고 있다. 또래상담자 훈련을 실시할 때 그 대상이 학생이라는 점을 고려하여 청소년기 발달단계에 맞게끔 훈련 장소를 고려해 두는 것이 도움이 될 것이다. 특히 탁자와 의자가 붙박이인지, 훈련공간이 넉넉한지의 여부는 또래상담자를 훈련시킬 때 촉진활동(ice breaking)이나 역할연습 등을 활용하는 데 영향을 미칠 것이다. 필자는 또래상담 지도자 연수를 실시하거나 또래상담자를 훈련시킬 때 반드시 사전에 훈련장소를 답사하거나 혹은 초빙한 직원에게 연락해서 장소를 확인하는 버릇이 있다. 언젠가 아무런 확인 없이 워크숍을 진행하러 갔다가 붙박이 의자가 일렬로 배치되어 있는 강당에 들어서서 깜짝 놀란 적이 있기 때문이다. 그날 별도의 장소를 확보하느라 초빙한 기관 직원들이 무척 고생을 했고, 별도 장소가 확보되기 전까지 400명분 붙박이 의자가 설치된 강당에서 100여 명을 '앉혀 놓고 강의하느라' 진땀을 뺀 경험이 있다.

마이릭과 소렌슨(1997)은 다른 또래상담 훈련자와의 네트워크를 중요하게 언급하고 있다. 실제로 또래상담을 단위학교에서 운영하다 보면 우물 안 개구리처럼 될 때가 있다. 문제가 발생해도 혼자 고민해서 해결하느라 불필요한 스트레스를 받는다. 그래서 김진희 등(1999), 이상희 등(2010)의 연구에서는 모두 지역 내 다른 학교 또는 청소년상담기관의 전문가와 교류할 것을 권하고 있다.

이상 여러 또래상담 전문가의 견해를 종합해 보면, 학교에서 또래상담을 효율적으로 운영하기 위해 고려해야 할 사항은 다음과 같이 정리될 수 있다.

1 또래상담 운영을 위해서는 관리자에 해당하는 학교 구성원들의 허락을 받는 것이 필요하다. 학교장이나 교감, 부장교사 등의 동의 없이는 또래상담을 학교에서 성공적으로 운영할 수 없다. 관리자의

허락을 얻기 위해서는 또래상담 운영을 기획하고 운영 계획서를 작성하여 공식적으로 제출하는 것이 도움이 된다.

② 학교 운영진 외에 동료 교사, 훈련 리더(외부 인력), 학생, 학부모 등에게 또래상담에 대해 설명하고 협조를 구하는 일이 필요하다. 또래상담을 혼자서 하겠다는 생각은 지나친 욕심이다. 학교 내에서 협력할 수 있는 동료 교사를 확보하고, 또래상담에 참여할 학생들이나 학부모에게 또래상담 운영의 목적과 내용 등을 잘 전달하여 협조를 얻는 것이 좋다.

③ 지역사회 상담기관과의 연계가 필요하다. 지역사회 상담기관과 연계하면 외부 전문지도자를 확보하거나, 예산이 소요되는 훈련 등을 제공받거나, 다양한 정보를 지속적으로 얻을 수 있다는 이점이 있다. 그리고 지역의 상담기관들은 지도교사나 학교상담자 또는 또래상담자들이 대상 학생을 외부 상담전문가에게 연결해 줄 때 중요한 연계망이 되기도 한다.

④ 또래상담자 선발에 유의해야 한다. 또래상담자의 역할이 또래상담의 성공적 운영에 영향을 미친다는 것을 고려하여 성숙한 학생을 선발하는 작업을 해야 한다. 또래상담을 시작하겠다고 계획서를 제출하면 흡연, 무단결석, 음주 등으로 적발된 비행청소년을 모아 주거나 또는 반장들, 학급에서 5등 안에 드는 학생들을 모아 주는 경우가 있다. 이때 또래상담 지도자는 또래상담의 취지를 잘 설명하여 또래상담 활동에 적합한 학생들을 선발해야 한다.

⑤ 또래상담 훈련은 단기적이어서는 안 되며, 장기간 슈퍼비전하에 실습과 더불어 진행해야 한다. 또래상담 훈련은 통상 한 학기 동안 실습과 함께 진행되는 것이 좋다. 또래상담 훈련은 진도를 나가는 것이 목표가 아니다. 또래상담자를 훈련시킬 때 많은 내용을 가르치는 것은 그다지 중요하지 않다. 적게 가르치더라도 그 내용을 충분

히 실습해서 친구를 조력하는 데 활용하도록 하는 것이 중요하다. 또래상담 지도자는 또래상담자를 조급하게 급성장시키려 애쓰는 실수를 범하지 않도록 주의해야 한다.

⑥ 또래상담자의 활동에 대해서는 일정한 보상체계가 따라야 한다. 보상은 개인에 따라 의미가 달라진다. 어떤 학생에게는 아이스크림이 보상이 되겠지만, 어떤 학생에게는 칭찬만 한 보상이 없을 것이다. 또 어떤 학생은 친구가 어려움을 극복하는 것을 지켜볼 수 있는 기회를 가지는 것 자체가 보상이 될 것이고, 어떤 학생은 봉사활동 점수로 인정받는 것이 보상이 될 것이다. 그러므로 지도자는 학생들의 욕구를 탐색하여 적합한 보상을 개발하고 적용하려는 노력을 해야 한다.

⑦ 지역 내 또래상담 지도자 간 네트워크가 필요하다. 또래상담 지도자가 혼자서 학생들을 훈련시키고 슈퍼비전을 하다 보면 가지고 있던 지식이 금세 바닥을 드러낸다. 그리고 혼자서 여러 가지 어려움을 이겨 가면서 또래상담을 운영하다 보면 소진을 경험하게 된다. 또래상담 지도자는 이웃 학교의 또래상담 지도자와 협력하는 것을

또래상담 지역 네트워크 (출처: www.gycc.org)

고려할 필요가 있다. 지역 내 타 학교 또래상담 지도자와 교류하면 새로운 정보, 운영방식, 지도방법 등을 습득할 수 있다. 또한 또래 상담 지도자 간 네트워크를 맺으면 또래상담자끼리도 교류가 가능해진다. 이런 교류를 기반으로 연구 모임이나 지역 연합회 등을 구성하여 활동할 수도 있다.

2. 학교 또래상담 운영과정

틴달(1995)은 또래상담을 성공적으로 운영하는 데 필요한 단계를 18개의 과정으로 세분화하여 [그림 5-1]과 같이 제시하였다.

1~12단계는 또래상담 운영을 위한 준비 단계라고 할 수 있다. 13~16단

```
18              | ☞ 또래상담 프로그램 평가
17             | ☞ 자문단 구성
16            | ☞ 상담 실시 및 슈퍼비전
15           | ☞ 또래상담자 임명
14          | ☞ 훈련 실시
13         | ☞ 훈련생 모집 및 선발
12        | ☞ 지역사회 유대관계 구축
11       | ☞ 또래상담 전문가의 지지 체계 구축
10      | ☞ 동료 교사 지지 얻기
9      | ☞ 관리자 지지 얻기
8     | ☞ 기금 확보 방안
7    | ☞ 계획서 작성 및 제출
6   | ☞ 예산서 작성
5  | ☞ 프로그램 구조화
4  | ☞ 목표 설정
3  | ☞ 미션 개발
2  | ☞ 또래상담 배우기
1 | ☞ 요구조사
```

[그림 5-1] 성공적인 또래상담 운영을 위한 단계(Tindall, 1995)

계는 모집과 임명 및 활동과 지도 단계에, 그리고 17, 18단계는 평가 단계에 해당된다. 틴달은 요구조사와 또래상담 배우기를 가장 기본적인 것으로 이해했으며, 이어서 또래상담 지도자의 미션과 활동 목표를 매우 중요하게 제시하였다. 그리고 구체적인 준비사항에서는 예산 및 행정 지원 체계, 인적자원 확보를 상당히 다각적으로 고려하였다. 이는 학교에서 또래상담을 효율적으로 운영하기 위해서 영향을 줄 수 있는 사람들의 지지가 매우 중요함을 시사하는 것이다.

이것은 틴달이 단계화하여 세부사항을 정리하기 전에 그레이와 함께 저술했던 책에도 최소 4단계로 표현되어 있다(Gray & Tindall, 1978). 성공적으로 또래상담을 운영하고자 한다면 어떤 것이든 체계적으로 계획되어야 하며 그 계획에는 네 가지 주요 단계가 제시되어야 한다는 것이다. 네 가지 주요 단계는, 먼저 또래상담을 활용할 학교의 학생들이 기대하는 바에 대한 평가가 이루어져야 한다. 또래상담 대상이 되는 학생들이 필요로 하는 활동을 또래상담자가 하도록 해야 한다는 생각으로 보인다. 둘째, 또래상담을 운영하고자 하는 전문상담자는 또래상담의 개념과 본질 그리고 또래상담 철학에 대해서 알아야 한다. 셋째, 학교 관리자, 동료 교사, 지역사회의 지지와 지원을 확보해야 한다. 외부의 협력과 지지를 얻는 것은 프로그램의 성공을 위해서 반드시 필요하다. 외부의 지원을 끌어내기 위해서 또래상담을 운영하고자 하는 상담자는 관련된 모든 사람에게 가능하면 또래상담 추진 업무에 대해 완전히 알리기 위해 노력해야 한다. 마지막으로 또래상담 활동의 효과를 확인하기 위한 평가 절차를 개발해야 한다. 여기에는 효과를 검증하기 위한 연구가 포함된다.

학교에서 또래상담을 수년간 운영하고 있는 교사를 대상으로 면접을 실시한 후 김진희 등(1999)은 우리나라 중·고등학교에서의 또래상담 운영과정을 〈표 5-1〉과 같이 제시하였다. 그들은 준비 단계, 기획 단계, 훈

〈표 5-1〉 **학교에서의 또래상담 운영과정**[9] (김진희 외, 1999)

단계	절 차
준비 단계	1. 학교에서의 또래상담 제도의 필요성 인식 2. 또래상담 지도자의 역할, 기능, 책임 인식 3. 또래상담 지도자의 기본적 자질 습득
기획 단계	1. 학교장(기관장)의 허가 2. 훈련 프로그램의 선정 및 구성 3. 또래상담자의 활동 영역에 대한 구상 4. 소요예산 산출 및 재정적 지원 확보(예산 확보) 5. 또래상담 계획서 제출 6. 행정적 지원 확보: 보상체계 확보/시간 확보 7. 인적자원 확보: 관련 교사와 협력 체계 구축, 지역사회 상담기관 과의 연계 체계 구축
훈련 단계	1. 또래상담자 모집을 위한 홍보 2. 훈련 대상자 모집과 선발 3. 또래상담자 훈련 4. 시범활동 5. 훈련과정 수료
활동 지도 단계	1. 또래상담자 위촉 2. 또래상담자 활동 영역 선정 3. 또래상담자 활동지도
평가 단계	1. 또래상담자 훈련과정 내용의 평가 2. 또래상담 운영의 평가

---

9) 절차별 상세한 내용을 아는 것은 학교에서 또래상담을 운영하는 데 큰 도움이 될 것이다. 이 장에서는 또래상담 운영 전반에 대한 견해를 검토하는 수준이기에 구체적인 내용을 언급하지는 않았다. 다만 10장에서 또래상담 정착이라는 관점으로 운영 방안에 대한 내용을 소개할 것이다. 실제로 이 표의 내용은 우리나라 학교에서 또래상담을 운영하는 데 도움이 되고 있다. 이 내용을 더 상세히 알아볼 필요가 있는데, 이상희, 노성덕, 이지은(2010)의 책 5장에 입문 단계, 기획 단계, 훈련 단계, 활동지도 단계, 평가 단계로 나누어 기록되어 있으니 참고하기 바란다.

런 단계, 활동지도 단계, 평가 단계로 구분한 후 필요한 20개의 절차를 제
안하였다. 20개의 절차는 또래상담을 처음 시도하고자 하는 교사가 그대
로 따라 할 수 있도록 상세한 설명과 함께 지침서화되었으며, 현재 우리
나라 학교 현장에서 많이 응용되고 있다. 이 내용은 약간의 수정을 거쳐
이상희, 노성덕 등(2010)이 좀 더 자세히 기술하고 있다. 이영선, 강석영,
김병관 등(2010)은 김진희 등(1999)의 연구를 기반으로 하여 솔리언 학교
또래상담 운영지침을 제시하기도 하였다. 솔리언 또래상담은 한국청소
년상담복지개발원에서 등록한 고유 프로그램을 의미한다.

　구체적으로 살펴보면, 준비 단계와 기획 단계는 또래상담 운영 전에
상담전문가가 해야 하는 역할과 주요하게 준비해야 하는 사항들에 대해
다루고 있다. 훈련 단계는 또래상담 후보 학생들을 어떻게 선발하고 훈
련시키며 시범적으로 활동을 유도해야 하는지에 대한 방법들이 소개되
어 있다. 활동지도 단계는 또래상담 훈련을 마치고 또래상담자로 위촉받
는 것부터 학교에서 또래상담을 전개하는 것에 대한 슈퍼비전을 제공하
는 데까지 폭넓은 활동이 소개되어 있다. 그리고 평가 단계는 또래상담
자 훈련 내용에 대한 평가와 또래상담 운영에 대한 평가를 실시할 것에
대해 설명하고 있다. 이와 같은 운영 절차는 틴달(1995)의 것과 상당히 유
사하다. 현장에서 또래상담을 운영하고 있는 우리나라 교사들이 틴달의
이론을 알고 운영한 것이 아닌데도 이처럼 유사한 것으로 보아, 또래상
담이 학교에서 운영되는 방식은 외국이나 국내나 상당히 비슷하다고 이
해할 수 있겠다.

3. 학교 또래상담 정착평가 기준

　학교에서 또래상담을 운영하다 보면 학교 현장에 또래상담을 시스템

화하려는 욕구를 가지게 된다. 이를 '정착'이라는 용어를 빌려 설명하고
자 한다. 학교 또래상담을 시스템화하고자 하는 이유는, 학생들의 인성
교육 측면을 감당해야 하는 교사의 입장에서 매년 같은 수고를 반복해서
하기보다 또래상담 운영의 공통된 일 가운데 시스템으로 해결할 수 있는
것을 모아 업무를 간소화하기 위해서다. 이런 노력을 효율성의 관점에서
이야기하면, 또래상담이 여러 해 반복되면서 여러 구성원들이 일을 나누
어 할 필요를 느끼게 되고, 그다지 중요하지 않은 일은 에너지 투입을 줄
이거나 없애고자 한다. 이런 일련의 과정을 거쳐 또래상담이 여러 해 반
복되면 마치 학교에 꼭 필요한 하나의 하부조직처럼 또는 하위 시스템의
하나인 것처럼 존재하게 된다. 이 시스템을 필자는 2장에서 현장 상담 시
스템이라는 용어로 설명하기도 하였다.

이렇게 학교에 또래상담이 시스템으로 구축되어 있으면 학교 구성원
들은 또래상담을 마치 처음부터 당연히 있어야 하는 것처럼 인식할 수도
있다. 이와 같은 상태를 정착이라고 할 수 있으며, 이에 따라 정착이라는
개념을 가지고 또래상담 운영의 측면을 살펴보려고 한다. 어찌 보면 정
착이라는 개념은 또래상담 운영이 지향하는 목표점일지도 모른다.

또래상담 정착에 대한 지식에는 또래상담의 정착을 판단할 수 있는 기
준, 학교에서 또래상담이 정착해 가는 과정, 또래상담 정착에 영향을 미
치는 요인, 학교에서 또래상담 정착을 시도했던 교사들의 개인적인 경험
등이 포함될 수 있다. 여기에서는 또래상담의 정착을 판단할 수 있는 기
준에 대해 논의하고자 한다.

1) 정착평가 기준 마련을 위한 델파이 연구

학교에 또래상담이 정착하였는지를 평가할 수 있는 기준은 노성덕과
김계현(2007)의 연구를 통해 제시된 바 있다. 노성덕과 김계현은 초·

중·고등학교 가운데 고등학교에서의 또래상담 정착 평가에 관심을 가
지고 기준을 마련하기 위하여 델파이 연구(delphi study)를 실시하였다.
다음의 내용은 노성덕과 김계현의 연구 결과를 재정리한 것이다.

　델파이 연구방법은 특정 문제에 대하여 전문가들의 견해를 유도하고
종합하여 집단적 판단으로 정리하는 일련의 절차라고 할 수 있다. '델파
이(Delphi)'라는 용어는 고대 그리스 신화에서 미래를 통찰하고 신탁을
하였다는 그리스의 옛 도읍지 명칭을 딴 것이다. 델파이 연구방법은
1950년대에 미국의 랜드사(Rand Corporation)에서 국방문제에 관하여 전
문가들의 합의를 도출하기 위해 처음 사용되었으며, 다른 학문 영역에
알려져 사용되기 시작한 것은 1960년대였다.

　델파이 연구방법은 면대면 토의과정에서 나타날 수 있는 다수의 횡포,
권위 있는 사람의 영향, 한번 취한 입장의 고수 등 바람직하지 않은 심리
적 효과를 제거하기 위한 일종의 패널식 조사연구다. 델파이에서는 토론
집단이 복합적인 문제를 효과적으로 다루도록 토론자 사이의 의사소통
과정을 구조화한다. 이 구조화는 세 가지 특징을 가지는데, 절차의 반복
과 통제된 피드백, 응답자의 익명성, 통계적 집단 반응의 절차가 그것이
다. 델파이 연구방법은 통상 3~4회에 걸쳐 질문을 하며 각각을 요약하
면 다음과 같다(이종성, 2001).

- 1회 질문: 해결하고자 하는 연구문제와 관련된 분야의 전문가 집단
  을 선정하여 그들이 상호 접촉하지 않고 연구문제에 대한 개방형 질
  문에 응답하도록 한다.
- 2회 질문: 1회의 개방형 질문으로 수집한 비체계적인 응답들을 편집
  하여 구조화된 폐쇄형 질문을 만든 후 다시 전문가 집단에게 질문의
  각 항목 내용의 중요성, 희망, 가능성 등에 대하여 동의하는 정도를
  평정하도록 한다.

- 3회 질문: 2회에서 회수한 전문가 집단의 반응에 대하여 집중 경향과 변산도(중앙치와 사분범위)를 산출한다. 3회 질문은 전문가 집단의 구성원들에게 각 질문의 집중 경향과 변산도를 2회 질문에 응답한 자신의 반응과 함께 피드백하여 질문에 대한 반응을 제공하고 수정할 기회를 제공한다. 이때 다수의 의견과 벗어난 반응을 하게 될 때에는 그 이유를 적을 수 있는 칸을 제공한다.

델파이 연구를 진행할 때는 몇 가지 사항에 유의해야 한다. 첫째, 전문가 집단의 구성은 델파이 연구에서 가장 중요하면서 어려운 일이다. 전문가 집단을 구성할 때는 탐구하고자 하는 문제 영역에서의 대표성, 적절성과 자질, 책임 있는 태도, 반응의 독립성, 개인차, 무반응자의 특성 등에 유의해야 한다. 이런 점들은 연구의 신뢰도와 타당도에 영향을 미칠 수 있다.

둘째, 델파이 연구를 진행할 때는 추정하려는 문제를 가능한 한 좁게 구체적으로 정의해야 하고, 전문가 집단을 구성할 때 문제 영역의 전문가로 구성해야 하며, 절차를 반복함에 따라 집단 구성원의 이탈을 방지하는 것에 주의해야 한다.

셋째, 델파이 연구는 의사결정 과정에서 일어날 수 있는 편승효과(band-wagon effect), 집단 소음(group noise), 후광효과(halo effect) 같은 심리적 영향을 피하기 위해 익명성을 전제로 한다. 그런데 응답자의 이름이 밝혀지지 않는다는 점 때문에 무책임한 반응을 유발할 수 있다. 응답자들이 익명성에도 불구하고 무책임한 반응을 하지 않도록 주의해야 한다.

넷째, 델파이 연구에서는 신뢰도와 타당도를 입증하는 일이 다른 연구에 비해 어렵다. 신뢰도를 측정하고자 할 때 재검사 신뢰도와 동형검사 신뢰도는 델파이 설문지의 신뢰도 추정방법으로 적절하지 못하다. 따라서 델파이 연구에서는 일반화 가능도 계수(generalizability coefficient)로 신뢰도를 추정한다. 이 추정치는 크론바흐 알파계수(Cronbach α)와 동일하다. 그 공식은 다음과 같다(성태제, 2002; 이종성, 2001).

$$E\rho^2 = \frac{\sigma^2(p)}{\sigma^2(p) + \sigma^2(\delta)}$$

[$\sigma^2(p)$ = 진점수 분산; $\sigma^2(\delta)$ = 상대오차 분산]

델파이 연구에서의 타당도는 전문가의 의견 수렴과 합의로 측정되며 자료타당도로 제시된다. 자료타당도를 구하는 공식은 다음과 같다(이종성, 2001).

$$1 - \frac{\mid E \mid}{\mid T \mid}$$

[T = 진점수; E = 중앙치−진점수]

노성덕과 김계현(2007)은 20명의 델파이 패널을 대상으로 3회에 걸쳐 설문조사를 실시했는데, 이 중 10명은 또래상담 전문지도자 자격을 갖춘 상담전문가였고, 10명은 현직 교사로서 학교 현장에서 수년간 또래상담 활동을 전개하고 있는 학교 또래상담 전문가였다. 노성덕과 김계현은 20명의 델파이 패널들에게 개방형 질문을 통해 총 145개의 반응을 얻었고, 145개의 반응을 10개의 주제로 분류하고 통합하여 30개 항목을 정하였다. 30개의 질문에 대하여 전문가 패널들이 ① 정착 기준으로 적합한 정도, ② 현실적인 실현 가능 정도, ③ 정착 기준으로서의 우선순위를 표시하도록 2회 설문지를 구성하였다.

정착 기준으로 적합한 정도는 '매우 적합'부터 '매우 부적합'까지 7점

〈표 5-2〉 주제별 순위

순위	응답자	주 제
1위	19명	조직 구성
1위	19명	정기모임 유무
3위	18명	전담교사 배치
4위	17명	교내 인지도 정도
4위	17명	실제 상담활동 유무
4위	17명	학교로부터의 지원 정도
7위	13명	인정받음
8위	8명	지속성
9위	5명	구성원의 자부심
10위	각 4명	기타(대외활동/홈페이지 운영/기타)

리커트 척도를 설정하였고, 현실적인 실현 가능 정도는 '가능'부터 '불가능'까지 4점 리커트 척도를 설정하였으며 응답자가 전문가로서 최선의 추정을 하도록 하였다. 적합한 정도에 대해서는 전문가들이 비교적 폭넓게 반응할 수 있도록 7점 척도로 설정하였고, 실현 가능 정도에 대해서는 중간 입장을 취할 수 없도록 4점 척도로 설정하였다. 우선순위는 30개 항목 중 우선적으로 정착 기준에 부합한다고 생각되는 항목을 10개씩 순위별로 선정하여 기록하도록 하였다.

3회 질문에서는 ① 정착 기준으로 적합한 정도, ② 현실적인 실현 가능 정도, ③ 우선순위별로 전문가 집단의 평균치와 개개인의 반응 점수를 표시하여 줌으로써, 집단원의 의견과 자신의 의견을 비교할 수 있도록 하였다. 만약 자신의 의견이 집단의 의견과 크게 차이가 나는 경우에는 자신이 그렇게 생각하는 이유를 기록하도록 하였다.

또래상담 정착평가 기준 설문지
델파이 3회 질문

◉ 정착 기준으로 적합한 정도

번호	또래상담 정착 기준	번호	전체 평균	선생님 응답	매우 적합		보통				매우 부적합
					7	6	5	4	3	2	1
1	학교에 또래상담반 (또래상담 동아리 등)이 구성되어 있다.	1	6.45	7							
2	학년마다 기수가 조직되어 있다.	2	6.4	6							
3	월 1~2회 훈련/슈퍼비전/추수지도/재교육이 진행된다.	3	6.35	5							

◉ 현실적인 실현 가능 정도

번호	또래상담 정착 기준	번호	전체 평균	선생님 응답	가능		불가능	
					4	3	2	1
1	학교에 또래상담반(또래상담 동아리 등)이 구성되어 있다.	1	3.95	4				
2	학년마다 기수가 조직되어 있다.	2	3.65	3				
3	월 1~2회 훈련/슈퍼비전/추수지도/재교육이 진행된다.	3	3.4	4				

◉ 정착 기준으로서의 우선순위 항목 10순위

번호	또래상담 정착 기준	번호	전체 평균	선생님 응답	우선순위 10순위
1	학교에 또래상담반(또래상담 동아리 등)이 구성되어 있다.	1	1		
2	학년마다 기수가 조직되어 있다.	2	4(공동)		
3	월 1~2회 훈련/슈퍼비전/추수지도/재교육이 진행된다.	3	3	4	

◉ 자유로운 의견 기술(집단의 의견과 자신의 의견이 크게 다를 때)

1.

2.

3.

[그림 5-2] 델파이 3회 질문의 예

〈표 5-3〉 또래상담 정착평가 기준

번 호	내 용
1	학교에 또래상담반이 구성되어 있다.
2	또래상담 전문훈련을 받은 담당교사가 배치되어 있다.
3	학년마다 기수가 조직되어 있다.
4	월 1~2회 교육이 진행된다.
5	훈련 및 활동지도 시간이 연간 30시간 이상 진행된다.
6	고민이 있을 때 학생들이 또래상담자를 찾는다.
7	또래상담반이 4년 이상 운영되고 있다.

3회 질문 결과 7개의 정착평가 기준이 전문가 합의에 의해 정해졌는데, 그것은 〈표 5-3〉과 같다. 정해진 정착평가 기준 각 항목에 대해 상담전문가 집단과 교사전문가 집단 간에 차이가 있는지를 알아보기 위하여 t검증(t-test)을 실시하였다. 그 결과, 전문가 집단 간에는 적합 정도와 실현 가능성을 묻는 모든 항목에서 유의한 차이가 없었다(p 〉 .05). 따라서 도출된 정착평가 기준은 상담전문가로서 또래상담을 운영한 사람이나 학교 교사로서 현장에서 또래상담을 운영한 사람 모두가 적합하다고 평가하고, 실현 가능하다는 데 합의한 기준이라 할 수 있다.

그러나 노성덕과 김계현(2007)의 연구 결과는 한계점을 가지고 있다. 비록 일곱 가지 정착평가 기준을 델파이 패널들을 통해 합의해 내기는 하였으나 이 기준이 정착을 위한 최소한의 조건인지, 한두 개가 갖추어지지 않아도 정착되었다고 말할 수 있는 것인지에 대한 명확한 설명이 빠져 있다. 〈표 5-4〉에 제시되어 있는 평가 기준은 각각 다른 속성을 가지고 있다. 그 속성을 분석해 보면 다음과 같다. 정착평가 항목 1번은 정착되었음을 평가할 때 반드시 갖추어져 있어야 하는 항목이다. 하지만 항목 2, 3번은 선택사항이 될 수 있다. 왜냐하면 또래상담 전문훈련을 받은 담당교사가 배치되어 있거나 학년마다 기수가 조직되어 있다는 것은 또래상담이 학교에 정착하는 데 유리한 조건이기는 하지만 반드시 있어야만 하는 필수조건은 아니기 때문이다. 설령 전문훈련을 받지 않은 담당교사가 있다 하더라도 외부로부터 전문인력을 끌어올 수 있다면 이 문제는 해결되는 것이다. 또 학년마다 기수가 없다고 하여도 전체적으로 또래상담반이 구성되어 있으면 큰 무리 없이 모임이 진행될 수도 있다. 사실 기수 조직은 조직 운영의 효율성 측면의 문제이지 또래상담반 운영을 좌우하는 문제는 아니다. 실제로 또래상담반 구성원의 수가 적기 때문에 굳이 기수 조직까지 필요하지 않은 경우도 많다. 따라서 항목 2, 3번은 반드시 있어야 하는 조건은 아닌 것이다.

항목 4, 5, 6, 7번은 있어야 하지만 어느 정도여야 하는지가 문제다. 월 1~2회 교육이 진행된다는 것과 연간 30시간 이상 훈련 및 활동지도가 있다는 것, 그리고 4년 이상 운영 등의 항목은 전문가 패널들이 그 정도는 되어야 한다고 인식하는 것을 나타내는 것이지, '반드시 그 기준을 맞추어야만 한다.'는 의미는 아니다. 그래서 그 항목들의 속성을 정도라고 구분하였다. 항목 6번은 필수와 정도를 모두 가지고 있다고 보인다. 고민이 있는 학생들이 또래상담자를 찾지 않는다면 또래상담이 정착했다고 보기 어려울 것이다. 하지만 몇 명이 찾느냐 하는 것과 전교생이 고민 있을 때마

〈표 5-4〉 평가 기준의 속성

번호	내용	속성
1	학교에 또래상담반이 구성되어 있다.	필수
2	또래상담 전문훈련을 받은 담당교사가 배치되어 있다.	선택
3	학년마다 기수가 조직되어 있다.	선택
4	월 1~2회 교육이 진행된다.	정도
5	훈련 및 활동지도 시간이 연간 30시간 이상 진행된다.	정도
6	고민이 있을 때 학생들이 또래상담자를 찾는다.	필수/정도
7	또래상담반이 4년 이상 운영되고 있다.	정도

다 또래상담자를 찾느냐 하는 것 등을 나타내는 '정도'에는 차이가 있을 텐데, 이 차이를 정착평가 기준에서 제시하기 어렵다는 한계가 있다.

이처럼 또래상담 정착 여부를 평가하는 기준 마련에 대한 연구 자체가 명확한 준거를 제시하는 데까지는 이르지 못하고 있다. 그럼에도 불구하고 또래상담 정착을 평가할 수 있는 하나의 기준을 탐색하고 제시했다는 데 의의가 있다고 하겠다. 또래상담 정착이라는 현상은 평가 기준을 마련할 때 확고한 경성 지표를 적용하거나 연성 지표를 개발하여 적용하기 어렵다는 한계를 처음부터 가지고 있기 때문에 국내 또래상담 전문가로 패널을 구성하여 합의하는 방식으로 기준에 해당하는 항목들을 구한 것이다. 향후 또래상담 발전 방안의 일환으로 정착을 평가할 수 있는 연구들이 지속되기를 기대하면서, 아직은 한계를 가지고 있음에도 불구하고 정착을 평가할 수 있는 기준으로 제시된 내용들을 조금 더 살펴보고자 한다.

2) 학교 또래상담 정착평가 기준

델파이 전문가 패널들이 합의한 정착평가 기준을 주제별로 보면 '조직 구성'에서 2개 항목, '정기적인 모임 유무'에서 2개 항목, 그리고 '전담교사 배치' '인정받음' '지속성'에서 각각 1개 항목이었다.

(1) 학교에 또래상담반이 구성되어 있다

전문가 패널들의 반응에 따르면 대체로 고등학교에 구성되어 있는 또래상담반은 동아리로 등록되어 있으며, 이 동아리에는 임원조직이 있고, 학생 자치적인 모임의 특성을 가지고 있다. 델파이 패널들은 3회에 걸친 설문조사에서 유사한 다른 진술문들이 있었음에도 불구하고 이 평가 항목을 선정하였다.

또래상담반 신입생 임명식 뒤풀이(출처: http://cafe.daum.net/ysside)

(2) 또래상담 전문훈련을 받은 담당교사가 배치되어 있다

담당교사 관련 내용에는 '담당교사 교체 후에도 역할을 이어받을 교사 있음' '헌신적인 교사' '타 교사의 협조를 이끌어 내는 전담교사' '후속교육과 연구에 참여하는 교사' 등이 언급되었으나 대부분의 패널은 한국청소년상담복지개발원에서 인정하는 또래상담 지도자 연수를 통해 전문훈련을 받은 교사가 배치되어 있는 상태를 정착평가 기준으로 삼았다.

〈표 5-5〉 15시간 또래상담 지도자 양성교육 과정

일	시 간	제 목	교육 내용
첫째날	09:00~10:50	〈워크숍 1〉 1부. 들어가기	• 촉진활동(Ice break) • 모둠편성-구호, 집단규칙 정하기
	10:50~11:00	Coffee break time	
	11:00~12:00	〈강의 1〉 또래상담의 기초	• 또래상담의 의미와 역사 • 또래상담 프로그램 개발의 원리
	12:00~13:00	점심 식사	
	13:00~13:50	〈워크숍 2〉 2부. 친한 친구 1	• 친구의 의미: 콜라주 표현하기
	13:50~14:00	Coffee break time	

	14:00~15:40	〈워크숍 3〉 2부. 친한 친구 2	• 친구 유형 살펴보기 • 친구 사이의 걸림돌
	15:40~16:00	Coffee break time	
	16:00~17:30	〈워크숍 4〉 3부. 대화하는 친구 1	• 대화의 의미 • 대화의 기본 자세: 외적 태도 • 대화의 기본 자세: 공감적 태도
둘 째 날	09:00~10:50	〈워크숍 5〉 3부. 대화하는 친구 2	• 촉진활동(Ice break) • 대화전략 1. 어기역차
	10:50~11:00	Coffee break time	
	11:00~12:00	〈강의 2〉 또래상담 운영	• 학교에서의 적용 • 또래상담 운영과정
	12:00~13:00	점심 식사	
	13:00~13:50	〈워크숍 6〉 3부. 대화하는 친구 3	• 대화전략 2. 잠하둘셋
	13:50~14:00	Coffee break time	
	14:00~15:40	〈워크숍 7〉 4부. 도움 주는 친구 1	• 도움 주는 대화. 원무지계 • 대화 종합연습
	15:40~16:00	Coffee break time	
	16:00~16:30	〈강의 3〉 또래상담 연구	• 또래상담 운영과 또래상담 연구
	16:30~17:10	〈워크숍 8〉 4부. 도움 주는 친구 2	• 도움 주는 다양한 활동 탐색하기
	17:10~17:30	5부. 마무리	• 평가 및 마무리

(3) 학년마다 기수가 조직되어 있다

델파이 전문가 패널들은 또래상담반 조직뿐 아니라 학년마다 기수가 조직되어 있다는 점을 중요하게 인식하고 있었다.

(4) 월 1~2회의 교육이 진행된다

이 기준은 전문가 패널들이 또래상담자들에 대한 교육이 단회적으로 끝나거나 단기간 훈련이 되는 것을 지양하고자 한 데서 비롯된 것이라

보인다. 결국 네 번째 기준은 또래상담자 교육이 정기적으로 연중 진행
되어야 한다는 생각이 반영된 것이라 할 수 있다. 6장에서도 미국, 캐나
다의 경우나 우리나라의 경우 모두 또래상담자 교육이 단기간 또는 일회
성 프로그램에 그쳐서는 안 된다는 제안이 있다는 것을 소개하고 있다.

〈표 5-6〉 또래상담 정착평가 기준 관련 내용

번호	내용	관련 내용
1	학교에 또래상담반이 구성되어 있다.	• 또래상담 동아리 구성됨 • 임원조직 있음 • 학생 자치모임
2	또래상담 전문훈련을 받은 담당교사가 배치되어 있다.	• 또래상담 전문훈련을 받은 지도교사 있음 • 담당교사 역할을 이어받는 교사 있음 • 헌신적인 교사 • 타 교사의 협조를 이끌어 내는 전담교사 • 후속교육과 연구에 참여하는 교사
3	학년마다 기수가 조직되어 있다.	• 학년마다 기수가 조직
4	월 1~2회 교육이 진행된다.	• 월 1~2회 훈련이나 재교육 • 월 1~2회 슈퍼비전이나 추수지도 • 훈련이 정기적으로 학기 동안 진행됨
5	훈련 및 활동지도 시간이 연간 30시간 이상 진행된다.	• 훈련 및 활동지도 시간이 연 30~40시간
6	고민이 있을 때 학생들이 또래상담자를 찾는다.	• 학생이 또래상담자에게 도움 청함 • 교사가 학생을 또래상담자에게 의뢰 • 학부모가 자녀상담 의뢰
7	또래상담반이 4년 이상 운영되고 있다.	• 또래상담반 운영 지속 • 최소 2년 운영 • 5년 이상 운영

(5) 훈련 및 활동지도 시간이 연간 30시간 이상 진행된다

델파이 전문가 패널들은 네 번째 정착평가 기준인 월 1~2회 정기교육과 더불어 연간 30시간 이상의 훈련 및 활동지도 시간이 있다는 것을 정착평가의 기준으로 정하였다. 어떤 측면에서는 네 번째 정착평가 기준과 다섯 번째 정착평가 기준이 상당히 비슷하다. 하지만 전문가 패널들은 거듭된 질문에도 불구하고 월 1~2회 정기교육과 연간 30시간 이상의 훈련 및 활동지도에 대해 각각 독립적인 기준으로 제시하였다. 이는 또래상담 전문가들이 학교 내에 또래상담이 정착하였음을 확인하고자 할 때 질적인 교육과 더불어 실제 활동에 대한 슈퍼비전이 연중 진행되고 있는지를 중요한 기준으로 삼고 있음을 의미한다고 해석할 수 있다.

(6) 고민이 있을 때 학생들이 또래상담자를 찾는다

이 정착 기준은 가시적으로 평가하기 어려운 점이 있다. 학생들이 고민이 있을 때마다 또래상담자에게 도움을 청하는 경우부터 한 학기에 몇 명의 학생이 또래상담자에게 고민을 상담하는 경우까지 매우 다양한 경우의 수가 있기 때문이다. 이 평가는 다소 주관적인 견해가 개입될 여지가 있다. 그러나 델파이 패널들은 이 기준을 또래상담 정착평가 기준으로 선정하였다. 고민이 있을 때 학생들이 또래상담자를 찾는다는 것은 또래상담 활동이 학교에서 인정받고, 실제로 또래상담이 그 학교에서 효과를 발휘하고 있음을 의미하는 것이기도 하다. 또래상담반이 수년간 학교 내에 있는 데도 학생들이나 교사들이 찾지 않는다면 또래상담이 정착되었다고 보기 어렵다는 의미이기도 하다.

(7) 또래상담반이 4년 이상 운영되고 있다

델파이 1차 질문에서는 최소 2년부터 6년까지 운영이 지속되어야 할 것에 대한 의견들이 있었다. 델파이 전문가 패널들은 또래상담반이 학교에서 단위사업처럼 단기적으로 또는 1년 정도 시범 운영되는 수준을 정착으로 보지 않고, 수년간 지속되는 경우에 정착으로 인식하고 있었다.

이상의 정착평가 기준은 노성덕과 김계현(2007)이 고등학교에 초점을 두고 마련한 연구 결과다. 앞으로 초등학교, 중학교에서의 효율적 운영을 평가하기 원한다면 각급 학교에 적합한 평가 기준을 마련하려는 노력을 해야 할 것이다. 혹 다른 시각에서 정착을 이해하기 위해 접근한다면 얼마든지 다른 관점에서의 평가 기준이 마련될 수도 있을 것이다. 여기서 제시한 정착 기준은 하나의 예시로 삼기를 바라며, 향후 또 다른 기준 마련의 노력이 현장에서 이루어질 수 있으리라고 기대해 본다.

● **요 약**

　학교에서 또래상담을 효율적으로 운영하기 위해서는 또래상담 사업 전반에 대한 이해가 필요하다. 또래상담을 기획하는 과정에서 그 필요성과 목적을 분명히 하고 이를 학교 관리자에게 알려야 하며, 동료 교사와 부모, 그리고 또래상담에 참여시킬 학생들에게도 충분히 설명하여 이해시키는 것이 필요하다. 또한 또래상담자 선발부터 훈련, 임명, 활동, 활동지도에 이르기까지 전 과정에 대한 전문적 이해가 필요하다. 그래서 또래상담을 운영하고자 할 때는 사전에 또래상담 지도자 교육을 받고 지역 내 또래상담 전문가들과 협력하면서 정보를 공유하는 노력이 필요하다.

● **학습 과제**

• 학교에 또래상담을 효과적으로 적용하기 위해 또래상담 전문가가 습득해야 할 또래상담 운영의 틀에 대해 논의해 보시오.
• 전문가들이 또래상담 운영에 필수적이라고 지적하는 조건들을 설명해 보시오.
• 또래상담 운영 시 어떤 학생들을 대상 청소년으로 선정하는 것이 좋은지 그 조건들에 대해 설명하고, 실제 어떻게 선발할지 생각해 보시오.
• 2인 1조로 팀을 구성하여 또래상담 운영이 학교에 가져다줄 수 있는 이득에 대하여 학교장 등 관리자에게 어떻게 설명할 수 있을지 토론해 보고 정리해 보시오.
• 또래상담 정착을 평가할 수 있는 기준에 대해 논의하시오.

참고자료

또래상담 운영에 도움이 되는 문헌

오혜영, 지승희, 조은경, 백현주, 신주연(2006). 『또래상담 조직의 운영체
계 구축 및 활성화 연구』. 서울: 한국청소년상담원.

　　－84～100쪽에 지역 단위 또래상담 조직 운영에 관한 내용이 정리되
　　어 있다.

　　－109～161쪽 부록에 전문가 면접 분석 결과가 제시되어 있고, 학교
　　에서 또래상담을 운영하는 데 필요한 양식이 첨부되어 있다.

이상희, 노성덕, 이지은(2010). 『또래상담』(2판). 서울: 학지사.

　　－71～92쪽에 학교에서의 또래상담 운영의 실제가 잘 정리되어 있다.

이영선, 강석영, 김병관, 정혜연, 방나미(2010). 『솔리언또래상담 학교운
　　영모형 개발: 운영지침을 중심으로』. 서울: 한국청소년상담원.

　　그 외에 강원도청소년상담복지센터에서 매년 발간하는 『강원또래상담
사례집』을 참고하면 실질적인 또래상담 운영 정보를 알 수 있다.

학습 목표

- 초등학교, 중학교, 고등학교, 대학교에서 수행된 또래상담 연구 동향에 대해 이해한다.
- 각급 학교에서 수행된 연구들을 토대로 학교 현장에서 또래상담 연구를 실제로 수행하기 위해 연구 계획서를 작성할 수 있다.

학습 개요

우리나라 학교상담의 개입전략으로 또래상담이 활용되면서 이에 대한 효과를 확인해 보고자 많은 연구들이 수행되고 있다. 이 중 초등학교, 중학교, 고등학교, 대학교에서 수행된 연구의 전반적인 동향을 이해하고, 기존 논문으로부터 새로운 연구 주제와 변인, 연구방법을 도출해 내도록 하는 것이 이 장을 마련한 목적이다. 또래상담 연구는 학교 현장에 또래상담을 적용하는 논리적·이론적 토대가 된다. 또래상담 옹호의 측면에서도 현장 연구는 매우 중요하다. 그러나 많은 학교 교사와 학교 상담자, 그리고 전문상담자들은 또래상담 프로그램을 사업으로 운영하면서도 연구하는 데 관심을 기울이지 못하고 있다. 이 장에서는 국회도서관에서 검색한 자료를 토대로 연구물의 특징을 밝혀 보고, 현장에서 진행된 연구 목록을 제시함으로써 향후 다른 연구자들이 또래상담 연구를 수행하는 데 도움을 주고자 한다.

제6장
우리나라 학교 또래상담 연구논문

이 장에서는 학교 또래상담을 주제로 진행한 연구들을 개괄하고 각 논문을 간략하게 표로 정리해서 제시하였다. 우리나라 학교 또래상담 연구들을 찾기 위하여 또래상담 또는 동료상담이라는 주제어로 학교 또래상담 관련 연구들을 검색하였다(기간: 1980년~2014년 1월 1일). 논문 검색은 국회도서관, 서울대학교 도서관 서비스를 이용하였는데, 총 328편의 연구논문과 연구보고서 및 단행본이 검색되었다. 필자는 이 가운데 초등학교, 중학교, 고등학교, 대상이 혼재된 청소년 대상 논문 219편을 분석하였다. 분석 대상 논문은 박사학위 논문이 8편이었고, 석사학위 논문이 172편, 학술논문이 35편, 연구보고서가 4편이었다. 석사학위 논문은 일반대학원 24편, 교육대학원 124편, 특수교육대학원 11편, 복지대학원 5편, 상담대학원 2편, 행정대학원 2편, 기타(재활대학원, 정경대학원, 국방관리대학원, 산업대학원) 각각 1편씩이었다. 논문 편수는 교육대학원 논문이 또래상담 연구 중 가장 큰 비중을 차지하고 있었다. 이것은 교육대학원에 재학 중인 교사들이 학교상담의 관점에서 현장 연구를 수행하기가 더 용이했기 때문인 것으로 보인다. 또한 교육대학원에서 상담심리를 전공하는 교사의 입장에서는 학교 현장에서의 다양한 문제점을 극복하기 위한 대안의 하나로 또래상담을 선택하였을 가능성이 높다. 기왕 관심 있는 주제를 가지고 학위논문까지 연결하고 또 학교 현장에도 적용하는 일석이조의 효과가 있었을 것이다.

우리나라 학교 또래상담 연구논문을 주제별로 분류하면 ① 프로그램 개발연구, ② 또래상담 성과연구, ③ 운영 방안 및 평가 연구 등으로 범주를 나눌 수 있다. 연구논문에서 또래상담 성과연구의 비중이 가장 큰데 전체의 82.6%를 차지하고 있다. 성과연구 중에서도 또래상담자 훈련 프로그램의 효과를 검증한 연구는 전체의 36.5%를 차지하고 있고, 훈련과 활동의 효과를 검증한 연구는 11.4%, 또래상담자의 활동의 효과를 검

〈표 6-1〉 학교 또래상담 연구논문 개괄

영역		초	중	고	장애학생	혼재	계(%)
프로그램 개발연구		3	2	3		12	20(9.1)
성과 연구	훈련 효과	25	26	24	1	4	80(36.5)
	활동 효과	12	11	12	36	5	76(34.7)
	훈련+활동 효과	9	6	7		3	25(11.4)
운영 방안 및 평가 연구			3	6	1	8	18(8.3)
계		49	48	52	38	32	219(100)

중한 연구는 34.7%였다.

　연구 대상별로는 고등학생을 대상으로 진행한 연구가 52편이었고, 초등학생 49편, 중학생을 대상으로 진행한 연구는 48편, 초 · 중 · 고가 혼재되어 있는 연구는 32편이었다. 그중 운영 방안 및 평가 연구는 초등학생을 대상으로 한 연구에서는 보이지 않았고, 중학생 대상 3편, 고등학생 대상 6편, 장애학생 대상 1편, 초 · 중 · 고가 혼재된 논문이 8편이었다. 운영에 대한 평가연구가 적은 것은 연구 설계가 어렵기 때문이 아닌가 하는 생각을 가지게 한다. 설령 연구 설계를 한다고 하더라도 양적 연구보다는 질적 연구를 수행해야 할 가능성이 있는데, 우리나라 연구자들은 질적 연구보다 양적 연구방법에 익숙해서 실제 연구 수행에 어려움이 있었을 것으로 추측된다. 그리고 운영을 평가하기 위해서는 또래상담이 상당 기간 운영된 상태여야 하는데, 연구자가 자신의 학교에서 수년간 또래상담을 운영하면서 평가연구를 수행하기에는 한계가 있다. 오히려 외부 전문가가 이미 수년간 운영되고 있는 학교에 들어가서 질적 분석을 수행하는 것이 더 쉬울 것이다. 또래상담 연구를 수행하고 있는 구성원의 상당수가 현직 교사라는 점을 감안해 볼 때 운영에 대한 평가연구를 단기간에 기대하기란 쉽지 않다. 연구 주제를 개괄해 보면 아쉬움이 많은데, 또래상담 연구 주제가 너무 제한적이기 때문이다. 또한 다루는 변인은 많으나 연구 설계 자체의 폭이 넓지 못한 경향이 있다. 대체로 실험을 통한 변량분석이 주종을 이루고 있으며, 상관연구는 1편에 불과하다. 질적 분석도 여러 편 소개되고 있으나 전체에 비하면 매우 적다.

학교 또래상담 성과연구에서 다루고 있는 변인은 〈표 6-2〉와 같다. 자아개념이 22.4%를 차지하고 있어 또래상담 성과연구에서 가장 빈번하게 활용되는 변인으로 나타났다. 그다음으로는 인간관계가 19.2%, 의사소통 기술이 13.9%, 사회성, 학교 관련 태도, 학급 응집력, 학교 적응, 학교폭력, 공감능력 및 진로의식, 학습 순이었다. 그 외 한 번씩 활용된 변인들은 기타 영역에 정리되어 있다.

〈표 6-2〉 학교 또래상담 연구논문 개괄: 변인

영 역	초	중	고	혼재	장애학생	계(%)
공감능력	3	1	1	1		6(2.1)
학교폭력(따돌림)	6	2				8(2.8)
사회성(사회적 기술)	8	6	3	1	19	37(12.9)
의사소통 기술	7	17	9	1	6	40(13.9)
인간(교우)관계	16	13	17	3	6	55(19.2)
자아개념(효능/존중)	18	19	17	4	5	63(22.4)
진로의식(성숙/의사결정)	1	4		1		6(2.1)
학교(학급) 적응	1	4	1		3	9(3.1)
학교(학급) 관련 태도	4	3	5	1		13(4.5)
(학급) 응집력	5	3	1	1	1	11(3.8)
학습					4	4(1.4)
기타(1회 활용 변인)	자기 능력 지각 자기평가 고립 수준 외모 만족 외로움 불안 리더십 열등감	부모-자녀 관계 자기평가 비행 성향 발표력 개인주의 리더십 이타주의	부모-자녀 관계 통제소재 2 도움 기술 2 일탈행동 중도 탈락률 결석률 리더십 2 미래관 약물 태도	외로움 약물	행복감 문제행동 주의산만 충동성 수용 태도	34(11.8)
계	77	79	66	15	49	286(100)

또래상담 연구의 수행 현황을 지역별로 살펴보면 우리나라 17개 시·도 전역에서 또래상담에 관한 연구가 수행된 것으로 나타났다. 연구 수행 빈도에서는 서울(17.4%), 부산(15.6%), 대구(13.8%), 전북(10.1%), 경기(7.3%), 충북(4.6%) 등의 순으로 나타났다. 또래상담을 주제로 한 논문이 2000년 이후에 활발하게 발표되고 있다는 점을 감안해 볼 때, 전국 17개 시·도에 소재한 대학들에서 학위논문이나 학술논문이 골고루 발표된다는 것은 또래상담이 비교적 매력 있는 연구 주제임을 보여 준다. 또래상담 학위논문은 우리나라 62개 대학에서 출간되었으며, 『상담학연구』『상담 및 심리치료』『교육심리연구』『청소년상담연구』『아시아교육연구』『진로교육연구』『특수교육학연구』 등의 학술지에 게재되었다. 특히 또래상담 연구로 박사학위를 수여한 대학은 이화여자대학교 3편, 영남대학교 2편을 비롯하여 서울대학교, 숙명여자대학교, 건국대학교에 각각 1편씩이었다. 이제 학교에서 수행된 또래상담 논문 목록을 요약해서 소개하고자 한다. 이것이 향후 또래상담을 연구하고자 하는 상담자들에게 활용되기를 기대한다.

1. 초등학생 대상 연구논문

〈표 6-3〉 초등학생 대상 또래상담 연구논문

연구자	논문 제목	게재지 (대학/기관)	게재호(학위) 연구 분류	발표연도
강선영	초등학교 학급차원의 구어적 또래칭찬 중재가 학생들의 문제행동과 자아개념에 미치는 영향	이화여대 교육대학원	석사 효과연구	2011
권선영	인기아동 중심의 또래상담이 초등학교 아동의 자아개념에 미치는 효과	한국교원대 교육대학원	석사 효과연구	2005
김미점	또래상담 프로그램이 초등학생의 자기 능력 지각에 미치는 효과	대구대 재활대학원	석사 효과연구	2005

연구자	논문 제목	게재지 (대학/기관)	게재호(학위) 연구 분류	발표연도
김미혜	또래상담이 아동의 사회성숙도 및 학급응집력에 미치는 효과	부산교대 교육대학원	석사 효과연구	2005
김상은	또래상담 프로그램 적용이 초등학교 고학년의 교우관계와 학교생활 만족도에 미치는 효과	대구교대 교육대학원	석사 효과연구	2007
김영희	초등학생의 또래상담 훈련 경험이 자아존중감과 의사소통 기술에 미치는 효과	춘천교대 교육대학원	석사 효과연구	2004
김은미	또래상담 프로그램이 초등학생의 의사소통 및 자아개념에 미치는 영향	건국대 교육대학원	석사 효과연구	2003
김은애	또래상담 프로그램이 또래상담자의 교우관계와 자아개념에 미치는 효과	진주교대 교육대학원	석사 효과연구	2003
김은정	또래상담이 초등학생의 자아개념에 미치는 영향	인천교대 교육대학원	석사 효과연구	2002
김종운 황혜자	또래상담 훈련이 성별에 따른 아동의 학교 관련 태도에 미치는 효과	부산교육학 연구	18(1), 39-56 효과연구	2005
김정미	또래상담이 또래상담자 아동의 자아개념과 의사소통 능력의 향상에 미치는 효과	광주교대 교육대학원	석사 효과연구	2007
김현숙	또래상담 훈련 프로그램이 초등학생의 자아존중감과 대인관계에 미치는 효과	창원대 대학원	석사 효과연구	2013
김형일	또래상담 훈련프로그램이 초등학생의 자기효능감, 사회성 발달 및 학급응집력에 미치는 효과	강남대 교육대학원	석사 효과연구	2010
김지정	또래상담이 초등학교 아동의 의사소통 및 사회성 발달에 미치는 효과	부산교대. 교육대학원	석사 효과연구	2004
남두현	또래상담 훈련 경험이 초등학생의 인간관계와 학급 관련 태도에 미치는 효과	동아대 교육대학원	석사 효과연구	2001
문정숙	동료상담자의 활동이 학급아동의 자아개념에 미치는 효과	대구가대 교육대학원	석사 효과연구	2000
박광원	또래상담 활동이 집단따돌림 학생의 대인관계 특성 및 또래수용에 미치는 영향	전주대 상담대학원	석사 효과연구	2005
박양희	또래상담 프로그램이 초등학생의 자아존중감과 인간관계에 미치는 효과	한남대 교육대학원	석사 효과연구	2007
박은경	또래상담이 초등학교 아동의 자아개념과 학교생활 적응에 미치는 효과	부산교대 교육대학원	석사 효과연구	2006

연구자	논문 제목	게재지 (대학/기관)	게재호(학위) 연구 분류	발표연도
박인숙	긍정적 교우관계 형성을 위한 사이버 또래상담 프로그램 구안·적용	교육경북 경남교육청	130, 93-98 개발연구	2003
배은우	또래관계 증진 집단상담 프로그램이 초등학생의 자아존중감에 미치는 영향	전북대 교육대학원	석사 효과연구	2006
백세연	또래상담 프로그램이 초등학생의 자아개념과 자기표현 능력에 미치는 효과	전주교대 교육대학원	석사 효과연구	2006
서기혜	또래지지 집단상담 프로그램이 초등학생의 집단따돌림 감소에 미치는 효과	서울교대 교육대학원	석사 효과연구	2012
송효진	또래상담이 초등학교 고학년 아동의 사회성 및 학급응집력에 미치는 효과	광주교대 교육대학원	석사 효과연구	2006
신현근	또래상담이 초등학교 아동의 자기효능감과 사회성 발달에 미치는 영향	경인교대 교육대학원	석사 효과연구	2003
안정희	또래상담이 아동의 교우관계 향상에 미치는 효과	부산교대 교육대학원	석사 효과연구	2007
오정아	또래상담 프로그램이 초등학교 아동의 공감능력에 미치는 효과	고신대 교육대학원	석사 효과연구	2006
유병숙	또래관계 증진 프로그램 적용이 초등학생의 자아존중감에 미치는 영향	인천교대 교육대학원	석사 효과연구	2003
유의상	또래상담이 학급구성원의 심리특성에 미치는 영향	청주교대 교육대학원	석사 효과연구	2001
유인애	초등학교 또래상담 운영이 고립아의 심리적 특성 변화에 미치는 영향	경인교대 교육대학원	석사 효과연구	2006
이금선	또래상담 프로그램이 아동의 교우관계 및 사회성에 미치는 효과	제주대 교육대학원	석사 효과연구	2006
이나미	학급임원을 대상으로 한 또래상담 프로그램이 초등학생의 또래수용도 및 공감능력에 미치는 효과	전남대 교육대학원	석사 효과연구	2011
이미향	초등학생 또래상담 프로그램이 또래상담자의 의사소통과 리더십에 미치는 영향	한국교원대 교육대학원	석사 효과연구	2007
이보리	초등학생의 학교폭력 예방을 위한 또래상담 프로그램 개발 및 효과	경성대 교육대학원	석사 개발연구	2013
이상숙	또래 상담 프로그램 적용을 통한 따돌림 아동의 공동체 의식 함양	부산교육	290, 74-82 효과연구	1999

연구자	논문 제목	게재지 (대학/기관)	게재호(학위) 연구 분류	발표연도
이석두	또래상담자 활동이 초등학생의 열등감에 미치는 영향	청주교대 교육대학원	석사 효과연구	2004
이순희	또래상담 프로그램이 초등학생의 공감적 이해와 의사소통에 미치는 효과	충북대 교육대학원	석사 효과연구	2013
이은미	동료상담자 훈련 경험이 내담자의 교우관계와 학교 관련 태도에 미치는 효과	계명대 교육대학원	석사 효과연구	1991
이혜미	또래상담이 초등학교 집단따돌림 예방에 미치는 효과	서울교대 교육대학원	석사 효과연구	2013
임희수	또래상담 프로그램이 초등학교 고학년의 자아존중감과 인간관계 향상에 미치는 효과	동아대 대학원	석사 효과연구	2008
장희재	또래상담자 훈련이 또래상담자의 자아존중감과 사회성에 미치는 효과	강원대 교육대학원	석사 효과연구	2009
전영희	또래상담 훈련이 또래상담자의 자기평가와 학급구성원의 집단따돌림에 미치는 영향	강릉대 교육대학원	석사 효과연구	2006
정미	또래상담 활동이 초등학교 5학년 아동의 교우관계와 학급응집력에 미치는 영향	경인교대 교육대학원	석사 효과연구	2004
정미혜	또래상담자의 멘토활동이 초등학교 배척아동의 또래관계에 미치는 효과	부산교대 교육대학원	석사 효과연구	2007
최현정	또래 칭찬활동 프로그램이 초등학생의 교우관계와 학급응집성에 미치는 영향	서울교육대 교육대학원	석사 효과연구	2008
홍미경	초등학생의 외모만족도 향상을 위한 또래상담 프로그램 개발	한국교원대 교육대학원	석사 개발연구	2009

초등학생을 대상으로 한 또래상담 논문들은 박인숙의 사이버 또래상담 프로그램 개발연구 등 몇 편을 제외하고는 모두가 성과연구다. 초등학생의 경우 청소년기의 자기중심성이라는 특성을 경험하기에 초등학교 교실에서의 또래상담은 특별한 의미가 있다고 보인다. 초등학생의 또래상담 활동 동기, 활동 내용 등을 분석하고 평가하는 연구가 더 보강되어야 할 것이다. 또한 초등학생 또래상담자의 활동 영역에 따라 적합한 훈련 프로그램이나 보수교육 프로그램 등의 개발연구도 더 이루어져야 할 것이다.

2. 중학생 대상 연구논문

〈표 6-4〉 중학생 대상 또래상담 연구논문

연구자	논문 제목	게재지 (대학/기관)	게재호(학위) 연구 분류	발표연도
강미영	또래상담 훈련 프로그램이 중학생의 자아존중감과 인간관계 향상에 미치는 영향	신라대 교육대학원	석사 효과연구	2006
강영미	또래상담 훈련이 농촌 중학생의 의사소통 및 학교생활 태도에 미치는 효과	전주대 교육대학원	석사 효과연구	2004
기영애	또래상담자 훈련이 또래상담자의 자기존중감과 의사소통 능력에 미치는 효과	대구한의대 교육대학원	석사 효과연구	2005
김경화	또래상담 프로그램이 남녀중학생의 의사소통 능력과 사회성에 미치는 효과	아주대 교육대학원	석사 효과연구	2008
김덕희	또래상담 훈련을 통한 중학생 상담자의 자아개념 향상 효과	단국대 교육대학원	석사 효과연구	2002
김미숙	중학생의 또래상담자 훈련 경험이 자아존중감과 의사소통 기술에 미치는 효과	우석대 교육대학원	석사 효과연구	2001
김영돈	피드백을 적용한 현실치료 또래상담 프로그램이 중학생의 자아탄력성에 미치는 효과	백석대 교육대학원	석사 효과연구	2011
김정미	또래상담 프로그램이 여중생의 자아존중감과 인간관계에 미치는 효과	동아대 교육대학원	석사 효과연구	2008
김태창	또래에 의한 집중적 집단상담이 남중학생의 자아개념에 미치는 효과	계명대 교육대학원	석사 효과연구	1986
김현수	중학교 또래상담 프로그램 평가: CIPP 모형을 중심으로	숙명여대 대학원	석사 평가연구	2012
김혜경	사이버 또래상담 활동이 또래상담자의 의사소통 능력 향상에 미치는 효과	여수대 교육대학원	석사 효과연구	2006
박건자	또래상담 훈련이 중학생의 의사소통 및 학교생활 관련 태도에 미치는 효과	건국대 교육대학원	석사 효과연구	2001
박보라	또래상담자 훈련이 또래상담자의 자아존중감 및 사회성에 미치는 효과	강원대 교육대학원	석사 효과연구	2008
박영수	또래상담 훈련이 중학생의 의사소통 증진 및 교우관계 개선에 미치는 효과	신라대 교육대학원	석사 효과연구	2006

연구자	논문 제목	게재지 (대학/기관)	게재호(학위) 연구 분류	발표연도
박영희	또래상담 훈련 프로그램이 중학생 또래상담자의 의사소통과 교우관계에 미치는 효과	경북대 대학원	석사 효과연구	2013
박지영	또래상담자 훈련 프로그램이 중학생의 공감적 이해와 의사소통에 미치는 효과	부산대 교육대학원	석사 효과연구	2006
백수정	또래상담 훈련 프로그램이 중학생의 부모-자녀 간 의사소통에 미치는 효과	울산대 교육대학원	석사 효과연구	2006
서은파	또래상담 프로그램이 여자중학생의 개인주의-집단주의 성향과 이타행동에 미치는 효과	아주대 교육대학원	석사 효과연구	2007
서형옥	또래리더에 의한 또래상담 훈련 프로그램이 여중학생의 인간관계에 미치는 영향	울산대 교육대학원	석사 효과연구	2004
소원미	또래상담 훈련이 중학생의 의사소통 및 인간관계에 미치는 효과	경기대 교육대학원	석사 효과연구	2003
송본욱	중학교 과학수업에서 또래도우미 활동이 학업성취도에 미치는 영향	부산대 교육대학원	석사 효과연구	2012
송영희	중학생의 또래상담자 훈련이 자기표현 능력 및 의사소통 기술에 미치는 효과	전남대 교육대학원	석사 효과연구	2013
송정화	여자중학생에 의한 동료상담이 선도학생의 비행성향 감소에 미치는 효과	동아대 교육대학원	석사 효과연구	1998
오유하	또래상담자 유형에 따라 또래상담 훈련 프로그램이 또래상담자의 자아개념 및 친사회적 행동에 미치는 영향	연세대 교육대학원	석사 효과연구	2009
오화진	중학교 신입생의 학교생활적응력 향상을 위한 또래지지 집단상담 프로그램 개발	한국교원대 교육대학원	석사 개발연구	2011
우승희	또래상담자 훈련 프로그램이 또래상담자 자신의 교우관계에 미치는 효과	대구대 대학원	석사 효과연구	1999
이경리	솔리언 또래상담 프로그램이 중학생의 의사소통과 인간관계에 미치는 영향	창원대 교육대학원	석사 효과연구	2013
이남희	또래상담자 활동이 교우관계 및 학급분위기에 미치는 효과	서경대 사회대학원	석사 효과연구	2005
이명희	중학생의 또래상담 활동 실태 및 문제점에 대한 연구	연세대 정경대학원	석사 운영평가	2004
이선숙	또래상담자 훈련 경험이 여자중학생의 자아존중감과 사회성숙도에 미치는 효과	전주대 교육대학원	석사 효과연구	2005

연구자	논문 제목	게재지 (대학/기관)	게재호(학위) 연구 분류	발표연도
이종선	또래상담자 훈련 프로그램이 중학생의 리더십 생활기술에 미치는 효과	부산대 교육대학원	석사 효과연구	2007
정선화	중학생의 또래상담 훈련 경험이 자아존중감과 의사소통에 미치는 효과	건국대 교육대학원	석사 효과연구	2000
정영실	또래상담자 훈련이 중학생의 자아존중감 및 사회성에 미치는 영향	우석대 교육대학원	석사 효과연구	2005
정인호	또래상담자 훈련이 중학생의 사회성 향상에 미치는 효과	여수대 교육대학원	석사 효과연구	2003
정정임	또래상담활동이 따돌림 피해학생의 자아존중감 및 대인관계와 학교적응에 미치는 효과	덕성여대 교육대학원	석사 효과연구	2006
정춘옥	상담전문가와 또래상담자 간의 집단상담 효과 비교-정상집단과 부적응집단을 중심으로	부산대 교육대학원	석사 효과연구	1989
조미숙	또래상담 프로그램 운영에 대한 연구-광주광역시 소재 중학교를 중심으로	광주대 대학원	석사 운영평가	2013
조영자	또래상담 프로그램이 중학생의 자아존중감 및 또래와의 의사소통 능력 향상에 미치는 효과	건국대 교육대학원	석사 효과연구	2005
채연희	또래상담 운영이 또래상담자의 자기평가와 학급응집력에 미치는 효과	영남대 대학원	박사 효과검증	2003
최달수	또래상담 훈련이 중학생의 자아존중감 및 발표력 신장에 미치는 효과	경상대 교육대학원	석사 효과연구	2004
최미옥	또래상담자에 의한 진로탐색 집단상담이 여중학생의 진로성숙도에 미치는 효과	울산대 교육대학원	석사 효과연구	2001
최태길	또래상담이 여중생의 사회성, 친사회 행동, 자기 존중감 및 집단 응집성에 미치는 효과	관동대 교육대학원	석사 효과연구	2004
최현주	또래상담 프로그램이 중학생의 자아존중감과 인간관계에 미치는 효과	영남대 교육대학원	석사 효과연구	2003
최혜숙	또래집단상담이 학교생활 부적응 학생의 자아개념과 학교적응에 미치는 효과	영남대 교육대학원	석사 효과연구	2003
황미숙	또래상담 활동이 또래상담자의 의사소통 능력과 학교생활 관련 태도에 미치는 영향	전남대 교육대학원	석사 효과연구	2007
황혜신	또래상담을 활용한 집단지도 프로그램이 또래관계, 의사소통, 자아존중감 향상에 미치는 영향에 관한 연구	숭실대 대학원	석사 효과연구	2002

중학생을 대상으로 한 또래상담 연구에서는 초등학생 대상 연구보다 연구 변인들이 좀 더 다양했다. 그리고 또래상담자와 전문상담자 간 집단 운영 효과의 차이에 대한 연구도 진행되었다. 이는 중학생 이상의 또래상담자들에 대한 기대가 반영된 것이라 할 수 있다. 특기할 만한 연구는 이명희가 수행한 것으로 4장에서 자세히 살펴보았다. 이명희는 중학생 또래상담 활동에 대한 평가연구를 수행하면서 실제 현장에서 이루어지는 또래상담 활동의 내용을 분석하였다. 향후 또래상담 활동에 대한 다양한 연구가 진행되어야 하는데, 이런 점에서 이명희의 연구가 시사하는 바가 크다고 하겠다.

3. 고등학생 대상 연구논문

〈표 6-5〉 고등학생 대상 또래상담 연구논문

연구자	논문 제목	계재지 (대학/기관)	게재호(학위) 연구 분류	발표연도
강주영	또래상담 프로그램이 고등학생 또래상담자의 의사소통 능력과 리더십에 미치는 효과	강원대 교육대학원	석사 효과연구	2009
고정숙	또래상담 훈련이 자존감 및 인간관계 능력의 향상에 미치는 효과	원광대 행정대학원	석사 효과연구	2000
금희라	가상공간에서의 또래상담 유용성 연구: 사이버또래상담 만족도 조사를 중심으로	가톨릭대 복지대학원	석사 효과연구	2001
김가영	솔리언 또래상담 프로그램이 인문계 고등학생의 사회성 향상에 미치는 영향	창원대 교육대학원	석사 효과연구	2013
김명주	교육과정 내 클럽활동으로서 또래상담자 훈련 및 활동에 관한 연구	한국외대 교육대학원	석사 효과연구	1997
김정화	또래상담자와 교사가 함께 한 집단상담의 효과연구: 스트레스 대처 훈련을 중심으로	고려대 교육대학원	석사 효과연구	2003
김향희	또래상담 훈련이 인간관계와 학교생활 관련 태도에 미치는 효과	한서대 교육대학원	석사 효과연구	2005

연구자	논문 제목	게재지 (대학/기관)	게재호(학위) 연구 분류	발표연도
김혜영	또래상담 프로그램이 여고생 또래상담자의 인간관계에 미치는 효과	경북대 교육대학원	석사 효과연구	2013
노성덕	고등학교 또래상담 정착과정에 대한 연구	서울대 대학원	박사 운영평가	2006
노성덕	고등학교 또래상담 정착에 영향을 미치는 요인에 대한 연구	청소년 상담연구	15(2), 15-27 운영평가	2007
노성덕	인문계 여자고등학교 또래상담 정착과정에 대한 근거이론 분석	아시아 교육연구	8(3), 189-222 운영평가	2007
노성덕 김계현	학교 또래상담 정착평가 기준에 대한 연구: 고등학교를 중심으로	청소년 상담연구	15(1), 29-38 운영평가	2007
류부열	또래상담자 훈련이 고등학생의 공감능력, 친사회적 행동 및 자아존중감에 미치는 효과	건국대 대학원	박사 효과연구	2007
박민영	또래상담 활동 경험이 또래 상담자의 자아개념 향상에 미치는 효과	여수대 교육대학원	석사 효과연구	2003
박선종	가상공간에서의 또래상담을 통한 요선도 학생 인성지도 연구	경상대 교육대학원	석사 효과연구	2003
박선주	청소년의 또래상담자 훈련 경험이 자아개념에 미치는 효과	한국외대 교육대학원	석사 효과연구	1999
박은정	또래상담자 훈련 프로그램이 또래상담자의 자아존중감과 대인관계에 미치는 영향	영남대 대학원	석사 효과연구	2007
백향하	고등학생의 또래상담 활동 경험에 관한 질적 분석	한국교원대 대학원	석사 운영평가	2004
변상해 김세봉	또래상담 프로그램이 인문계 고등학생의 의사소통 기술과 사회적 효능감에 미치는 효과	한국콘텐츠 학회지	11(2) 효과연구	2011
변창진 추석호	동료상담자를 위한 의사소통 기술 프로그램	학생지도연구(경북대)	20(1), 1-34 개발연구	1987
서정숙	또래상담 훈련 프로그램이 인문계 여고생의 사회적 효능감에 미치는 효과	울산대 교육대학원	석사 효과연구	2005
손승현	또래상담 경험이 상담에 대한 기대와 지각향성에 미치는 영향	전남대 교육대학원	석사 효과연구	2011
손종완	동료상담자에 의한 집단상담이 여고생의 자기표출에 미치는 효과	영남대 교육대학원	석사 효과연구	1993

연구자	논문 제목	게재지 (대학/기관)	게재호(학위) 연구 분류	발표연도
송인아	상담자 유형과 성, 그리고 상담내용이 상담효과에 미치는 영향: 청소년 상담의 경우	경남대 교육대학원	석사 효과비교	2000
송인아 고재홍	상담내용과 상담자 유형에 따른 상담효과의 차이	상담 및 심리치료	13(2), 19-32 효과비교	2001
신래영	또래상담 훈련이 여고생의 자아존중감 및 인간관계에 미치는 효과	순천대 교육대학원	석사 효과연구	2003
안정선	또래관계 증진 훈련 프로그램이 고등학생의 지각향성에 미치는 효과	동아대 대학원	석사 효과연구	2001
양가영	또래상담 훈련 프로그램 경험이 실업계 고등학생의 자아존중감과 인간관계에 미치는 효과	연세대 교육대학원	석사 효과연구	2008
양금옥	또래상담 훈련과 청소년의 통제 소재와의 관계	순천향대 산업대학원	석사 효과연구	2002
유헌식	또래에 의한 집단상담이 자존감 및 인간관계 변화에 미치는 효과	고려대 교육대학원	석사 효과연구	1990
윤재웅	집단의 유형에 따른 집단상담 훈련 프로그램의 효과 연구: 고등학생 또래상담 훈련 프로그램을 중심으로	영남대 대학원	석사 효과연구	2002
윤현미	또래상담자에 의한 진로결정 집단상담의 효과	전남대 교육대학원	석사 효과연구	1997
은혁기	또래상담 훈련 프로그램이 청소년들의 대인관계 문제, 대인도움 기술 및 친사회적 행동에 미치는 효과	교육 심리연구	16(4), 41-59 효과연구	2002
이경자	또래상담 훈련이 여고생의 자아존중감 및 학교생활 만족도에 미치는 효과	전주대 교육대학원	석사 효과연구	2002
이경희	또래상담 훈련이 고등학생의 인간관계 및 학교생활 관련 태도에 미치는 영향	강원대 교육대학원	석사 효과연구	2000
이영미	또래상담 심화 훈련이 또래상담자의 인간관계 태도와 의사소통 기술에 미치는 효과: 인문계 여고생을 중심으로	울산대 교육대학원	석사 효과연구	2004
이정애	또래상담자 훈련이 여고생의 자기효능감과 인간관계에 미치는 효과	전북대 대학원	석사 효과연구	2003
이황은	또래집단 미술치료 프로그램이 고등학생의 의사소통 기술과 대인관계에 미치는 효과	영남대 대학원	박사 효과연구	2009

연구자	논문 제목	게재지 (대학/기관)	게재호(학위) 연구 분류	발표연도
전용표	Internet을 이용한 또래 성 상담자 양성을 위한 CAI 프로그램 개발에 관한 연구	순천향대 교육대학원	석사 개발연구	2002
조혜진	또래상담 훈련이 고등학생의 자아개념과 부모-자녀 간 의사소통에 미치는 효과	명지대 교육대학원	석사 효과연구	2004
천경화	집단구성원의 상호 신뢰 척도와 동료상담 빈도수의 상관연구	울산대 교육대학원	석사 효과연구	1992
최규섭	고등학교 학생을 위한 또래 집단상담과 전문가 집단상담이 자아실현에 미치는 효과검증	부산대 교육대학원	석사 효과연구	1988
최해룡	또래상담 활동을 통한 부적응 학생 지도	대구교육	36, 87-93 효과연구	2002
최해룡	또래상담 프로그램이 공업계 고교생 또래상담자의 자질에 미치는 효과	경북대 교육대학원	석사 효과연구	2004
최혜숙	또래상담 훈련과 활동이 또래상담자 및 소속 학급에 미치는 효과	영남대 대학원	박사 효과연구	2006
최혜정	또래상담 활동이 청소년 약물남용 예방에 미치는 효과	전북대 대학원	석사 효과연구	2004
추석호	동료 집단상담 장면에서 의사소통 기술 훈련의 효과	경북대 교육대학원	석사 효과연구	1987
한길자	또래상담 훈련이 교우관계 및 학급의 응집력에 미치는 효과	한남대 교육대학원	석사 효과연구	2000
허린	고등학생의 또래상담 요구도	고신대 보건대학원	석사 평가연구	2012

　　고등학생을 대상으로 한 연구들은 초등학생이나 중학생을 대상으로 한 연구보다 여러 측면에서 다양해졌다. 하지만 객관적으로 볼 때는 여전히 성과연구에 치우쳐 있는 양상을 보이고 있다. 특이할 만한 것은 운영평가 관련 연구들과 질적 연구가 여러 편 진행되었다는 것이다. 어떤 주제에 대한 연구들이 한두 가지 연구에 치우쳐 있으면 다양한 연구가 수행되는 데 장애가 된다. 다양한 연구가 수행되는 데 장애가 된다는 것

은 전문가들이 그 주제와 관련된 활동을 할 때 다각적인 시각을 잃어버리게 할 수도 있다.

고등학생을 대상으로 한 연구에서 여러 가지 연구방법이 활용되고 있다는 것은 고무적인 일이라 본다. 개발연구나 변량분석, 상관연구 외에도 평가연구, 델파이, 근거이론, 메타분석 등의 방법이 나타나고 있는 것은 또래상담 연구의 지평이 넓어질 수 있다는 가능성을 보여 주는 것이다. 또래상담은 현재 성과연구에 많이 치우쳐 있기 때문에 또래상담 주제에 관심을 가지고 있는 연구자라면 다른 관점에서 또래상담 연구를 시도할 수 있다고 본다. 예를 들면, 다음과 같은 주제들이 앞으로 연구되어야 할 것이다.

- 또래상담자의 활동에 영향을 미치는 개인적 특성
- 개인적 특성을 포함하여 또래상담 지도자의 활동 동기에 영향을 미치는 변인분석
- 또래상담, 또래상담자, 또래상담 활동 등에 대한 개념화 연구
- 또래상담자의 활동에 대한 참여관찰 연구: '그곳에는 또래상담이 있다.'
- 또래상담 적용에 대한 지역별 실태조사 연구
- 또래상담 활동을 통제한 상황에서의 성과연구
- 또래상담 연구에 대한 동향분석
- 1980~2010년대 또래상담 성과연구에 대한 메타분석
- 또래상담을 활용한 학교상담 모형 개발연구
- 다양한 변량분석, 상관분석, 질적 분석 등

4. 장애학생, 대학생 대상 및 기타 연구논문

1) 장애학생 대상 연구논문

〈표 6-6〉 장애학생 대상 또래상담 연구논문

연구자	논문 제목	게재지 (대학/기관)	게재호(학위) 연구 분류	발표연도
강명희	또래상담을 통한 특수교육 대상 아동의 자기표현 능력 신장	서남대 교육대학원	석사 효과연구	2009
강은경	또래 일반아동 중재에 의한 발달장애아동의 지역사회 적응기술 훈련 효과	단국대 특수 교육대학원	석사 효과연구	2001
구은정	반복읽기 중심의 상급학생 또래교수 중재가 학습장애학생의 읽기능력에 미치는 영향	서울교육대 교육대학원	석사 효과연구	2010
김경화	또래 주도 중재 역할극이 장애유아의 사회적 상호작용 기술과 의사소통 기술에 미치는 효과	공주대 교육대학원	석사 효과연구	2006
김미영	집단기여와 또래중재가 고립유아의 사회적 수용과 또래관계 행동에 미치는 효과	숙명여대 대학원	박사 효과연구	2000
김미혜	또래중재 역할놀이가 발달지체유아의 사회적 행동에 미치는 효과	대구대 특수 교육대학원	석사 효과연구	2004
김지연	통합 상황에서의 또래중재가 발달지체유아의 사회적 상호작용에 미치는 영향	광운대 교육대학원	석사 효과연구	2009
김지연 최윤희	장애유아와의 상호작용을 위한 또래중재가 발달지체유아와 일반유아의 사회적 상호작용에 미치는 영향	유아특수 교육연구	9(4) 효과연구	2009
김현정	통합유치원 환경에서 장애유아의 또래중재 소집단 활동 참여에 관한 연구	우석대 교육대학원	석사 효과연구	2001
김효윤	또래중재 통합놀이 활동이 발달지체유아의 사회성에 미치는 영향	단국대 특수 교육대학원	석사 효과연구	2002
김희남	통합학급에서 또래도우미 활동이 일반아동의 자아존중감에 미치는 영향	대구대 특수 교육대학원	석사 효과연구	2009
박대원	통합 상황에서 학습장애아동을 위한 또래교수 중재 효과 분석	전주대 교육대학원	석사 효과연구	2012

연구자	논문 제목	게재지 (대학/기관)	게재호(학위) 연구 분류	발표연도
박은아	자유선택놀이 환경에서의 또래중재가 통합된 발달 지체유아의 사회적 상호작용에 미치는 효과	단국대 특수 교육대학원	석사 효과연구	2006
박인영	또래중재 찰흙놀이 활동이 ADHD 특성 발달지체유 아의 부적응행동에 미치는 효과	대구대 특수 교육대학원	석사 효과연구	2006
신미희	조형놀이 활동을 통한 또래중재가 주의력결핍 과 잉행동 아동의 주의산만행동과 충동성에 미치는 효과	대구대 특수 교육대학원	석사 효과연구	2006
유수연	요리활동을 이용한 또래중재가 자폐아동의 사회적 상호작용에 미치는 영향	이화여대 대학원	석사 효과연구	2008
유향숙	또래중재 연극놀이가 뇌성마비 아동의 사회적 기능 향상에 미치는 효과	대구대 특수 교육대학원	석사 효과연구	2005
이명희	보완대체 의사소통을 이용한 또래중재가 중도 지체 장애 유아의 또래와의 상호작용에 미치는 영향	이화여대 대학원	박사 효과연구	2006
이명희	보완대체 의사소통을 적용한 또래중재가 중도 뇌성 마비장애 유아의 행복감에 미치는 영향	특수 교육학연구	44(3) 효과연구	2009
이방세	또래상담 프로그램을 통한 자기표현 능력 신장	전북교육	42 효과연구	2007
이상호	통합학급에서 또래도우미 활동이 장애학생에 대한 일반학생의 친구관계에 미치는 영향	공주대 교육대학원	석사 효과연구	2013
이석란	부모의 또래관계 중재, 유아의 언어적 상호작용, 성 차가 또래수용과 우정에 미치는 영향	성균관대 대학원	석사 효과연구	1996
이수정	활동-기술 도표를 이용한 사회적 시작행동 중재가 장애유아의 또래 상호작용에 미치는 영향	이화여대 대학원	석사 효과연구	2001
이외영	또래중재를 통한 발달지체유아의 표현언어 향상	대구대 특수 교육대학원	석사 효과연구	2006
이윤옥	또래중재 기법에 의한 통합적 표현활동이 사회적 위 축 유아의 자아개념과 부적응행동에 미치는 효과	유아 교육학논집	8(4) 효과연구	2004
이재선	또래상담 프로그램이 학습장애 학생의 또래관계 증 진에 미치는 효과	전주대 교육대학원	석사 효과연구	2010
이태수 김동일	또래중재가 읽기장애아동 및 또래교사의 읽기유창 성 향상에 미치는 효과	서울대학교 BK21사업단	효과연구	2006

연구자	논문 제목	게재지 (대학/기관)	게재호(학위) 연구 분류	발표연도
장미순 김은경	자폐스펙트럼장애 아동 대상의 또래 활용 중재에 대한 국내 연구동향 분석	정서행동 장애연구	29(3) 효과연구	2013
장은희	자유선택활동에서 다수 또래중재가 장애유아의 사 회적 상호작용 유형 및 활동 참여에 미치는 영향	단국대 특수 교육대학원	석사 효과연구	2005
장혜영	통합학급 내의 또래도우미 활동이 일반아동의 정서 능력 및 장애아동에 대한 수용태도에 미치는 영향	충북대 교육대학원	석사 효과연구	2011
정영선	또래중재 훈련을 통한 유아의 사회성 증진 연구	성균관대 대학원	석사 효과연구	1996
조성경	또래상담 프로그램이 통합학급 일반학생의 장애학 생 수용태도 및 학급응집력에 미치는 효과	부산대 교육대학원	석사 효과연구	2012
조윤경	분산된 활동을 통한 복수 또래중재가 장애유아의 사회성 발달에 미치는 영향	이화여대 대학원	박사 효과연구	2001
조윤경	통합학급에서 장애유아의 사회성 능력 향상을 위한 또래중재에 관한 고찰	한국영유아 보육학	37 효과연구	2004
천현주	또래중재 놀이활동이 자폐성 아동의 친사회적 행동 에 미치는 효과	대구대 대학원	석사 효과연구	1998
홍미자	스크립트 활동을 이용한 장애아동 간의 또래중재가 의사소통 기능 습득에 미치는 효과	이화여대 대학원	석사 효과연구	2003
허희선	초등 통합학급 또래도우미 활동이 비장애학생의 장 애학생과의 친구관계와 장애학생의 학교생활 적응 에 미치는 영향	이화여대 교육대학원	석사 효과연구	2011
황성자	협동미술활동을 통한 또래중재가 발달지체유아의 의사소통 발화에 미치는 영향	대구대 특수 교육대학원	석사 효과연구	2011

　　장애학생을 대상으로 수행된 또래상담 연구는 4장에서 이미 소개한
바와 같이 '또래중재'라는 용어를 주로 사용하고 있다. 또래중재는 또래
로 하여금 장애학생의 학습이나 사회적 상호작용에 참여하는 것을 촉진
하도록 지원하는 것을 말한다. 또래중재를 장애학생을 대상으로 적용할
때도 적절한 또래상담자를 선정하여 훈련하고 교사의 개입 없이 또래가

중재하도록 한다. 장애학생에게 적용된 또래중재 연구들은 한결같이 효과를 검증하는 데 초점이 맞추어져 있다. 이는 장애를 가지고 있는 다양한 유형의 학생에게 필요한 중재를 구안하여 실시하기 때문이다. 또래중재자를 표준화된 양식으로 훈련한다기보다는 필요한 중재를 효율적으로 실행하도록 교육하는 데 초점이 맞추어져 있다는 이유에서다. 따라서 또래중재를 장애학생을 지원하기 위한 효율적 방안으로 많은 사람들이 활용할 수 있도록 여러 가지 측면을 표준화하는 노력이 필요하다. 이를테면, 또래중재자로 적합한 학생의 특성이라든지, 일반적인 또래중재 훈련 프로그램, 장애학생의 특성을 고려한 교실, 또는 학년 기반 운영 방안 등을 개발하여 제시하는 것이다. 이런 연구들은 장애학생을 대상으로 적용된 또래상담의 효율성을 평가하여 더 효과적인 개입전략을 구성하고 실행하는 데 도움이 될 것이다.

2) 대학생 대상 연구논문

〈표 6-7〉 대학생 대상 또래상담 연구논문

연구자	논문 제목	게재지 (대학/기관)	게재호(학위) 연구 분류	발표연도
강진구	동료 집단상담자 훈련 프로그램의 효과 연구	계명대 대학원	석사 효과연구	2005
김광은	동료상담자 훈련에 관한 일 연구: 사관생도를 위한 프로그램 개발 및 평가를 중심으로	이화여대 대학원	박사 개발연구	1992
김혜숙	교대학생 또래상담 교육 프로그램 개발과 적용연구	청소년 상담연구	8, 100-121 개발연구	2000
단현국 이재길 김성숙	한국교원대학생의 자기성장을 위한 또래집단상담 프로그램 개발연구	한국교원대 교수논총	10(1), 33-81	1994
박명순	또래상담자 훈련 프로그램의 개발과 효과에 관한 연구	한독교육학 연구	4(2), 193-218 개발연구	1999

연구자	논문 제목	게재지 (대학/기관)	게재호(학위) 연구 분류	발표연도
오정인	도움기술훈련 프로그램이 비전문가의 의사소통에 미치는 효과	계명대 교육대학원	석사 효과연구	1993
윤용준	또래에 의한 집단상담이 대학생의 자기존중감 변화에 미치는 효과	계명대 교육대학원	석사 효과연구	1988
이수용 문길린	대학생의 가치관 정립을 위한 동료집단 상담자 훈련 프로그램 개발	계명대 지도상담	14, 1-42 개발연구	1990
이형득 김정희	Peer group counseling의 효과에 관한 연구	지도상담	8, 41-63 효과연구	1983
장혁표	동료 집단상담을 위한 훈련 프로그램	부산대 연구보	22, 35-49 개발연구	1986
정민재	동료 집단상담자 훈련 프로그램이 자기노출과 기본적인 대인관계 지향행동에 미치는 효과	한국외대 교육대학원	석사 효과연구	1999
정은이	또래 진로상담 프로그램이 대학생의 진로결정 유형 및 수준에 미치는 효과	진로 교육연구	20(4) 효과연구	2007
채유경	대학생 또래상담자 훈련 프로그램 개발과 효과에 관한 연구	전남대 학생생활연구	33, 25-37 개발연구	2001
채유경	대학생 또래상담 프로그램의 효과 및 효과요인에 관한 연구	청소년 상담연구	11(1), 126-136 효과연구	2003
최은영	동료상담자에 의한 주장훈련이 대학생의 주장행동과 자아실현 정도에 미치는 효과	동아대 대학원	석사 효과연구	1992
홍준표 정수연 박은정	건강한 생활과 성장을 위한 동료상담 훈련	중앙대 학생생활연구	5, 155-244	1999
황재연	대학생 또래상담자가 사용할 자기효능감 향상 프로그램 개발연구	공주대 대학원	석사 개발연구	2009

우리나라에서는 대학생을 대상으로 또래상담이 처음 적용되기 시작했다. 그러나 표에서 보다시피 연구물이 매우 적다. 이형득, 김정희, 장혁표 등에 의해 개척된 초창기 또래상담이 이후 대학에서 다양하게 적용되지 못했다는 것은 무척 아쉬운 일이다. 우리나라에서 또래상담으로 박

사학위를 최초로 받은 김광은의 연구도 대학에서 이루어졌으나 지속적인 결실을 맺지 못했다는 것도 아쉽다. 왜 대학에서 시작된 또래상담 연구가 정작 대학에서 주춤하는 것일까?

현재도 대학에서 또래상담을 적용하는 예는 많다. 많은 대학에서 동료상담 또는 또래상담이라는 이름으로 적용하고 있다. 그러나 연구에는 아무래도 한계가 있다. 초 · 중등학교와는 달리 또래상담자를 통제하기 어렵다는 것이 가장 큰 한계다. 초 · 중등학교는 마치 실험실처럼 대상자들이 비교적 일정 시간을 같이 보낸다. 고등학교에서는 경우에 따라 8시부터 22시까지 함께 보내는 경우도 많다. 거의 하루를 같이 보낸다 해도 과언이 아닐 것이다. 그러나 대학은 다르다. 우선 학과에서 또래상담을 적용하기가 어렵다. 특별한 경우를 제외하고는 대학에서는 학생생활연구소로 대표되는 대학 상담기관에서 또래상담을 사업으로 운영하고 있다. 그러다 보니 또래상담자는 명확한데 서비스 대상이 불명확하다. 대상이 불명확하다는 것은 또래상담 훈련을 받고도 불특정 대상에게 상담을 제공해야 한다는 어려움이 생긴다. 마치 호수에 돌을 던지는 것과 같은 느낌을 준다. 대학 캠퍼스에 오가는 사람이 어디 한두 명인가? 그러다 보니 연구를 진행한다 해도 참여한 대학생들 자신에게 또래상담 훈련 프로그램이 어떤 영향을 미치는지 검증하는 데 국한되기가 쉬운 것이다.

이 같은 연구에는 또 다른 문제도 있다. 초 · 중등학교에서는 또래상담 활동을 전제로 훈련을 시키고, 활동을 전제로 훈련 효과를 마치 운영의 중간 평가처럼 실시하는 경향이 있다. 또래상담 훈련을 받는 학생들도 자신들이 훈련 후에 친구들을 돕게 된다는 사실을 인식하고 있다. 하지만 대학에서 훈련 효과만을 목적으로 연구를 진행하는 경우에는 그것이 과연 또래상담인지, 아니면 여타의 집단상담과 비슷한 것인지를 구분하기가 쉽지 않게 된다. 이것이 대학에서 또래상담 연구가 활성화되기 어려운 이유다. 따라서 이런 한계를 극복하기 위한 노력이 필요하다.

사실 대학에서는 또래상담 훈련이나 활동 이외에도 관련된 연구 주제를 선정하는 것이 가능하다고 본다. 왜냐하면 또래상담을 받고자 하는 대학생은 초·중·고교생에 비해 훨씬 성숙한 성인이어서 깊이 있는 의사소통이 가능하기 때문이다. 이에 타인을 조력하고자 하는 사람들의 행동 패턴, 성격 유형, 동기, 조력 형태, 성별 또는 연령별 조력 양상의 차이 등에 대한 연구도 가능할 것이다. 대학에서 또래상담을 적용하는 일에 관심을 가지고 있는 연구자들의 창의적인 연구 태도가 필요하다고 본다.

3) 기타(초·중·고·대 혼재)

〈표 6-8〉 대상이 혼재된 또래상담 연구논문

연구자	논문 제목	게재지 (대학/기관)	게재호(학위) 연구 분류	발표연도
강민지 김광웅	사회적 상황에서의 외상경험에 따른 청소년의 사회불안: 또래관계의 중재 효과	청소년 상담연구	16(1) 효과연구	2008
구본용 구혜영 이명우	또래상담 훈련 프로그램 개발연구	한국청소년 상담원	개발연구	1994
구본용 이재규 박한샘 공윤정	청소년 또래상담 훈련 프로그램 II	한국청소년 상담원	개발연구	1995
구본용 금명자 송수민	청소년 또래상담 훈련 프로그램 IV	한국청소년 상담원	개발연구	1997
금명자 장미경 양미진 이문희 김은영	또래상담자 심화 훈련 프로그램	한국청소년 상담원	개발연구	2003

연구자	논문 제목	게재지 (대학/기관)	게재호(학위) 연구 분류	발표연도
김서주	또래상담 프로그램이 또래상담자의 교우관계와 자아존중감에 미치는 영향	가야대 행정대학원	석사 효과연구	2013
김용태 김인규 구본용	청소년 또래상담 훈련 프로그램 III	한국청소년 상담원	개발연구	1996
김진희 이상희 노성덕	또래상담 운영방안 연구	한국청소년 상담원	운영방안	1999
노성덕 김계현	국내 또래상담 성과연구에 대한 메타분석	청소년 상담연구	12(2), 3-10 효과연구	2004
노성덕 이상희	학교에서의 또래상담 활용을 위한 운영방안	상담 교육연구	2(1), 57-70 운영방안	1999
손종근	놀이 프로그램이 또래상담에 미치는 영향 연구	고려대 대학원	석사 효과연구	2005
신금란	국내 또래상담 성과연구에 대한 메타분석	숙명여대 교육대학원	석사 효과연구	2013
신옥	또래조력망을 활용한 청소년상담 프로그램 개발	한남대 지역대학원	석사 개발연구	2001
오혜영 지승희 조은경 백현주 신주연	또래상담 조직의 운영체제 구축 및 활성화 연구	한국청소년 상담원	운영방안	2006
이상희 노성덕 이지은	단계별 또래상담 프로그램 개발연구	한국청소년 상담원	개발연구	2000
이상희 이지은 노성덕	중 · 고등학교에서의 또래상담 효과검증연구	상담학연구	1(1), 75-92 효과연구	2000
이승연	청소년 자살예방 전략으로서의 또래도우미 프로그램 개발을 위한 기초연구	청소년 상담연구	16(2) 개발연구	2008

연구자	논문 제목	게재지 (대학/기관)	게재호(학위) 연구 분류	발표연도
이영선 강석영 김병관 정혜연 방나미	솔리언 또래상담 학교운영모형 개발: 운영지침을 중심으로	한국청소년 상담원	운영모형 연구	2010
이은희	또래상담 훈련 경험이 자아존중감과 공감능력에 미치는 효과에 관한 연구	세명대 교육대학원	석사 효과연구	2003
이혜미	청소년의 스마트폰 이용에 대한 부모와 또래집단의 중재유형연구	중앙대 대학원	석사 효과연구	2013
이홍신	또래도움단을 활용한 집단상담이 교우관계 발달에 미치는 영향	금옥학술 문화재단	10, 1281-1284 효과연구	2001
지승희 오혜영 이자영 백현주 김병관	2007 솔리언 또래상담 전문지도자 교육과정 개발 연구	한국청소년 상담원	교육과정 연구	2007
최희경	약물남용 청소년을 위한 또래상담 프로그램의 효과성에 관한 연구	경기대 사회 복지대학원	석사 효과연구	2008

또래상담 대상을 특정 학령기에 국한하지 않고 초등학교, 중학교, 고등학교, 대학교를 혼합하여 적용하는 연구들도 있다. 이와 같은 연구는 그 대상을 '청소년'이라고 지칭하거나 혹은 특별히 지칭하지 않고 적용하는 방법을 택하는 경향이 있다. 장소도 학교보다는 청소년들이 함께 모이는 교회나 성당, 상담기관, 복지기관인 경우가 많다. 또 학령을 초월해서 프로그램을 개발하거나 또래상담 연구 동향을 분석하는 등의 연구들이 있다. 하지만 이와 같은 연구를 학교를 배경으로 수행하기에는 한계가 있다.

금명자, 장미경, 양미진 및 이문희(2004)는 또래상담 관련 논문 47편을 분석하여 향후 또래상담 연구에서 고려해야 할 사항으로 ① 또래상담 프로그램 다각화, ② 평가 도구의 개발, ③ 측정에서의 다양한 방법 활용, ④ 체계적인 연구방법, ⑤ 또래상담자 및 또래상담 지도자 변인에 관한 연구, ⑥ 연구 및 분석 방법에서의 질적 접근, ⑦ 기존 프로그램에 대한 평가연구 등을 제시하였다. 필자도 같은 의견을 가지고 있다. 향후 또래상담이 학교 현장에 효율적·효과적으로 적용되도록 더 많은 연구들이 더욱 다양한 주제와 다양한 변인과 또 다양한 연구방법으로 수행될 것을 기대해 본다.

이 책에서는 연구를 하는 데 필요한 제반 요건에 대해서는 다루지 않는다. 연구방법론이나 통계 프로그램에 관한 내용도 다루지 않는다. 대신 또래상담 연구에 대한 아이디어를 독자에게 제공하고, 그 아이디어를 토대로 구체적인 연구 주제를 설정할 수 있는 정보를 제공하는 것으로 만족하려고 한다. 연구방법 등과 관련하여 더 공부가 필요한 상담자는 이 장의 끝에 제시된 또래상담 연구를 위한 문헌을 보기 바란다. 특히 연구를 처음 시도하는 교사나 상담자는 이상희, 노성덕 및 이지은(2010)의 책에서 해당 장을 공부한 후 김계현(2000), 이장호, 김순진, 정남운 및 조성호(1997)의 개론서를 읽으면서 다른 전문 서적을 찾는 것이 도움이 될 것이다. 통계 프로그램인 SPSS, SAS, AMOS, EXCEL 등은 버전별 지침서가 서점에서 판매되고 있다. 이 지침서들은 매해 버전이 달라질 때마다 새로 출판되기에 여기에서는 특정 서적을 제시하지 않겠다. 그러나 연구자라면 통계 프로그램 하나 정도는 사용할 수 있어야 한다. 통계 프로그램은 학회나 대학의 전산실 등에서 주최하는 워크숍을 통해 배워 두는 것이 좋다.

● **요 약**

또래상담 연구에 관심을 가진 전문가들은 다양한 대상과 주제를 가지고 연구를 진행해 왔다. 또래상담 연구는 대체로 교육대학원의 학위논문으로 작성되었다. 이 때문에 또래상담 연구는 현장에 강한 연구가 많다. 또래상담 연구에서는 프로그램의 개발이나 운영평가 연구에 비해 그 효과를 평가하는 성과연구가 많았으며 다양한 지역의 다양한 대학에서 연구가 진행되었다. 이 장에서는 초등학교, 중학교, 고등학교 학생을 대상으로 수행한 연구 위주로 논문을 목록화하여 제시하였다. 이는 또래상담을 현장에서 실시하는 전문가와 논문을 작성해서 또래상담을 옹호해야 하는 교사에게 활용하기 좋은 자료를 제공하기 위해서다. 또래상담 연구가 더욱 다양한 변인 및 목적을 가지고 수행되어서 학교상담의 하나로 그 효과를 발휘할 수 있도록 다 함께 노력하는 것이 필요하다.

● **학습 과제**

• 학교 또래상담 연구들을 검토하고 주제별로 분류해 보시오.
• 현재의 연구 주제 외에 어떤 주제가 연구 대상이 될 수 있을지 생각해 보고 의견을 말해 보시오.
• 초 · 중 · 고등학교와 대학교에서의 또래상담 연구의 차이가 무엇인지 탐색해 보시오.

212

참고자료

또래상담 연구를 위한 참고문헌

〈또래상담 연구〉

이상희, 노성덕, 이지은(2010). 또래상담 연구 따라하기. 『또래상담』(2판) (pp. 265-320). 서울: 학지사.

〈연구방법 개괄〉

김계현(2000). 『상담심리학 연구』. 서울: 학지사.

이장호, 김순진, 정남운, 조성호(1997). 『상담의 연구방법』. 서울: 박영사.

Heppner, P. P., Kivlighan, Jr., D. M., & Wampold, B. E. (2007). *Research design in counseling* (3rd). Wadworth: Brooks/Cole.

Wampold, B. E. (2008). *The great psychotherapy debate* (2nd). New Jersey: LEA.

〈질적 연구방법론〉

조용환(1999). 『질적연구-방법과 사례』. 서울: 교육과학사.

박성희(2004). 『상담학 연구방법론』. 서울: 학지사.

Berg, B. L. (1995). *Qualitative research methods for the social sciences*. Boston: Allyn and Bacon.

Strauss, A., & Corbin, J. (1990). *Basics of Qualitaive Research* (김수지, 신경림 공역. 『근거이론의 이해』. 서울: 한울아카데미).

제3부
또래상담 운영의 실제

학습 목표

- 또래상담의 성공적 운영과정을 이해한다.
- 또래상담 운영과정에서 나타나는 어려움을 안다.
- 또래상담 운영과정에서 어려움을 극복하기 위한 전략을 활용할 수 있다.

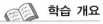 **학습 개요**

또래상담의 정착과정을 이해하기 위해 학교 현장에서 또래상담 전문가로 활동하는 현직 교사를 대상으로 인터뷰를 하고 그 결과를 근거이론으로 분석하였다. 또래상담을 활용해서 학교상담을 수행하고자 하는 교사가 부딪히는 어려움의 실체를 이해하고, 어려움을 극복하기 위하여 활용한 전략들을 미리 인식해서 대처하도록 하는 것이 이 장의 목적이다. 또래상담을 수년 동안 수행하면서 겪었던 체험을 바탕으로 과정이 구성되어 있기에 또래상담을 현장에 적용하고자 하는 교사나 상담자들에게 길라잡이가 될 것이다.

제7장
또래상담의 성공적 운영과정:
시작과 어려움

이 장에서는 학교에 또래상담이 어떤 과정을 거쳐 성공적으로 정착했는지, 또래상담 지도교사들을 인터뷰한 결과를 재구성하여 제시한다. 이 재구성은 노성덕(2007a; 2007b; 2006)의 연구를 토대로 한 것이다. 먼저 인터뷰에 응한 지도교사들과 성공적인 또래상담 운영과정을 분석하기 위하여 사용한 근거이론을 소개하고, 또래상담 정착과정을 분석하기 전 단계인 범주분석에 대해 소개한다. 그리고 학교에서 또래상담이 어떻게 정착해 갔는지를 근거이론의 패러다임 모형을 통해 분석·제시한다.

1. 또래상담의 성공적 운영과정 분석

1) 인터뷰에 응한 학교 또래상담 전문가

인터뷰에 응한 학교 또래상담 전문가는 학교에서 또래상담을 운영한 현직 교사 7명이다. 그들의 또래상담 운영 경력은 평균 6.15년이었고, 교

〈표 7-1〉 인터뷰 대상 학교 또래상담 전문가

이름*	성	연령	또래 운영 연수(운영 기간)	소속 학교
김성권	남	50대	9년(1997~2006)	인문계 여고
이경옥	여	50대	8년(1998~2006)	인문계 여고
강재영	남	40대	5년(1999~2003)	실업계 공학
노성희	여	40대	8.5년(1997~2005. 8)	실업계 여고
박성문	남	40대	7년(1999~2006)	인문계 공학
이경미	여	40대	5년(2001~2006)	인문계 공학
오성남	남	30대	5년(1999~2003)	인문계 공학

* 위의 이름은 실명이 아닌 필자가 임의로 부여한 가명이다.

사 경력은 평균 16.75년이었다. 그들은 우리나라에서 또래상담을 가장 잘 적용하고 있거나 적용한 경험이 있는 교사로, 한 사람씩 모두 소개하고 싶으나 개별적인 허락을 받지 못해서 이 책에서는 생략한다.

2) 인터뷰 분석: 근거이론

근거이론(grounded theory)은 현장의 경험적인 자료로부터 어떤 현상을 귀납적으로 이끌어 내어 하나의 이론을 발전시키는 질적 연구방법으로, 1967년 사회학자인 글레이저와 스트라우스(Glaser & Strauss, 1967)가 개발하였다. 근거이론은 기존의 이론이나 이미 정의된 개념으로부터 시작하는 것이 아니라, 연구자가 수집한 인터뷰 자료, 현장 노트, 책이나 저널 또는 비디오, 문서 등과 같은 자료들을 코딩하고 분석함으로써 개념과 속성을 얻어 낸다. 이와 같이 근거이론은 자료에서 도출되는 것이기에 직관력을 제공하며, 이해를 강화하고, 행동을 이해하는 데 의미 있는 지침을 제공해 준다. 자료에 대한 분석은 연구자와 자료 간의 상호작용으로서 일정 수준의 엄격함을 유지하고, 자료에 근거하여 분석하면서 연구자의 창의적 능력으로 적절한 범주를 명명화하고, 자극을 줄 수 있는 질문과 비교를 한다. 그러므로 근거이론은 연구자가 이론적 민감성을 가지고 이론적 표본추출, 지속적 비교방법, 코딩, 메모를 통해 체계적으로 이론을 개발하는 것이다. 그래서 근거이론은 어떤 현상에 적합한 개념이 아직 정의되지 않고 개념 간 관계에 대한 이해가 부족하거나 특정 현상에 적합한 변인과 그렇지 않은 변인이 구체화되지 않은 경우, 기존의 이론적 기반이 갖추어지지 않은 분야나 기존 이론은 있으나 수정 혹은 명확하게 해야 할 필요성이 있는 분야에 적절하게 활용될 수 있다 (Strauss & Corbin, 1998).

근거이론에서 중요한 사항을 요약하면 다음과 같다(박승민, 2005). 첫째, 근거이론에서 참여자 선정은 이론적으로 적합한 대상자를 인위적으로 표집하는 '이론적 표본추출(theoretical sampling)'에 따른다. 이론적 표본추출이란 연구자가 개념에 근거하여 표본을 추출하는 것으로, 개념의 속성을 변화시키는 차원이나 조건을 탐색하는 것이다. 표본추출은 자료를 수집하고 분석해 가면서 현상에 대해 더 목적 지향적으로 초점을 맞추게 되며 모든 범주가 포화될 때까지 진행된다. 처음 표본추출에서는 연구자가 가능한 한 많은 범주를 만들어 내는 것에 관심이 있다. 따라서 표본추출은 자료를 수집하고 일단 몇 개의 범주를 얻게 되면 그것을 발전시키고 그 밀도를 포화시키는 것을 목적으로 한다.

둘째, 근거이론의 주된 분석방법은 '지속적 비교방법(constant comparative method)'이다. 지속적 비교방법은 자료를 수집하고 분석하면서 새로 출현한 개념과 기존의 개념을 지속적으로 비교해 가면서 차이점과 유사점을 찾아내고 범주를 보강해 가는 것이다. 이러한 과정은 자료에 대한 재검토를 가능하게 하며, 더 이상 새로운 통찰을 만들어 내지 못할 때까지 계속된다.

셋째, 근거이론의 기본적 분석과정은 '개방적 코딩(open coding)' '중추적 코딩(axial coding)' '선택적 코딩(selective coding)'의 세 가지 과정을 거친다. 개방적 코딩은 자료 안에서 개념을 밝히면서 그 속성과 차원을 발견해 나가는 분석과정이다. 중추적 코딩은 범주를 하위 범주와 연결시키는 분석과정이다. 그리고 선택적 코딩은 이론을 통합시키고 정교화하는 과정이다. 개방적 코딩이 자료들을 분석해서 범주와 속성 등을 찾는 데 초점을 둔다면, 중추적 코딩은 범주와 하위 범주 사이의 관계를 재구성하는 데 관심을 가지는데, 개방적 코딩에서 이루어진 범주와 하위 범주의 관계를 재구성하는 것이다.

넷째, 근거이론 분석의 결과로 '패러다임 모형(paradigm model)'이 제시된다. 이는 이론 구축의 축을 중심에 놓고 하나의 범주에 하위 범주를

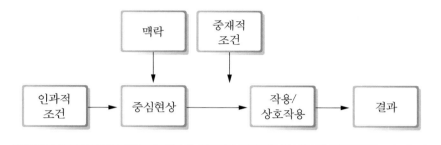

[그림 7-1] 패러다임 모형(Strauss & Corbin, 1998)

관련 짓는 과정으로 귀납적 사고와 연역적 사고를 동시에 포함시킨다. 패러다임 모형은 인과적 조건(causal condition), 현상(phenomenon), 맥락 (context), 중재적 조건(intervening condition), 작용/상호작용(action/ interaction), 결과(consequence)로 구성되어 있다. 인과적 조건은 현상에 영향을 미치는 사건이나 일을 말한다. 현상은 일련의 작용/상호작용에 따라 다루어지는 참여자의 중심 생각이나 사건을 말한다. 맥락은 사람들 이 작용/상호작용을 통해 반응해야 하는 상황이나 문제를 만들어 내는 특수한 조건의 집합이다. 중재적 조건은 우연적 조건이 현상에 미치는 영향을 경감시키면서 변화되는 조건이다. 작용/상호작용은 현상에 대처 하거나 다루기 위해 취해지는 참여자들의 의도적인 행위나 반응이다. 마 지막으로 결과는 작용/상호작용의 결과물이다(Strauss & Corbin, 1998).

3) 면접자료의 범주분석

범주를 분석하기 위하여 또래상담 지도교사(지금부터 '또래지도교사' 라 부른다.)들과 면접을 통해 얻은 자료를 한 줄 한 줄 읽어 가면서 개념을 명명하였고, 이 개념들을 범주화하고 비교와 질문을 통해 수정·보완해 나갔다.

〈표 7-2〉 면접자료에서 도출한 개념과 하위 범주 및 범주

개 념	하위 범주	범 주	모형
• 상담부 교사로 임명됨 • 상담교사로서 학생을 상담하고 싶음 • 학생들의 마음을 빨리 알고 싶음	상담하고 싶음	또래상담 활용	인과적 조건
• 학생들이 상담실을 방문하지 않음 • 학생들의 생활과 거리가 먼 곳 취급	기능 못하는 학교 상담실		
• 상담교사 혼자 상담할 수 없음	상담 인력 부족		
• 학생들이 고민을 친구에게 이야기함 • 교사 손길이 미치지 못하는 문제를 해결 할 수 있을 것 같은 기대감	매개체 필요		
• 대학원 게시판을 통해 알게 됨 • 책을 통해 알게 됨 • 또래상담 연수를 받음	또래상담 알게 됨	또래상담 시작	
• 알자마자 시작함 • 관리자에게 건의하여 허락받음 • 교사 대상으로 또래상담 연수(소개) • 상담교사가 각 반을 방문하여 직접 홍보	또래상담 시작함		
• 상담교사의 과외 업무가 됨 • 또래지도교사 부족 • 점심시간을 이용한 슈퍼비전	–	상담교사의 업무 과중	중심 현상
• 소극적인 또래상담자 • 도중하차하는 또래상담자	비자발적인 또래상담자	미숙한 또래 상담자로 인한 스트레스	
• 과중한 활동에 힘들어함 • 공부 때문에 시간 투자를 꺼림 • 성적 떨어진 또래상담자의 좌절	힘들어하는 또래상담자		
• 행동 불량 • 선도에 걸림 • 사고를 침: 가출, 중퇴 등	불량한 또래상담자		
• 교사가 또래상담 의미를 인식하지 못함 • 또래상담자의 실수를 참지 못함 • 담임이 상담 도중 또래상담자를 불러 감 • 담임이 집단상담 시간에도 청소시킴	–	동료 교사의 비협조	

• 담임이 반장보다 또래상담자를 선택한 학생을 반에서 나가라고 함	–	동료 교사의 비협조	중심 현상
• 또래상담 활동에 부정적인 학부모	–	부정적인 학부모	
• 교장의 방임 • 교감의 부정적 반응 • 관리자의 반대: "그런 거 하지 마세요."	–	관리자의 무관심	
• 문제아만 가는 장소 • 교사들이 열외로 생각하는 상담실	학교 상담실에 대한 오해	부적절한 학교 환경	맥락
• 대학 진학에 대한 압박 • 시간 뺏기는 것에 대한 거부감 • 성적 떨어진 또래상담자 부모의 부정적 태도	진학문제		
• 상담실 없음 • 예산 없음 • 활동 시간이 부족한 학교 일정	빈약한 여건		
• 또래상담에 대해 자문받음 • 또래상담 관련 자료 제공받음	상담 전문가	외부의 지원	중재적 조건
• 인력 지원해 줌 • 예산 지원해 줌 • 또래상담자를 훈련시켜 줌 • 어려운 내담자 의뢰를 받아 줌 • 지역 연합 캠프 개최	지역 청소년 상담복지센터		
• 장학사가 학교를 방문하여 사례 발굴함 • 장학사가 타 교사들 앞에서 상담교사 칭찬 • 기자에게 소개함 • 도내 학생부장 회의에서 사례 발표 • 도내 교장단 회의에서 사례 발표 • 도내 전체 학교에 또래상담을 실시하라는 권유 공문 발송 • 교장이 또래상담을 지시하도록 영향 줌	교육청의 관심	외부에 알려짐	
• 장관 표창, 교육청·자치단체장 표창, 기타(청소년개발원장, 상담실장) 표창 수상	뜻밖의 표창		

• 신문 보도: 국민일보, 한겨레신문, 중앙일보, 지역 일간지 소개 • TV 보도: KBS, EBS, MBC에 소개되고 출연함	언론 보도	외부에 알려짐	중재적 조건
• 타 학교 상담교사, 또래상담자의 방문 • 전화, 이메일, 우편 등으로 자문 및 자료 제공	타 학교 상담교사 자문		
• 또래상담 활동으로 수시에 합격함 • 수시원서 쓸 때 교사에게 도움됨	또래상담이 대입에 도움됨	운영 중 기대 밖의 결실	
• 또래상담자의 상담활동 효과를 체감함 • 학생들이 자연스럽게 상담실을 방문함	기대 이상인 또래상담 활동		
• 대학생 선배가 훈련/지도해 줌 • 교사가 된 선배의 방문	졸업한 선배 출현		
• 성실한 학교 근무 태도 보이기 • 학교에 먼저 출근하기	성실성	또래지도 교사의 태도	작용/ 상호 작용
• 지역사회 자원 활용함 • 또래상담교사 연대모임 구성	네트워크 능력		
• 힘들 때 참고 이겨 냄 • 자신 있게 스스로 극복함 • 이해를 끌어내기 위해 기다림 • 긍정적인 생각을 가지고 이겨 냄	인내		
• 계획적인 출발 • 자질 좋은 또래상담자 양성을 위한 노력 • 리더십 배양시키려 함	전통을 세우려는 노력		
• 관리자에게 필요성 강조 • 구워삶음 • 가시적인 성과 추구 • 일지를 활용한 실적 보고	관리자 설득	주변인 설득	
• 또래상담 홍보 • 비협조적인 선배 교사에게 무조건 머리 숙임 • 학생에게 문제해결 방법에 대한 자료 제공	동료 교사 설득		

• 동료 교사들의 자녀문제를 자문해 줌 • 자녀 대상 심리검사를 실시하고 해석해 줌 • 담임 업무에 대해 월권행위를 안 함	동료 교사 설득	주변인 설득	
• 학부모상담 • 또래상담 활동을 안내함 • 임명식에 초대함 • 중요한 행사가 있을 때 가정통신문을 보냄	학부모 설득		
• 면접을 통한 선발 • 성적과 관계없이 선발함 • 선배가 후배를 추천함 • 선배가 면접에 참여하여 선발함	선발 시스템 개발	또래 상담반 조직화	작용/ 상호 작용
• 교장/교감/지방자치단체장이 임명장 수여 • 지역 인사를 참여시킴	공식적인 임명식		
• 임원 조직 갖춤: 자치활동 유도 • 학교 동아리로 등록시킴 • 정기모임 진행 • 알아서 돌아감	또래상담반 조직		
• 또래상담자 마니또(멘터, 자매) 제도 실시 • 요일별 슈퍼비전 조 편성 • 수련회 실시	결집력 강화		
• 또래상담자의 정신 및 자질 교육 • 자발성 유도 • 감동적인 또래상담자 발견 및 발굴	또래상담자의 태도 변화시킴	또래 상담자 교육	
• 과도한 활동 계획 축소 • 또래상담자 상담	소진 예방		
• 배려와 공감 교육 강화 • 슈퍼비전 실시 • 사례 발표회 개최	후속교육		

• 개인상담 활동 • 찾아가는 상담 • 1학년 대상 집단상담	상담	지속적인 활동 내용 개발	작용/ 상호 작용
• 이메일 상담 • 편지 상담 • 홈페이지 게시판 상담	시간 확보 위한 상담방법 개발		
• 사랑의 편지함 운영 • 1인당 후배 20명 관리하기 • 전학 온 학생 오리엔테이션 • 학교 축제 시 상담 시연: 사이코드라마 등 • 세미나 개최	이벤트		
• 또래상담자 상담활동 일지 • 상담교사의 상담 일지 • 상담 일지를 통한 슈퍼비전	–	기록을 남김	
• 재미있어함 • 자부심 가짐	자발적인 또래상담자	또래 상담자의 변화	결과
• 학교생활에서 모범적인 태도가 드러남 • 가정에서의 생활 태도 변화 • 자기 관리를 잘하는 또래상담자 • 자기표현력이 발달하는 또래상담자	모범적 태도		
• 구석구석 문제학생 도와줌 • 부적응 학생 적응시킴 • 학부모에게 개입하여 성공함 • 가정방문	효과적인 상담활동		
• '왕따 없는 학교'가 됨 • 선후배 간 돕는 좋은 문화를 형성하였 다고 인정받음	학교 변화		
• 교사가 나와도 잘 돌아감	자치적인 조직 갖춤		
• 재단에서 좋아함 • 또래상담은 '학교의 영예' • 교장/교감이 좋아함 • 상담교사는 '우리 학교의 보배'	관리자 인정	주변인에게 인정받음	

• 담임이 또래상담자를 인정하고 칭찬함 • 담임이 또래상담자에게 상담을 의뢰함 • 또래상담의 필요성에 대한 지지 발언	동료 교사의 인식 변화	주변인에게 인정받음	결과
• 가정에서의 또래상담자 변화: 활동 이해 • 또래상담자에게 자녀상담을 부탁함 • 학부모가 상담교사에게 감사 표시함 • 행사 지원해 줌: 밑반찬, 다과 준비	학부모의 인정		
• 신입회원 모집 시 지원자 증가 • 지원자의 수준 높아짐	인식 높아짐	상담교사의 자부심	
• 잘 했다고 생각함	보람 느낌		
• 또래상담의 강점 확인 • 자신감 커짐	자신감		
• 독립된 상담실을 제공받음 • 상담실 공간 확장해 줌	상담실 확보	학교 여건 변화	
• 예산 확보됨	예산 확보		
• 상담부장을 연임하게 됨 • 붙박이 상담부장에 대한 동료 교사의 　인정	붙박이 상담부장		
• 상담부장 담임 면제해 줌 • 지도교사 추가 배치해 줌	업무 줄여 줌		
• 교내 동아리를 모집할 때 또래상담반 　을 먼저 선발하도록 함 • 등반 시 또래상담자를 별도로 반 배 　정함	선발 및 반 배정 배려		

　이러한 분석을 통해 최종적으로 166개의 개념과, 59개의 하위 범주, 그리고 21개의 범주를 도출하였다. 이 범주분석을 토대로 또래상담이 학교에 정착되는 과정을 근거이론에서 제시하는 패러다임 모형을 통하여 분석하였다. 패러다임 모형은 인과적 조건, 현상, 맥락, 중재적 조건, 작용/상호작용, 결과에 따라 개념과 범주들을 엮어 내는 것으로, 또래상담

이 학교에서 '왜 시작되었는지' '적용에서 어떤 현상을 경험하는지' '어떤 조건이 정착을 돕거나 방해하는지' '어려움을 극복하기 위해 어떤 전략이 구사되는지' 등을 분석하게 해 준다. 〈표 7-2〉에서와 같이 범주분석을 통해 확인한 범주를 패러다임 모형에 따라 재배치하고 또래상담 정착과정 분석의 기초로 삼았다.

4) 또래상담 운영에서의 중심현상

필자는 또래지도교사와의 면접에서 그들의 경험 가운데 중심이 되는 현상이 무엇인지를 탐색하고자 하였다. 이 중심현상은 또래지도교사가 또래상담을 시작한 이후 운영하면서 '무엇을 위해 가장 많은 노력을 기울였는가?'라는 질문과 관계가 깊었다. 연구자는 또래지도교사가 또래상담을 활용하면서 '교장/교감의 무관심' '동료 교사의 비협조 및 부정적인 학부모' '미숙한 또래상담자로 인한 스트레스' '과중한 과외 업무 발생' 등의 어려움에 대처하기 위해 많은 노력을 기울였음을 알게 되었다. 또래지도교사는 어려움을 극복하기 위하여 자신의 태도를 바꾸고, 외부 지원을 끌어들이기 위해 노력했으며, 또래상담자의 질적 향상을 위해 동아리를 조직하고 교육하고 슈퍼비전 하는 데 많은 시간을 투자하였다. 이런 노력을 기울이도록 만든 현상을 '또래상담 활용으로 인한 어려움'이라고 명명하였다. 이 현상은 "또래상담을 학교에서 시작하고자 하는 교사에게 가장 해 주고 싶은 말이 무엇인가?"라는 질문에 참여자들이 "정말 힘들지만 참고 이겨 내라고 말해 주고 싶고, 도중에 포기하지만 않으면 반드시 좋은 결과를 볼 수 있으니 인내하라."라고 대답한 데서도 확인할 수 있었다.

따라서 '또래상담 활용으로 인한 어려움'을 중심현상으로 정의하고 이를 유발한 '또래상담 활용'을 인과적 조건으로 범주화하였다. 그리고

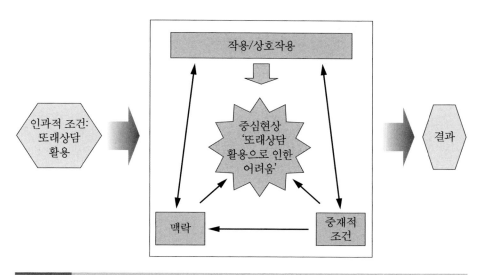

[그림 7-2] 중심현상을 축으로 구성한 범주

중심현상인 '어려움 경험'을 감소시키는 조건을 중재적 조건으로, 중심
현상을 극복하기 위한 연구 참여자의 전략을 작용/상호작용으로 범주화
하였다. 또, 현상과 맥락에 대한 중재적 조건과 작용/상호작용의 영향으
로 나타난 개념을 분류하여 결과로 범주화하였다. 범주화된 각 내용은
앞에서 제시한 〈표 7-2〉에 정리되어 있다.

2. 또래상담 시작: 인과적 조건

또래상담을 학교에 활용했던 또래지도교사는 상담부장 또는 상담부
교사로 임명되면서 또래상담의 필요성을 인식하고 적용을 시도하게 되
었다. 참여자들이 상담교사가 되어서 또래상담의 필요성을 느끼게 된 계
기는 다음과 같다.

첫째, 상담교사로 임명된 후 학생들을 상담하고 싶었다. 그러나 학생

들은 상담실을 방문하지 않을 뿐만 아니라 학교 상담실이라는 곳이 학생들의 생활과는 거리가 먼 곳이었다. 학교 상담실은 상담실로서 기능을 하지 못하고 있었던 것이다. 따라서 다른 대안이 필요했다.

> 김성권: 제가 이제 상담을 하고 상담실 부장으로 있다 보니까 학교 상담실이 역할, 기능을 전혀 못하고 있었더라고요. (어) 그래서 안 되겠다 싶더라고요. 저 혼자만 학생들을 상담한다? 상담실에 자발적으로 찾아오는 아이도 없을 뿐더러, 또 의뢰해서 온다 하는 아이들도 (음) 상담실 그러면은 야단맞고 (음) 뭐 혼나고 (웃음) 뭐 그런 것으로만 생각해서 상담실을 기피하는 경향성이 많았죠. (음) …뭐 상담실은 전혀 학생들하고, 학생들의 생활하고는 거리가 먼 곳이었습니다.
>
> 이경옥: 음… 상담부장을 하는데, 상담실에 학생들이 자진해서 방문하는 일이 적어서 상담실에 상담할 일이 있었으면 하는 것하고요, …중간에 무슨 매개체가 있어야 되는데….

둘째, 학교에서 본격적으로 상담을 하고자 했을 때 상대해야 할 학생들이 너무 많은 것도 문제가 되었다. 학교 상담교사뿐만 아니라 담임의 손길에도 미치지 못하는 곳에 있는 아이들의 문제는 어떻게 해결할 것인가? 또 그런 아이들을 모두 찾아내어 상담을 하게 된다고 해도 상담교사 혼자 할 수 있는 상황은 아니었다. 따라서 학교 상담실에는 학생들의 문제를 해결하는 데 도움이 될 보조인력이 필요하게 되었다.

> 노성희: 이게 정착만 되면, 학교에 도입이 되면 아이들 맘을 빨리 알 수 있겠고, 선생님 손길이 미치지 못하는 것도 이 아이들로 인해 많은 것이 해결되고 잘 이루어질 수 있겠구나 생각해서 그때부터 관심을 갖게 되었습니다.
>
> 박성문: 상담교사로서 학생상담을 담당해야 되는데, (예) 많은 학생을 일일이 이렇

게 혼자 상대하기가 힘들고….

이경옥: 각 반을 다닐 수도 없고… 아이들을 찾아내서 상담하기는 또 어렵고… 그
　　　 래서 이게 너무 좋겠다 해서, 또 혼자 상담하는 것보다 각 반 아이들이 한
　　　 명씩이라도 하면 몇 배의 효과가 있을 것 같고… 그래서 시작하게 되었습
　　　 니다.

셋째, 학생들은 자신의 고민을 또래 친구에게 이야기하고 있었다. 학
교 상담실을 찾지 않고서도 나름대로 대안을 가지고 있었던 것이다. 따
라서 상담부 교사가 된 교사들은 친구에게 고민을 털어놓는 청소년의 특
성을 활용해야겠다는 생각을 하게 되었다.

박성문: …학생들이 고민이 있을 때 상담 대상이 그 친구라는 것을 저희가 여러
　　　 가지 조사한 결과 (예) 파악이 됐는데….

이경미: …학생들은 학생들끼리 서로의 이야기를 하면서 문제를 해결할 수 있겠다
　　　 해서 (음) 굉장히 효과적일 것이다, 그런 생각을 했어요.

이렇게 또래상담의 필요성을 인식한 또래지도교사는 또래상담 연수
를 받고 나서 그것을 곧바로 학교에 적용해야겠다고 느꼈다. 김성권과
노성희의 경우는 연수를 받자마자 계획서를 제출하거나 또래상담자를
선발하였다.

김성권: 그때 상담부장을 하고 있을 때였는데, (음) 연수를 받아 보니까 이게 학교
　　　 에 굉장히 참 필요한 거겠다 하는 생각이 들어서 (음) 그해 바로 2학기 때
　　　 선발을 했습니다.

연구자: 그러니까 연수를 받으시자마자 (예) 바로 선발하셨군요.

김성권: 예. 8월 여름방학 때 여기서 연수를 받았는데, 9월에 학교에 가가지고 이

걸 하겠다고 교직원 연수를 하고 (어) 일단은….

　　'또래상담 활용'이라는 인과적 조건은 [그림 7-3]과 같은 과정을 통해
진행되고 있다. 교사들은 진로상담부장 또는 상담교사로 일하면서 학교
상담실이 제대로 기능하게 하고 싶었다. 그러나 학생들이 상담실을 찾기
보다는 자신의 고민을 친구에게 이야기하는 것을 알게 되었으며, 제대로
상담활동을 하려고 계획하였으나 인력이 부족했다. 이런 상황에서 참여자
들은 학생을 상담할 수 있는 매개체 또는 상담 보조인력의 필요를 느끼게
되었다. 때마침 또래상담을 알게 되었고, '이거다' 싶어 연수를 신청하였
다. 교육을 마친 후에는 또래상담을 시작하였다.

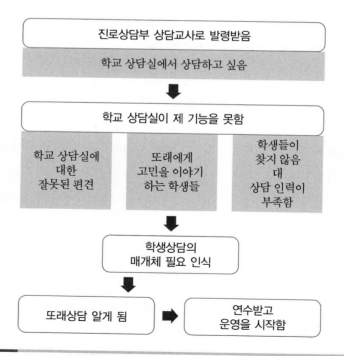

[그림 7-3] 학교에서의 또래상담 활용

3. 어려움 봉착: 중심현상

인과적 조건인 '또래상담 활용'으로 참여자들은 어려움에 부딪히게 된다. 이 어려움은 '업무 과중' '미숙한 또래상담자로 인한 스트레스' '동료 교사의 비협조' '부정적인 학부모'라는 범주로 요약된다.

1) 업무 과중

또래상담을 운영하기 시작하자, 상담교사에게는 여러 가지 과외의 업무들이 생겼다. 혼자서 또래상담자를 관리해야 하고, 나름대로 담임교사나 보직에 맞는 활동도 해야 했다. 또래상담자를 관리하는 데는 학교에서 허락된 시간만으로는 부족했다. 그래서 점심시간을 활용해서 슈퍼비전을 해야 했다. 이런 상황은 또래상담을 운영하면서 또래지도교사가 겪어야 했던 첫 번째 어려움이었다.

> 이경옥: 혼자서 하다 보니 교사가 한 명 더 필요했어요. 근데 그게 안 돼서 첫해 애로를 겪었고요. 그리고 혼자서 하고 담임도 했습니다. 근데 담임도 하면서 혼자 지도하기에는, 각 반에 흩어져 있기에 어려웠습니다.
>
> 노성희: …점심시간을 이용해서요. 걔네들을 조별로 나눠 가지고 월요일부터 금요일까지 점심시간에, 그날 받는 아이는 점심을 한 10분 정도에 먹고 빨리 상담실에 와서 남은 40분이나 그 정도 같이 그 주에 있었던 일을 얘기하고요. (선생님 식사는요?) 저는 이제 4교시가 비면은 4교시 때 먹고, 5교시가 비면 5교시 때 먹고 그랬죠.

또래상담자를 교육하고 지도하기 위해 점심시간을 할애한다는 것은 상당한 희생이 따른다. 물론 노성희의 경우처럼 그렇게까지 할 필요가 있느냐는 반문도 있을 수 있다. 그러나 그것은 상담적 욕구를 가진 사람에게 나타나는 특성일지도 모른다. 현장 교사 중 학생들을 상담하기 위해 자신의 시간을 투자하는 사람들을 많이 봐 왔다. 게다가 협력할 수 있는 동료 교사가 없는 경우에는 혼자서 지도하고 관리해야 하기 때문에 열심히 하려고 할수록 일이 많아진다. 원래 일이란 것이 대충 하려면 할 일이 없고, 열심히 하려고 보면 할 일밖에 없는 게 아닌가 하는 생각이 든다.

2) 미숙한 또래상담자로 인한 스트레스

미숙한 또래상담자로 인한 스트레스가 상담교사가 직면해야 하는 또 다른 어려움이었다. 면접 대상자들은 학생들을 또래상담자로 교육시키고 활동을 지도하는 과정에서 '소극적인 또래상담자' '공부 때문에 시간 투자를 꺼리는 또래상담자' '사고 치는 또래상담자' '잘못 선발된 또래상담자' 때문에 스트레스를 받기도 했다.

이경옥의 경우는 또래상담자가 공부 때문에 시간을 빼앗길까 봐 이기적인 태도를 보이거나, 부족하거나, 선배를 미처 따라잡지 못하는 또래상담자를 정신적으로 교육시키는 것이 애로사항이었다.

이경옥: 공부를 잘하는 학생들이 왔을 때, 그 아이들이 공부해야 되는데 또래상담도 하고 싶다, 그런데 혹시 시간을 빼앗기는 건 아닌가 생각하는 학생들이 있었어요. 그들을 정신적으로 교육시켜야 되는 것, 그게 애로사항이었죠. 일단 왔는데, 와 보니까 시간을 이렇게 많이 빼앗기리라고는 생각 못하고 왔는데…. 그런 식으로 약간 이기적인 생각을 가진 또래 학생들이 몇 명 있을 때 그들을 개별적으로 교육하는 것이 어려웠죠. 성적이 잘 나오는 또

래상담부는 괜찮은데 자기 생각보다 성적이 안 나왔을 경우엔 가끔 스스로 힘을 잃는 경우도 있고요. 사실 그게 제일 큰 요인이죠. …또래 친한 친구들이 또래 자체가 아직 성숙한 어른이 아니라서, 부족한 또래 학생이라서 이제 친구들이 그걸 부정적으로 생각하는 경우도 있었고요. 또 또래 선배가 너무 똑똑해서 미처 따라가지 못하는 그런 또래의 경우도….

학생들이기 때문에 자신의 성적도 많이 신경 쓰는 것이 당연할 것이다. 어떤 학생들은 봉사활동 점수를 인정받아서 성적에 반영하고자 또래상담반에 지원하는 경우도 있다. 또래지도교사는 이런 학생을 나무라고 혼내기보다는 대화로, 상담적인 방법으로 동기를 유발하고 원래 목표했던 활동을 하도록 독려했는데 이런 일 자체가 스트레스가 되기도 했다.

또래상담자가 중간에 그만두려 하거나 사고를 쳤을 때는 상담교사가 이중으로 어려움을 겪어야 했다. 또래상담자에 대한 실망과 함께 이에 대해 책임을 지고 학교 관리자나 동료 교사에게 변명을 해야 했기 때문이다. 또 선도에 걸리거나 행동이 불량해서 지적받는 경우에도 또래상담반 전체에 대한 인식에 영향을 미쳐 상담교사에게는 힘든 상황이 되었다.

노성희: 그거야 뭐 아이들이 중간에 '선생님 저 그만둘래요.' 하는 거… 그리고 걔네들이 문제… 사고 쳤을 때죠.

연구자: 또래상담자가? (네) 어떻게 사고를….

노성희: 가출을 했다든가….

연구자: 또래상담자가 가출을….

노성희: 가출을 했다든가, 자퇴를 한다… (아) 그게 젤 힘들었던 것 같아요.

연구자: 네…. 그런데 그런 일이 한번씩 있으면 담당자인 선생님의 스트레스가 제법 컸을 텐데요.

노성희: 무지 힘들죠….

면접을 통해 걸러 냈어도 적합한 또래상담자가 아닌 학생이 또래상담반에 포함되어 있는 경우도 있었다. 후에 이런 학생을 잘 교육하고 지도하는 것은 또래지도교사의 중요한 작용/상호작용 전략이 되었다.

> 강재영: 교육 전에 면접을 통해서 보니까 부적응 학생들이 제법 많았습니다. (예) 그래서 면접을 통해서 걸러 내고 선생님한테 재부탁을 하고 했지만 다 걸러지지는 않았던 거 같아요. (음) 부적응 학생들이 같이 교육에 참가해서 좀 못 따라오고 하는 (예) 그런 아이들이 있었어요.

3) 동료 교사의 비협조

또래지도교사는 또래상담을 운영하고자 할 때 학교 동료 교사의 비협조적인 태도를 경험해야 했다. 교사들은 또래상담의 의미를 인식하지 못하고, 상담 도중 또래상담자를 불러가거나 집단상담 시간이 되어도 청소를 시키는 등 또래상담 활동을 방해하는 행동을 하기도 했다. 심지어는 또래상담을 하기 위해 반장을 포기하겠다는 학생을 반에서 나가라고 하기도 하였으며, 또래상담자의 실수를 참아 주지 못하는 모습을 보이기도 했다.

> 노성희: …그때 선생님들이 도움을 많이 안 주시더라고요. 그러니까 애들도 상담하다가 갑자기 불러서 데려가려고 하고, 1학년 담임선생님들한테도 몇 시까지 애들 자리에 앉게 해 달라고 했는데 청소를 시키고 있었다든가…. 그리고 또 힘든 점은 또래도우미를 할 때 굉장히 관심이 많아서… 똘똘한 애들이 많이 왔어요. 이런 활동도 없던 시기라서. 그러다 보니까 또래상담을 하려면 여러 활동을 못하겠더라고요. 예를 들어서 반장활동을 한다든가. 근데 담임선생님이 반장을 뽑을 때 '또래상담을 해야 되기 때문에 저

는 반장을 포기하겠습니다.'라고 말하니까 '넌 반장을 할래, 또래상담을
할래 둘 중 하나를 선택해라. 만약 또래상담을 선택하면 우리 반에서 나가
라.'(웃음) 이렇게까지 해서 굉장히 힘든 적이 있었어요.

이경옥: 담임선생님이 때로는 방해가 될 때도 있었습니다. …또 학생이 부족해서
문제를 일으키는 경우도 가끔 있거든요. 그럴 때 참아 주고 봐주면 좋은데
잘 못 참으시는 선생님이 조금 부정적인 영향을 미치죠.

동료 교사의 입장에서는 또래상담반을 운영하는 교사가 너무 야단스
럽고 이기적이라는 생각을 할 수도 있다. 왜냐하면 또래상담반을 운영하
면 또래상담자가 전체 학생들에 대해 조력활동을 적극적으로 전개해서
늘 눈에 띄기 때문이다. 그래서 "우리 학교에는 동아리가 또래상담밖에
없나."라고 볼멘소리를 하는 경우도 있다고 한다. 하지만 다소 소란스러
워 보이는 것은 또래지도교사의 성격적 특성이어서가 아니라 또래상담
의 특성 때문이다. 어떻게 조용히 남모르게 상담활동을 전개할 수 있겠
는가? 따라서 또래지도교사는 동료 교사에게 또래상담을 설명하고 활동
의 유익함에 대해 설득하는 것을 중요한 작용/상호작용 전략으로 삼고
있었다. 이에 대한 이야기는 뒤에서 다룰 것이다.

4) 부정적인 학부모

학부모의 반대 또한 또래지도교사가 겪어야 하는 큰 어려움이었다. 학
교 내의 구성원이나 자신의 업무 과중보다도 외부에서 오는 학부모의 부
정적 피드백은 학교 전체에 영향을 미칠 수 있는 일종의 민원 같은 특성
이 있기 때문에 또래지도교사에게 스트레스가 되었다.

이경옥: …보통 학부모들이 성적이 안 나오면 또래상담을 했기 때문에 성적이 안

나오나 하고, 가끔 부정적인 학부모들이 계신데…. 그런 요인들이 제일 어렵죠. 사실 학교 안의 것은 문제도 안 되고요. 가끔 부정적인 학부모 같은 경우에 조금 극복하기 어려웠는데 결국은 학부모들이 도와주십니다.

이상의 내용을 요약하면, 또래지도교사가 또래상담을 시작함으로써 경험하게 되는 중심현상은 '또래상담 활용으로 인한 어려움'이었고, 그것은 '상담교사의 업무 과중' '미숙한 또래상담자로 인한 스트레스' '동료 교사의 비협조' '부정적인 학부모' 등의 하위 범주로 드러났다.

이런 어려움은 또래상담을 학교에 적용하려고 마음먹은 교사를 당황하게 만든다. 많은 교사가 또래상담 지도자 교육을 이수한 후에 또래상담 적용을 시도하지만 한 학기를 마치지 못하고 포기한다는 이야기를 듣는다. 그것은 또래상담을 시작하기만 하면 학교 관리자와 학생들이 환영할 것이라는 환상을 가지고 있기 때문이다. 또래상담을 시작하면 앞에서 제시한 경우와 같은 여러 어려움에 직면하게 된다. 이를 미리 알고 대처하는 것이 필요하다.

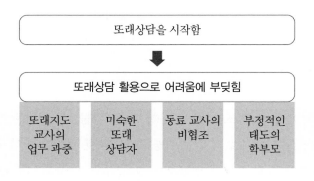

[그림 7-4] 또래상담 활용으로 인한 어려움

4. 어려움을 가중시킨 상황: 맥락

맥락은 현상에 더 영향을 미쳐 어려움을 유지시키거나 가중시키는 조건을 말한다. 마치 엎친 데 덮친 격으로 또래상담을 시작하면서 부딪힌 문제들을 더 심각한 상황으로 만드는 것이다. 또래지도교사의 경험을 분석한 결과 관리자의 무관심과 또래상담 활동에 적절하지 못한 학교 환경이 맥락으로 범주화되었고, 이 맥락으로 유발된 문제들이 지속되거나 심화되었다.

1) 관리자의 무관심

관리자는 상담교사의 또래상담 활동에 대해 직접 관여하는 인물이기보다는 학교에서의 또래상담 활동에 영향을 미치는 하나의 맥락으로 작용하였다. 관리자의 관심을 이끌어 내는 것은 또래상담을 운영하고자 하는 상담교사에게 중요한 전략이 아닐 수 없었다.

> 박성문: 학교의 관리자인 학교장에게 또래상담의 의미나 중요성을 인식시키고 또 설득시킨다는 것이 좀 힘들었어요.

관리자는 대체로 방해하지는 않았으나, 또래지도교사가 어려움을 경험하는 '현상'에 부딪혔을 때, 학교 전반적인 운영을 위해 방임하거나 부정적인 태도를 보임으로써 어려움을 가중시키는 역할을 하였다.

> 노성희: 그냥 제가 한다니까 해 봐라 거기까지였죠. 그렇다고 교장선생님이 하지 말라 혹은 더 적극적으로 그런 건 아니에요. …저희가 요구하면 그건 해

주셨어요. (해 봐라는 했지만 도움을 주신다든지 꼭 그런 것도 아니었군요.) 예, 그러지는 않았어요.

가령 방임적인 태도를 가졌던 관리자도 학부모나 담임교사의 반대하는 소리를 듣게 되면, 적극적인 방해의 태도는 아니어도 상담교사의 어려움을 가중시키는 발언을 하기도 하였다.

> 김성권: 공부를 시켜야 될 담임교사 입장이나 학부모 입장에서는 또래가 시간을 뺏긴단 말이죠. (음) 그러다 보니까 그것이 어떻게 흘러 들어갔는지 관리자 입장에서도 '그런 거 하지 마세요.' (아) '그냥 상담실만, 학생들 상담만 하세요.' (음) 하는 (웃음) 정도였습니다.

2) 부적절한 학교 환경

학교에서 또래상담 활동을 자유롭게 할 수 있는 것은 아니었다. 또래상담을 하도록 학교가 환경을 조성해 주는 것이 아니기에 또래상담 활동 자체가 학교 환경의 한계에 부딪히게 되었으며, 그것은 또래지도교사에게 어려움을 가중시키는 맥락으로 작용하였다. 부적절한 학교 환경은 '학교 상담실에 대한 오해' '진학문제' '빈약한 여건'으로 하위 범주화되었다.

첫째, 학교는 또래상담뿐만 아니라 상담 자체에 대해 오해하고 있는 분위기를 가지고 있었다. 그러다 보니 또래상담자를 인정하고 활동을 지지하는 분위기가 아니었다.

> 김성권: …심지어는 학교에서조차 상담이라 그러면은 본래 의미를 잘 생각하지 못해요. (음) 학교장 이하 교사들은 상담실에 관해서도, 상담실 그러면 편히

쉬는 곳으로 생각했거든요.

이경미: …선생님들의 관심 같은 것도 없었어요. 또래상담자들이 무얼 할 수 있겠
나 하는 생각이죠. (음) 걔네들을 충분히 활용하지 않으신다는 거. 그런 것
들, 그런 것들이 어려웠어요. …부탁해서 좀 친구가 돼 줄래 이런 것쯤은
할 수 있었을 것 같은데, 관심이 없으니까….

둘째, 진학에 초점을 맞춘 학교 운영도 현상에 영향을 미친 중요한 맥
락이었다. 실업계 고등학교에도 공부에 대한 압박은 있었으나 인문계 고
등학교에 비하면 덜하였다. 대학 진학문제는 인문계 고등학교의 또래상
담자에게 많은 영향을 주었다.

이경옥: 인문계 고등학교니까 대학을 진학해야 된다. 이런 압박감이 있어요. …보
통 성적이 안 나오면 또래를 했기 때문에 성적이 안 나오나 하고 생각하
는 부정적인 학부모들이 가끔 계신데, 그런 경우엔 학부모상담을 해요.

박성문: …그다음에 또 하나는 인문계 고등학교의 경우는 주로 입시 중심의 교육
과정을 운영하다 보니까, (예) 그 학생들이 이런 상담활동을 할 만한 시간
적인 (예) 여유가 없습니다.

대학 진학에 대한 압박은 또래상담 활동에 소요되는 시간을 아까워하
는 형태로 나타나기도 하였다. 또래상담 활동 때문에 공부시간을 빼앗긴
다는 것은 입시 위주의 현 인문계 고등학교 맥락에서 중요한 사안이 아
닐 수 없었다.

김성권: 공부를 시켜야 될 담임교사 입장이나 학부모 입장에서는 또래가 시간을
뺏긴단 말이죠….

공부와 관련된 문제는 인문계 고등학교의 핵심적 관심사라 할 수 있다. 그래서 또래지도교사가 설령 학교 관리자와 친하다 해도 역시 공부 면에서는 예외일 수 없었다.

> 오성남: 원래 교감선생님하고는 많이 친해 갖고 (웃음) 제가 부탁할 때 힘든 일이 아니라면 공부에 방해되는 일이 아니라면 다 도움을 주시더라고요. (네, 그러셨군요.)

학업 관련 문제들은 우리나라 학교 현장에서 매우 현실성 있게 고려해야 하는 상황이다. 사실상 학교는 상담을 위해 존재하는 곳이 아니다. 어른들의 전형적인 어투로 표현하자면 학교는 공부하는 곳이고 학생은 공부하는 사람이다. 이 말이 맞다. 따라서 또래상담자가 공부를 해야 한다는 압박을 느끼거나 고민을 한다면 매우 당연한 것이며, 교사나 학교 관리자 또는 학부모가 또래상담자의 성적 때문에 고민한다면 그 또한 당연한 것이다. 또래상담을 운영하는 또래지도교사는 이런 현실을 누구보다 잘 알기 때문에 그에 대한 대비책 강구에 매우 민감하였다. 8장에서 소개될 '외부에 알려짐' 또는 '운영 중 기대 밖의 결실'이라는 범주가 이와 관련이 깊다.

셋째, 앞서 제기된 관리자의 무관심과 부적절한 학교 환경은 또래상담을 전개할 토대를 빈약하게 만들었다. 그 대표적인 것이 또래상담자를 지도할 인력을 보충해 주지 않는 것과 훈련 및 슈퍼비전 공간으로 사용해야 할 상담실을 확보해 주지 않는 것 그리고 예산 지원에 대한 무관심으로 나타났다.

> 이경옥: 우선 혼자 하기에 인원이 너무 많았어요. 전체 50명이 넘는 인원인데 한 반에 있는 게 아니고 각 반에 흩어져 있기 때문에 그 학생들을 지도하는

것이 혼자서는 어려웠죠. 이런 생각이 들어서 지도교사 한 명쯤은 더 있어
야지 하는 것과 좀 더 바란다면 학년별로 한 분씩 계시면 좋겠다 하는 거
죠. 또 예산이 지원되면 좋겠다…. 개인적인 비용이 좀 들거든요. (웃음)

노성희: 저희가 이걸 하면서 상담실이 그동안 없었거든요. 그래서 저희가 운영을
하려면 상담실이 있어야… 예산이 없었거든요. 예산이 없었는데 있으면
좋겠다는 생각을 했죠. 왜냐면 저희가 정착하고 나서야 예산이 세워졌고
그 전에는 개인 돈을 썼거든요. 애들 먹는 것부터, 들어가는 자료 만드는
것부터….

맥락은 현상에 영향을 미쳐서 어려움을 가중시킨 상황인데, 또래지도
교사의 정착 경험을 분석한 결과 '관리자의 무관심' '부적절한 학교 환
경'으로 범주화할 수 있었다. '관리자의 무관심'은 참여자의 '업무 과중'
을 유지시키거나 심화시키고, '동료 교사의 비협조'를 가중시켰다. '부
적절한 학교 환경'은 학교 구성원들의 상담에 대한 오해, 입시 위주의 학
교 분위기, 빈약한 여건 등으로 구성되어 있음을 발견할 수 있었다. '부
적절한 학교 환경'은 업무 과중, 미숙한 또래상담자로 인한 스트레스, 동

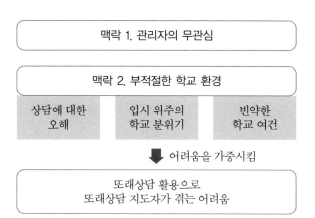

[그림 7-5] 어려움을 가중시킨 맥락

료 교사의 비협조, 부정적인 학부모 등 또래상담 활용으로 발생한 현상 전체에 영향을 주었다.

● **요약**

또래상담 정착과정을 분석하기 위하여 근거이론을 사용하여 질적 연구를 실시하였다. 7명의 또래상담 지도교사를 대상으로 인터뷰를 실시하고, 관련 자료를 검토하면서 범주분석을 실시하였다. 범주분석 결과에 기초하여 근거이론의 패러다임 모형으로 정착과정을 재구성하였는데, 이 장에서는 인과적 조건과 중심현상 및 맥락에 대해 설명하였다.

● **학습 과제**

• 근거이론은 질적 연구방법의 하나로서 또래상담이라는 현상을 연구하는 데 연구자의 시야를 넓혀 줄 것이다. 3인 1조로 모임을 구성하여 근거이론에 대하여 장별로 더 학습하고 요약하여 발표하시오.

• 또래상담을 시작하고자 할 때 예견되는 어려움에 대해 논의해 보시오.

• 또래상담 활용에서 중심현상을 어떻게 탐색할 것인지 설명해 보시오.

• 당신이 또래상담을 활용한다고 가정해 보시오. 그리고 이 장에서 소개한 맥락의 의미를 되새겨 본 후, 당신이 처해 있는 현장에 비추어 맥락에 해당되는 요소들을 설명해 보시오.

학습 목표

- 또래상담 운영으로 나타난 어려움을 극복하는 방안에 대해 학습한다.
- 또래상담자를 질적으로 관리하기 위해 활용할 수 있는 전략을 알고 적용할 수 있다.
- 또래상담이 학교 내외에 영향을 끼치도록 하는 방법에 대해 안다.
- 또래상담을 학교에 잘 적용할 수 있는 지식을 습득한다.

 **학습 개요**

앞 장에서 또래상담 운영으로 나타난 어려움을 중심현상으로, 또 그에 영향을 미쳐서 어려움을 가중시키는 요인을 맥락으로 범주화하여 소개하였다. 이 장에서는 또래상담 운영으로 촉발된 어려움을 극복하기 위하여 또래지도교사가 어떤 전략을 사용하였는지를 면접 내용을 토대로 분석해 본다. 또한 지도교사의 노력과 또래상담자의 활동으로 어떤 외적 요인이 어려움 극복에 도움을 주었는지를 중재적 조건으로 범주화하여 제시한다. 그리고 그 결과 또래상담이 어떤 양상으로 학교에 정착되었는지를 순서에 따라 제시한다. 이 장을 학습하면서 또래상담 운영에 따른 어려움을 효과적으로 극복하는 방법에 대해 알게 될 것이다.

제8장
또래상담의 성공적 운영과정:
어려움 극복과 성공적 정착

또래지도교사는 앞 장에서 설명한 어려움을 그냥 수동적인 태도로 대하지 않고 그것을 극복하기 위한 전략을 발휘하였다. 이를 작용/상호작용 전략이라고 한다. 그런데 어려움을 극복하기 위한 전략 이외에도 어려움을 해결하는 데 도움을 준 외부 요인이 있었다. 이를 중재적 조건이라고 한다. 인터뷰 내용을 분석하면서, 또 궁금한 사항에 대해 또래지도교사에게 추가로 질문하고 대화하면서 극복전략과 중재적 조건이 매우 밀접하게 연관되어 있다는 것을 알게 되었다. 극복전략을 구사한 결과 중재적 조건이 형성되기도 하고, 그런가 하면 중재적 조건 때문에 작용/상호작용 전략을 더 자연스럽게 구사하거나 또는 새로운 전략을 만들어 내기도 하였다. 이처럼 어느 것이 먼저랄 것 없이 서로 좋은 영향을 주고받고 있음을 발견할 수 있었다. 또래지도교사는 어려움 극복에 도움이 된 중재적 조건을 '하늘이 도왔다.'는 등의 느낌으로 받아들이기도 했다. 이 장에서는 먼저 중재적 조건을 소개하고, 이어서 작용/상호작용 전략 및 그 결과를 소개하려고 한다.

1. 어려움 해결에 도움을 준 요인: 중재적 조건

또래지도교사가 겪는 어려움을 극복하는 데 도움을 준 요인은 '외부의 지원' '외부에 알려짐' '운영 중 기대 밖의 결실'로 범주화되었다.

1) 외부의 지원

또래지도교사를 외부에서 지원한 기관은 공통적으로 지역의 청소년상담복지센터였다. 그리고 대학원 재학 중에 알게 된 교수나 한국청소년상담복지개발원 상담교수들도 또래지도교사를 도운 외부 전문가였다.

외부 전문가는 또래상담에 대해 자문해 주고 관련 자료를 제공하였다. 그리고 지역 청소년상담복지센터는 또래상담자를 훈련시켜 주고, 학교에서 처리하기 어려운 내담자를 의뢰받아 주었으며, 학교 관리자를 대상으로 홍보도 해 주었다. 이런 지원을 통해 학교 상담교사는 인력과 예산을 절감하는 효과를 얻기도 하였다.

> 박성문: 한국청소년상담복지개발원의 도움을 좀 받았다고 봐야죠. 거기서 교재라든가 홍보자료를 얻어 가지고…. 제가 주로 하고요, 그 지역 청소년상담실의 청소년상담 전문가들의 지원을 좀 받았죠. (몇 명이나 지원을?) 제가 한 명을 의뢰해서 이렇게 교대로 했습니다.
>
> 이경옥: 학생들 연수할 때 전문상담인이나 보조교사를 보내 주시고요, 캠프 때 비용을 지원해 주세요. 또 교장, 교감 관리자들에게 적극적인 홍보를 해 주시고요, ○○시청에서도 물질적인 지원을 해 주시고. 그 외엔… 그 정도 생각이 납니다. 또래상담자 훈련을 전적으로 ○○시청소년상담실에서 맡아 해 주고 있어요. 전문상담자들이 학교에 들어오죠.
>
> 강재영: …16개 반이었는데 (예) 반이 많잖아요, 그죠? (네, 네, 많죠.) 그래서 혼자 하기 그래 가지고 (음) ○○시청소년상담실하고 같이 교육을 시켰어요.

청소년상담기관의 전문상담자를 인터뷰한 연구가 있다. 그 인터뷰 내용 중에 상담기관에서 외부 전문가가 학교 관리자를 상대로 어떤 역할을 하는지 보여 주는 내용이 있어 소개한다(오혜영 외, 2006).

> 외부 상담자: 우선은 저희가 양성·교육하는 학교 선생님들이니까요. 양성교육을 할 때 선생님들하고 교장선생님께 또래상담이 어떤 거다 충분히 인식시켜 드리고 시작하기 때문에 또래상담과 관련해서 외부로 나오

는 부분은 비교적 수월해요.

외부 상담자: 저희가 처음에는 공문을 보내고 학교가 신청을 하거든요. 그리고 사전에 교장선생님 일정을 확인하고 소장님이 교장실로 가요. 또래상담은 애들한테 어떠한 거고…, 대신 학교에서 힘을 실어 주지 않으면 교육에서 끝난다고 이야기하죠(p. 63).

또 지역상담복지센터는 연합 캠프 등을 개최함으로써 지역 내 또래상담자 간의 연계에도 도움을 주었다.

이경옥: 캠프를 1년에 한 번씩 준비해 주시고, 연합회 캠프를 할 수 있게 해 주세요.

오성남: …여름방학 때 캠프가 있지 않습니까? 또래상담 캠프 간 거를 애들이 굉장히 의미 있게 여기더라고요. 갔다 온 애들 이야기 들어 보면 또래상담 캠프에서 애들 만나고 그런 것이 좋았다고…. (그 캠프는 어디 캠프를 말하는 건가요?) ○○시청에서, 청소년상담실에서 하는 거요.

오혜영 등(2006)의 연구에서도 이 부분에 대한 언급이 있다.

외부 상담자: 큰 예산은 저희 상담센터에서 지원을 하고요. 학교 자체별로 캠프를 못하니까 학교 모아서 캠프하는 데 1,000만 원, 또래상담자들이 거의 의무적으로 MBTI를 다 하거든요, 검사지나 다 해서 한 2,000만 원 정도(p. 64).

이런 연합 캠프는 지역 내의 또래상담자 및 또래지도교사 간 교류에 도움이 되었을 뿐 아니라 또래지도교사의 입장에서는 또래상담자에게 예산 소요 없이 캠프를 운영하는 효과도 있었던 것으로 보인다.

2) 외부에 알려짐

외부에 알려진 것도 중재적 조건으로 작용하였는데, '교육청의 관심' '뜻밖의 표창' '언론 보도' '타 학교 상담교사 자문'으로 하위 범주화되었다.

첫째, 학교를 방문한 도교육청 장학사가 또래상담을 발굴하면서 상을 주기도 하고, 교육청에서 기자나 교사들에게 또래상담을 운영하는 지도 교사를 소개하기도 했다. 이런 교육청의 관심은 학교의 또래상담을 외부에 알리는 중요한 계기가 되었으며, 학교 현장에서 또래상담으로 겪는 어려움을 극복하는 데 큰 도움이 되었다.

> 이경옥: 그래서 경기도에서 3년에 한 번 학교평가를 하러 장학사분들이 나오시는데, 이거 너무 잘했다, 그래서 학교 표창을 하겠다 하셨죠. ○○○도 교육 감님이 표창해 주셨고요. 또 그 아이들을 잘 지도한 지도교사는 누구냐 하셔서, 지도교사는 따로 교육감님 표창을 받았습니다.

노성희의 경우 도교육청의 장학사가 학교에 방문하여 또래상담을 알게 된 후, 도내 학생부장 회의와 교장단 회의에서 또래상담 운영 사례를 발표하도록 배려해 주었다. 이 사례 발표는 도내 전체 학교가 또래상담을 해야 할 상황을 만들 만큼 큰 영향을 끼치기도 하였다.

> 노성희: …도교육청의 생활지도 담당 장학사님이 또래상담에 대해서 한번, 음… ○○○도 학생부장 회의에 나와서 발표 좀 해 달라 하셨어요. 그래서 또래 상담에 대해서 그때 가서 사례 발표를 했죠. (네) 그리고 그분이 '아, 참 좋은 거구나.' 하시곤 그다음에 전 학교에 또래상담을 운영해라….
>
> 연구자: ○○○도 전 지역?

노성희: 네, 하라고 했으니까, 공문을 내려 보냈으니까요. 그리고 교장선생님, 충남 초·중·고 교장선생님 회의가 있었어요. 600, 700여 명 되는 분들이 모인 데서 또래상담에 대해 제가 사례 발표를 했어요. 교장선생님들 있는 데서. 그랬더니 교장선생님이 '아, 그거 참 좋은 거구나.' (아) 그래 가지고 또 (웃음) 각 학교에 가서 선생님들한테 '우리도 이거 해 봐라.' (웃음) … 그래서 제가 욕 얻어먹었잖아요. (웃음)

연구자: 그 자리에 ○○고 교장선생님도 계셨나요?

노성희: 네, 계셨죠. 제가 일부러 교장선생님 다 끝나고 찾아갔죠. 같이 가려고.

연구자: 네… 교장선생님은 어떤 반응을 보이시던가요?

노성희: 뭐 기분 좋아하셨죠. 우리 학교 보배라고 (웃음) 그러셨으니까, 다른 교장 선생님들한테.

둘째, 외부에 알려진 또 하나의 계기는 뜻밖의 표창이었다. 또래상담을 운영하던 상담교사들은 뜻하지 않게 장관 표창, 교육감 표창, 지자체장 표창 등을 받음으로써 외부에 알려지게 되었고, 지역사회 내에서 유명 학교가 되었다. 이런 표창은 또래상담 운영으로 겪어야 하는 어려움을 극복하는 데 상당한 도움이 되었다. 이 때문에 또래상담에 대한 인식이 달라지고 또래상담자의 자부심이 고취되기도 하였다.

김성권: 그니까 현수막을, 장관상 받았다고 현수막을 걸었던 적이 학교에서 별로 없었던 것 같아요. (네) 당시까지는. 그래서 또래상담반에 걸어놓으니까, 또 그걸 교문 앞에다 걸어놓으니까 누구라도 다 볼 거 아니에요. (네) 전교생, 전 교사가 다 보게 되니, 그때부터 또래상담자에 대한 인식이 달라졌습니다.

노성희: …교육부장관상도 타고 학생은 문광부장관상을 타고. 다음엔 저를 올렸어요. 개인지도자상을 올렸는데 그때 당첨이 됐어요. (웃음) 그래서 교육부장

관상 타고. 또 상을 타니까 여기저기 알려지고… 남들이 인정을 해 줬죠. (학교 측에는 어떤 영향을 주는 것 같나요?) 학교는 좋죠. 학교 이름이 알려지니까 좋았고, 음… 또래상담 그러면 ○○고. 쳐다보니까 교장, 교감 선생님들이 많이 좋아하셨던 것 같아요.

이경옥: 2001년에 또래상담부 우수학교 표창을 받았고요, 교육부장관 표창 또 대한민국 청소년 동아리 경진대회 나가서 우수상을 받았고요. 2002년에 상담부 장학생인 ○○○ 학생이 문화관광부장관상을 받았어요, 전국에 우수 또래상담자로서. 또 2003년엔 우수 또래상담 지도자라며 문화관광부장관상을 수상했고요. (선생님이?) 네. (웃음) 또… 큰 상은 주로 그랬던 것 같고요. 그 사이에 시장님상, 상담실장님상을 받았어요. 2005년엔 ○○○도 지사님께서 또래상담부 차장 ○○○에게 경기도에서 모범 청소년에게 수여하는 청소년 대상을 주셨어요. 도지사님이 주신 겁니다. 그다음에 국무총리 직속기관인 국가청소년위원회라는 곳에서 수여하는 위원장상을 2005년에 ○○○ 학생이 우수 또래상담자라는 이름으로, 아마 전국 대표인 것 같은데, 표창을 받았어요…. (그렇군요. 이렇게 상을 받은 것이 또래상담반을 운영하는 데 어떤 영향을 미치는 것 같나요?) 우선 개별적으로 받은 학생이 자부심을 갖고, 가문의 영광으로 생각하고, 학교의 영예로운 일로 생각하죠. 그리고 학교에서도 좋아하고요.

셋째, 외부에 알려진 또 다른 계기는 언론 보도였다. 또래상담 활동이 언론에 보도되면서 또래지도교사가 운영하는 또래상담반이 전국에 알려지게 되었다. 국민일보, 한겨레신문, 중앙일보, 지역 일간지에 소개되고, KBS, EBS, MBC에서 취재해 갔으며 TV에 직접 출연도 하였다. 이런 상황은 학교의 인식을 바꿔 놓는 중요한 계기로 작용하기도 하였다. 그러나 이것만으로는 또래상담을 정착시킬 수 없었기에 또래지도교사는 이런 기회를 뜻밖의 선물 정도로 인식하고 있었다.

김성권: …우리 학교에 중앙일보 기자가 쫓아왔더라고요. (예) …우리 아이들을 모델로 탁 넣어 가지고 사진을 찍어 가면서 …사설란 같은 큰 난에 (음) 기사를 넣었더라고요, 일간지에. (예) 그게 떡 나왔으니 인제 달라져야 되는 거지요. (음) 그랬더니 그다음엔 KBS에서 전화가 왔어요, 방송하자고…. 또 KBS에서 방송을 하니까 EBS에서도 연락이 왔어요. (음) 청소년 코너에. …그러다 보니까 이제 학교에서도 '아, 이거 또래상담이 별다르구나.' 한 거죠.

노성희: 한겨레신문에서도 취재했고, ○○○도에 있는 신문에서도 취재해 갔어요. 그리고 MBC ○○ 방송국에서도 연락이 왔어요. 자기네 토요일 아침 프로그램이 있는데 나와 달라고. 그래서 그때 우리 학교가 소개되면서 그냥 취재하는 게 아니라 직접 출연까지 했어요. 학생하고 저하고 둘이서. 그렇게 너무 많이 공개가 돼서 (웃음) 그걸 꼭 했어야 했죠. 안 하면 안 되는 상황이었어요.

이경옥: KBS, EBS, 국민일보, 아이들이 보는 청소년 잡지 중에서 독서평설이라는 거, 그 외에 여러 기사들…. (그러면 그건 또래상담반을 운영하는 데 어떤 영향을 미쳤나요?) 참여하는 학생들은 굉장한 자부심을 갖고 정말 좋아합니다. EBS 촬영 때는 40분짜리가 나갔는데… 그렇게 아이들은 정말 자부심을 느끼고, 방송에 나간다니까 아이들 가족들도 좋아하고, 또 그 방송에서 잘한 학생, 표창받은 학생은 학부모까지 방송에 내보내 줬으니까요. 학부모들은 아주 좋아하시고, 그야말로 가문의 영광이라고…. (웃음) 학교도 물론 좋아해서 40분짜리 EBS 프로에 나간 건 밤에 자율학습을 안 하고 전교생에게 방송을 보여 줬습니다. 각 반에서 다 보도록. (그러셨구나, 그럼 학교 관리자들은 그런 활동에 대해 어떤 반응을 보이시던가요?) 음… 아, 정말 잘한다. 이렇게 평을 받아서 너무 좋다….

넷째, 표창과 언론 보도를 통해 학교가 외부에 알려지자 타학교 상담

교사들로부터 자문 및 자료 요청이 들어왔다. 어떤 교사는 직접 학교에 방문하여 도움을 청하기도 하였으며, 자기가 관리하는 또래상담자를 데리고 방문하기도 하였다. 면접 대상자들은 우편이나 이메일을 통해 자료를 제공하고 자문해 주기도 하였다.

> 이경옥: 여러 기사들이 나간 것을 보고 여기저기서 필요한 자료를 보내 달라고 한 적도 있었고, 서울에 있는 어느 학교에선가… 거기는 아예 또래 학생들이 지도교사와 함께 작년, 그니까 2004년에 직접 방문을 해서 이 학교에서 하고 있는 것을 직접 보겠다고 했습니다. 이메일로 자료를 보내 준 학교도 여럿 있고, 전화로… 또 직접 우편으로… 주로 이메일로 많이 보냈고, 디스켓에 넣어서 보낸 경우도 있고, 또 직접 방문해서 가져간 학교도 있었죠. …자료는 학교에서 원한다 하면 어떤 선생님이 오든지 다 전했어요. …그리고 ○○ 근처가 아닌 전라도 학교에서도, 전라남도 교육위원회에 계신 장학사님도 신문에 난 기사를 보고 자료를 보내 달라 하셔서 보내 드렸어요.
>
> 노성희: 어떤 관심 있는 선생님들은 하고 싶다고 하면서 저한테 자문을 받으러 오기도 했어요.

3) 운영 중 기대 밖의 결실

또래상담을 운영하다 보니 지도교사가 계획하지 않았던 뜻밖의 일들이 일어났다. 또래상담 활동이 대학입학 수시전형에 도움이 되기도 하고, 기대 이상으로 활동하는 또래상담자가 나타나기도 하고, 또한 몇 해 진행하다 보니 도움을 주는 졸업생 선배들이 출현한 것이다. 특히 수상을 하거나 언론에 출연하고 또 친구를 효과적으로 돕는 활동 등이 진학에 도움이 되자, 이것은 입시 위주의 패러다임을 가진 학교 조직에서 큰 반향을 일으킨 것 같다.

첫째, 또래상담 활동에 시간을 뺏겨 대입에 방해가 된다고 보았는데 오히려 또래상담 활동으로 수시에 합격하고, 또 수시에 지원하는 학생들의 서류전형에도 도움이 되는 뜻밖의 일이 생겼다. 입시에 초점이 맞추어진 학교 환경에서 이런 결과는 상당히 좋은 영향력을 발휘하는 중재적 조건으로 작용하였다.

> 김성권: …그 친구, (예) 걔가 사실은 좀 모자랐습니다. 조금. (예) 근데 ○○대학교에 원서를 넣을 때 (음) 원서를 써 주는 담임교사가 말렸어요. 너 그 점수 가지고 거긴 안 된다. …상담원 교수님 추천을 받고, 지역 청소년상담실 추천을 받고, 저도 또래상담 활동에 대해 추천서 쓰고 했죠. 며칠 뒤에 어머니에게서 전화가 다시 왔더라고요. (음) '선생님, 됐어요, 됐어요.' 그러더라고요….
>
> 연구자: 음, 그 이후로 그 아이가 또래상담으로 수시에 합격한 것은 학교에 어떤 파급 효과 같은 게 있었나요?
>
> 김성권: 그럼요. 그해 서울대학교 들어간 아이들도 있고, 이대 들어간 아이들도 있고, 서강대 들어간 아이들도 있고… 잘 들어갔어요. (음) 그래서인지 그냥 우리끼리 말로, 학교에서 고3 담임들은 '어? 내년부터는 또래상담 활동을 시켜야 되겠네, 공부 좀 잘하는 성적되는 애들은.' 그런 말까지 나올 정도였습니다.

둘째, 또래상담 활동을 하다 보니 기대 이상인 또래상담자가 발견되었다. 또 활동이 의외로 좋은 결과를 가져오기도 하였다. 상담교사가 기획하거나 의도하지 않은 상태에서 일어난 이런 일들은 하나의 중재적 조건으로 작용하였고, 또래지도교사에게도 힘을 주었다.

이경옥: …학생들이 시간을 내고 자기 용돈을 투자하면서 또래 친구를 도와주려고 하는 이런 면에서 감동적인 학생들이 몇몇 있었습니다. 그 학생들에게 배울 점이 많았어요. 학교에 와서 적응을 못하고 혼자 있는 학생들이 있는데 그런 애들 옆에서 또래가 도와줘서 학교에 잘 나오고 있는 거예요. 학부모가 감사하단 얘길 직접 해 주시고….

노성희: …마침 1학년 집단상담이 끝난 이후였어요. … 1학년 국어 선생님들이 그 반에 들어가서 1학년 아이들에게 우리 학교 와서 좋았던 점이 뭐냐, 인상 깊었던 점이 뭐냐 그랬더니, 언니들이 집단상담 해 준 것이 아주 인상 깊고 좋았다, 그리고 학교에 대한 정보를 많이 제공받았다 했죠. 근데 그 말이 금방 퍼졌어요. 선생님이 오셔선 또래상담이 뭔데 그렇게 애들이 좋아하느냐고…. 선생님들도 그때 많이 '그게 뭔데 애들이 그렇게 좋아해?' 해서, 부정적으로 생각하고 그게 뭐야 하던 선생님들도 돌아서기 시작했죠.

김성권: 활동한 결과 1기, 그러니까 1학년 때 뽑아서 훈련하고 2학년 때 활동한 1기의 결과가 무척 좋았습니다. 사실 그 아이들이 2학년 중반 또는 3학년 올라갈 때 보니까, 우리가 여기서 이제 리더십을 이야기하잖아요, (예) 그 아이들 22명 중에 한 5~6명이 학급 회장, 부회장이 되더라고요. (음) …그런 긍정적인 효과가 있었습니다. 그것이 아마 제가 노린, 어떤 전략적인… (기대했던 것?) 네, 기대 맞습니다. …그러다 보니까 그 이후에 정착이 무난하게 되지 않았나 생각합니다.

강재영의 경우는 개인상담의 수준이 상당히 높은 또래상담자를 경험하기도 하였다. 그 또래상담자의 사례는 학회에서 보고되기도 하였는데, 이런 학생이 한 명 있으면 또래상담반 전체의 수준이 향상되기도 하였다.

강재영: 그중에 열심히 하는 아이가 하나 있어 가지고, …걔가 사례가 굉장히 많았어요. (어) 거의 한 30건을 했죠. 그래서 그를 중심으로 아이들의 전체적

인 수준이라든지, 해야겠다는 마음이 올라갔어요. 그래서 걔 같은 경우에
는 상담을 진짜 다른 아이들이 의뢰해 와서 했고 상담 수준도 상당히 높
았던 것 같아요…. 그래서 그 학생의 상담 사례로 제가 인지상담학회인가
에서 같이 보고도 했어요.

셋째, 또래상담이 수년간 진행되다 보니 졸업한 선배들이 생겨났다.
졸업해서 대학생이 되거나 직장인이 된 선배들은 후배들과 지속적으로
유대관계를 유지하면서 또래상담자 훈련과 슈퍼비전에 도우미로 참여
하기도 하였다. 졸업한 선배가 학교 교사가 되어 후배들을 방문해서 격
려해 주기도 하였다. 이런 선배들의 영향은 학교에서 또래상담으로 인한
어려움을 극복하는 중재적 조건이 되었다.

오성남: 졸업한 아이들이 있습니다. …졸업생 중에서 걔들이 와서, 대학생들이 와
서 해 주었어요. ○○○ 선생님은 우리 학교 애들의 경우 직접 수업은 안
하시고 졸업한 애들이 합니다.

연구자: 아, 졸업한 학생들이 와서 신입 또래상담자 학생들을 이제….

오성남: 그렇게 하니까 더 잘되죠.

연구자: 훈련시켜 주는군요.

오성남: 예. …우리 학교는 또래상담이 잘 돌아가니까 선배들이 와서 하고 있어요.
(아, 그렇구나.) …사회복지과라든가 교육학과 같은 데 가서 (예) 선배가 되
어 오니까 그것도 애들이 무시 못하더라고요, 선배가 와서 하면.

김성권: …졸업한 선배들도 와요. 그 애들이 무척 보고 싶어 해요. 카페 들어가면
올해 8기 후배들이 왔는데 참 보고 싶어요. 이제는 해외에 있는 친구도
그 카페에 들어와서 글을 남깁니다. 또래상담 활동을 열심히 했던 아이들
은 후배들도 훌륭한 활동을 해서 자기들처럼 커 가지고 ○○고 또래상담
반을 빛내 줬으면 하는…, 그래서 가까이 있는 선배들은 함께 하고.

연구자: 아, 그럼 선배들이 있다는 자체가 정착에 또 영향을 많이 주는군요.

김성권: 그렇죠, 맞습니다. 그래서 전 이제 앞으로는 선배들이 와서 이 단체를 좀 책임질 수 있도록 좀 약간 기대 볼 수 있는 그런 인맥을 만들고 싶어요. 그러면 더 좋은 단체가 될 거 같아요…. 작년 임명식 할 때는 1기 교사가 된 아이가 선배로 와서 축하를 해 줬습니다.

어려움을 극복하는 데 도움을 준 중재적 조건들은 '외부의 지원' '외부에 알려짐' '운영 중 기대 밖의 결실'로 범주화되었다. 중재적 조건 중 '외부의 지원'은 참여자의 '업무 과중' 해결과 '미숙한 또래상담자'에 대한 교육 및 슈퍼비전 제공으로 스트레스를 감소시키는 데 영향을 미쳤다. '외부에 알려짐'과 '뜻밖의 결실'이라는 중재적 조건은 '미숙한 또래상담자'의 태도 변화에 영향을 미쳤고, '비협조적인 동료 교사'에게 또래상담에 관심을 가지게 하였으며, '부정적인 학부모'로 하여금 또래상담이 자녀에게 이득을 가져다줌을 깨닫게 하는 영향을 미쳤다. '운영 중 기대 밖의 결실'의 하위 범주인 졸업한 선배의 출현으로, 후배 교육과 슈퍼비전에 참여할 인력이 확보됨으로써 참여자의 '업무 과중'에 영향을 미쳤으며, 또 후배 또래상담자와의 연계를 통한 또래상담 정신 및 활동 계승과 또래상담반 운영 지원으로 '미숙한 또래상담자로 인한 스트레

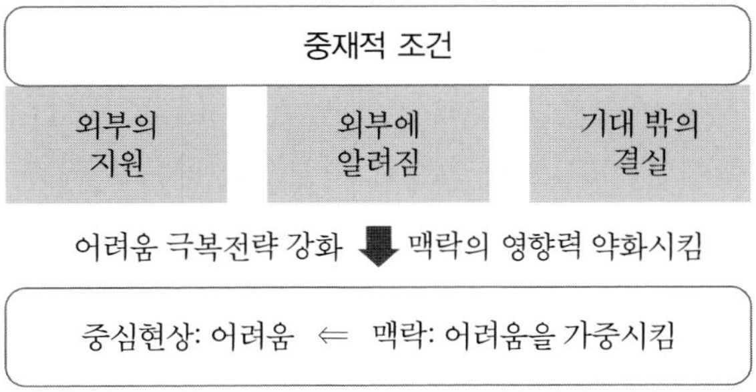

[그림 8-1] 맥락을 약화시키는 중재적 조건

스'를 감소시키는 데 영향을 끼쳤다.

외부의 지원은 틴달(1995)이 제시한 성공적 운영을 위한 조건으로서, 이상희, 노성덕 및 이지은(2010)이 제안한 것에도 나타나고 있으며 구광현, 이정윤, 이재규, 이병임 및 은혁기(2005), 금명자, 장미경, 양미진 및 이문희(2004)에서도 제시되고 있다. 이 연구에서 '외부에 알려지는 것'은 표창을 받는 것이나 교육지원청의 관심, 언론 보도 등인데, 이것은 또래상담자 및 또래상담 지도자에 대한 보상의 의미가 있는 것으로 보인다. 김진희, 이상희 및 노성덕(1999)이 또래상담 운영 방안을 연구하면서 '적절한 보상'의 중요성을 언급한 바 있는데, 이것이 실제로 큰 영향력을 가지는 것으로 확인되었다. 또래활동으로 수시 합격, 졸업한 선배 출현 등의 '운영 중 기대 밖의 결실'은 이 연구에서 드러난 독특한 중재적 조건이라 할 수 있는데, 우리나라에서 또래상담이 학교를 중심으로 활성화되고 있기 때문이라고 여겨진다.

2. 어려움 극복을 위한 전략: 작용/상호작용

외부의 지원과 더불어 또래지도교사의 극복전략은 다양하게 구사되었다. 극복을 위한 노력은 또래상담 정착의 정수라고 할 수도 있다. 혹시 이 책을 읽으면서 또래상담 운영에 대해 부담을 느끼는 독자가 있다면 이 부분에서 많은 지혜와 도움을 얻게 될 것이다. 각각의 상황에 맞게 전략이 구사되겠지만, 여기에서 소개하고 있는 전략은 우리나라 학교 현장에서 또래상담을 가장 잘 운영한 현직 교사들의 소중한 경험담임을 기억할 필요가 있다.

또래지도교사는 어려움으로 초래된 현상을 극복하기 위해서 '또래지도교사의 태도' '주변인 설득' '또래상담자 관리'라는 세 가지 측면에서 전략을 구사했다.

1) 또래지도교사의 태도

또래지도교사 자신의 태도는 또래상담을 학교에서 시작하는 데 기초가 되었다고 볼 수 있다. 상담교사는 성실한 근무 태도를 보여 줌으로써 현상에 영향을 미치고자 했다.

> 이경옥: 이때까지 한 것보다 더 성실하게 일단 학교를 먼저 출근하고, 내가 맡은
> 일에 열심히 해야 되고, 지금 한 것보다 더 인정을 받아야 해요. …참 모
> 호하고 여러 가지 복잡미묘한 일이 있지만, 어쨌든 현재보단 더 열심히 해
> 야겠다, 나부터 선생님들과 교장·교감 관리자들한테 나름대로 적게나마
> 인정을 받아야겠다, 그래야 나중에 뭐가 필요하다고 얘기할 때 학교에서
> 도 도움을 주지 않겠는가. 그래서 그 때문에 많은 노력을 했습니다.

더불어 인내하며 극복하는 태도도 보여 주었다. 이런 태도에는 참여자의 성격적 특성, 즉 적극적이고 긍정적인 특성도 영향을 미쳤다. 노성희의 경우에는 언젠가 자신의 진심을 알아 줄 것이라 믿고 인내하면서 이겨 내려 했다. 김성권의 경우에는 '자신 있게 그냥 해 나가기'라는 방법으로 극복하려 했다.

> 노성희: 진실은 언젠가 통할 것이고, 현재 오해가 있다 해도 굳이 지금 당장 풀려
> 고 안 해도 언젠간 풀리고… 진심만 통하면 되지 않을까 그렇게 생각했죠.
> 제가 시작을 했기 때문에 끝도 제가 봐야 된다 생각했고요, 제가 일을 벌
> 여 놓고 남에게 떠맡기는 건 저도 싫거든요. 선생님들이 반대했던 것도 실
> 은 네가 일 벌여 놓고 나중에 다른 사람에게 넘기면 그 사람이 얼마나 힘

들겠느냐 하는 것도 있었으니까. …제가 벌인 일은 끝마무리도 제가 한다 이런 주의이기 때문에, 뭐 누구한테 지지를 받든 대우가 달라지든 관계없이 쭉 밀고 나간 것도 있고요.

김성권: …활동에 대한 자신감이 있었습니다. (예) 아, 이건 분명히 학교에서는 필요한 것이고 (음) 또 가능성이 있는 것이고 해야 되는 것이고…. (예… 웃음) 상담실에 상담 못하게 그냥 가만히 앉아 있으라고 해도, 옛날엔 상담교사가 그냥 앉아서 기다렸지만 우리는 찾아나가는 상담 아닙니까? (네) 그런 활동을 해야겠다고 생각했기에 (음) 전 뭐 그냥 자신 있게 스스로 극복했습니다.

그런가 하면 오성남의 경우에는 자기가 전면에 나서서 또래상담이 운영되도록 하기보다는 뒤에서 지원해 주는 태도, 즉 후견인처럼 활동하는 태도를 보이고 있다.

오성남: 저는 아이들이 이렇게 해 달라 하면 다 지원해 줬어요. 지원은, (예) 다른 선생님들은 그런 게 잘 안 되는데, 전 애들이 원하면은 담임선생님한테 이거 좀 해 주세요 그러면 해 주고, 담당선생님 만나서 얘기해서 빼 주고, 그담에 애들이 와서 시간이 안 되니까 도와달라고 하면 시간을 좀 빼 달라고 하는 거 도와주고 그랬어요. (아, 아이들이 좀 활동을 할 수 있도록 선생님께서 뒤에서 터를 마련해 주신 거군요.) 예. 장소 같은 것이 필요하면 제가 미리 교장선생님, 담임선생님 만나서 이렇게 쓰겠습니다, 부탁드립니다 하고 말해서 시간에 맞게 쓰도록 했어요. 제가 실제로 아이들에게 어떤 활동을 하라고 말하기보다는 아이들이 원하는 게 있으면 되도록 도와주고 (예) 그랬습니다.

또래지도교사의 이런 태도는 더 적극적으로 주변의 학교나 전문가와 네트워크를 구축하려는 시도로 표현되기도 하였다. 지역사회의 학교가 연대하여 연합회를 구성하면 관리자나 교사에게 영향을 미칠 수 있다고 생각했기 때문이다. 또래지도교사 중 노성희를 제외한 여섯 명이 모두 지역 연합회에 소속되어 있었는데, 그중 김성권과 강재영은 직접 지역 연합 모임을 구성하고 운영하였다.

> 김성권: …제가 이런 활동들은 이웃 학교에도 좀 잘 알려 줘서 함께 연대해 가지고 함께 했으면 했어요. 제가 해 보니까 한 학교만으로는 좀 부족해요. (음) 많이 있거든요. 활동도 그렇고, 내용도 그렇고, 행사도 그렇고. 그러면 다른 학교와 단체로 함께 모일 때 수적으로도 커지고 큰일도 함께 할 수 있고 (예) 또 모양새도 괜찮고, 그럼 좋지 않을까 하는 생각도 해 보거든요.
>
> 강재영: 지역 간 모임을 활성화시키는 게 제 과제였는데, 그래서 2003년도에 ○○시 청소년상담실하고 합의를 해서 제가 인제 연구회를 만들었습니다. 그때 제가 초대회장이 되었어요. 그래서 ○○지역에서 매년 초 또래상담 연수도 하고 해서 또래상담을 많이 했습니다.

2) 주변인 설득

또래지도교사가 설득하고자 했던 주변인은 관리자, 동료 교사, 학부모였다. 학교 내에서 또래상담반을 운영하는 데 직접적인 영향을 미치는 주변인이 이 세 부류의 사람들이었다. 먼저 사립학교의 관리자는 학교 내에 큰 영향력을 미치기 때문에 학교에서 또래상담을 운영하려는 사람이 반드시 설득해야만 하는 대상이다. 또래지도교사는 관리자를 설득하기 위해서 또래상담 활동에 대해 반복 설명하는 전략을 사용하였다.

> 박성문: 면담을 통해서, (교장선생님과?) 예, 대화를 많이 나누었어요. 최근에 문제

되는 여러 가지 청소년문제의 심각성 같은 것이 (예) 사전 지도보다는 예 방교육이 중요하다, (예) 그러기 위해선 또래상담이 절대적으로 필요하다 (예) 그런 걸 많이 말씀드렸죠. 그러고는 유인물 같은 걸 가지고 그 계획을 설명하고….

이런 경우를 김성권은 구워삶는다고 표현하였으며, 오성남은 개인적인 기호를 함께 하면서 관리자에게 또래상담 활동을 인지시켰다고 하였다.

오성남: 교감선생님 인지시키는 것은 맨 첨에 교감선생님이 술을 좋아하니까 먹이 는 거예요. (웃음) 우리 교감선생님 같은 경우는 인간적인 친밀함이 있으 니까 제가 몇 번 사 드렸어요, 제가. (웃음) 그래서 제가 하고자 하는 일은 많이 도와주려고 그러시더라고요.

김성권: …그저 교감선생님을 제가 구워삶고 행정실장을 구워삶고 해 가지고, '아 이고, 애들 훈련하는 데 좀 도와줘야 됩니다.' 해 가지고 이젠 간식비 정 도는 받아 내죠.

또래지도교사는 관리자를 설득하기 위해서 가시적인 성과를 추구하 고, 관리자가 직접 참석해서 확인할 수 있는 일들을 계획하기도 하였다. 이경미, 김성권, 이경옥의 경우를 보면 관리자에게 가시적인 무엇을 보 여 주기 위해 애썼음을 알 수 있다.

김성권: …제가 처음 노린 게 그거예요, 사실. 처음부터 학교에서는 부정적이잖아 요, 담임교사 분위기가. 그래서 제가 1기를 하면서부터 1기, 2기 다 운영하 고 뭔가 가시적인 성과를 좀 보여야겠다 했죠. 그래야 학교가 번쩍 눈이 뜨일 거 아니에요. (예) 그게 필요하겠더라고요.

이경옥: 우선 겉으로 나타나는 가시적인 뭔가가 있어야….

이경미: …관리자에게 먼저 얘기를 해서 그들의 관심을…. (예) 그래서 그들에게
        설명하고 또 뭔가를 보여야 하니까, 발대식을 한다든지 (예) 그런 행사를
        통해서 그들을 초빙하곤 했죠. (예) 그들의 관심을 끌어내기 위해서 제가
        그런 것을 했어요. (아, 그러셨군요.)

두 번째로 설득해야 할 주변인은 동료 교사였다. 관리자가 학교에서
영향력을 크게 미치는 주변인이라면 동료 교사는 매번 협조를 구해야 하
는 대상이었다. 또래지도교사들은 동료 교사를 대상으로 홍보를 하거나
협조를 구하되, 그것이 담임에 대한 월권행위가 되지 않도록 조심했다.

박성문: …주변 교사들을 (예) 설득시키고 그들에게 홍보하는 데 (음) 적극 애를 썼
        다고 말할 수가 있겠네요.
이경미: …그런 관심을 촉구해야 (예) 교무회의 때 우리가 '이런 또래상담 행사를
        합니다. 관심을 가져주십사 하고 이런 행사를 합니다.' 하고 가끔씩 제가
        알리고….
이경옥: …또 담임선생님 하는 일에 너무 월권을 해선 안 되고…. 참 애매하고 복잡미
        묘한 여러 가지 일이 있지만, 어쨌든 현재보다는 더 열심히 해야 되겠다….

노성희의 경우를 보면, 동료 교사 중 나이가 많은 선배 교사들이 비협
조적으로 나오면 따지거나 하지 않고 무조건 사과하였고, 도움 청할 일
이 있으면 관리자에게 말하기보다는 동료 교사에게 직접 도움을 청함으
로써 그들을 존중하는 태도를 보여 주었다. 그것이 동료 교사들에게서
인정을 받는 결과를 가져왔다고 밝히고 있다. 또한 동료 교사의 자녀를
상담해 주거나 심리검사를 실시하고 그 결과를 알려 줌으로써 그들의 협
조를 얻어냈다.

노성희: …그냥 제가 저보다 나이 많은 선생님들한테는 무조건 사과했어요. …동
료 선생님들한테는 오히려 도움을 청했죠. 오히려 어른들한테는 도움을
청하지 않았어요. …왜냐면 교장, 교감선생님이 역으로 재가 하는 일은 전
부 지지해 줘라, 무조건 도와줘라 한다면 선생님들은 화가 나서… 저게 이
렇게 나오는구나 하겠죠. 그래서 모든 일은 다 제가 해결하려고 했어요.
어른들은 모르게. 그렇기에 시간은 좀 많이 걸렸지만 선생님들한테 더 인
정받았던 것 같아요. …안 하시지만 상담 자체를 부정하는 이들에게는 상
담의 좋은 점이 무엇인가를 알리기 위해 그 선생님 자녀들을 제가 상담했
어요. 그러니까 정보 제공을 한 거죠. (오오, 자녀들에 대해서?) 제가 여기
저기 연수받다 보니 검사 워크숍을 받고 오면 그 선생님들에게 다가가서
'선생님 아이가 몇 학년이죠? 제가 이 검사를 교육받고 왔는데 공짜로 해
드릴게요.' 해요. 그 선생님들 공짜로 해 준다면 대부분 '좋아.' 그렇게 하
거든요. 그래서 검사하고 분석해서 아이가 이런 부분이 힘들 거고 하는 식
으로 얘길 하니까 맞다 그러면서 일단 상담이 그런 거구나 하는 거예요.
그러다가 제가 '저 또래상담 이거 해야 되는데 어떡하죠?' 그러면 하라고
(웃음) 그러세요.

오성남은 동료 교사들의 관심을 이끌어 내기 위해 학생의 문제를 해
결하는 방법과 같은 자료를 청소년상담실에서 얻어다가 제공해 주기도
했다.

오성남: …또 상담을 공부하면서, 여기 선생님들은 관심이 없으니 그런 건 청소년
상담실 선생님이 자료를 만들어 주면 나누어 주곤 했어요. 문제를 해결하
는 방법이라든가….

세 번째로 설득해야 할 주변인은 학부모다. 특히 인문계 고등학교의

경우에는 대학입학에 피해를 입을까 봐 우려하는 학부모들이 또래상담 활동을 못하게 하거나 방해했다. 이경옥과 김성권은 학부모의 전화를 받으면 또래상담 활동의 의미에 대해 설명해 주고, 또 필요하면 학교를 방문하도록 해서 학부모상담을 실시하는 방법을 통해서 설득했다. 김성권은 더 적극적인 방법으로 또래상담자 임명식과 겨울방학 캠프 등에 학부모를 초빙하여 참석토록 하였는데, 이를 학부모의 이해를 끌어내는 데 좋은 방법으로 인식하고 있었다.

> 이경옥: …가끔 부정적인 학부모들이 계신데, 그런 경우는 학부모상담을 해요. …학부모들의 생각이 변하도록 지도교사가 만나서 상담부에 대한 좋은 점을 소개하고 앞으로 어떻게 이것을 하면 더 좋은지 그 장점을 소개합니다. 그래서 결국은 극복을 하고….
>
> 김성권: …제가 노린 건 임명식 할 때 학부형들을, (음) 그 또래상담자 학부형들을 오라고 하는 거예요. (음) 학교장이 임명장을 준다는데 엄마들이 좋아할 수밖에요. 우리 아이는 반장도 아닌데 임명장을 준다니까 (아) 좋아하는 거죠. (예) …임명식이 있다거나 방학 중에 행사가 있다거나 그러면 제가 서한을 다 보냅니다. 또래상담자 앞으로, 가정으로 해서 학교장의 허락을 받고 가정통신문으로 '이러이런 활동을 합니다.' 하고 보냅니다.

이러한 결과는 학교에서 또래상담을 운영하기 위해서 학교 관리자의 허락을 받는 것이 매우 중요하다는 다른 학자들의 앞선 지적과도 일치하는 것이다. 또한 학교 관리자 외에 동료 교사, 학생, 학부모 등에게 또래상담에 대해 설명하고 협조를 구하는 일이 필요하다는 것도 여러 학자들이 지적한 바 있다(김진희 외, 1999; 이상희, 노성덕 외, 2010; Brackenbury, 1995; Cole, 2001; Tindall, 1995). 본 연구의 또래지도교사는 이를 사전에 인식하고 했다기보다는 어려움을 극복해 가는 과정에서 인식하여 하나의 전략으로 구사한 것이다. 또래상담이 기존 조직의 일부로 정착해 간다는 점에서 국내외를 막론하고 공통적인 면이 매우 많다고 볼 수 있다.

3) 또래상담자 관리

또래지도교사는 미숙한 또래상담자를 미리 가려내기 위해서, 또래상담자를 제대로 활동하는 또래상담자로 만들기 위해서, 보람을 느끼고 활동하도록 하기 위해서, 팀워크를 발휘할 수 있도록 하기 위해서 매우 다양한 방법을 사용했다. 또래상담자 관리를 위한 목적으로 참여자들이 사용한 방법은 '또래상담반 조직화' '또래상담자 교육' '지속적인 활동 내용 개발' '기록을 남김'으로 범주화될 수 있다.

(1) 또래상담반 조직화

먼저 또래상담반을 조직하기 위해서 선발 시스템을 개발하였다. 이것은 동기가 없고 미숙한 학생들을 사전에 가려내기 위한 것이었는데, 나중에는 또래상담반 선배에게 자부심을 부여하는 기능까지 가지게 되었던 것으로 보인다. 첫해에는 상담교사 혼자 면접을 보거나 혹은 성적순으로 뽑는 등 어려움이 있었으나, 점차 선배 또래상담자가 면접을 보도록 방법을 바꾸어 나갔다.

> 이경옥: 면접을 봤습니다. 많은 학생들이 와서 면접하는 데 애로사항을 겪었고요. 첫해에는 제가 혼자 면접을 하면서 담임선생님에게 의견을 물어보고 선발하기도 했습니다. 면접 후에 모호한 경우는 너무 신청자가 많아서 그런 경우가 있었습니다. …지금은 선배들이 면접을 하죠, 제가 직접 하지 않고. 첫해 하고 나니 아이들도 조금 성적 우수자보다 친구를 많이 생각하고 배려하고 희생하는 봉사정신이 있는 아이들이 더 좋겠다, 다시 말해 더 긍정

적이고 친절하고 희생적인 아이들이면 더 좋겠다 했어요.

김성권: …면접할 때는 제가 뒤에서 카운터를 하고, 앞 전면에서는 선배들이 면접을 해요. 근데 밖에서 기다리는 아이들이 벌벌 떨어요. 다리를 떨고 있죠. 면접하는 게 쉬운 게 아닌가 봐요.

연구자: 면접 연습을 거기서부터 하네요. (웃음)

김성권: (웃음) 선배들이 딱 앉아가지고 질문을 하는데, 1학년 신입생이 아주 녹초가 되죠, 거기서.

노성희의 경우는 성적을 보지 않고 2학년 또래상담자가 20명씩 맡은 1학년 중에서 또래상담자를 선발하게 했다. 박성문의 경우는 첫 선발부터 신망 있는 학생을 선발하려고 신경을 썼다. 노성희의 말을 들어 보자.

노성희: …너무 많아서 성적을 좀 봤다는 게 그 아이들한테는 좋은 게 아니었어요. 성적이란 게 평가인데 그거 가지고 사람까지 평가하게 된 꼴이 되었으니까. 그래서 그다음부터는 아예 성적을 안 봤어요. …그래서 아이들 중에서 자기가 맡은 20명 가운데 또래상담을 하고 싶은 애들을 스스로 거기서 뽑아요. 그러고는 뽑힌 아이들을 교육시켜서 차순으로 넘어가고 했죠.

둘째, 공식적인 임명식을 개최하였다. 면접을 통해 선발된 또래상담자는 일정 기간 또래상담자 훈련을 받는다. 훈련을 마치면 모든 과정을 이수한 학생에게만 또래상담 수료증이 주어지고 임명장이 주어진다. 이때 참여자들은 형식을 갖추어 임명식을 진행하였다. 그렇게 하는 것은 또래상담반 조직을 확고하게 하기 위한 것과 주변 사람들을 설득하려는 목적에서였다. 임명식은 전교생 앞에서 진행되는 경우와 학교 회의실에서 진행되는 경우가 있는데, 공통적인 것은 교장이나 교감 등 관리자가 참석하여 학생을 격려하고 임명장을 수여한다는 것이다. 임명식의 독특한 경우로, 이경옥은 지방자치단체장이 임명장을 수여하고, 김성권과 이경미는 교장뿐 아니라 외부 인사까지 초빙하여 성대하게 치른다.

이경미: …이런 거 저런 거 다 끌어넣고 청소년상담실 선생님도 초빙해서 '또래상담자는 이런 일을 하는 거다.' 하는 강의도 듣고, (예) 또래상담자가 공부한 것을 다시 한 번 읽어 보기도 해요. 또 거기에 해 왔던, …괜찮은 애한테 또래상담자가 상담한 사례를 발표하게 하고, 교장선생님과 초빙한 분들이 그런 걸 듣도록 하죠. 다과도 마련하고 다양하게 꾸미며서, (예) 발대식이라는 명목하에 그들 스스로 느끼게 하고 학교 측에 광고를 하는 거죠, 홍보를.

이경옥: …한 학기 훈련을 마치면 여름방학이 되는데, 방학식 때 전교생이 모인 자리에서 교장선생님이 임명장을 주세요. 임명장은 시장님이 주시는 건데 교장선생님이 방학식 때 대신 주시는 거죠. 아이들은 박수를 쳐 주고….

김성권: … 훈련을 해가지고 2학년 올라갈 때 3월에 임명식을 해요. (음) 정식으로 (네) 그렇게 해야 되겠더라고요. …그래서 교장선생님 모시고, 한국청소년상담복지개발원, 인근 우리 청소년수련원… 그 관장님들 오시라 그러고, (네) 또 경찰서에 학교폭력 관련 형사 한 분과 교육청 관계자 한 분 나오시고 해서 일부러 거창하고 좀 성대하게 해 버렸습니다.

오성남: 끝나고 수료식 할 때 저희 학교 같은 경우는 교감선생님을 일부러 참여시켰습니다. (예) 그렇게 해서 권위를 좀 심어 주려고요.

강재영: …수료하고, 수료식을 거기서 거행하고는 바로 또래상담자 임명장을 (예) 교장, 교감선생님 모시고 학교 회의실에서 (예) 전달했습니다.

셋째, 또래상담반 활동이 2, 3년 지속될 경우 임원조직을 갖춘 동아리로 또래상담반을 조직하고, 또래상담반을 학교에 동아리로 등록시켰다. 면접에 참여한 7명의 또래지도교사 모두 또래상담반을 학교의 공식 동아리로 운영했다.

> 노성희: ○○ 클럽활동반을 또래상담반으로 설정했어요. (네) 명칭은 또래도우미라
> 고 해요. 자기네끼리는 또래도우미 반장이라고 하거든요. 그냥 반장, 부반
> 장. 3학년이 반장이 되고요, 2학년에서 부반장을 뽑아요.

또래지도교사는 또래상담 동아리를 정착시키기 위해서 전통을 만들
려 했다. 그래서 김성권의 경우에는 1기 선배들을 자질이 좋은 아이들로
만드는 노력을 기울이기도 하였고, 박성문의 경우에는 신망 있는 또래를
선발하는 데 신경을 썼다.

> 김성권: 예. 왜냐면 1기, 처음 출발하는 그 아이들이 전통을 잘 만들어 놔야 하거
> 든요. (음) 어떤 단체에서든지 말예요. 그리고 그 단체에 대한 정체성, 활
> 동 내용, 아이들의 모범적인 자세 모두 포함되기 때문에 1기로 처음 뽑은
> 아이들은 제가 훈련도 시켰지만 조금 자질이 좋은 아이들로 만들었습니
> 다. (예)
> 박성문: 또래상담의 효과를 위해서는 (예) 친구의 역할이 중요해요. 그 친구가 또
> 래상담자로서의 자질이 필요하고, 동료들에게 신망이 있을 때 효과가 있
> 을 것 같아 학생 선발에 신경을 썼어요.

이 동아리가 자체적으로 돌아갈 수 있는 토대를 만들어 주기 위해서
오성남은 직접 나서서 학생들을 이끌기보다는 그들끼리 하도록 풍토를
조성해 주었다.

> 오성남: 특별한 경우가 아니면, (예) 제가 끼어들 일이다 싶지 않으면 전 절대 안
> 끼어들어요. (예) 애들이 요구하더라도 그냥 가만히 있어요. '이때 내가 가

야겠다.' 하는 게 아니면 (예) 안 끼어들어요. 큰 줄기만 벗어나지 않으면 그냥 놔두고 잘했다 못했다 하지 않아요. 물론 이젠 잘한 거는 칭찬해 주고 그러죠. 잘못한 거는 절대 뭐라고 안 하고요. (예) 도와달라고 하면 도와주고, 그러니까 계획서 나눠 주고는 너희들이 해라, 너희들이 해라 그러는 거죠.

넷째, 인원이 늘어나고 다양한 출신 중학교를 배경으로 아이들이 모이며, 실업계 고등학교는 전공에 따라 다양한 학생들이 또래상담반으로 모이다 보니 패가 갈리거나 무관심하게 되는 경우가 발생했다. 이 때문에 또래지도교사는 또래상담자 구성원끼리 결집할 수 있도록 하는 방안들을 고안해 냈다. 대체로 선배가 후배를 챙겨 주는 형식으로 제도를 만들거나 혹은 수련회 등을 실시했다. 이 제도를 이경옥은 '자매제도'라고 했고, 김성권은 '멘터'라는 용어로 불렀으며, 오성남은 '마니또'라고 했다. 이경옥과 김성권의 경우와는 달리 오성남의 경우에는 학생들이 자발적으로 만들었다.

> 김성권: …선배는 1학년을, 우리는 다른 학교도 그럴 수가 있는데, 우리가 거창하게 말하면 멘터가 돼 가지고 후배들을 챙겨 줘요. (음, 또래상담자들끼리?) 예, 짝을 지어서요. 그래서 후배는 선배를 챙기고, 또 선배는 후배를 챙기는 거예요. (음) 1학년 신입기 애들은 선배가 자기를 챙겨 주는 것에 굉장히 긍지를 느껴요. 문제가 생기면 선배한테 뛰어가면 되거든요. (음) 우리 또래상담자 아이들은 그처럼 굉장한 긍지를 느낍니다. 또래상담 선배가 있다는 것에 대해서요. 애들은 졸업 후에 밖에서도 만납니다. 그런 경우가 많아요.

> 이경옥: …선배와 후배 또래자매를 만들어 줘요. 또래상담부끼리 자매를 만들어서 자매끼리 만약에 2학년 또래가 또래 간에 문제가 있을 경우에는 선배 또

래가 도와주고, 또 그들이 후배 또래를 격려해 주고 그런 일들을 지금도 하고 있습니다.

오성남: …저녁 시간 때 자기네끼리 모여서 마니또 형식으로 서로 챙겨 주더라고요. (예) 그래서 짝을 만들어서 계속 2학년은 1학년, 1학년은 2학년에게 서로 모르게 (예) 도와주다가, 나중에 발표하고 하니까 아이들이 많이 친해지더라고요.

방학 때 실시하는 캠프도 또래상담자들을 결집시키는 데 도움이 되었다. 이경옥과 박성문은 지역 상담센터에서 운영하는 캠프에 또래상담자를 참여시키고, 김성권과 노성희는 학교 자체적으로 캠프를 운영하였다.

김성권: 이제 저희는 방학 중에 2박 3일 정도 자체 캠프를 합니다.

이경옥: 여름방학 때 또래상담 1박 2일 캠프를 ○○시에서 하는데, 3학년은 대학 가야 되니까 제외하고 전원이 다 참석해요. 모두들 무척 좋아해요.

박성문: ○○시청에서, ○○청소년상담실에서 캠프를 운영합니다. 우리 학교는 인문계 학교라 보내기 힘든데, 결과가 좋아서 보냅니다. 갔다 온 애들이 좋아지는 것 같고, 그 또래상담 캠프에서 애들 만나서 자극도 받는 것 같고요.

(2) 또래상담자 교육

또래상담자를 관리하는 데서 교육과 슈퍼비전은 또래상담자의 태도를 변화시키고 자발성을 유도하며 제대로 또래상담 활동을 하도록 하는 매우 중요한 방법이었다. 또래상담자 교육은 훈련을 마치고 활동하는 동안에 제공되는 후속교육과 상담활동에 대한 슈퍼비전으로 제공되었다.

또래상담자 교육에서 또래상담자가 스스로 마음을 바꾸도록 하는 것이 제일 어려운 일이었다고 이경옥은 털어놓는다.

이경옥: …그다음에 개별적으로 제가 자주 만나서 이것이 중요하다는 것을 강조하
면서 아이가 스스로 할 수 있도록 마음을 바꾸는 데 시간이 걸리고… 그
게 제일 많이 어려운 일이었습니다.

박성문: 그래서 결국은 교육을 통해서 그런 인식을 변화시켰고, 결국은 체계적으
로 그러한 상담교육을 시켰다고 할 수 있어요….

노성희: 남을 배려하는 거, 공감해 주는 거, 자기 식대로 해석하지 않는 거… 또
교육을 많이 했어요. (음)

김성권의 경우는 또래상담 활동을 하게 하기 위해서 일부러 큰 알사탕
을 주고 친구에게 먼저 말을 걸고 도움을 주도록 지시했다.

김성권: 그래서 사실은 아이들을 훈련시키고서 제가 전략적으로 아이들에게 또래
상담을 시켰습니다. 실제로 (음) '네가 너희 반을 봤을 때 친구로서 열악하
거나, 정신적ㆍ심리적으로 좀 불안해하거나, 친구들하고 잘 못 어울리거
나, 학교생활에 잘 적응하지 못하는 친구들이 있을 것이다. (음) 그런 애를
관찰하여서 너하고 친하진 않더라도 친할 수 있도록 노력해 봐라.' 했지
요. (음) 처음에는 제가 우리 또래상담자 아이들에게 의무적으로 숙제를
내줬습니다. (음) 큰 알사탕 2개씩을 일부러 주면서 네가 그런 친구들을
보거든 일부러 말을 걸어라 했죠.

또래상담 활동을 하는 것에 대해서는 슈퍼비전을 실시하였다. 대부분
의 슈퍼비전은 개별적인 지도가 필요할 때와 정기모임을 통해 사례를 중
심으로 지도하는 형태였다.

박성문: …학생을 대상으로 문제학생들에 대한 접근이라든지, 그런 노력에 대한
슈퍼비전을 해 줬고…. 그렇게 접근을 하고, 또 그 애를 도와주고, (예) 그

과정이나 방법 또는 결과에 대해서 토론도 하는 걸 계속해 왔어요.

이경옥: 일지를 개인별로 걷어서 제가 혼자 읽어 보고, 또 혼자 나름대로 판단해 너무 부정적인 얘기를 조금이라도 하는 경우는 따로 불러서 개별 지도도 하곤 했어요.

이경미의 경우에는 그런 슈퍼비전 이외에 사례 발표라는 독특한 슈퍼비전을 실시하고 있었다. 그 자리에는 관리자도 참석하였다. 이러한 슈퍼비전은 또래상담자로 하여금 제대로 된 활동을 하게 하고 그들의 소진을 예방하는 효과가 있다.

이경미: …상담 내용 같은 것은 익명으로 사례 발표를 시켜요. (어, 어디… 학교에서요?) 예, 학교에서요. 저희는 이제 전일제 특활을 하기 때문에 토요일 4시간을 다 쓰거든요. (예) …먼저 공지로 이번에는 사례 발표를 한다고 하고는… 자기가 한 대로 발표를 하면서….

후속교육과 슈퍼비전을 하면서 또래상담자가 과도한 활동량에 대해 피드백을 주었을 경우, 상담교사는 과도한 활동 계획을 줄여 나가며 또래상담자를 상담해 줌으로써 소진을 예방하려고 하였다.

노성희: 처음에 계획을 너무 거창하게 세웠기 때문에 조금씩 줄여 나갔죠. …그때 당시 첫해에는 그 반 아이들까지도 얘네가 집단상담을 하게 했어요. 너무 힘들었죠. 굉장히 많이 했는데 동료 애들 집단상담은 너무 힘들다고 해서 그건 뺐어요. …그러니까 무지 많잖아요. 그래서 다음 해는 2학년 동료 걸 빼고 전체적으로 1학년 집단상담도 줄였어요. 제가 더 많은 사랑을 줬죠, 또래도우미들한테. (음) …그때 무지 힘들어했는데, 그럴 때면 그 아이들을 제가 다독거리고 행동을 잘할 수 있도록 상담을 했어요.

(3) 지속적인 활동 내용 개발

또래상담자가 또래학생을 상담하는 것은 대단히 기본적인 활동으로 인식되고 있다. 또래상담에서의 상담방법도 내방상담이 아닌 찾아가는 상담을 학교 상담교사 모두 전제하고 있었다. 또래상담자는 이런 상담교사의 기대를 만족시켜 주었다. 또래상담자는 문제가 있는 또래의 가정까지 찾아가서 상담활동을 전개했던 것이다.

> 이경옥: 특히 경력이 짧은 선생님들, 젊은 선생님들, 그리고 다는 아니지만 여학교의 경우 남자 선생님들에게 말 못하는 일 같은 것을 또래가 해결했어요. 도저히 계속해서 학교를 다닐 수 없는 학생이 또래상담 학생 때문에 졸업해서 대학을 가고, 그 또래학생이 지금까지도 그 학생을 도와주고 아직도 친구를 하고 있고, 그래서 그 학부모가 정말 감사하다고 하고…. 더구나 학생들이 문제가 있다 그러면 학부모들이 연결될 때가 있어요. 학부모들의 문제까지도 그 친구인 또래가 중간에서 해결하는 중요한 매체가 되는 경우, 그런 경우가 제일 감동적이고 기억에 남아요. 그래서 또래상담은 하면 할수록 이게 정말 여러 가지 좋은 점이 있다고, 우리가 제일 하기 어려운 일로 가정까지 가서 문제를 해결해야 할 일들이 있어요. 그럴 경우에 우린 가정에 갈 수 없는데 또래는 친구니까 갈 수 있죠….

그런데 시간이 문제였다. 즉, 또래상담자가 상담활동을 하는 데서 시공간적 제약은 피하기 어려운 문제였다. 그러다 보니 또래지도교사가 제안을 하거나 또는 또래상담자 스스로 대안을 찾았는데, 가장 많이 활용된 방법이 홈페이지를 이용한 상담이었다. 이메일과 게시판을 통해 상담활동도 하고, 필요한 경우에는 교육과 슈퍼비전도 제공하였다. 오성남의 경우 초기에는 편지 상담함을 만들어 편지를 발송해 주고 고민 편지에 답변을 달아 주다가, 운영한 지 3년여쯤 후부터는 홈페이지를 운영하게 되었다.

오성남: 학교 내에서 상담함을 만들어 편지를 발송해 주고, 어려운 것들은 자기들이 보고 상담해 주고 (예) 거의 하더라고요. 대면상담보다는 (예) 메일 상담, 편지로. (예) 어디로 가면 있을 거다, 연락이 오면 받아 주고…. 그다음에 또 3년쯤 되니까 애들이 이메일로 하더라고요. 그러고는 또 자기들끼리 홈페이지를 만들어서는 운영하기 시작했죠.

학교 안에서는 또래상담자만의 고유한 업무가 필요했다. 또한 또래상담자가 상담활동을 중심으로 이벤트처럼 기획한 일이 고유한 상담활동으로 개발되기도 했다.

이경옥은 사랑의 우편함을 운영하고 있으며, 강재영과 김성권은 또래상담자가 1학년 신입생을 대상으로 심성수련 프로그램을 운영하도록 하고 있다. 이런 활동은 학교에서도 좋은 평가를 받고 있기에 지속되고 있다. 김성권의 경우에는 학부모와 학생들에게서 심성수련 프로그램이 좋은 평가를 받고 있어서 홍보 효과도 가져올 수 있었다.

김성권: …1학년들, 신입생이죠? (음) 3월에 1학년 신입생을 대상으로 집단상담을 합니다. 시간상 하루에 다 할 수 없어서 열두 반 내지 열다섯 반 되니까 하루에 세 반씩 남겨 가지고 (음) 조를 편성하면은 한 15개 조 편성이 돼요. (음) 그럼 저희 아이들이 15명 필요하잖아요. (음) 하루에 한두 반 남겨서 우리 아이들 다 투입해 각 반을 조별로 나눠서는 집단 심성수련을 합니다. (네) 그때 그 1학년들이 많이 바뀌어요. 중학생이 처음 1학년에 올라올 때 엄마들 전화가 상담실로 많이 옵니다. (음) 왜냐면 '과연 우리 아이가 고등학교 올라가서 잘 적응할까.'… 고등학교는 다 다른 중학교에서 올라온 이질 집단이니까 갈등으로 알력이 좀 생겨요. (네) 같은 중학교 나온 애들끼리 타학교 애들하고 알력이 생겨 패싸움하고 막 그러니까 학부모가 무척 걱정하더라고요. (음) 근데 저희는 1학년은 딱 묶어 가지고 심성수련

제8장 또래상담의 성공적 운영과정: 어려움 극복과 성공적 정착

을 해요. 사실 우리는 한 회밖에 안 하는 건데, 하루 오후 남겨서 한 2시
간 정도 하는 건데도 처음 만난 아이들끼리 굉장히 친해져요. (아) 마음 터
놓고 이야기하니까. 이걸 보면서 '야, 이 프로그램은 매년 학년 초에 해야
된다, 이거.' (아) 학교 아이들 적응하기 위해서도, 학교폭력 예방을 위해
서도, 왕따 예방을 위해서도 이거 진짜 중요한 거구나, (음) 필요한 거구
나. …이제 3월에 애들이 1학년들을 만나는데, 처음 신입생은 한 해 높은
2학년 언니들 보면 하늘같이 보입니다. 처음에는요. (웃음) 그러니까 잘 따
라 해요. (네) 그럼 거기에서 애들이 사이드(side: 또래상담 동아리명칭)를
인식하게 되고 또 상담자활동을 인식하게 돼서, 나중에 홍보를 하면 그야
말로 떼거지로 몰려옵니다. (웃음)

노성희는 1학년을 대상으로 하는 집단상담에 이어서, 집단상담에 참
여했던 후배 20명을 또래상담자들이 관심을 가지고 관리하도록 하는 일
을 시도하였다. 이런 활동은 학교 내에 왕따 없는 문화를 형성하는 데 기
여한 것으로 여겨진다.

노성희: 1학년 집단상담을 하는 거하고, (그것만 해도 크네요.) 그 애들 집단상담하
면서 자기가 맡은 아이 1년 관리하는 것을 했어요. (우와, 그러니까 1학년
전체가 대상이 된 거네요.) 그렇지요. 그걸 분담하는 데 1인당 20명쯤 되
더라고요. 그래서 걔네들이 아이들이 지속적으로 관심 가져 주고 학교생
활 하는 데 도움을 주도록 하고요. …전학 온 아이들 있죠? 그 애들의 학
교 선배 언니로서 학교에 대한 정보를 제공하도록 해요. 우리 학교에 적응
하려면 이렇게 하면 되겠다 하는 식으로 아이들 차원에서 정보 제공을 하
게 했어요….

오성남은 심리검사를 또래상담자가 진로 시간을 이용해서 실시하도

록 하였다. 이경미는 또래상담자끼리 세미나를 준비하도록 하여 실시하였는데, 많은 도움이 된 것으로 판단하여 매년 개최할 계획을 가지고 있었다.

> 오성남: …MBTI 같은 거 받고 그러지 않습니까? (예) 그런 검사들을 아니까 자기 스스로도 한 번씩 해 보고 그러더라고요. (예) 그래서는 그걸 통해서 자기를 알아가더라고요. (아) 또래상담자들뿐만 아니라… 심리검사를 아니까 진로 시간 같은 때 진로검사나 성격검사 같은 것들을 옆에서 다 받았습니다, 또래상담자들한테.

(4) 기록을 남김

아이들의 활동을 일지에 기록하여 제출하게 하는 일은 처음에 훈련 차원에서, 슈퍼비전을 실시할 목적으로 진행되었다. 이경옥의 경우에는 자기반성도 되고 슈퍼비전도 할 겸 일지 기록을 실시하였는데, 자료를 모으다 보니 좋은 자료가 구축되어 상을 받는 계기가 되었다고 한다.

> 이경옥: 이걸 그냥 얘기하는 게 아니라 자료로 남겨야겠다. 그래서 나름대로 아이들에게 논술도 강조하는 시대니까 글 쓰는 연습도 해 볼 겸, 자기가 한 상담에 대해 자기반성도 해 볼 겸 일지를 써 와라 했죠. 일지를 남기고 걷기 시작했습니다. 그러고는 어떤 상담을 하고 있는지 참고했습니다. 또래가 가지고 온 문제를 이렇게 상담을 했다는 짤막한 내용과 학년, 반, 번호, 이름, 날짜를 기록하게 했어요. 교장 선생님이 기록한 일지를 넘겨 보시더니 이렇게 상담을 많이 했나 하시더라고요. 공부도 시킬 겸, 글쓰기 연습도 시킬 겸, 상담지도교사 반성도 할 겸, 본인도 반성할 겸, 앞으로 이렇게 해야 되겠다 하고 계획을 세울 겸 일지, 그러니까 근거자료를 남기기 시작했는데, 그걸 모으다 보니까 아주 방대한 좋은 자료가 됐어요. 그 자료가 있

었기에 이렇게 좋은 상도 받지 않았나 하는 생각이 듭니다.

김성권의 경우는 상담 일지를 기록하게 함으로써 활동을 평가할 수 있었다.

> 김성권: …상담 일지를 써 오게 했습니다. (음) 그 결과를 보니까 사실은 기대 이상이었습니다.

강재영은 두 가지 종류의 보고서를 제출하도록 하였고, 이경미는 상담 일지를 봉사 점수 부여의 근거로 활용하기도 하였다.

> 강재영: 또래상담을 하고 나서 두 가지를 제출하게 했어요. (예) 또래상담 주간 보고서, 1일 경험 보고서를 제출하게 했는데, 그건 또래상담을 제대로 할 수 있을지 잘 몰랐기 때문이에요. (예) 그래서 자기가 간단하게라도 (예) 뭔가 상담에 가까운 일을 했으면 간단하게 1일 보고서에 주간 단위로 적어서 보고하게 하고, 진짜 상담한 건 따로 양식에 의거해서 (아) 적게 했죠.
> 이경미: 이제 그런 방법으로 상담 일지를 쓰게 하죠. (음) 그리고 그걸 갖다가 학생들 봉사 점수를 부여할 때 결재를 받아서 그 점수를 인정하고, (예) 학생들이 상담 일지를 쓰면서….

브래큰베리(1995)는 학교에서 또래상담을 효과적으로 시작하기 위해서 가장 필요한 것이 성숙한 또래상담자를 찾아내는 것이라고 하였다. 김진희 등(1999)은 또래상담 운영의 성패가 또래상담자에 달려 있다고 할 만큼 또래상담자의 자질을 강조하였다. 이 연구의 참여자들이 선발 시스템을 개발하고, 자질 있는 학생을 선발해서 훈련시키고자 한 것도 이전 연구와 같은 맥락에서 이해할 수 있다. 또한 또래상담 훈련에 대해서도 단기적이기보다 장기간 슈퍼비전하에 실습과 더불어 진행되어야 한다고 하였는데(금명자 외, 2004; 이상희 외, 2010; Brackenbury, 1995; Tindall, 1995), 이 연구의 참여자들 역시 같은 인식을 가지고 있었던 것으로 보인다. 그런 인식은 학교 내에 또래상담을 정착시키고자 하는 관점에서 기인했다고 생각된다.

운영에 관한 이전 연구에 없는 것도 있었다. 이 연구에서 드러난 독특한 작용/상호작용은 '또래상담반 조직화'와 '지속적인 활동 내용 개발'이다. 이것은 고등학교에 또래상담을 지속 또는 정착시키고자 하는 의도하에 진행된 작용/상호작용이라 여겨진다. 이에 더해서 브래큰베리(1995)는 또래상담반의 활동 내용에 학교 요구를 최대한 반영시키기 등이 필요하다고 주장하였는데, 이 연구의 참여자들은 나름대로 학교의 요구를 반영시켰다고 할 수 있다.

대체로 작용/상호작용 전략은 '자신의 태도'를 변화시키고, '주변인을 설득'하며, '또래상담자를 관리'하는 측면에서 구사되었음을 알 수 있다. 또래상담자 관리는 또래상담반 조직화, 또래상담자 교육, 지속적인 활동 내용 개발, 기록을 남김으로 구체화되었다. 참여자들이 구사한

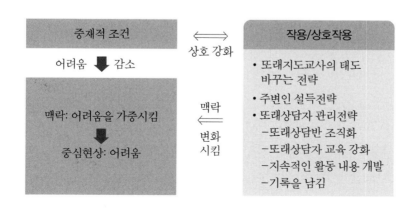

[그림 8-2] 중심현상과 맥락을 변화시키는 작용/상호작용

전략들은 현상에 영향을 주고자 하는 의도를 가지고 있었다. '또래지도 교사의 태도'를 보면 하위 범주인 성실성과 인내는 '동료 교사의 비협조'에, 네트워크 능력은 '업무 과중'에, 전통을 세우려는 노력은 '미숙한 또래상담자로 인한 스트레스'에 영향을 주었다. '주변인 설득'은 '동료 교사의 비협조'와 '부정적인 학부모'에 영향을 주고 있으며, '또래상담반 조직화'는 '업무 과중'과 '미숙한 또래상담자로 인한 스트레스'에 영향을 주고 있다. 또래상담반을 조직함으로써 일부 업무를 자체적으로 처리하도록 하는 효과가 있었던 것이다. '또래상담반 조직화'의 하위 범주중 선발 시스템 개발과 결집력 강화는 미숙한 또래상담자를 선발부터 걸러 내거나 선후배 관계를 통해 미숙한 부분을 극복시키고자 하는 의도가 있었다. '또래상담자 교육'은 '미숙한 또래상담자로 인한 스트레스'와 '부정적인 학부모'에 영향을 주었고, '지속적 활동 내용 개발'은 '동료 교사의 비협조'와 '미숙한 또래상담자로 인한 스트레스'의 극복에 영향을 주었다. '기록을 남김' 전략은 기록을 통해 미숙한 또래상담자를 슈퍼비전 하고, 기록을 토대로 입시나 수상 등의 자료로 사용하게 되는 계기가 되어 '동료 교사의 비협조' 및 '미숙한 또래상담자로 인한 스트레스' 극복에 영향을 주었다.

3. 성공적 정착: 결과

중재적 조건과 또래지도교사의 작용/상호작용 전략을 통해 '또래상담자의 변화' '주변인에게 인정받음' '상담교사의 자부심' '학교 여건 변화'의 네 가지 범주가 결과로 도출되었다. 이것은 결국 또래상담을 정착시키는 결과를 가져왔다.

1) 또래상담자의 변화

작용/상호작용 결과 또래상담자에게서 변화가 나타났다. 첫째, 자발적으로 상담활동을 하는 또래상담자가 눈에 띄었고, 친구에게 도움 주는 활동을 하는 것을 재미있어했으며, 그것을 상담교사에게 자랑하는 또래상담자가 나타났다.

> 노성희: …또래도우미들도 활동하는 것을 굉장히 뿌듯하게 생각했고… 재미있어했어요. 정말 재밌어했어요. 자기들이 남에게 도움이 된다는 게 힘들긴 해도 즐거움을 주더라고요.
> 이경옥: 학생들은 친구에게 고민이 생기면 그것을 해결해 주는 것이 무척 기쁘고, 친구가 달라지는 것을 보면 와서 자랑을 합니다. 그게 제일 기쁜 일이었습니다.

오혜영 등(2006)의 조사연구에서도 또래상담자가 스스로 변화하는 측면이 있음을 고백하고 있다. 그중 하나를 소개하면 다음과 같다.

> 또래상담자: 저는 원래 성격이 좀 이기적이고 남한테 쓴소리 잘하고 그랬는데 여기 들어오면서 좀 변한 거 같긴 해요. 배우니까. 저는 성격을 고치려고 들어온 게 아닌데도 변하더라고요. 제 롤링페이퍼에도 예전에는 안 좋은 얘기들이 좀 많았어요. 그런데 여기 들어오면서 좀 변하고 그랬더니 내용도 바뀌더라고요(p. 66).

둘째, 이런 또래상담자의 변화는 가정까지 모범적인 태도로 이어져 부모의 부정적 태도에까지 영향을 미치게 되었다.

이경옥: 학교에서 그리고 집에까지 연결되도록 아이들을 지도해요. 아이들이 달라지는 것을 보면서 학부모들이 절대 이의를 제기 안 하죠. 불편도 얘기 안 하고요.

그리고 또래상담자는 친구를 돕는 활동 때문에 친구에게 모델이 되려고 열심히 공부하게 되고, 부정적 감정을 조절하면서 자기표현을 잘하는 태도를 보여 주었다.

김성권: 그런데 또래상담 활동을 한 아이들은 (음) 공부를 또 잘해요. 왜냐면은 친구를 도와주고 친구에게 다가가기 위해선 도우미 모델이 되어야 하니까요. (음) 열심히 합니다. (네) 잘 따라가요….

오성남: 애들이 자기표현력이 발달하더라고요. (예) 자기감정을 잘 표현해요. (아) 또 감정적으로 욱하는 애들이 많은데, 이런 애들은 자기감정을 잘 조절하게 되더라고요. (아) 다른 애들에 비해서 내성적인 애들도 한 1년 지나고 나면 차분하게 표현력이 많이 발달해요. 그런 점이 좋더라고요.

셋째, 또래상담자는 효과적으로 또래상담 활동을 전개했다. 교사의 눈에 띄지 않는 구석에 있는 아이들까지 찾아내서 적절한 도움을 줌으로써 학교에 잘 적응하도록 했다. 또 실업계 고등학교의 경우 중도탈락률이 높은데, 또래상담자의 개입으로 예방되는 효과를 가져오기도 했다.

노성희: …그리고 저희 학교가 실업학교다 보니 1학년 아이들이 학교 적응을 못해서 탈락하는 애들이 좀 있었거든요. 근데 또래상담을 하고 나면 언니들이 계속 관심 가져 주고, 적응 못하는 애가 있으면 연락해서 만나고 점심시간에 불러서 사탕도 사 주고….

이경옥: …제가 전교생 모두의 문제를 살필 수 없고 담임도 일일이 살필 수 없는

데, 친구들이 그걸 구석에 있는 아이들까지 찾아내어 그 문제를 스스로 해
결하도록 옆에서 있어 주고 도와줘서, 학생들이 학교를 잘 다니다 졸업하
고 대학에 진학하고 취업하고 하죠.

넷째, 또래상담자의 효과적인 활동은 학교에 상당한 영향을 주었다.
노성희의 경우 따돌림 없는 학교가 되는 데 또래상담이 역할을 했다고
평가받았으며, 오성남의 경우는 자존심이 강해서 타인에게 자기 고민을
쉽게 털어놓지 못하던 학생들이 상당한 영향을 받았다고 평가했다.

> 노성희: …1학년 아이들이 언니, 언니 하면서 쫓아다니면서… 그래서 그런지 우리
> 학교에는 뭐 왕따라든가 그런 게 없어요. (아, 예) 언니들이 딱 보호해 주
> 고 그래선지 모르겠지만 하여간 따돌림 같은 건 없더라고요.
> 오성남: 그 애들이 또래 애들에게 영향을 많이 줬습니다. …우리 학교 애들이 자존
> 심이 강하거든요. (예) 친한 친구 아니면 자기 얘기 안 해요. (음) 그런데
> 우리 애들이 있으니까 자기네들끼리 얘기가 돼서 와서 고민 같은 거 적어
> 주면 잘 들어주고 성심성의껏 답변해 주니까 애들이 굉장히 좋아하더라고
> 요. (아) 애들이 또래끼리 자기 문제를 스스로 해결한다고 인식하더라고요.
> (예) 그런 점에서 그것이 학교생활에 영향을 미쳤죠.

다섯째, 또래상담자의 변화는 또래상담반이 자치적인 조직의 특성을
갖추는 데도 영향을 미쳤다. 따라서 교사의 적극적인 개입이 줄어도 학
생들끼리 활동을 지속할 수 있는 역량을 갖추게 되었다고 할 수 있다.

> 김성권: 예, 돌아갑니다. 아까 처음에도 말씀드렸지만은 저희들끼리 물려주고 배우
> 고 하는 게 되더라고요. 이게 학교 문화가 아닙니까? 청소년 문화가 그렇
> 더라고요. (음) 그냥 지도자, 어른들은 그 아이들이 바라는 방향으로만 가

도록, 즉 또래상담의 목표대로 가도록 방향만 제시해 주는 거죠. '우린 이거니까 이런 활동을 하는 거야. 우린 이래야 돼. 너희 선배들을 봐라. 선배들이 이렇게 이렇게 하지 않았느냐.'

오성남: 저희 학교는 지금 제가 보기에 거의 정착이 잘된 케이스입니다. 선후배하고 계속 연결도 되고, 자기네들끼리 제가 나오더라도, 제가 나온 게 애들 스스로 하라고 그런 건데, (예) 뭐 잘되더라고요.

2) 주변인에게 인정받음

참여자들의 작용/상호작용 전략은 주변인의 인정을 끌어냈다. 먼저 학교 관리자의 인정을 끌어냈다는 것을 참여자들은 공통적으로 중요하게 지적했다. 사립학교인 경우 재단까지 관심을 보이게 되었다.

이경옥: 저희는 특별히 재단이 ○○그룹인데 재단에서도 좋아하세요. 그렇기에 아마 이렇게 여러 가지 더 많은 지원을 해 주시는 것 같고요….

노성희: …장학사님들도 또래상담 그러면 ○○○고. 쳐다보니까 교장, 교감선생님이 많이 좋아하시는 것 같더라고요. …교장, 교감선생님이 많이 지지해 준 것도 기억에 남고요.

둘째, 동료 교사의 인식이 변했다. 또래상담 활동 시간을 당연하게 인식해서 학생들을 보내 주게 되었다. 또한 담임교사가 또래상담자에게 상담을 의뢰해 줄 만큼 또래상담자를 인정하게 되었다.

이경옥: 동료 교사들이 '또래상담? 그거 괜찮네.' 이런 식으로 약간씩 변화되는 모습을 봤어요. 특별히 담임선생님이 또래 누구한테 이런 문제학생을 연결해 주면 어떻겠냐고 제의하는 경우 정말 더 감사하죠. 저도 감사하고 또

래도 감사하게 생각해요. 인정해 주는 거니까. …10주 동안 20시간 할 때 무조건 상담실로 내보내 주고요, 당연히 가는 줄 알고, 그 시간에 다른 행사시키지 않고 여기 와 있는 것을 당연하게 생각하고 협조해 줘요. 2, 3학년 선생님들은 특별히 또래니까 다른 생활에 모범이 되는 거지 하고는 그 학생들에게 도움을 청하는 경우도 있고 또 말없이 협력해 줘요. …또래상담반 학생들이, 특히 자기 반에 있는 또래가 잘했거나 어떤 어려운 또래를 도와준 경우에는 제게 와서 그 학생 칭찬을 오히려 담임이 해요.

노성희: 첫해는 무지 힘들었는데, 나중에는 자연스럽게 알려지고 선생님들이 격려해 주고 지지해 주고 하니까 아주 좋더라고요. …전처럼 막 얘기하고 다닌다거나 하지 않고, 전에는 두세 번 얘기했던 것이 한 번으로 줄어들고 그랬어요.

더불어 또래상담자가 활동을 잘하면 담당교사에게 와서 그 학생을 칭찬하기도 하고, 학교에서 또래상담이 필요하다는 지지 발언을 해 주기도 하였다.

이경옥: …또래상담반 학생들이 특별히 자기 반에 있는 또래가 잘했다, 어떤 어려운 또래를 도와줬다 할 경우엔 그 담임이 제게 와서 그 학생 칭찬을 해요. 그리고 또래가 필요하다고 얘기하죠. 당연히 선생님들은 ○○고에 또래상담반이 존재해야 한다고 생각하는 편이고요.

셋째, 학부모가 또래상담을 인정하게 되었다. 이경옥의 경우 자기 자녀의 문제가 해결되는 것을 보면서 학교에 찾아와 감사해하는 일이 일어났으며, 특정 학생을 지목하여 자녀상담을 부탁하기도 하였다.

이경옥: …제가 보았을 때, 그 가정에서 고맙다고 학교에 찾아와서 인사를 하거나

혹은 전화를 주거나 해서 그 또래학생이 정말 고맙다고 말해 줄 때 감사하고, 그게 젤 기억에 남아요. 실제 그런 일이 자꾸 일어나니까 앞으로 더 좋은 일이 있겠지…. 어떤 학부모는 '제 딸이 친구가 없는데 또래학생 누구하고 친구 좀 되게 해 주세요.' 하고 짚어서 얘기하는 경우도 가끔 있었어요.

이런 상황이 되자, 김성권의 경우에는 또래상담자의 부모도 또래상담자의 활동을 인정하고 지원하게 되었다.

김성권: …제가 방학에 캠프를 하는데 어떤 학부형들은 (자체 캠프인 거죠?) 예. 어떤 학부형은 이걸 알고 밑반찬을 다 해 오기도 했어요. …임명식 땐 어머니들이 와서 다과도 마련해 놓고….

넷째, 학교 내에서 또래상담반에 대한 인식이 높아져서 또래상담반을 지원하는 학생들이 증가하였고, 지원자의 수준도 높아졌다.

김성권: 요즘 우리는 다른 서클에 비해서 많이 오는 편이라…, 어떤 서클은 애들이 지원을 안 해가지고 문을 닫는 경우도 있어요. (웃음)
연구자: 그렇지요. 70명 오는 건 많이 오는 거네요. 경쟁률이 그래도 3 : 1 이상 되겠는데요.
김성권: 예, 많이 옵니다.
이경옥: …학생들 자체가 자부심을 갖고 선배 또래와 후배 또래끼리 연결되면서 신입생 지원자가 늘어가고 있고요. 지원자의 수준이 높아져 가고 있어요.

3) 상담교사의 자부심

또래상담 활동을 통해서 담당교사가 보람을 느끼게 되었다. 그리고 또
래상담을 하면서 또래상담이 가지고 있는 강점에 대해 깨닫게 되었다.

> 이경옥: …그런 것을 보면 내가 또래하길 잘했다, 지도교사 하길 잘했다 하는 생각
> 이 들어요. 또래상담반을 지도한 것은 정말 제 인생에서 잘한 일인 것 같
> 아요.
>
> 김성권: …전문 카운슬러가 아니라도 같이 이야기할 수 있으면 되는구나. 비록 그
> 상대가 학생일지라도, (음) 약간 가서 이야기하면 심리적으로 아픈 사람,
> 연약한 사람도 힘을 얻고 (음) 북돋아지더라고요. (음) 아, 이건 전문가고
> 선생이고가 아니라 그 느낌을 배웠어요. …학교 안에서는 학생들이 친구
> 를 잘 지원하고, 자아를 잘 찾고, (음) 남에게서 어떤 본보기를 배우죠.
> (음) 모델을 보고 '아, 이렇게 나도 한번 살아보자.' 하는 것만 줘도 그 상
> 담 역할, 학교상담실 역할로는 훌륭한 거라 생각했어요. 친구들끼리 친해
> 지고 옆에서 도와주고 (음) 모델이 되어 주고 하는 것만 해도 (음) 굉장한
> 상담이라 생각하게 된 거죠.

4) 학교 여건 변화

작용/상호작용 결과 학교 여건에 변화를 초래하게 되었다. 먼저 또래
상담반이 지속적으로 활동할 수 있는 토대가 마련되었다. 그중 가장 큰
일이 상담실 전용 공간의 확보다. 이미 상담실을 확보한 상태에서 출발
한 참여자도 있었지만, 그렇지 않았던 경우에는 상담실 확보가 큰 관건
이었다. 이경옥의 경우에는 없는 공간에서 시작하여 교장실보다 더 큰
상담실을 확보하게 되었다.

> 이경옥: 처음엔 공간이 없어서 애로사항이 있었는데, 인식이 달라지고 나니까 교
> 장선생님께서 먼저 이거 공간을 넓혀야 되겠다 하셨어요. 보다시피 저희
> 학교 공간이 작은데, 공간이 협소한 것에 비해 학교에서 상담실이 큰 편이
> 거든요. 우리 학교에선 아마 교장실보다 더 클 거예요. (웃음) …이런 것들
> 이 아마 또래상담반이 열심히 한 보람, 결과인 것 같습니다.

둘째, 예산이 확보되었다. 예산 확보는 학교의 지원과 지역 상담센터
의 활용을 통해 이루어졌다. 학교에서 또래상담자 훈련에 소요되는 간식
비라든지 행사에 소요되는 예산을 학교로부터 지원받게 되었다. 참여자
마다 그 액수에 차이는 있었으나 학교에서 예산을 지원받았다. 지역 청
소년상담실을 잘 활용하여 예산을 절감하는 효과를 얻는 상담교사도 있
었다. 노성희와 김성권을 제외한 5명의 또래지도교사는 별도의 캠프를
갖지 않고 지역 상담센터에서 또래상담 캠프를 운영하게 함으로써 예산
없이도 캠프를 운영하는 효과를 얻고 있었다.

> 노성희: 그때 전폭적으로 (웃음) 예산을 갑자기 다른 데서 빼서라도 해 줄 테니까
> 가라 그랬고, 그다음부터 예산을 세우기로 했어요. 애들 수련회 1박 2일
> 예산도 세우고, 예산을 본격적으로 세우기 시작했습니다. (그때 얼마 정도
> 지원이?) 300만 원요. (매년?) 네.
> 김성권: 여비라든가 경비라든가 행사에 드는 것만 저희가 이제 청구를 하죠. (음)
> …훈련 계획이 나오면 한 해 모일 때 간식값, 그거는 제가 청구를 합니다.
> (음) 그것도 처음에는 안 해 주려고 했는데, 이젠 학교가 또래상담으로 명
> 성이 자자하니까 안 해 줄 수가 없어요.

셋째, 상담부에서 계속해서 일하는 것을 허용받음으로써 또래상담반
을 지속적으로 관리할 수 있는 토대가 마련되었다. 사립 고등학교라고 하

여도 보통 보직이 2년마다 변동되기 마련인데, 또래상담을 운영하는 것 때문에 참여자들은 상담부장 혹은 상담부 교사를 5년 이상 연임하게 되었다. 그리고 이에 대해서 동료 교사도 자연스럽게 받아들이게 되었다.

> 이경옥: …우선 학교에서 계속 이 자리에 있게 해 줘서, 매 3년씩 보직 변경이 되는데 상담부장 자리에 계속 있게 해 줘서 그때부터 지금까지 하고 있습니다.

아울러 또래상담 담당교사의 업무를 줄여 주는 차원에서 담임을 면제해 주거나 지도교사를 추가로 배치해 주었다.

> 이경옥: 교장선생님이 먼저 선생님을 담임에서 빼야 되겠다, 지도교사 한 명을 더 배치해야 되겠다고 얘기해 주셨고 저도 그렇게 요청했더니 쾌히 승낙해 주셨어요. 공간도 넓혀 주시고, 지도교사도 배치해 주시고, 지금은 담임도 안 하게 해 주시면서 이 일에 전폭적으로 매달릴 수 있게끔 지원해 주셨습니다.

넷째, 이경옥의 경우에는 또래상담자 선발 및 새 학년 반 배정에서도 학교의 배려를 받고 있었다. 학년 초에 동아리 신입생을 모집할 때 또래상담반을 먼저 선발하도록 학교에서 배려해 준 것인데, 또래상담에 적합한 학생들이 다른 동아리로 가지 않고 또래상담반에 우선 배치되도록 하기 위한 것이었다.

> 이경옥: 그래서 클럽활동을 할 때 학년 초에 먼저 선발할 시간을 줍니다.
> 연구자: 또래상담반을요?
> 이경옥: 네, 먼저 선발하고 다른 부서를 선발하는 특별한 배려를 해 주세요.

더욱이 새 학년 올라갈 때는 또래상담자를 별도로 반 배정함으로써 또 래상담자가 한 반에 몰려 배정되지 않도록 하고 있었다. 또한 또래상담자 가 지속적으로 또래상담 활동을 하도록 하기 위한 목적도 가지고 있었다.

이경옥: …학교에서 전폭적으로 도와주는 것은 2, 3학년 올라갈 때 분반을 할 경 우에 또래는 각 반에 들어갈 수 있게 배정해 준 겁니다.

연구자: 좀 더 얘기해 주세요.

이경옥: 2월에 분반을 합니다. 학생들이 3월에 새 반에 들어가는데, 먼저 분반을 컴퓨터로 해 놓고 나서 또래상담부가 없는 반이 없도록 또래끼리 다시 분 반을 합니다.

연구자: 아하, 일반학생들을 다 분반한 후에?

이경옥: 네, 후에. 수작업으로 합니다. 또래끼리 따로. 학교에서 어려운 일을 해 주 는 거예요. 이건 교무부에서 하는 건데 관리자의 도움 없이는 안 되는 거 죠. 그래서 또래가 각 반에 반드시 들어가도록 합니다. 이건 2, 3학년 얘 기예요. 1학년은 각 반에서 선발하는 거고, 2학년 올라갈 때 반 배치를 하 는 거지요. 3학년도요. 실제 3학년들은 배치를 해서 상담활동하고 의논하 고 저도 지도하고 하지만, 입시관계로 일지 쓰는 일은 자발적으로 알아서, 자율적으로 하도록 하고 있어요. …지금까지 업무 분장 끝나고 담당자가 바뀌더라도 당연히 또래는 각 반에 배치하는 거라고 지금 있는 선생님들 은 이의 제기하는 이가 없습니다. 당연한 것으로 알고 있습니다.

현상에 대한 작용/상호작용 결과 또래상담자들이 자발적으로 효과적 인 상담활동을 전개하였다. 이런 활동으로 또래상담자는 학교에 좋은 영 향을 미치게 되었다. 학교 관리자와 동료 교사가 긍정적으로 또래상담을 인식하고 도와주게 되었으며, 학부모가 또래상담 활동을 인정하게 되었 다. 또한 또래상담에 지원하는 학생이 증가하였으며, 또래지도교사는 또래상담을 운영한 것에 대해 자부심을 가지게 되었다.

결과적으로 학교 여건도 변하였다. 상담실과 예산이 확보되었고, 붙박이 상담부장을 인정하는 학교도 생겼다. 상담부장의 업무를 줄여 준다거나 선발 및 새 학년 반 배정 시 또래상담반을 우선 배려하기도 하였다. 이렇듯 관리자 및 동료 교사의 호응과 학교의 여건이 변하면서 또래상담은 학교에 정착된 동아리로 자리 잡게 되었다.

이상으로 학교에서 또래상담이 정착되는 과정을 스트라우스와 코빈 (Strauss & Corbin, 1998)이 제시한 근거이론 패러다임 모형에 따라 인과적 조건부터 작용/상호작용 결과까지 설명하였다. 이를 요약해서 제시하면 [그림 8-3]과 같다.

또래상담을 시작한 지도교사들은 '또래상담 활용'으로 인해 어려움을 경험해야 했다. 만약 또래상담을 하지 않았다면 굳이 겪지 않아도 될 현상들이 학교에 생겼다는 것이다. 그러나 또래상담을 활용한 교사의 입장에서는 학교 상담실이 제 기능을 하도록 하기 위해서 또래상담을 활용하는 것은 적합한 선택이었다. 따라서 또래상담 활용으로 인해 발생한 어려움은 또래지도교사의 입장에서는 필연적이었다. 어려움의 내용은 '업무 과중' '미숙한 또래상담자로 인한 스트레스' '동료 교사의 비협조' '부정적인 학부모'로 범주화되었다. 이런 어려움, 즉 현상을 가중시킨 맥락은 '관리자의 무관심' '부적절한 학교 환경'으로 범주화되었다. 부적절한 학교 환경은 학교 상담실에 대한 왜곡된 지식 등 오해가 학교 현장에 부정적인 영향을 미쳤고, 진학 위주의 교과과정이나 빈약한 여건 등이 어려움을 가중시킨 하위 범주로 나타났다.

학교에서 또래상담을 활용하던 지도교사는 이 현상을 극복하기 위해 작용/상호작용 전략을 구사하게 되었는데, 그것은 '또래지도교사의 태도' '주변인 설득' '또래상담반 조직화' '또래상담자 교육' '지속적인

맥락
- 관리자의 무관심
- 부적절한 학교 환경
  - 학교 상담실에 대한 오해
  - 진학문제: 대학입시 중심의 교과과정
  - 빈약한 여건: 상담실 없음, 예산 지원 없음, 함께 일할 상담인력 없음

중재적 조건
- 외부의 지원
  - 상담전문가
  - 지역 청소년상담복지센터
- 외부에 알려짐
  - 교육청의 관심
  - 뜻밖의 표창
  - 언론 보도
  - 타 학교 상담교사 자문
- 운영 중 기대 밖의 결실
  - 또래상담이 대입에 도움됨
  - 기대 이상인 또래상담 활동
  - 졸업한 선배 출현

인과적 조건

또래상담 활용
- 또래상담 활용
  - 상담하고 싶음
  - 기능 못하는 학교 상담실
  - 상담인력 부족
  - 매개체 필요
- 또래상담 시작
  - 또래상담 알게 됨
  - 또래상담 시작함

중심현상

또래상담 활용으로 인한 어려움
- 업무 과중
- 미숙한 또래상담자로 인한 스트레스
  - 비자발적인 또래상담자
  - 힘들어하는 또래상담자
  - 불량한 또래상담자
- 동료 교사의 비협조
- 부정적인 학부모

작용/상호작용

어려움 극복전략
- 또래지도교사의 태도
  - 성실성 ─인내
  - 네트워크 능력
  - 전통을 세우려는 노력
- 주변인 설득
  - 관리자 설득
  - 동료 교사 설득
  - 학부모 설득
- 또래상담반 조직화
  - 선발 시스템 개발
  - 공식적인 임명식
  - 또래상담반 조직
  - 결집력 강화
- 또래상담자 교육
  - 또래상담자의 태도 변화시킴
  - 소진 예방
  - 후속교육
- 지속적인 활동 내용 개발
  - 상담 ─이벤트
  - 시간 확보 위한 상담방법 개발
- 기록을 남김

결과

또래상담 정착
- 또래상담자의 변화
  - 자발적인 또래상담자
  - 모범적 태도
  - 효과적인 상담활동
  - 학교 변화
  - 자치적인 조직 갖춤
- 주변인에게 인정받음
  - 관리자 인정
  - 동료 교사의 인식 변화
  - 학부모의 인정
  - 인식 높아짐
- 상담교사의 자부심
  - 보람 느낌
  - 자신감
- 학교 여건 변화
  - 상담실 확보
  - 예산 확보
  - 붙박이 상담부장
  - 업무 줄여 줌
  - 선발 및 반 배정 배려

[그림 8-3] 패러다임 모형에 따른 또래상담 정착과정

활동 내용 개발' '기록을 남김' 으로 범주화되었다. 중심현상을 극복하고 작용/상호작용이 활성화되도록 기여한 중재적 조건이 '외부의 지원' '외부에 알려짐' '운영 중 기대 밖의 결실' 로 범주화되었다. 이들 중재적 조건은 [그림 8-3]에서와 같이 중심현상인 '또래상담 활용으로 인한 어려움' 과 어려움을 가중시키는 맥락의 영향을 감소시키고 작용/상호작용이 더욱 활성화되도록 북돋아 주는 역할을 하였다. 이런 과정을 통해 작용/상호작용의 결과로 결국 또래상담이 학교에 정착하였다고 할 수 있다. 인과적 조건, 중심현상, 맥락, 중재적 조건, 작용/상호작용, 결과 간 관계를 재구성하여 그림으로 표현하면 [그림 8-4]와 같다.

인과적 조건으로 촉발된 현상은 맥락에 의해 가중된다. 이렇게 가중된 현상 때문에 또래지도교사는 작용/상호작용 활동을 하게 되는데, 이 활동은 현상뿐 아니라 맥락까지 변화를 촉구한다. 그리고 중재적 조건이 작용/상호작용을 돕는다. 동시에 중재적 조건은 작용/상호작용을 통해 더욱 촉진되며 맥락을 변화시키는 영향력도 가지게 된다. 이런 상호작용을 통해 또래상담이 정착되는 결과에 도달하는데, 이 과정은 직선적이라기보다 다분히 순환적이라고 할 수 있다. 작용/상호작용 결과에서 보여 주듯이 또래상담자가 변하고, 주변인에게 인정받으면서 상담교사의 자부심이 증대되고, 학교 여건이 변하였다.

이런 결과에 따라 5장에서 제안한 정착 기준이 충족되었다. 즉, 학교에서 ① 또래상담 전문훈련을 받은 담당교사의 지도하에, ② 또래상담반이 구성되어, ③ 학년마다 기수가 조직되었으며, ④ 월 1~2회 교육이 진행되고, ⑤ 그 훈련 및 활동지도 시간이 연간 30시간 이상을 넘게 되었다. 또한 교사가 문제학생을 또래상담자에게 의뢰하고 학부모가 자녀상담을 부탁할 뿐 아니라, ⑥ 학생들이 고민이 있을 때 또래상담자를 찾게 되었고, ⑦ 학교에서 또래상담반이 4년 이상 운영되는 정착된 모습을 갖추었다.

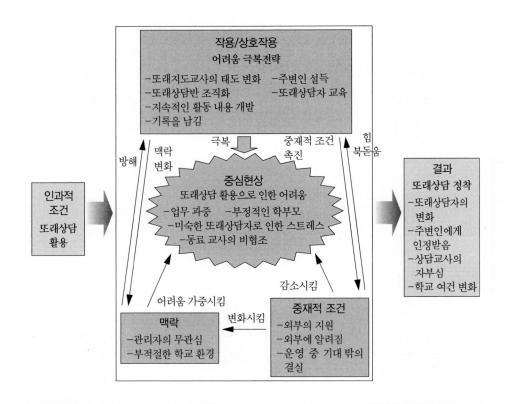

[그림 8-4] 면접자료 분석을 통해 확인한 또래상담 정착과정

● 요약

이 장에서는 학교에서 또래상담이 정착해 가는 과정을 근거이론의 방법으로 분석하여 제시하였다. 또래상담을 효과적으로 운영한 경험이 있는 또래지도교사 7명을 대상으로 면접조사를 실시하였는데, 또래지도교사는 또래상담을 시작함에 따라 다양한 어려움에 노출되었다. 이 어려움을 가중시키는 요인들이 학교에 있었지만 또래지도교사는 어려움을 극복하기 위하여 다양한 전략을 구사하고 결국 또래상담을 정착시켰는데, 그 과정을 상세히 분석·제시하였다.

● 학습 과제

• 두 사람씩 짝을 지어 또래상담 정착과정을 패러다임 모형에 근거하여 그림으로 표현해 보고, 그 내용을 서로 의논하며 완성해 보시오.

• 또래상담 정착과정에 나타난 어려움들이 무엇인지 설명해 보시오.

• 당신이 또래상담을 학교에서 운영하다가 학교 환경으로 인한 어려움에 부딪히면 어떻게 극복하겠는지 그 전략을 말해 보시오.

• 가장 큰 내부적인 어려움이 또래상담자 변인일 수 있는데, 적합하지 않은 또래상담자를 다루기 위해 지도자가 대비할 수 있는 전략에는 무엇이 있는지 설명해 보시오.

학습 목표

• 또래상담 정착과정을 쉽게 이해한다.
• 또래상담 정착에 긍정적 또는 부정적으로 영향을 미치는 요인을 안다.
• 또래상담에 긍정적인 영향을 미치는 요인을 활용하고, 부정적인 영향을 미치는 요인에 대한 대책을 세울 수 있다.

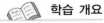
학습 개요

이 장은 학교에서 또래상담을 운영한 경험을 교사들에게서 편안하게 듣는 것처럼 꾸며 본 것이다. 근거이론에서는 이를 이야기 전개(story line)라 하는데, 또래상담을 운영하고자 하는 교사에게는 또래상담 기획부터 운영까지의 전체 맥락을 이해하는 정보가 될 것이다. 1절을 읽다 보면 또래상담 운영에 긍정적인 영향을 주는 요인과 부정적인 영향을 주는 요인을 구체적으로 알고 싶어질 것이다. 그래서 2절에서는 두 종류의 요인을 별도로 정리하여 제시함으로써 또래상담을 운영하고자 하는 교사가 긍정적 요인을 강화하고 부정적 요인을 감소시킬 수 있는 전략을 기획 단계에서부터 고려할 수 있도록 하였다. 이 정보는 7장과 8장의 내용을 기초로 해서 재구성한 것으로, 축약된 듯한 느낌 때문에 이해하는 데 충분하지 않다면 7장과 8장을 참조하도록 한다.

제9장
학교 또래상담 운영에 대해 듣기

1. 선배 교사에게 듣기

이 절은 이미 또래상담 운영 경험을 가진 교사의 경험담을 쉽게 재구
성하여 제시한 것이다. 또래상담을 정착시켰던 교사의 경험을 이야기를
기술하듯 소개한다. 7장과 8장의 또래상담 정착과정 분석 내용을 압축한
것이라고 보면 된다. 독자들은 이 절을 읽으면서 또래상담 정착의 과정
을 마치 파노라마를 보는 것처럼 쉽게 이해할 수 있을 것이다. 이 내용은
노성덕(2008)의 책 2부에도 소개되어 있다.

1) 또래상담을 시작하다

또래상담 지도교사들은 학교에서 진로상담부장 또는 상담부 교사로
보직 발령을 받거나 전문상담교사로 임용된 후에 학교 상담실에서 학생
들을 상담하고 싶어 했다. 그러나 학교 상담실은 이름뿐이지 제 기능을
발휘하지 못하고 있었고 학생들은 찾아오지 않았다. '학생들은 상담실
에 오지 않으면서 청소년기에 겪는 고민과 갈등을 어떻게 해결하는 것일
까?'하고 의아해하던 또래상담 지도교사들은 학생들이 자신의 문제를
교사가 아닌 같은 또래 친구에게 이야기하는 것을 발견하게 되었다.

반대 상황도 있었다. 제대로 상담실을 갖추고 홍보해서 학생들의 문제
를 해결해 보고 싶었다. 그렇게 되자 이번에는 상담해 줄 인력이 턱없이
부족했다. 학생들이 오지 않는 것도 문제였지만, 몰려오는 것도 문제가
되었다. 그리고 정작 도움이 필요한 학생들, 소위 구석에 있는 학생들을
찾아가서 상담해야 하는데, 그 역시 상담부장 또는 상담교사만의 힘으로
는 할 수 없는 상황이었다. 이런 와중에 또래상담을 알게 되었다. 또래상
담 연수를 받으면서 또래상담 지도교사에게 필요한 것은 '바로 이것이

다.'라는 생각이 들었다. 학교상담을 제대로 하고 싶었던 교사들은 연수를 받자마자 또래상담을 시작하게 되었다.

2) 또래상담을 활용하면서 어려움에 부딪히다

의욕적으로 또래상담을 시작해서 학교 교실을 돌아다니며 또래상담에 대해 홍보하고 학생들을 모집했다. 의외로 많은 학생들이 관심을 보였다. 이 학생들을 데리고 또래상담자 훈련을 수개월에 걸쳐 실시하였다. 그런데 이 일은 결코 쉽지 않았다.

우선 교과를 가르쳐야 하는 교사로서 수업을 준비하는 일도 만만치 않은 데다, 각종 행정 업무를 병행해야 했기 때문에 시간과 에너지가 부족했다. 그럼에도 불구하고 하루하루 성실하게 또래상담자를 지도하려 했는데, 업무가 지나치게 과중하다 보니 힘도 들고 짜증도 났다. 학교 안에서 도움을 찾아보려 했으나 동료 교사도 그다지 협조적이지 않았다. 자기 수업이나 자기 반 운영이 더 중요해서 돌아볼 여력이 없어서인지, 상담이 무엇인지 몰라서 그런 것인지 또래상담 지도교사의 도움 요청에 손을 내밀어 주지 않았다. 오히려 또래상담반 학생들을 모아서 활동하려고 하면 학생들을 보내 주지 않거나 혹은 활동 중인 학생을 불러가기 일쑤인 동료 교사들이 있었다. 똑똑한 학생들이 또래상담부에 지원하는 경향이 있는데, 또래상담부를 하기 위해 학생이 반장을 포기하면 반에서 나가라고 고함치기도 했다.

물론 모든 교사가 다 그런 것은 아니었고 애쓴다, 고생한다며 격려해 주는 교사도 있었다. 그러나 좀 도와달라고 하면 냉담한 태도를 보이는 동료 교사가 많았다. 하지만 또래상담 지도교사들은 언젠가 내 본심을 알아주겠지 하는 마음으로 다투거나 싸우지 않고 이해하려 하고 물러서 주고 그랬다.

이렇게 동료 교사들의 외면에도 또래상담을 하기 위해 모인 학생들을 훈련시키고 지도하면서 마음을 달래려고 했는데, 잘못 선발해서인지 또래상담 모임에 참여한 학생 중에는 또래상담에 관심은커녕 모일 때마다 공부할 시간을 뺏긴다고 투정하는 학생도 있었고, 마침내 또래상담을 못하겠다고 도중하차하는 또래상담자가 발생하기도 했다.

그나마 그런 경우는 나은 편이었다. 아예 가출을 하거나 친구들을 왕따시키는 그룹에 끼어 있거나 또는 흡연, 음주 등 비행행동으로 타 교사나 경찰에게 적발되는 아이도 있었다. 교감선생님으로부터 "남 상담해 주는 거 말고 또래상담자들이나 제대로 챙기세요."라는 말을 들었을 때, 정말이지 그만두고 싶었다. 그러나 또래상담 지도교사의 성격 특성상 한번 시작한 일을 곧바로 포기할 수는 없었다. 교문 앞에서 지각이나 복장불량 등으로 선도에 걸려서 "니가 또래상담자냐? 너나 잘해라."라는 학생부 교사의 지적을 받는 소리를 들으며 '어떻게 하면 아이들이 제대로 정체성을 가지고 활동하게 할 수 있을까? 어떻게 하면 교사들의 마음을 얻을 수 있을까?' 하고 고민했다.

업무가 과중되어 힘들고, 아직 훈련되지 않은 학생들을 데리고 또래상담반을 이끌고 가려니 어려움이 커서 관리자의 도움을 기대해 보기도 했다. 하지만 관리자는 또래상담 활동 같은 일에 관심이 없었다. 관심이 없다 보니 어정쩡하게 도와주지도 방해하지도 않는 태도를 보이곤 했는데 그것이 어려움을 더 가중시켰다. 그러다가 학급담임교사나 학생부 교사가 좀 어려운 이야기라도 하면, 관리자 자신이 분명히 또래상담반 운영을 허락해 놓고도 아무것도 모른다는 듯이 "거, 그런 거 좀 하지 마세요. 그냥 선생님 혼자 상담이나 하세요."라고 이야기하기도 했다. 하지만 이런 어려움이 진학과 취업 위주로 교과과정을 운영하는 학교 분위기의 영향임을 알기 때문에 또래상담 지도교사가 원망하고 낙담할 수만은 없는 일이었다.

3) 어려움을 극복하기 위해 노력하다

또래상담 지도교사는 이런 어려움을 극복하기 위해서 여러 가지 방법을 고민하게 되었다. 우선 '나부터 성실한 태도를 보여야겠다.'는 마음으로 남보다 먼저 학교에 출근하기 시작했다. 또 어려운 상황이나 동료 교사의 비협조적인 태도에 부딪히면 '인내심'을 가지고 이겨 내기 위해 기다리기로 마음먹기도 했다. 그러면서 시간이 되는 대로 동료 교사에게 또래상담에 대해 홍보를 하고, 나이 많은 선배 교사가 언짢아하면 논쟁으로 설득하려 하거나 아이들을 두둔하려 하기보다는 일단 먼저 웃으면서 사과하고 넘어가기로 했다. 그러다가 동료 교사를 설득할 좋은 방법을 알게 되었다. 학생문제로 고민하는 동료 교사에게 문제해결 방법에 대한 자료를 제공해 주거나, 관련 연수나 도움이 될 만한 인터넷 사이트에 관한 정보를 알려 주고, 또 자녀문제에 대해 정보를 제공하는 등 실제적인 도움을 통해 상담을 이해시키고자 했던 것이다. 이렇게 노력하자 동료 교사들이 또래상담 활동에 대해 이해하면서 협력하기 시작했다.

또래상담 지도교사는 관리자를 설득하는 것이 중요한 일임을 깨닫게 되어, 다양한 방법으로 관리자에게 또래상담의 필요성을 설명하고, 요즘 청소년의 문제와 해결 방안을 들고 가서 면담을 하기도 했다. 그러나 그것만으로는 부족했다. 뭔가 가시적인 결과를 보여 주는 것이 필요했다. 그래서 또래상담 일지를 바탕으로 간단한 통계표 등을 작성해서 실적을 보고하고, 학교에 미친 영향 등을 연관 지어 이야기하기도 하고, 우수한 사례를 예로 들면서 또래상담 활동의 유용성을 설명해 주었다. 또 학생들을 임명하는 임명식이나 이벤트성 행사를 열어 관리자가 참석하도록 했다. 이런 노력으로 관리자의 관심을 조금씩 이끌어 낼 수 있었다.

그러나 모든 것을 차치하고, 또래상담 지도교사가 가장 고민한 것은 또래상담반이 제 기능을 하는 것이었다. 어떻게 하면 또래상담자들이 제대로 자부심을 가지고 활동할 수 있을 것인가 하는 고민에 또래상담 지도교사는 가장 심혈을 기울였다. 우선 제대로 활동할 수 있는 또래상담자를 선발하기 위해 선발 시스템을 개선하려는 노력을 기울였다. 아무나 와서 대충 시간 보내는 동아리가 아니라 친구를 돕고자 하는 동기를 지닌 학생들이 참여할 수 있도록 공개선발 방법이라든지, 선배에 의한 선택 등 여러 가지 방법을 만들어 냈다. 그래서 훈련도 제대로 받도록 분위기를 조성하되, 충분히 재미있게 훈련 받을 수 있는 방법을 추가하였다. 그리고 자부심과 책임감을 심어 주기 위해 임명식을 공식적으로 거행하였다. 교장선생님, 교감선생님, 지역 교육지원청 장학사, 여성청소년계 경찰, 지역 상담기관장, 상담교수, 학부모 등을 초빙하기도 했고, 선배가 축가를 불러 주고 조촐한 파티도 여는 이벤트를 했다. 또 지속적으로 활동할 토대를 마련하기 위해 또래상담반을 조직하고, 또래상담자 간 결속력을 다지기 위해 멘터, 자매, 마니또 제도 등도 도입하였다.

하지만 또래상담 지도교사 혼자서 하기에는 일이 너무 많았다. 또 이벤트나 캠프 등과 같은 예산이 소요되는 일은 지역에 있는 청소년상담기관의 협조 없이는 어려운 일이었다. 다행히 지역의 청소년상담기관에서도 청소년 대상으로 사업을 펼쳐야 하기 때문에 또래상담반을 운영하면서 어려움을 겪고 있는 상담교사의 도움 요청에 매우 적극적으로 응해 주었다. 훈련도 시켜 주고, 전문상담자도 학교에 보내 주고, 다과도 준비해 주고, 또래상담자를 위한 캠프도 개최해 주었다. 지역 청소년상담기관의 노력으로 기초자치단체장이 또래상담자 임명장을 수여하기도 했다.

이런 노력의 결과로 또래상담반이 제법 괜찮은 모임으로 탈바꿈하는 것이 눈에 보였다. 이후 또래상담 지도교사는 또래상담자를 효율적으로 관리할 수 있는 시스템으로 눈을 돌리게 되었다. 또래상담반을 운영하면서 후속교육과 슈퍼비전을 실시하다가 또래상담자 역시 많은 일로 소진

될 수 있음을 알게 되었기 때문이다. 또래상담자들은 자원봉사자이지 학교 내 문제를 전담하는 전문인력이 아님을 다시 한 번 상기하였다. 그래서 과도한 활동 계획을 점차 줄여 가고, 또래상담자를 상담해 주면서 학교 내에 영향력을 끼칠 수 있으면서도 또래상담자들의 부담과 시간 투여가 적어질 수 있는 활동 내용을 개발하였다. 또한 또래상담자들이 흥미를 가지고 자신들의 문화에 맞게 자발적으로 이용할 수 있는 활동 방법도 찾게 되었다. 이에 따라 면 대 면 혹은 찾아가는 상담활동 외에도 시간적 제약을 줄일 수 있는 이메일 상담, 홈페이지 게시판 상담을 운영하였고, 이벤트 사업으로 사랑의 우편함 운영, 사례 발표회, 세미나 개최, 사이코드라마 공연 등을 하였다. 그리고 1학년 신입생 전체를 대상으로 학교 적응을 돕기 위한 집단 프로그램 운영에 또래상담자가 참여하게 되었는데, 이것이 학교에 미치는 영향이 매우 컸다. 그래서 아예 집단 프로그램을 할 때 만난 후배를 졸업할 때까지 자연스럽게 선후배 관계로 관리하는 시스템을 만든 또래상담 지도교사도 있었다. 관리라고는 하지만 늘 신경을 써 주기보다는 어려운 일이 있을 때 찾아오도록 하고 학교 내에서 마주치면 반갑게 인사를 나누는 등의 활동이었는데, 이 정도로도 후배에게 많은 도움이 된다고 평가받았다. 이런 활동을 그저 단기적, 일회성에 그치기 아쉬워서, 또 활동한 것을 토대로 슈퍼비전을 해 주기 위해 모든 활동을 기록으로 남겼다.

4) 기대 밖의 결실이 생기다

뜻밖의 일이 학교 안팎에서 벌어졌다. 학교 안에서 또래상담 활동을 하던 또래상담자가 기대 이상의 효과를 가져오기 시작한 것이다. 담임교사도 포기한 문제아를 또래상담자가 도와서 학교에 적응시키는 일들이 일어났고, 무단결석 중인 학생의 집을 자발적으로 방문하여 학부모상담까지 하고는 부모님을 감동시켜 부모와 자녀 간 관계를 개선해 주고 돌아오는 일도 있었다. 이런 또래상담자의 활동이 알려지자 동료 교사나 학부모, 심지어 지역사회의 상담전문가까지 또래상담자를 인정하기 시작했고, "우리 애 좀 또래상담자에게 붙여 주세요." "우리 반 애가 문제 있는데 또래상담자가 상담하게 해 주세요."와 같은 요구를 교사나 학부모에게서 받게 되었다.

또래상담자들의 성장도 눈에 띄었다. 친구를 상담하면서 대화로 문제를 해결하고 중재하는 것이 점차 습관이 되면서 응석받이에 투덜이에 성질 급하고 자기관리가 안 되던 학생들이 또래상담 때문에 쑥쑥 성장하는 것이 보인다고 부모들이 학교 관리자에게 피드백을 주기도 했다. 또한 성적이 다소 부족했던 학생이 또래상담 활동 실적으로 좋은 대학에 진학하는 일도 생겨났다. 이에 담임과 관리자가 놀라서 수시전형에 또래상담 활동을 기술하기 위해 공부 잘하는 학생은 또래상담을 시켜야 한다며 농담 반 진담 반으로 이야기하기도 하였다.

그러던 중 교육청 장학사가 학교를 방문하게 되었다. 장학사는 유독 학교폭력, 왕따, 중도탈락 등이 적은 것에 관심을 가지고 학교 내에 어떤 시스템이 있는지 궁금해하였고, 학생들에게 자연스럽게 탐문하다가 또래상담자의 활동을 듣게 되었다. 장학사는 이를 확인하는 과정에서 또래상담반에 대해 자세히 들었고, 이를 토대로 교육청에 현황 보고를 하였다. 보고를 계기로 교육청에서 사례 발표도 하고 교육감 표창도 받았다. 이렇게 학교의 또래상담반이 외부에 알려지기 시작하더니, 교육부장관, 여성가족부장관, 문화관광부장관, 한국청소년상담복지개발원장, 도지사, 교육감, 도의회, 시장, 시의회, 교육장 등이 주는 표창을 받아 지역 내 유명 학교가 되었다. 또래상담 지도교사는 "또래상담 때문에 용 됐다."라고 농담 삼아 이야기하기도 하였다(결국 전국 곳곳에서 보고되고 여러 전문가에게 확인된 또래상담의 효과 때문에 정부에서 아예 학교폭력 예방정책 중

하나로 또래상담을 선택하면서 또래상담이 전국적으로 확산되기에 이르렀다).

언론에도 소개되었다. 전혀 예상하지 못했는데, 각종 TV와 주요 일간지에 학교와 또래상담 지도교사가 소개되거나 TV에 또래상담반이 직접 출연도 하는 등 그야말로 상담교사 입장에서는 '하루아침에 뜬 스타 같은' 상황이 벌어졌다. 학교에서는 또래상담반의 활동을 담은 뉴스나 TV 프로그램을 녹화하여 아침 자율학습 시간에 전교생에게 틀어 주기도 하였다. 전국에서 또래상담 관련 문의가 쇄도하고 지역 언론에서도 거듭 취재해 가면서 또래상담반의 주가도 올라갔다.

이런 일들은 학교 관리자와 동료 교사의 이해를 끌어내고 또래상담자가 자부심과 책임감을 가지도록 하는 데 중요한 역할을 했다. 그러나 이런 '뜻밖의 일'은 우연히 얻어진 것이라기보다는 학교에서 또래상담을 제대로 활용해 보려고 애쓴 또래지도교사의 노력에 대해 '하늘이 보태 준 힘'이라고 생각되었다.

5) 또래상담이 정착되다

또래상담자에게 변화가 일어났다. 또래상담 활동을 재미있어하고 또래상담을 하는 것에 대해 자부심을 가지게 되었다. 또한 학교생활에서 모범적인 태도가 늘었고, 이런 태도는 가정까지 이어지기도 하였다. 또래상담 활동을 하면서 친구들에게 좋은 이야기를 해 주기 위해서인지(이런 부분에 대해서는 또 다른 연구가 필요하다고 또래상담 지도교사들은 말한다.) 자기관리를 잘하게 되고, 자기표현력도 발달하는 것을 볼 수 있었다. 무엇보다 또래상담자가 상담활동을 효과적으로 수행하게 되었다. 물론 청소년이기 때문에 상담전문가처럼 학생들의 문제를 해결해 주는 것은 아니었지만, 때로는 상담전문가도 깜짝 놀랄 만큼 상담을 잘하기도 하였다. 또래상담자는 사각지역에 있는 친구들을 찾아내어 도와주고, 어떤 경우에는 가정방문을 해서 친구와 부모를 돕는 일도 있었다. 이런 노력 때문인지 학교에서 선후배 간 도와주는 좋은 문화가 형성되었다고 평가받기도 하였고, 어느 또래상담 지도교사는 또래상담반 운영으로 '왕따 없는 학교'를 만드는 데 일조했다는 평가를 받기도 하였다.

그러면서 또래상담이 주변인의 인정을 받게 되었다. 재단에서도 관심을 가졌고, 관리자는 또래상담 지도교사를 '우리 학교 보배' '학교의 영예'라고 칭찬해 주기도 하였다. 동료 교사도 또래상담자를 칭찬하고 인정해서 상담이 필요한 학생을 또래상담자에게 담임이 의뢰하기도 하였다. 또 학부모가 직접 참여자에게 전화해서 또래상담자에게 자녀상담을 부탁하거나 혹은 방문해서 감사 표시를 하였다. 그렇게 되자 또래상담자 부모들도 중요한 행사가 있을 때 다과를 준비해 주거나 밑반찬을 챙겨 주는 등 지원해 주기도 하였다.

처음 또래상담을 시작할 때는 학교 여건이 좋지 않았다. 그런데 학교에서 상담실을 제공하고 예산을 지원해 주었으며, 참여자가 지속적으로 또래상담반을 관리하도록 붙박이로 연임시키고 담임을 면제해 주기도 하고 추가 인력을 배치해 주었다. 연임이 어렵게 된 경우, 또래지도교사는 동기가 있고 관심이 있는 다른 교사에게 인수인계를 해 주고 뒤에서 힘이 되어 주는 역할을 하기도 하였다. 혹은 다른 보직으로 옮겨서 다른 사업을 진행하게 되어 마땅히 물려줄 교사를 찾지 못해서 아이들에게 맡겨 놓은 또래상담 지도교사도 있었다(그러나 7, 8장에서 인터뷰에 응한 또래상담 지도교사 중 4명은 7년 이상 지속적으로 또래상담반을 학교의 허락하에 관리하였다). 어떤 또래상담 지도교사가 소속해 있는 학교에서는 학년 초에 동아리 신입회원을 선발할 때 또래상담반이 먼저 선발하도록 해 주고 있다. 우수한 학생을 또래상담반이 먼저 선발하도록 하기 위한 학교의 배려다. 또한 새 학년에 올라갈 때 또래상담자를 제외하고 분반을 한 후 별도의 작업을 거쳐 또래상담자는 나중에 분반하도록 했는데, 이것은 또래상담자가 한 반에 몰리지 않도록 학교에서 배려하는 것이다.

이처럼 또래지도교사의 노력의 결과로 또래상담자의 자질이 향상되었고, 자치적으로 운영될 수 있는 조직으로 성장하였으며, 관리자와 동료 교사, 그리고 학부모의 관심을 이끌어 내어 또래상담반이 학교 내에 정착하게 되었다.

2. 또래상담 정착에 영향을 미치는 요인

학교에서 또래상담 정착에 영향을 미치는 요인을 분석해 보고자 한다. 또래상담 정착에 영향을 미치는 요인을 이해하는 것은 또래상담을 운영하려는 교사에게 정보로 활용될 수 있을 것이다. 이러한 요인에 대한 것은 7장과 8장의 또래상담 정착과정 분석을 토대로 하였다. 따라서 7장과 8장을 읽은 독자는 별도의 설명 없이도 또래상담 운영과 정착에 영향을 미친 요인을 이해할 수 있으리라고 본다.

학교에서 또래상담 정착에 영향을 미치는 요인은 중심현상에 나타난 '동료 교사 및 학부모', 맥락에서 드러난 '관리자'와 '학교 환경', 그리고 작용/상호작용에서 주로 드러난 '또래상담자', 중재적 조건 및 작용/상호작용에서 나타난 '외부의 관심과 지지' 및 '가시적인 성과' '지도교사'라고 볼 수 있다. 이 가운데 또래상담 정착에 주요하게 영향을 미치는 요인은 〈표 9-1〉에 나타난 바와 같이 ① 지도교사, ② 또래상담자, ③ 학교 환경, ④ 가시적인 성과, ⑤ 외부의 관심과 지지다. 또래상담 정착에 영향을 미치는 요인의 하위 범주는 속성을 가지고 있었는데, 이 속성은 또래상담 정착에 긍정적 또는 부정적 영향을 미치는 것으로 구분되었다. 하위 범주 중에 '부적합한 또래상담자'와 '답답한 학교 환경'은 부정적 영향을 미치는 것으로, 그 외 9개 하위 범주는 긍정적 영향을 미치는 것

〈표 9-1〉 요인에 대한 범주분석(노성덕, 2007a)

개 념	하위 범주	속성	범주
• 긍정적인 성격 • 지도교사의 인내심	지도교사의 성격	+ (내부)	지도 교사
• 조직관리 능력(또래상담자 관리능력) • 지도교사의 상담능력 • 지역사회의 협력을 끌어내는 네트워크 능력	지도교사의 능력	+ (내부)	
• 동기가 없음 • 다른 목적으로 또래상담반 참여 • 비행청소년인 또래상담자	부적합한 또래상담자	− (내부)	또래 상담자
• 친구를 찾아 상담하는 또래상담자 • 효과적인 결과를 보여 준 또래상담자 • 가시적 성과를 보여 준 또래상담자	효과적으로 활동한 또래상담자	+ (내부)	
• 관리자의 무관심 • 동료 교사의 비협조 • 입시 위주, 취업 위주의 교과과정 • 빈약한 시설과 여건	답답한 학교 환경	− (외부)	학교 환경
• 관리자의 관심 • 동료 교사가 도와줌 • 시설과 여건 제공해 줌	변화된 학교 환경	+ (외부)	
• 또래상담 성공 사례 • 또래상담자의 활동 실적 • 교내에서의 지속적인 활동거리 개발	또래상담자의 활동	+ (내부)	가시적인 성과
• 뜻밖의 표창 • 또래상담으로 수시 합격	기대 밖의 결실	+ (내부)	
• 훈련강사 지원 • 연합활동 지원	지역 청소년상담 기관의 지원	+ (외부)	외부의 관심과 지지
• 교육청 장학사의 칭찬 • 교장연수 등에서 사례 발표를 하도록 함 • 교육청으로부터의 수상	교육청의 관심	+ (외부)	
• 중앙 및 지방 일간지 보도 • TV 출연	언론 보도	+ (외부)	

으로 분석되었다.

또래상담 정착에 영향을 미치는 요인만을 가지고 패러다임 분석을 실시하였다. [그림 9-1]을 보면 중심현상을 가운데 두고 각각의 영역에 해당하는 요인이 어려움을 가중시키거나 감소시키는 기능 혹은 어려움을 극복하는 기능을 가지고 영향을 미치는 것을 알 수 있다.

지도교사와 또래상담자는 또래상담 정착에서 가장 핵심적인 요인이라 할 수 있으며, 이 두 요인이 만들어 내는 것이 가시적인 성과 요인이다. 따라서 지도교사와 또래상담자, 가시적인 성과는 내부 조건이라고 분류할 수 있다. 한편 학교 환경과 외부의 관심 및 지지는 또래상담 정착에 영향을 미치는 중요한 외부 조건이라 할 수 있다. 이 요인은 5장에서 제시한 또래상담 정착 기준을 만족시키는 것과도 관계가 깊다. 왜냐하면 이런 요인의 작용이 곧 정착을 이끌어 내는 영향력이 되기 때문이다.

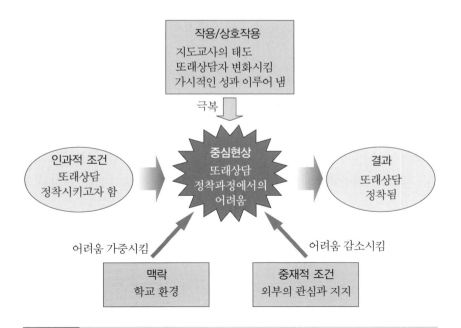

[그림 9-1] 요인에 대한 패러다임 분석(노성덕, 2007a)

1) 지도교사 요인

학교에서 또래상담을 담당하는 지도교사 요인은 또래상담 정착에 가장 영향을 많이 미치는 요인이라 할 수 있다. 지도교사는 또래상담을 기획하고, 시작하며, 또래상담 활동 내용을 개발하고, 또래상담반을 유지시키며, 관련된 모든 요인과 상호작용하는 핵심 요인이라 할 수 있다.

지도교사 요인은 매우 많은 측면을 가지고 있으나, 이 연구에서 밝혀진 바에 따르면 긍정적인 성격, 인내심, 조직에 대한 지식, 상담능력, 네트워크 능력 같은 것이 또래상담 정착에 영향을 미치고 있다. 틴달(1995)은 또래상담 지도교사의 역할을 훈련자뿐 아니라, 조정자, 촉진자, 조직자 및 평가자로 다양하게 표현하고 있는데, 이 연구와도 같은 맥락에서 이해할 수 있다. 즉, 또래상담 지도교사는 또래상담 전체 운영에 대한 조정자이면서 조직을 관리하는 사람이고, 동시에 또래상담자나 학교가 또래상담 활동을 잘 수행하도록 촉진하면서 모든 활동에 대한 평가자로서의 기능을 수행하게 된다.

마이릭과 소렌슨(Myrick & Sorenson, 1997)도 실제적인 또래 프로그램 운영을 위해 유념해야 할 사항의 첫 번째로 또래상담의 활동 내용과 질에 영향을 미치는 또래상담 지도교사에 대해 언급하고 있다. 또래상담 지도교사의 역량이 학교의 또래상담 활동 내용과 질을 담보한다는 것이다. 김진희, 이상희 및 노성덕(1999)은 또래상담 프로그램을 계획하고 지도하며 감독할 지도교사가 또래상담 훈련을 시킬 상담능력과 열정이 있어야 한다고 강조하였다. 여기서 또래상담 지도자의 상담능력은 또래상담 지속에 상당한 영향을 끼치리라고 보인다. 이런 측면에서 볼 때 또래상담 지도교사는 또래상담 정착을 이끌어 가는 데 가장 영향력 있는 요인이라고 할 수 있다. 그렇다면 또래상담 지도교사의 어떤 특성이 또래상담 운영과 정착에 중요하게 영향을 미칠까? 다양한 것이 있겠으나

여기에서는 7, 8장에서 드러난 내용을 중심으로 몇 가지 제시해 보고자
한다.

첫째, 긍정적인 성격이 영향을 미친다. 또래상담 지도교사의 긍정적인
성격은 갖가지 어려움을 극복하는 토대가 된다. 지도교사의 성격은 또래
상담을 운영하면서 학교 관리자와 동료 교사, 그리고 또래상담자를 대하
는 태도에 그대로 반영된다. 따라서 부정적이고 염세적인 성격의 소유자
라면 또래상담을 시작은 할 수 있으나 어려움을 극복하기가 힘들 것이
다. 또래상담 지도교사는 긍정적인 성격을 가지고 어려움을 극복하면서
대인관계 역량을 극대화하는 모습들을 보여 주었다. 이런 모습이 또래상
담 운영과 정착에 중요한 영향을 미친다.

둘째, 지도교사의 인내심도 정착의 중요한 요인이다. 순간순간의 어려
움에 쉽게 감정을 드러내거나, 힘들 때 포기하기보다는 목표를 달성하기
위해 인내하는 태도 역시 또래상담 정착에 영향을 미치는 지도교사의 주
요 특성이라 할 수 있다. 인내심도 성격의 한 측면일 수 있으나 8장의 인
터뷰에서 또래지도교사가 중요하게 언급한 바 있어 독립적으로 기술해
보았다.

셋째, 교사의 조직에 대한 지식도 중요한 요인으로 작용하고 있었다.
지도교사는 많은 또래상담자를 효율적으로 지도하기 위해서 조직을 구
성한다. 이때 조직을 구성하는 데 필요한 것과 조직 내 구성원의 갈등 해
결, 다양한 출신의 구성원 결집, 조직의 발전 방향에 대한 교육과 지시
등 조직 관리에 대한 경험을 갖춘 것이 또래상담 정착에 영향을 미쳤다
고 볼 수 있다.

넷째, 교사의 상담능력이다. 또래상담 지도교사는 진로상담부장, 상담
실장 또는 상담부 교사였다. 그들은 전문상담교사 자격을 갖추고 있었으
며, 상담에 대한 기본적인 지식을 갖춘 사람들이었다. 상담능력 없이 또
래상담의 취지를 이해하고 또래상담을 시작해서 또래상담자를 양성 및

슈퍼비전 한다는 건 어려운 일이다. 또래상담자를 단순한 자원봉사자처럼 활용하려 하거나 또는 교사의 직무 수행에서 발생하는 부수적인 행정업무를 보조하는 정도로 활용하려는 경우도 있다. 이런 일에 대해 틴달(1995)도 "전문상담자가 꺼려 하는 잡무를 보조하는 역할로 이용해서는 안 된다."라고 주의를 준 바 있다.

다섯째, 지역사회의 다양한 인력과 기관을 활용하는 네트워크 능력도 중요한 요인이었다. 지도교사는 또래상담 운영에 필요한 인력과 홍보, 관리자에게 미치는 영향 등을 고려하여 적극적으로 외부 전문기관 또는 전문가들과 네트워크를 구성하고 있었다. 이것은 또래상담 지도교사의 긍정적인 성격과 함께 적극적인 태도에 기인한 것으로 보인다. 지도교사는 또래상담을 운영하는 데 필요한 프로그램, 인력, 재원, 공동사업 등을 얻기 위해 지역의 다양한 기관을 자원으로 활용하고 있었다. 이런 능력은 또래상담의 운영과 정착에 영향을 미쳤다.

이상으로 또래상담 지도교사의 긍정적인 성격과 인내심, 조직 관리에 대한 경험과 지식, 상담능력, 네트워크 능력 등이 또래상담을 운영하고 정착시키는 데 중요한 요인으로 작용하고 있음을 이야기했다. 또래상담 지도교사가 상담교사로서 자기 역할을 충실히 하고, 기왕 수행한 업무를 통해 학교 운영에 기여할 수 있다면 금상첨화일 것이다. 위의 내용을 또래상담을 운영하고자 하는 교사가 자기 자신을 평가하고 준비시키는 데 중요한 지식으로 삼기를 기대해 본다.

2) 또래상담자 요인

또래상담자 요인은 지도교사 요인과 함께 또래상담 운영과 정착에 영향을 미치는 핵심적인 요인이라 할 수 있다. 또래상담자 요인은 정착에 부정적 영향과 긍정적 영향이라는 양방향에서 영향을 미치고 있다. 또래상담을 정착시키고자 애쓴 교사들은 부정적 영향을 최소화하고 긍정적 영향을 양성하려는 의도를 작용/상호작용에서 많이 보이고 있다. 브래큰베리(1995)는 또래상담을 효과적으로 시작하기 위해서는 또래상담자의 자질이 특히 중요하다고 강조하면서, 또래상담 활동을 해낼 수 있는 성숙한 학생들을 찾아내는 것이 필수적인 과제라고 했다. 그가 제시한 성숙한 학생들은 ① 정서적 성숙, ② 신뢰 있는 행동, ③ 리더십, ④ 타인과 좋은 관계 유지, ⑤ 따뜻하고 다정한 성격, ⑥ 긍정적 태도, ⑦ 타인에 대한 관심과 돕고자 하는 마음, ⑧ 타인의 감정과 자존심을 존중하는 태도, ⑨ 타인에게 좋은 역할 모델, ⑩ 괜찮은 성적, ⑪ 양호한 출석 등의 조건을 가진 학생들이다. 이런 학생들이 긍정적인 영향을 끼쳐서 또래상담을 정착시키게 된다. 결국 또래상담을 운영하고자 하는 교사는 이와 같은 선결 조건에 대해 관심을 가져야 한다는 것이다. 또래상담 운영을 기획하고 준비할 때부터 또래상담 활동에 적합한 학생을 모집하고 선발하는 것에 대해 고려하여야 한다.

김진희 등(1999)도 또래상담자의 질적 수준에 또래상담의 성패가 달려 있음을 지적하면서 지원자 선발 및 훈련 제공의 중요성을 언급하였다. 그리고 이상희, 노성덕 및 이지은(2010)은 활동하는 또래상담자에 대한 적절한 보상의 중요성에 대해서도 언급하였다. 또래상담자의 기본 자질도 중요하지만 실제 활동을 수행하는 학생들에 대한 보상이 뒤따르는 것도 중요하다. 또래상담을 운영하다 보면 또래상담자가 봉사 점수 인정도 반납하는 경우가 있다. 정말 친구를 돕는 것이 좋아서 활동하는 것이기 때문에 봉사 점수로 인정받고 싶지 않다는 것이다. 봉사 점수를 위해서는 따로 봉사활동을 하면 된다고 말하는 학생들도 보았다. 하지만 교사 입장에서는 어떤 유형의 것이든 학생들을 위한 보상체계를 마련해야 한다. 비록 또래상담자가 받지 않겠다고 말한다 하더라도 말이다.

또래상담자가 또래상담 운영에 미치는 영향은 앞에서 이야기한 것처럼 부정적인 측면과 긍정적인 측면이 모두 있다. 그런데 가만히 들여다 보면 또래상담자의 이런 양 측면은 마치 동전의 양면과 같다. 결국 같은 인물에게서 두 가지 속성이 모두 발견되기 때문이다. 이를 조금 더 살펴 보면 다음과 같다.

첫 번째는 또래상담자의 부정적인 측면이다. 또래상담자로 선발은 되 었지만 애초에 또래상담 활동을 하고자 하는 동기가 없었거나 다른 생각 으로 또래상담반에 참여한 경우, 학교 교사의 인식 부족으로 비행청소년 을 또래상담반에 추천하여 참여시킨 경우 등이 또래상담 정착에 부정적 인 영향으로 작용했다. 그뿐만 아니라 성적 때문에 또래상담 활동에 소 홀하거나 이기적인 태도로 분열을 야기하고 패거리를 형성하는 것도 부 정적으로 작용했다. 더 나아가 또래상담자가 행동 불량이나 교칙 위반으 로 선도부에 적발되거나 교사에게 지적당하고, 가출이나 학교 중도탈락 등의 일탈행동을 보이는 것도 부정적인 영향으로 작용했다. 이 같은 또 래상담자 때문에 학교 관리자나 동료 교사에게서 "데리고 있는 애들이 나 잘 상담하세요."라는 말을 들을 때 또래지도교사는 정말 힘들었고 쥐 구멍이라도 찾고 싶은 심정일 때가 있었다고 한다.

하지만 또래상담자에게 이런 태도가 나타나는 것이 꼭 자질이 부족해 서라고 말하기는 어렵다. 또래상담자는 상담자가 아니다. 상담전문가가 아니라는 말이다. 약간의 훈련을 받았을 뿐 학교에 있는 다른 학생들과 특별히 다른 존재가 아니다. 상담이 무엇인지 잘 모르고, 그저 친구를 도 와주고 대화해 주는 활동을 하고 싶어서 모인 소위 초·중·고교 상담 아마추어다. 그래서 실수도 하고, 잘못도 하고, 우왕좌왕하기도 하고, 성 적이 떨어지면 고민하고, 좋아하는 이성 친구가 생기면 당연히 활동에 영향을 받는 것이다. 그러므로 또래지도교사는 인내심과 넓은 아량을 가 지고 또래상담자를 대하려는 자세가 필요하다. 같은 청소년인데 친구를 돕겠다고 대화훈련도 하고, 활동도 하고, 발표도 하고… 이 얼마나 기특한 일인가! 그렇게 보면 부정적인 측면을 감소시키는 것도 쉬워진다.

두 번째는 긍정적인 측면이다. 친구를 돕고 학교에 좋은 영향을 미치는 활동을 하는 또래상담자의 태도가 또래상담 정착에 긍정적인 영향으로 작용했다. 이런 또래상담자는 교사의 눈에 포착되지 않는 문제 학생들을 찾아 상담해 주거나, 등교하지 못한 또래의 가정을 방문하거나, 전학 온 학생을 돌봐 주는 등 다양한 상담활동을 전개하였다. 상담전문가 못지않을 정도로 효과적인 상담 결과를 보여 주는 또래상담자는 또래상담반의 역할과 활동 내용의 수준을 향상시키는 결과를 이끌기도 하여 이후 또래상담 정착에 크게 기여한 것으로 보인다. 또한 이런 또래상담자의 활동은 결국 가시적인 성과로 연결되어 외부의 관심과 지지를 이끌어 내고 학교 환경을 변화시키는 데도 기여한 것으로 나타났다. 그러나 모든 또래상담자가 다 이런 것은 아니다. 또래상담자로 모이면 뛰어난 역량을 발휘하는 학생도 있고 잘 따라가지 못하는 학생도 있다. 모두가 뛰어난 역량을 발휘한다면 좋겠지만 이 학생들은 전문상담 훈련을 받은 이들이 아니기 때문에 이해하면서 지도해야 한다.

3) 가시적인 성과 요인

가시적인 성과는 또래상담 정착의 필요성을 보여 주는 역할을 한 요인으로 또래상담이 정착되는 데 중요하게 작용하였다. 8장에서 드러난 가시적인 성과는 '또래상담자의 활동 실적' '또래상담 성공 사례' '학교 내에서의 지속적인 활동거리' '표창 수상' '또래상담으로 수시 합격' 등의 형태로 나타났다.

특히 또래상담 성공 사례와 학교 내에서의 지속적인 활동거리는 또래상담반의 지속성에 큰 영향을 끼치는 것으로 보이는데, 틴달(1995)은 또래상담자들이 AA와 같은 지지집단으로서도 기능할 수 있음을 제안한 바 있다. 브래큰베리(1995)는 고등학교에서의 효과적인 또래상담 운영을 위해서 또래상담반 활동 내용에 학교의 요구를 최대한 반영시킬 것을 제안하고 있는데, 이것은 지속적인 활동거리 개발과 관련이 깊은 것으로 여겨진다. 또래상담자의 성공적인 상담활동과 지속적 활동거리는 학교 관리자와 동료 교사에게 또래상담 운영의 당위성을 제공해 줌으로써 지지와 협력을 이끌어 냈다. 그리고 또래상담자에게도 자부심을 더해 주었다.

성공 사례 및 활동 실적을 토대로 한 표창 수상과 수시 합격은 또래상담 운영을 설명하고 옹호해야 하는 모든 대상자에게 가시적인 성과로 제시할 수 있는 중요한 사건이었다. 학교나 학생 및 교사가 또래상담 활동으로 부총리나 장관, 도지사, 교육감, 시장, 의회 의장 등이 수여한 상을 받은 것은 누구도 부인할 수 없는 쾌거였다. 또래지도교사는 모든 활동 내용을 자료화하여 관리함으로써 이런 가시적인 성과를 드러내기 위해 노력했다.

4) 학교 환경 요인

학교 환경은 또래상담의 운영 초기에 부정적인 영향을 끼치는 면이 컸다. 특히 ① 관리자의 무관심, ② 동료 교사의 비협조, ③ 입시 위주 또는 취업 위주의 교과과정, ④ 빈약한 지원 등이 부정적으로 작용했다. 관리자의 무관심은 동료 교사의 비협조를 가중시켰고, 빈약한 지원에 대한 해결책을 찾는 노력을 무색하게 만들었다. 입시 위주 또는 취업 위주의 교과과정은 현직 교사인 또래지도교사가 이해하지 못하는 바는 아니었다. 학교가 교육을 주된 활동 내용으로 삼고 있고, 또래지도교사 역시 교과 담당교사였으며 학생들의 진학 및 취업 지도를 수행하는 교사였기 때문이다. 그래서 또래상담 지도교사는 입시 위주의 교과과정이나 빈약한 지원 등에 대해 불만을 가지기보다는 학교 환경에 영향을 미치기 위한 노력을 작용/상호작용 전략으로 구사하였고, 학교 환경을 변화시키기 위해 중재적 조건을 활성화하는 등 노력을 기울였다.

　지도교사의 노력과 또래상담자의 활동 및 가시적인 성과가 나타나기 시작하고 외부의 관심과 지지로 또래상담이 여러 해 운영되자 학교 환경은 또래상담 정착에 긍정적으로 영향을 미치는 중요한 요인으로 변신하며 정착 촉진에 기여하게 되었다. 달리 표현하면, 또래상담 정착에 부정적 영향을 미쳤던 요인이 변하여 ① 관리자가 관심 갖게 됨, ② 동료 교사가 도와줌, ③ 학교 상담실 제공, 예산 배정, 추가 인력 배치, 기타 여건의 개선 등을 이끌어 냄으로써 이후 또래상담 정착이 급물살을 타는 계기가 되었다. 따라서 교장, 교감 및 간부 교사들의 허용 및 인정을 얻는 것은 또래상담을 정착시키는 데 중요한 요인으로 작용한다는 것을 기억할 필요가 있다(금명자 외, 2004; 김진희 외, 1999; 이상희, 노성덕 외, 2010; Carr, 1998; Cole, 2001; Tindall, 1995).

　학교 환경이 변하는 데는 한계가 있다. 앞에서도 여러 번 지적한 바와 같이 학교는 상담하는 곳이 아니라 교육하는 곳이기 때문이다. 교육 자체가 치료적 기능을 가지는 경우가 있기 때문에 간혹 관리자 중에는 '학교 교사가 곧 카운슬러다.'라는 다소 극단적인 사고를 가진 사람도 있다. 어찌되었든 학교의 존재 목적이 상담은 아니기에 상담을 잘할 수 있는 방향으로 여건이 개선되리라는 기대를 가지기는 어렵다. 더구나 또래상담 활동을 위해 학교 체제가 변한다든지, 학교 관리자가 또래상담 활동을 교육 수행이라는 학교 본래의 목적에 우선하도록 배려하는 것을 기대할 수는 없다. 다만, 학교 환경 변화의 한계를 인식하면서 또래상담 활동이 제한적이나마 원활히 수행되도록 최선을 다하겠다는 자세가 필요하다.

5) 외부의 관심과 지지 요인

외부의 관심과 지지 요인은 ① 언론 보도, ② 교육청의 관심, ③ 지역 청소년상담기관의 협력 등으로 나누어 볼 수 있다. 외부의 관심과 지지는 국가의 교육정책 또는 청소년정책까지 확대 생각해 볼 수 있는데, 국가가 관심을 가지면 이 요인은 굉장한 영향력을 가지게 될 것이다. 예를 들어, 교육부에서 학교 교과과정 중 재량활동 교과 영역에 '또래상담' 또는 '청소년상담'이라는 과목명을 명시해 주면 또래상담 운영과 정착은 훨씬 긍정적인 영향을 받게 될 것이다.

7장의 과정분석에서 나타난 외부의 관심과 지지는 앞에 소개한 것처럼 언론 보도와 교육청의 관심 그리고 지역 청소년상담기관의 협력이었다. 특히 학교에서의 또래상담 운영이기 때문에 교육청의 관심이 가져오는 영향이 컸던 것으로 보인다. 또래상담이 과외활동에서 교육청의 관심과 지지를 얻는 순간 학교의 중요한 활동으로 인정받기 때문이다. 더불어 언론 보도는 학교의 이름이 전국적으로 알려진다는 홍보 효과가 있어서 학교 운영진이나 관리자의 지지와 협력을 이끌어 낼 수 있었다. 지역 청소년상담기관은 또래상담 운영에 필요한 정보와 자료, 그리고 보조인력과 재원을 마련하는 데 도움이 되어서, 결과적으로 또래지도교사의 과중한 업무 부담을 줄여 주었다.

● 요 약

　이 장에서는 또래상담의 과정을 다시 한 번 요약해서 제시하고 또래상담에 영향을 미치는 요인을 정리하였다. 또래상담 정착에 영향을 미치는 요인은 ① 지도교사, ② 또래상담자, ③ 학교 환경, ④ 가시적인 성과, ⑤ 외부의 관심과 지지로 나타났다. 이런 요인 중 또래상담 운영에 긍정적인 영향을 미치는 요인과 부정적인 영향을 미치는 요인을 소개하였는데, 특히 양방향을 모두 가진 요인에 대해서도 소개하였다.

● 학습 과제

- 또래상담 정착에 영향을 미치는 요인을 긍정적인 영향과 부정적인 영향으로 나누어 설명해 보시오.
- 학교에 또래상담을 정착시키는 과정에서 특별히 중요한 영향을 미치는 두 요인을 제시하고, 어떤 영향을 미치는지 설명해 보시오.
- 또래상담 운영 시 양방향에서 모두 영향을 미치는 요인을 소개하고, 부정적인 영향을 긍정적인 영향으로 전환시킬 수 있는 전략을 정리해서 진술해 보시오.
- 이 장에서 소개한 '선배 교사에게 듣기'를 참고해서 당신이 또래상담을 운영한 지 3년째 된다고 가정하고 운영 경험을 상상해서 간략하게 기술해 보시오.

학습 목표

• 또래상담 지침과 연간 운영 모형을 활용하여 운영 계획을 세워 볼 수 있다.
• 또래상담 운영을 시작하면서 학교에 프로그램을 정착시키는 것과 관련된 지식을 습득한다.
• 또래상담을 시작부터 평가에 이르기까지 전 과정을 따라 할 수 있다.

 **학습 개요**

이 장에서는 또래상담을 학교에서 운영하고자 하는 교사가 활용하기 쉽게 전 과정을 지침으로 구성하여 제시한다. 특히 또래상담 운영을 기획하는 단계에서부터 학교 내에 상담 시스템으로 정착시키는 것을 고려할 수 있도록 1절 '학교 또래상담반 운영 매뉴얼'이라는 제목하에 제시한다. 또한 또래상담을 학교에서 처음 운영하고자 하는 교사들을 위하여 '연간 또래상담 운영 따라 하기'라는 제목하에 2절을 구성하며, 2년차 이후의 운영에 대해서도 언급해 둔다. 그리고 또래상담 활동에 필요한 활동 양식들을 소개하는데, 실제 강원도 지역의 여러 학교에서 사용하고 있는 것들이다. 이어서 3절에서는 또래상담자 임명 후 활동지도내용을 소개하였다. 독자들은 이 장을 읽음으로써 또래상담을 학교에서 운영하고자 할 때 사전에 무엇을 고려하고 준비해야 하는지를 쉽게 습득할 수 있다.

제10장
학교 또래상담 운영 길라잡이

1. 학교 또래상담반 운영 매뉴얼

이 절은 또래상담을 준비하고 있는 교사가 실제 운영을 위해 필요한 정보를 지침으로 마련해 놓은 것이다. 또래상담 운영을 기획하면서부터 이 지침을 활용한다면 더 수월하게 또래상담을 학교에서 적용하게 될 것이다. 특별히 여기에서는 또래상담을 학교에 정착시킬 수 있는 방안을 전제로 하고 있다. 또래상담을 훈련 프로그램 활용에 그치는 것이 아니라 실제로 학생들이 또래상담 활동을 하도록 기획하고 운영을 시작하는 교사는 또래상담을 학교상담의 시스템으로 정착시키는 데 관심을 가질 수밖에 없다. 하지만 그 방법에 대해서는 잘 알지 못한다. 또래상담을 활용한다고 하여도 하나의 시스템으로 정착시키는 것까지는 안목이 미치기 어렵기 때문이다.

〈표 10-1〉 또래상담 정착을 위해 고려할 사항

과 정	정착을 위해 고려할 사항
또래상담을 시작할 때 준비사항	• 처음 시작할 때 또래상담 정착 기준을 고려하라. • 또래상담 지도자 자격연수를 받아라. • 또래상담을 통해 달성할 현실적이면서 확실한 목표를 세워라. • 학교 관리자와 협력하면서 시작하라. • 또래상담을 시작할 때 학교 동아리로 등록하라. • 처음 또래상담자를 선발할 때는 다소 무리겠지만 질 관리를 하라. • 지역 청소년상담복지센터의 협조를 구하라.

예상되는 어려움	• 초기의 어려움을 예측하고 대비하라.
	  – 업무 과중
	  – 미숙한 또래상담자로 인한 스트레스 발생
	  – 동료 교사의 비협조
	  – 관리자의 무관심

예상되는 어려움	• 또래상담반 운영 중 겪을 수 있는 어려움에 대비하라. 　－부적절한 학교 환경으로 인한 어려움 　－또래상담자의 과도한 활동 　－또래상담반 조직 내 갈등 • 정착기로 접어들면서 발생할 수 있는 어려움에 대비하라. 　－타성에 젖는 태도 　－정착에 필요한 제반 여건이 따라오지 못하는 경우 　－또래상담반에 대한 부당한 요청
어려움 극복을 위한 전략	• 담당교사 스스로 자기 관리를 하라. • 또래상담반을 효율적으로 관리하라. 　－선발을 중요하게 다루어라. 　－임명식을 공식적으로 진행하라. 　－모범적인 또래상담자 상을 발굴하라. 　－또래상담반을 조직하라. 　－또래상담자에게 후속교육과 슈퍼비전을 제공하라. 　－또래상담자끼리 서로 돕는 분위기를 형성시켜라. 　－또래상담자를 아끼고 사랑하라. 　－'또래상담 활동－봉사 점수 인정/각종 표창 수상－수시전형/취 　　업 이력'의 연계를 중요하게 다루어라. • 지역 청소년상담기관을 활용하라. • 가시적인 성과를 관리자에게 보여 주어라. • 동료 교사와 공을 나누고 그들에게 도움을 주어라. • 학부모와 협력하라.
정착을 향하여	• 또래상담 관련 자료를 잘 관리하라. • 외부에 적극적으로 알려라: 수상, 언론 보도, TV 출연, 운영 사례 　발표를 꺼리지 말라. • 학교 내에서 또래상담반의 고유한 활동을 개발하라. • 또래상담반의 자율적 운영을 도모하라. • 선배를 참여시켜라. • 학교로부터 인정받고 분위기 좋을 때 하드웨어(Hardware)를 확보 　하라. • 후배 교사를 양성하고 지역 연계모임에 참여하라.

따라서 이 절은 또래상담을 활용하면서 정착까지를 전제로 기획하는 교사들에게 정착을 지향하는 정보를 제공하는 목적을 가지고 있다. 이 절은 7장과 8장에서 분석하여 제시한 또래상담 정착과정의 내용을 토대로 한 것이다.

1) 또래상담을 시작하고자 할 때 활용할 정착 기준

일곱 가지 항목은 또래상담 전문가들에 의해 '또래상담 정착 기준'으로 선정된 것이다(5장 〈표 5-3〉 참조). 어떤 상태를 정착이라고 할 수 있는지 아는 것은 또래상담을 시작할 때 좋은 안내가 될 것이다. 이 일곱 가지 조건이 충족되면 또래상담이 정착되었다고 본다. 이 기준이 어떻게 도출되었는지는 이미 5장에서 자세히 다루었으므로, 혹 읽지 않고 건너뛴 독자가 있다면 다시 한 번 확인해 보기 바란다. 또래상담을 운영하면서 이 평가 기준에 얼마만큼 부합되어 가는지를 확인하는 것은 원하는 방향으로 제대로 가고 있는지를 확인시켜 줄 것이다. 이 정착 기준은 질적으로 양호한 상태까지 평가하기에는 한계가 있다. 그렇기에 다양한 각도에서의 평가는 다른 기회에 논의해 보도록 하고, 여기에서는 또래상담 전문가 패널들의 합의로 결정된 기준을 가지고 '이 정도가 되면 정착되었다고 할 수 있다.'는 측면에서 활용하는 것이 좋겠다.

2) 또래상담을 시작할 때

(1) 또래상담 지도자 자격연수를 받아라

또래상담 지도자 자격연수는 한국청소년상담복지개발원(www.kyci.or.kr)과 각 지역의 청소년상담기관 및 유관 기관 등에서 매년 수차례씩 진행한다. 15시간 연수 후 지도자 자격을 부여하는데, 이 교육을 통해 또

래상담에 대한 전반적인 오리엔테이션과 또래상담자 훈련 프로그램을
경험하고 배울 수 있다. 당신이 필요로 하는 많은 것을 워크숍을 통해서
얻을 수 있다. 최근에는 학교폭력 관련한 연수 중 또래상담 지도자 연수
과정이 필수로 지정되어 있기 때문에 각 지역별 청소년상담복지센터와
위센터에 확인하면 된다.

(2) 또래상담을 통해 달성할 현실적이면서 확실한 목표를 세워라

　당신이 학교에서 또래상담을 운영한다면 어떤 효과를 기대하고 무엇
을 목표로 하겠는가? 목표가 확실하면 시간과 힘을 절약할 수 있으며 불
필요한 업무도 줄일 수 있다. 당신은 왜 또래상담을 하고자 하는가? 자신
의 동기도 살필 필요가 있다. 당신의 동기와 운영의 목표가 잘 맞는다면
또래상담 활용에 큰 도움이 될 것이다.

　목표를 세울 때 학교나 지역사회에서 이슈가 되고 있는 문제에 초점을
맞추면서 시작할 수 있다. 예를 들어, 학교폭력 문제, 흡연 예방, 중도 탈
락 예방, 인터넷 게임 탈중독화 등이 있다. 학교에서 이슈가 되는 문제를
또래상담반 운영에 적용하면 학교 측의 도움을 받기가 유리해진다. 그러
면 다음과 같은 사업명을 사용할 수도 있을 것이다.

　'또래상담반 운영으로 학교폭력 예방을!!'

(3) 학교 관리자와 협력하면서 시작하라

　교장이나 교감, 부장을 상대로 당신이 시작하고자 하는 일을 충분히
설명할 기회를 가져라. 명료하면서도 간략한 사업 계획서를 준비해서 관
리자를 설득하라. 그래서 관리자로부터 사업 수행을 승인받고 또래상담
을 시작하라. 비록 학교폭력 예방 프로젝트 등 정책적인 환경에 따라 의
무적으로 또래상담반을 운영해야 하는 상황이더라도 전체 청사진을 마
련해서 관리자에게 브리핑하는 시간을 가져라. 정책은 언제든 변할 수

있지만 당신이 또래상담반을 운영하고자 하는 의지는 잘 변하지 않을 것이라는 점을 기억하라.

학교 관리자에게 당신이 하고자 하는 일을 잘 설명하는 것은 향후 또래상담자의 권익을 위해서도 필요하다. 학교 관리자와 대립각을 세우고 투쟁하거나 경쟁하려 하지 말고, 설명하고 설득해서 이해와 협력을 이끌어 내야 한다.

(4) 또래상담을 시작할 때 학교 동아리로 등록하라

동아리로 등록해서 학교로부터 동아리가 받을 수 있는 모든 권리와 지원을 활용하라. 그리고 상담에 관심이 있는 동료 교사와 함께 동아리 관리를 시작하는 것이 좋다. 특히 정책적 지원을 받을 경우라면 할 수 있는 한 최대로 기반을 확보하라.

(5) 처음 또래상담자를 선발할 때는 다소 무리겠지만 질 관리를 하라

처음 또래상담자를 선발하다 보면 아직 홍보나 학생들의 이해 부족으로 적은 수가 지원할 수도 있다. 그러나 그 수에 연연해하지 않고 제대로 활동할 자질이 있는 또래상담자를 선발하는 것이 중요하다. 많은 수의 부적절한 또래상담자보다는 확실하게 또래상담자다운 소수의 학생이 훨씬 좋다는 것을 알게 될 것이다. 그리고 또래상담자 수에 맞추어 활동의 내용과 범위를 전략적으로 조정하라. 경우에 따라서는 3명의 또래상담자와 함께 한 반에서만 시작할 수도 있다.

(6) 지역 청소년상담복지센터 또는 위센터의 협조를 구하라

전국에 200여 개의 청소년상담복지센터가 설치되어 있고 교육청 단위로 위센터가 설치되어 있다. 당신의 학교가 속해 있는 지역의 청소년상담기관에 협조를 구하라. 그곳에서 또래상담 운영의 노하우를 배울 수 있다. 지역 청소년상담복지센터마다 차이는 있지만 센터에서 받을 수 있는 도움은 대체로 다음과 같다.

- 또래상담자 기본 훈련을 센터에 의뢰해서 실시할 수 있다.
- 센터에서 또래상담자 훈련리더나 보조리더를 학교로 보내 줄 수 있다.
- 또래상담자 후속교육이나 슈퍼비전을 진행할 때 도움을 받을 수 있다.
- 예산이 많이 드는 큰 행사를 지역 청소년상담복지센터를 통해 해결할 수 있다.
- 학교 상담실에서 다루기 어려운 사례를 의뢰할 수 있다.
- 지역 내 또래상담 운영 학교를 소개받고 연계할 수 있다.

지역 청소년상담기관은 인터넷 포털사이트에서 '지역명+청소년+상담'으로 검색하면 된다.

3) 예상되는 어려움

기존의 학교라는 틀 안에서 또래상담을 새로 시작하려고 하면 다음과 같은 어려움들이 발생할 수 있다. 발생 가능한 어려움을 미리 알고 대처하는 것도 효과적인 운영을 위한 좋은 태도라고 본다. 그러나 아무리 대처해도 어려움이 발생할 수밖에 없음을 기억하라. 어려움이 발생하는 것은 교사의 역량이나 능력과는 관계가 없다. 누구나 겪을 수밖에 없으며, 초기에 노력해서 어려움을 제거하고 또래상담 운영을 시작할 수도 없다. 하지만 어려움을 사전에 인식하고 대처함으로써 그 영향력을 감소시킬 수는 있다.

(1) 초기의 어려움

① 업무 과중

당신은 교과담당 교사이면서 담임일 수 있다. 그런 상황에서 또래상담 반을 운영하게 되면 어쩔 수 없이 업무가 늘어난다. 이로 인해 당신이 힘 들어질 수 있다. 그러나 이런 일이 없기를 바랄 수는 없기에 슬기롭게 대 처하는 자세가 필요하다. 대체로 증가되는 업무는 다음과 같다.

- 새롭게 또래상담 사업을 기획해야 한다.
- 반 이외에 별도로 관리해야 하는 학생들이 생긴다.
- 또래상담자를 CA 시간 또는 과외 시간에 교육시켜야 한다.
- 교육자료를 만들고 교육 장소를 확보해야 한다.
- 또래상담 활동에서 발생하는 오해나 어려움을 극복하기 위해 관리 자나 동료 교사를 이해시켜야 하고, 경우에 따라서는 갈등을 경험할 수도 있다.

만약 당신이 전문적으로 상담만을 담당한 전문상담교사라면 교과담 당 교사보다는 업무 과중이 덜할 수도 있다. 또 정책적인 지원하에 또래 상담반을 운영한다면 그렇지 않은 경우보다 몇 가지 측면에서는 유리할 수도 있다. 그렇다 해도 업무 과중은 생긴다. 다만, 약간의 양적 차이가 있을 뿐이다. 초기에 발생하는 업무 과중에 미리 대처한다 하더라도 과 중되는 업무 자체를 없애기는 어렵다. 마치 건물을 지을 때 기초공사가 필요하듯, 학교에 없던 시스템을 갖추어 놓기 위해서는 개척자로서의 수 고가 있기 때문이다. 하지만 협력자를 구해서 업무를 나눈다든지 기존의 시스템을 재구성하여 활용하는 등의 노력을 통해 어느 정도 업무량을 감 소시킬 수는 있다.

② 미숙한 또래상담자로 인한 스트레스 발생

당신이 만날 또래상담자는 모두 학생이다. 아무리 상담자 훈련을 시켜도 역시 학생임을 기억해야 한다. 그래서 실수도 하고 부끄러워서 상담활동을 자꾸 미루기도 한다. 물론 모든 또래상담자가 그러는 것은 아니다. 사실 대다수의 또래상담자는 기대만큼 또는 기대 이상으로 활동을 한다. 하지만 다음과 같은 학생들이 나타날 수 있음을 인지할 필요가 있다.

- 친구 따라 또래상담반에 지원해서 훈련 참여나 활동에 대한 동기가 없는 학생
- 성적 때문에 또래상담반을 중도탈락하는 학생
- 행동이 불량하거나 교칙을 위반해서 다른 교사에게 지적을 당하는 학생
- 가출, 학업 중도탈락 등의 학생
- 또래상담보다는 다른 목적을 가지고 또래상담을 활용하려고 하는 학생
- 비행청소년

③ 동료 교사의 비협조

처음부터 동료 교사가 또래상담 활동을 적극적으로 도와줄 것이라는 기대를 가지지 않는 것이 좋다. '방해만 안 해도 좋을 텐데.'와 같은 상황이 벌어질 수도 있다. 대개 동료 교사는 또래상담뿐 아니라 상담에 대해 관심이 없기 때문에 협조적인 태도를 쉽게 보이지 않는다. 또 대학입학이나 취업 등 현실적인 문제를 안고 반을 지도하는 담임교사는 또래상담자 활동에 대해 오해할 수도 있다. 자기 반 학생이 다른 교사에 의해 통제된다는 것 자체가 부담일 수도 있다. 또래상담을 한답시고 자기 반 학생들에 대해 이러쿵저러쿵 월권행위를 한다고 생각할 수도 있다. 따라

서 이런 동료 교사의 비협조적인 태도를 원망하기보다는 받아들이고, 또래상담 활동에 대해 이해시키는 것이 필요하다. 또래상담이 정책의 일환으로 진행된다고 해도 어려움이 생길 수 있다. 예를 들어, 학교폭력 예방 차원에서 또래상담반을 운영하도록 교육당국으로부터 지침을 하달받았다 하더라도, 동료 교사 중에는 또래상담보다 나은 방법이 있다고 믿고 있는 사람이 있을 수 있고, 지금까지 해 온 자신의 방법을 고수하고 싶어 하는 교사도 당연히 있을 수 있다. 처음 또래상담을 시작할 때, 온도 차이는 있어도 여러 가지 비협조적 분위기에 직면할 수 있음을 기억하라.

④ 관리자의 무관심

관리자는 또래상담의 효과가 실제로 드러나 보이기까지는 무관심하기 쉽다. 학교에서 또래상담이 주목받기 전까지는 관리자 입장에서 '시도해 볼 만한 일'일 뿐 적극적으로 지원할 일로 인식되기 어렵기 때문이다. 또래상담을 통해 학생들의 인성을 함양하고, 학교 내 학생들이 경험하거나 안고 있는 다양한 문제를 사전에 예방하고 치료하는 것이 당신에게는 정말 중요한 일일 것이다. 그러나 관리자에게는 실제 효과가 보이기 전까지는 그저 아주 많은 활동 중 하나일 뿐이라는 것을 기억하라. 그런 관리자에게 또래상담의 중요성을 알리고 설득해서 관심을 끌어내는 것 또한 또래지도교사가 해야 할 어려운 일 가운데 하나다.

(2) 또래상담반 운영 중 겪을 수 있는 어려움

① 부적절한 학교 환경으로 인한 어려움

무엇보다 먼저 '진학'을 목표로 하거나 '취업'을 목표로 하는 학교 분위기가 어려움이 될 수 있다. 운영 초기에 비해 또래상담 활동이 서서히 부각되면서 그런 분위기에 역행한다는 오해를 받을 수 있기 때문이다.

또래상담 활동 때문에 성적이 떨어지거나 자격증 취득 시험공부에 어려움이 발생하면 다양한 구성원들이 부정적 태도를 보이게 된다. 따라서 또래상담자들이 학생 본연의 활동에 충실하도록 도울 필요가 있으며, 필요하다면 자기 관리 등을 지원해서 학업과 취업준비에 차질이 빚어지지 않도록 해야 한다. 특히 학부모들도 자녀의 진로에 영향을 미칠까 봐 걱정할 수 있음을 기억하라.

② 또래상담자의 과도한 활동

또래상담이 궤도에 오르면 과도한 활동 계획을 세우는 경우가 있다. 이것은 또래상담자를 힘들게 하고 결국 활동을 위축시키는 악영향을 줄 수 있으며, 학업에 지장을 초래할 수 있으므로 과도한 활동을 조절해 주어야 한다. 또래상담 지도교사는 또래상담자를 소진시킬 만큼 활동을 과도하게 계획하지 않도록 주의하며 학생들이 활동하는 내용과 범위, 소요시간 등에 대해 민감하게 살펴야 한다.

③ 또래상담반 조직 내 갈등

또래상담 운영이 경과되면서 선후배가 구성되고 기장이나 학년대표 등이 선출되어 활동하게 된다. 이때 좋아하는 사람 중심으로 계획하지 않았던 소모임이 구성되기도 하고, 출신 학교별로 그룹을 이루어 갈등이 발생할 수도 있다. 이것은 또래상담반이 궤도에 오르다가 중단되게 만드는 요인이 될 수 있음을 기억해야 한다. 따라서 또래상담 지도교사는 또래상담반을 하나의 조직으로 보고 관리하는 안목을 가져야 한다. 또래상담반을 구성하면 단지 또래상담자 모임이 아니라 하나의 조직이 된다는 것을 기억하라.

(3) 정착기로 접어들면서 발생할 수 있는 어려움

① 타성에 젖는 태도

또래상담자나 또래상담 지도교사 모두 타성에 젖어서 활동이 오히려 소문만 못한 상황들을 만들어 낼 수 있다. 또 오랫동안 같은 활동을 반복하면서 지루해지고 지칠 수도 있다. 따라서 타성을 극복하기 위한 활동이 필요하다.

② 정착에 필요한 제반 여건이 따라오지 못하는 경우

또래상담자가 수시로 드나들며 슈퍼비전도 받고 자료도 보관할 상담실이 확보되지 않을 경우, 다른 교실을 전전해야 하는 일이 발생한다. 더불어 CA가 폐지되거나, 인수인계 없이 담당교사가 전근을 가거나, 다른 부서로 발령받는 경우가 발생할 수 있다.

③ 또래상담반에 대한 부당한 요청

또래상담반이 잘 운영되다 보면 다른 대의명분을 내세워 또래상담반을 활용하려는 사례가 나타날 수 있다. 예를 들어, 수시를 지원하고자 하는 고3 학생 중 또래상담 활동을 하지 않았는데도 간혹 국내외 일류 대학에 진학하기 위해 서류를 요청한다거나 또는 또래상담 활동이 없었는데도 그런 활동을 한 것처럼 해서 공적 조서를 올리는 등의 요구가 들어올 수 있다. 이런 일은 더 큰 조직을 위한다는 대의명분을 가지고 있기에 또래상담 지도교사를 당혹하게 한다. 그러나 요구에 응하면 공문서 위조 등 법을 위반하는 것일 뿐만 아니라 실제 활동하던 또래상담자들을 좌절시켜서 조직이 와해될 수 있다. 또래상담 지도교사는 명확하게 거절하는 태도를 보여야 하는데, 옳게 거절하고도 당분간 미안해하는 등 여러 가지 난처한 상황에 처할 수 있다.

4) 어려움을 극복하기 위해 준비할 전략

(1) 담당교사 스스로 자기 관리를 하라

또래상담 운영은 담당교사의 능력을 발판 삼아 이루어진다. 따라서 자기 관리가 중요하다. 또래상담을 운영하는 많은 교사가 긍정적인 태도, 목표 지향적 행동, 끝까지 해내는 인내심이 필요하다고 조언한다. 또한 도중에 소진되는 것을 예방하기 위해 지역 내 교사와 연계하고, 지역 내 청소년상담기관의 지원을 받는 것이 필요하며, 외부에 적극적으로 자기 홍보를 하는 것도 필요하다.

(2) 또래상담반을 효율적으로 관리하라

또래상담반을 효율적으로 관리하는 것은 어려움을 극복하는 첫걸음이자 가장 중요한 부분이라 할 수 있다. 다음과 같은 지침은 또래상담반을 관리하는 데 도움이 될 것이다.

① 선발을 중요하게 다루어라: 적합한 학생을 선발하여 또래상담자로 활동하게 하라.
  • 학교 측으로부터 '비행청소년'을 의뢰받는 경우, 별도의 비행청소년 집단상담으로 운영하여야 한다. 그 학생들을 또래상담자로 활용하기 위해 받아들이면 또래상담은 시작하자마자 중단될 수 있다.
  • 선배들이 후배 또래상담자 선발에 참여하도록 하라. 그러면 선배로서의 모범적인 모습을 갖추려 애쓰게 되고, 또래상담반이 조직력을 갖추는 데 좋은 영향을 받을 수 있다.
  • 선발된 학생을 또래상담자라 부르지 말라. 그들은 훈련 후보생이다. 또래상담자로의 임명은 소정의 교육을 마친 후에 공식적으로

부여하는 것이 좋다.

② 임명식을 공식적으로 진행하라: 학교의 중요한 행사 중 하나로 만들기 위해 노력한다. 고등학교에 또래상담을 정착시킨 교사는 또래상담자 기초훈련 후에 교장 또는 교감이 방학식이나 조회시간을 이용해 또래상담자를 임명하도록 하고 있다. 공식적인 임명식은 또래상담자에게 자부심과 책임감을 주고, 관리자와 동료 교사에게는 협력해야 하는 상황으로 받아들이게 하는 효과가 있다.

③ 모범적인 또래상담자 상을 발굴하라: 또래상담자 중 모범적인 또래상담자의 활동과 생활 모습을 발굴하고 가능한 한 상징적인 보상을 준다. 그러면 또래상담반의 다른 구성원이 좋은 영향을 받게 된다.

④ 또래상담반을 조직하라: 또래상담반 조직은 자치운영의 기반이 되고, 이것은 곧 정착의 기반이 될 수 있다. 또래상담반 임원조직의 예는 다음과 같다.

- 대표(3학년 중): 대외적으로 또래상담반을 대표한다.
- 부장(2학년 중): 실제 또래상담반 활동을 총괄하고 지역 내 각종 모임이나 연계활동에 학교대표 자격으로 참여한다.
- 차장(1학년 중): 총무와 같은 역할을 한다.
- 각 학년대표: 각 학년을 대표하고 의견을 수렴한다.

⑤ 또래상담자에게 후속교육과 슈퍼비전을 제공하라: 후속모임에 대해서는 다음 절을 참고하기 바란다.

⑥ 또래상담자끼리 서로 돕는 분위기를 형성시켜라: 또래상담자가 서로 결집할 수 있도록 다양한 기회를 마련해 주는 것이 좋다. 2학년 또래상담자와 1학년 또래상담자가 일대일로 '자매' '마니또' '멘터' 등의 관계를 맺는 사업을 활용해도 좋다.

⑦ 또래상담자를 아끼고 사랑하라: 학교상담을 함께 하는 학교상담 동료로 대접해 주어라. 또래상담자를 목적을 위한 수단으로 삼는 태

도를 갖지 말라.

⑧ '또래상담 활동-봉사 점수 인정/각종 표창 수상-수시전형/취업 이력'의 연계를 중요하게 다루어라: 이것은 또래상담자에게 줄 수 있는 큰 보상이다. 거짓이나 부당한 일이 아니라면 이 연계는 상담교사가 적극 모색해야 할 것이다.

(3) 지역 청소년상담기관을 활용하라

각 지역에는 지자체에서 운영하는 청소년상담복지센터가 있고, 또 교육청마다 위센터가 설치되어 있으며, 청소년수련관 청소년상담실, 교육청상담실, 각종 NGO 단체가 운영하는 청소년상담실 및 쉼터가 있다. 이런 기관과 연계하여 인력과 예산 절감 효과를 노려라. 지역의 기관들도 학교와 함께 일하는 것을 좋아하기 때문에 상담교사가 먼저 손을 뻗으면 기꺼이 도와주는 분위기가 형성되어 있다.

(4) 가시적인 성과를 관리자에게 보여 주어라

열심히 활동했던 결과를 정리하여 보고하라. 실적을 수량화하여 잘 관리하는 것이 필요하다. 그냥 "열심히 했다." "학생들이 좋다고 하더라."라는 말로는 부족하다. 관리자는 눈으로 확인할 수 있는 결과를 요구하며, 설령 요구하지 않더라도 먼저 가시적인 성과를 관리자에게 보여 준다. 연간 활동 통계를 포함한 운영보고서를 만들고, 잘 진행된 사례를 개인정보보호와 비밀보장에 어긋나지 않게 소감문처럼 글로 써서 남기는 것도 도움이 된다. 필요하다면 월별, 분기별 통계표를 작성할 수도 있다.

(5) 동료 교사와 공을 나누고 그들에게 도움을 주어라

또래상담자들이 잘 활동할 수 있도록 동료교사들이 도와주었음을 잊지 않아야 한다. 동료 교사 등 주위 사람과 공을 나누고, 그들이 또래상담 활동으로 무엇인가를 얻을 수 있다는 것을 깨닫게 한다.

(6) 학부모와 협력하라

학부모에게 가정통신문 형식을 빌려 또래상담 활동을 소개하고 참여를 유도하는 것도 학부모의 협력을 이끌어 내는 좋은 전략이다. 또래상담 활동을 통해서 결과적으로 자녀인 또래상담자에게 이득이 있다는 것을 학부모가 알게 만든다.

5) 정착을 향하여

(1) 또래상담 관련 자료를 잘 관리하라

개인 실적이나 학교 단위로 했던 또래상담반의 모든 활동을 기록으로 남긴다. 문서나 활동 실적도 중요하지만 사진이나 동영상도 중요하다. 가시적인 성과나 홍보, 외부에 알려지는 것은 모두 자료를 근거로 한다는 사실을 잊어서는 안 된다. 자료 관리는 또래상담을 시작하면서부터 해야 한다. 나중에 필요에 의해서 자료를 정리하고자 하면 지나친 업무가 되며 실제로 정리할 자료도 많지 않게 된다. 수년간 열심히 활동해도 관리된 자료가 없으면 아무것도 하지 않은 것과 똑같이 될 수 있음을 명심해야 한다.

(2) 외부에 적극적으로 알려라: 수상, 언론 보도, TV 출연, 운영 사례 발표를 꺼리지 말라

외부에 알려지면 내부에도 협력자가 증가한다. 우물 안 개구리로 만족하지 말고 기회가 왔을 때 적극적으로 '우리 학교 또래상담반'을 알려야 한다. 있는 그대로를 알리되, "별거 아니에요." "무슨 도움이 됐겠어요." "전 한 게 없어요." 등 교사가 익숙하게 사용하는 말을 과감히 버린다.

그러나 앞서 말한 '주위 사람과 공을 나누는' 태도는 버리지 않도록 한다. 또래상담자의 활동이나 지도교사의 활동이 충분할 때 각종 표창을 기대하는 것은 담당교사가 해야 할 중요한 일이다. 외부에 운영 사례를 소개하는 것도 정착을 향한 좋은 방법이다.

(3) 학교 내에서 또래상담반의 고유한 활동을 개발하라

학교에서 또래상담자가 해내는 고유하고 독특한 활동을 개발하는 것은 또래상담을 학교 내에 없어서는 안 되는 조직으로 인식시키는 방법이다. 물론 그 고유한 활동은 학교에 도움이 되는 것이어야 한다. 예를 들어, 1학년 신입생 대상 심성수련 프로그램을 운영한다든지, 신입생 또는 전학생 오리엔테이션 등을 준비한다든지, 사랑의 우편함을 운영하는 것 등이 있다.

(4) 또래상담반의 자율적 운영을 도모하라

정착을 위해 또래상담반의 자율적 운영을 도모하는 것이 필요하다. 그러기 위해서는 또래상담반에 자율성을 부여하는 시도가 있어야 한다. 많은 선배 또래상담 지도교사는 지도교사가 모든 것을 해 주기보다는 뒤로 물러서서 학생들이 할 수 없는 일을 해 주고 나머지는 스스로 하도록 하는 것이 도움이 된다고 조언한다.

(5) 선배들을 참여시켜라

또래상담반을 처음 시작해서 1년이 지나고 또 2기를 맞아 2년을 보낸 후 한 번 더 신입생을 맞아 운영하고 나면, 고등학교의 경우에는 대학생 또는 직업인이 된 선배가 출현하게 된다. 이들 선배를 또래상담반 운영에 참여시키는 것도 또래상담 정착에 도움이 된다. 간혹 교육학과나 심리학과 또는 사회복지학과 등 유관 학과에 진학하는 학생이 있는데, 학교 사회사업이나 상담실습 또는 청소년 기관실습과 연계하여 활용하는 것도 고려해 볼 수 있다. 선배가 참여하면 후배들의 활동을 더욱 촉진할 수 있고, 선배의 조언과 도움으로 소진을 예방할 수도 있다. 상담교사 역시 졸업한 선배를 보조리더 또는 행정지원 팀으로 활용함으로써 과중한 업무 부담을 줄일 수 있다.

(6) 학교로부터 인정받고 분위기 좋을 때 하드웨어를 확보하라

열심히 활동하는 일련의 내용이 '소프트웨어'라면, 그런 활동이 가능하도록 갖추어진 시설 등을 '하드웨어'라 할 수 있다. 또래상담이 수년간 운영되면서 관리자나 동료 교사의 인정을 받을 때는 하드웨어를 확보하는 것이 필요하다. 예를 들면, 상담 공간을 확보 또는 확장하거나, 예산을 확보하거나 추가적인 또래상담 지도교사 등을 확보하는 것이다. 어떤 학교에서는 동아리 신입회원을 모집할 때 또래상담반에게 먼저 모집할 수 있는 시간을 주고, 이후 다른 동아리 신입회원을 모집하도록 하기도 한다. 또 어떤 학교에서는 한 학년 올라갈 때 또래상담자를 빼고 반 배정을 한 후에 또래상담자는 별도로 반 배정을 한다. 이런 시스템 구축도 하드웨어 확보의 한 유형이라고 할 수 있다. 또 많은 사립 고등학교에서는 5년 이상 진로상담부장을 유지하도록 함으로써, 또래상담 운영에 집중할 수 있도록 도와주고 있다. 이 또한 하드웨어 구축의 한 예라 할 수 있겠다. 이처럼 하드웨어를 구축하는 것을 간혹 귀찮아하거나 혹은 굳이 그렇게까지 하지 않아도 되는 일로 여기기 쉽다. 하지만 장기적으로 보면 이런 여건을 갖추는 것이 또래상담을 지속적으로 운영하는 데 반드시 필요한 사항이다.

(7) 후배 교사를 양성하고 지역 연계모임에 참여하라

혼자서 할 수는 없다. 따라서 함께 할 후배 교사를 양성하는 데 힘을 기울이는 것이 필요하다. 또래상담 지도자 교육을 하다 보면 상담부장이 같은 학교 상담교사를 끌고 오는 경우가 있다. 후계자로 지목했다며 빙긋이 웃는 얼굴을 하는데, 학교에서 자신 외에 또래상담자를 지도할 수 있는 후계자를 양성하는 모습으로 보인다. 그리고 또래상담에 대해 다른 학교 교사에게 자문하는 일도 중요한 활동이 될 수 있다. 타 학교 교사의 방문이나 또래상담자의 방문은 학교 관리자에게 좋은 영향을 줄 수 있다.

또한 지역 연계모임에 참여하는 것이 필요하다. 이런 모임은 지도교사 자신의 소진을 예방할 뿐만 아니라 다양한 활동과 창의적인 운영방법에 대한 정보를 얻는 장이 된다. 기존에 모임이 있다면 참여하면 되지만 그렇지 않은 경우 지역 연구모임을 구성할 수 있는데, 이는 지역의 청소년상담복지센터에 의뢰하면 도움을 받을 수 있다.

2. 연간 또래상담 운영 따라 하기

〈표 10-2〉 첫해 연간 또래상담 운영 모형

월	또래상담 운영 내용
1월	• 또래상담 알아보기 – 또래상담의 기초적인 지식 습득하기 – 지역 내 또래상담 운영 경험이 있는 교사의 자문 구하기 • 또래상담 지도자 교육 신청하기 • 전체 운영 스케치해 보기 – 또래상담 운영의 전체 밑그림 그려 보기 – 지역 청소년상담복지센터 방문하기 – 계획안 작성하기
2월	• 또래상담 지도자 교육받기 • 1년 운영 계획 구체적으로 세우기 • 학교에 계획안 제출하고 승인 얻기

2월	• 운영을 위한 준비하기
	  – 협력할 동료 교사 확보하기
	  – 소요 예산 확보하기
	  – 또래상담자 모집 및 선발 방안 마련해 놓기

3월	• 또래상담 훈련생 면접과 선발 • 또래상담 훈련 준비하기
4~6월	• 또래상담자 훈련시키기 • 또래상담 활동의 내용과 범위 논의하기 • 또래상담자 활동거리 개발하기 • 지역 내 상담 유관 기관 방문하기 • 훈련/실습 등을 기록으로 남기기 • 보상체계 개발하기
7월	• 또래상담자 훈련 수료식 및 임명식 • 또래상담 훈련에 대한 평가
8월	• 또래상담자 MT 진행하기 • 또래상담자의 자기 성장 기회 도모하기 • 또래상담자 활동 계획하기
9~12월	• 또래상담 활동 촉진하기 • 정기적인 슈퍼비전 실시하기 • 모든 활동을 기록으로 남기기 • 고유활동 시범 운영하기 • 보상체계 적용하기 • 이벤트 만들기 • 연말 격려 모임 개최

1) 처음 또래상담을 시작하는 해

또래상담을 처음 시작하는 해에는 준비해야 할 것이 많다. 모든 것을 한꺼번에 다 준비하기보다는 하나씩 차분히 준비해 가는 것이 필요하다. 다음 제시한 내용은 월별로 준비해야 할 것으로서, 꼭 이 순서대로 또래상담이 진행되는 것은 아니지만 따라 하다 보면 다양한 변형이 가능해질 것이다.

☞ 1월

(1) 또래상담 알아보기

① 또래상담의 기초적인 지식 습득하기

- 전국의 청소년상담기관 홈페이지를 방문하여 또래상담 정보 얻기: 참고로 전국 청소년상담기관의 홈페이지를 쉽게 찾는 방법은 다음과 같다.
  - 한국청소년상담복지개발원(www.kyci.or.kr ⇒ 상담기관 네트워크)
  - 해당 지역 교육지원청 위센터
  - 인터넷 포털사이트에서 해당 기관명으로 검색
- 인터넷 포털사이트에서 또래상담에 관한 지식 습득하기
- 또래상담 책을 구해 읽고 준비하기: 또래상담 관련 문헌으로 다음을 참고한다.
  - 이상희, 노성덕, 이지은(2010). 『또래상담』(2판). 서울: 학지사.
  - 이영선, 강석영, 김병관, 정혜연, 방나미(2010). 『솔리언 또래상담 학교운영모형 개발: 운영지침을 중심으로』. 서울: 한국청소년상담원(현 한국청소년상담복지개발원).
  - 금명자, 장미경, 양미진, 이문희(2004). 『청소년또래상담』. 서울: 한국청소년상담원(현 한국청소년상담복지개발원).

② 지역 내 또래상담 운영 경험이 있는 교사의 자문 구하기

- 인근 학교나 지역 내에 또래상담 운영 경험이 있는 교사에게 자문 구하기
- 운영 계획안, 필요한 양식 등 구하기

(2) 또래상담 지도자 교육 신청하기

① 가까운 지역의 청소년상담기관에서 운영하는 교육 신청하기: 예컨 대, 한국청소년상담복지개발원에서는 연 4~5회의 양성 프로그램을 운영하고 있고, 지역에 따라서는 연 1~2회가량 프로그램을 운영하고 있다. 대개 지역교육청과 연계하여 프로그램을 운영하는 경우가 많으므로 학교에 접수되는 수신공문이나 교육청 홈페이지 등을 참고하면 도움이 될 것이다.

② 대체로 1~2월, 7~8월에 양성교육이 많이 진행됨: 센터에 따라서는 교원 직무연수(15시간)로 운영하는 경우도 있으니 확인하기 바란다.

(3) 전체 운영 스케치해 보기

① 또래상담 운영의 전체 밑그림 그려 보기
- 왜 또래상담을 운영하고자 하는가?
- 또래상담 운영을 하면 어떤 점에서 학교에 유익이 될까?
- 또래상담을 운영하기 위해서 학교 내 누구를 파트너로 삼을까?
- 누구를 또래상담자로 할까?
- 또래상담자 선발, 훈련, 임명, 슈퍼비전을 어떻게 할까?
- 또래상담반 모임을 위한 장소는 어떻게 확보할까?

② 지역 청소년상담복지센터 방문하기
- 지역 청소년상담복지센터 방문하여 자문 얻기
- 교사가 정리한 운영 밑그림 검토받기
- 센터와의 협력 방안 협의하기

③ 계획안 작성하기
- 타 교사에게서 제공받은 정보, 스스로 그려 본 운영의 밑그림, 청소년상담복지센터의 자문을 토대로 기획안 작성하기

• 계획안을 수차례 읽어 보고 개선의 여지가 있는지 검토하기

☞ 2월

(1) 또래상담 지도자 교육받기
① 지도자 교육 준비하기
② 양성교육에 참여하기: 양성교육은 1월에 받을 수도 있다.
③ 지도자 교육을 받으면서 필요한 정보 및 자료 확보하기

(2) 1년 운영 계획 구체적으로 세우기
① 1월에 세운 계획안을 바탕으로 1년 운영 계획 틀 잡기
② 매달 이루어질 일에 대해 구체적으로 구상해 보기

(3) 학교에 계획안 제출하고 승인 얻기
① 계획안 수정 · 보완하기
② 학교 동료 교사 → 부장교사 → 교감 → 교장에게 또래상담 취지와
  운영하려는 구체적인 목적 등을 중심으로 쉽게 설명하기
③ 운영 계획안 제출하고 승인 얻기
④ 동아리로 등록하기: 시범 운영 후에 동아리로 등록하는 방안도 검
  토해 볼 수 있다.

(4) 운영을 위한 준비하기
① 협력할 동료 교사 확보하기
  • 함께 또래상담반을 운영할 동료 교사 구하기
  • 또래상담에 대한 정보 나누고 함께 공부하기: 1월에 동료 교사를
    확보하여 또래지도자 양성교육을 함께 받는 것이 최상이다.

- 직접 또래상담반을 운영할 교사도 중요하지만, 또래상담의 취지에 동감하면서 지원해 주는 교사 그룹 확보도 중요하다.
- 동료 교사와 역할 분담하기

② 소요 예산 확보하기
- 필요한 자료 확보하기: 청소년상담기관을 통하여 워크북, 지침서, 수료증 등을 확보한다.
- 예산 확보 방안 다양하게 마련하기: 학교 내 동아리 운영비, 지원기관을 통한 외부 전문가 운영비 등의 확보 방안을 마련한다.

③ 또래상담자 모집 및 선발 방안 마련해 놓기: 또래상담자 모집 및 선발 인원에 대해 고려해 둔다. 보통 지도자 1인당 9~13인이 권장된다. 따라서 20여 명을 또래상담자로 양성하여 활동하게 하고자 한다면 2명 이상의 지도자가 있어야 한다.

☞ 3월

(1) 또래상담 훈련생 면접과 선발
① 또래상담 홍보하기
② 또래상담 훈련생 모집하기
③ 또래상담 훈련생 면접하기
④ 최종 훈련생 선발 및 공지

(2) 또래상담 훈련 준비하기
① 훈련 장소, 준비물 파악하여 준비해 두기
② 워크북의 내용 재구성 및 연습하기

☞ 4~6월

(1) 또래상담자 훈련시키기
① 격주 또는 전일 CA 시간을 이용한 훈련
② 훈련 일정과 학교 공적 행사 일정(학력평가, 체육대회, 전체 학교폭력 예방교육 등)이 혼란 없도록 사전에 조율하기
③ 훈련 기간에 실습과 슈퍼비전 제공 잊지 않기

(2) 또래상담 활동의 내용과 범위 논의하기
① 또래상담 운영 목표 점검하기
② 운영 목표와 훈련 내용 중간 점검하기
③ 또래상담자 활동의 내용에 대해 훈련생과 논의하기
④ 또래상담자의 활동과 활동이 아닌 것 구분하기: 사실 이 문제는 또래상담자 훈련과정에서 여러 번 논의된다. 특히 한국청소년상담복지개발원 워크북을 활용할 경우 4부의 '도움 주는 친구 되기'에서 도움 되는 활동과 도움이 아닌 것에 대해 구분하도록 하며, 또래상담자 수첩이나 활동 지침 등에서도 강조해서 제시해 두고 있다. 이를 참고하기 바란다.
⑤ 또래상담의 대상과 대상이 아닌 경우 구분하기: 이는 지도교사의 계획에 영향을 받는다. 동기생, 후배와 동기생, 선후배와 동기생, 전학생, 비행학생, 교사, 학부모 등 대상을 명확하게 규정하는 것도 또래상담자들이 활동하는 것에 영향을 미친다.

(3) 또래상담자 활동거리 개발하기
① 학교에서 또래상담반이 할 수 있는 활동 영역 탐색하기
  • 고유 활동거리를 탐색하는 것은 또래상담반이 개별 개입뿐만 아

니라 학교 전체를 대상으로 좋은 영향을 주는 방법을 모색하는 것이다.

• 또래상담자 활동거리를 개발할 때는 또래상담자가 최소의 시간과 노력을 투자하면서도 최대 효과를 거둘 수 있는 일을 찾는 것이 필요하다.

• 고유 활동거리의 예: 현재 활용되고 있는 것 중 몇 가지를 소개하면 다음과 같다.

  - 사랑의 우편배달: 학교 내 여러 곳에 우편함을 설치한 후 학급별로 또는 교사에게 사랑의 편지를 배달해 주거나, 우편배달의 연속선에서 부모님께 편지쓰기, 스승에게 편지쓰기, 친구에게 편지쓰기 대회 등을 개최할 수 있다.

  - 신입생 적응집단 프로그램 운영: 3~4월에 1학년 신입생을 대상으로 학급별 프로그램을 운영한다. 신입생 전체를 모아서 학교 오리엔테이션 실시를 주관할 수도 있다.

  - 전학생 대상 상담: 전학생에게 학교 소개, 친구 되어 주기 등을

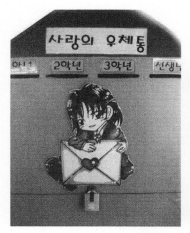

사랑의 우편함(출처: 안양여자고등학교 또래상담부, 2007, pp. 14-15)

실시한다.

  −자매제도 운영: 1학년 1반 1번과 2학년 1반 1번, 그리고 3학년
    1반 1번 등과 같이 3인을 자매로 지정하여 각종 이벤트 등을 실
    시해 준다.

  −사랑의 방송: 미담이나 상담 이야기 등을 교내에 방송한다.

(4) 지역 내 상담 유관 기관 방문하기

① 지역 내 상담기관, 수련시설, 복지관 등을 방문하여 연계 지원의 가
  능성을 알도록 한다.

② 교육청 해당 장학사를 방문하는 것도 권장된다.

③ 지자체에서 청소년 업무를 담당하는 과장/계장 등을 방문하는 것
  도 좋은 경험일 수 있다.

(5) 훈련/실습 등을 기록으로 남기기

① 또래상담자 훈련, 실습, 슈퍼비전, 봉사활동 등 모든 활동을 기록으
  로 남기기

② 개인 파일(클리어 파일 등으로)을 만들어서 개인의 활동상을 모두 남
  기기: 신문이나 잡지, 학교 소식지 등에 게재된 사항을 모두 스크랩
  해서 관리한다.

(6) 보상체계 개발하기

① 또래상담 활동에 대한 보상체계를 개발하는 것을 고려한다.

② 보상체계를 개발할 때는 또래상담자와 논의하는 것이 필요하다. 보
  상체계의 예로는 다음과 같은 것이 있다.

• 봉사활동 점수 인정

• MT

각종 표창(출처: 안양여자고등학교 또래상담부, 2007, p. 40)

- 학습에 도움이 되는 프로그램 지원: 학습 클리닉 등
- 교사의 깜짝 이벤트
- 장관 표창, 지자체장 표창, 교육감 표창, 학교장 표창, 상담기관장 표창, 경찰청장 표창 등을 받을 수 있도록 기회 부여 등

☞ 7월

(1) 또래상담자 훈련 수료식 및 임명식

① 또래상담자 수료식 및 임명식을 준비한다.

② 방학식 때 전교생 앞에서 임명식을 거행하는 학교가 많다.

③ 임명식을 공식적인 행사로 진행하는 것이 학교에서 활동을 개시하는 데 유리할 수 있다.

(2) 또래상담 훈련에 대한 평가

또래상담 훈련에 대하여 평가를 실시한다. 평가 내용은 차기 훈련에 반영한다.

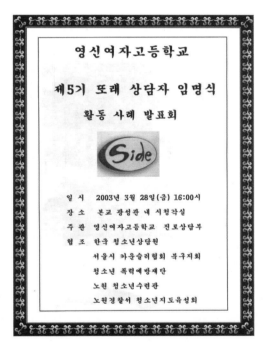

임명식 개최(출처: 영신여자고등학교)

☞ 8월

(1) 또래상담자 MT 진행하기

① 또래상담반 하계 MT 도모하기: 하계 MT는 또래상담반 구성원끼리 단합을 꾀할 수 있는 것이라면 다양한 방법이 시도될 수 있다.
   - 영화 보기: 5시간 소요
   - 물놀이, 등산, 놀이공원 가기: 하루 소요
   - 야영, 마라톤 집단: 1박 2일 등 소요
② 지역 내 타 학교 또래상담자와의 연대: MT를 지역 내 타 학교와 연대해서 함께 진행할 수 있다. 다른 학교 또래상담자의 활동을 소개받고 서로 교류함으로써 또래상담반의 운영 방향에 대한 밑그림도 그릴 수 있다는 강점이 있다. 그러나 지나친 경쟁심 등은 경계해야 한다.
③ 지역 청소년상담기관과의 연대: 지역 청소년상담기관의 여름 캠프를 활용할 수 있다. 지역에 따라서 광역 자치단체 또는 기초 자치단

또래상담 연합 캠프

체 단위로 또래상담 연합 캠프를 운영한다. 이 캠프를 이용하면 예산을 확보하지 않아도 또래상담반 MT의 효과를 볼 수 있다. 또 지역 단위 활동이기 때문에 또래상담반 구성원에게도 단위학교에서 진행할 때 할 수 없는 다양한 프로그램을 경험하게 할 수 있다는 강점이 있다.

(2) 또래상담자의 자기 성장 기회 도모하기

① MBTI 체험하기: 자신과 타인의 성격을 이해함으로써 성격에 따라 차이가 생기는 대인관계 방식, 말하는 태도, 문제에 반응하는 패턴 등을 알 수 있다. 또래상담자는 타인의 성격을 이해하기 이전에 자신의 성격을 이해함으로써 타인 이해의 폭을 넓히는 효과를 가져올 수 있다.

② 공부방법 익히기: 또래상담자일수록 자기관리 방법을 알아야 한다. 또래상담자들은 학생이므로 공부를 등한시할 수 없다. 성적이 높아야 한다는 것은 아니지만 자신의 평소 성적은 유지해야 하며, 또래상담 활동을 하다가 자연스럽게 성적이 오를 수 있다면 금상첨화 아니겠는가! 이것은 또래상담자에게 자기관리를 훈련하는 것일 수도 있다. 방학을 이용하여 공부방법을 익히게 하거나, 학습 클리닉 등을 제공한다면 또래상담자의 성장과 발달에 도움이 될 것이다. 이 프로그램을 담당교사가 활용할 수 있다면 더없이 좋겠으나, 그렇지 않은 경우 지역 내 청소년상담기관에 문의하여 개설된 프로그램에 참여시키거나 기관에 도움을 요청할 수 있다.

(3) 또래상담자 활동 계획하기

① 2학기 또래상담자 활동에 대해 구체적으로 계획하기
② 또래상담자가 다룰 문제에 대해 협의하기

③ 또래상담자가 만날 내담자를 예견해 보고 연습하기

④ 또래상담반 운영 방향에 대해 협의하기

⑤ 개별 상담 이외 반 수준에서 진행할 일에 대해 논의하기

⑥ 외부 기관들과의 연계 수준에 대해 논의하기

⑦ 또래상담반 미래 계획하기: 2~3년 후의 모습까지 그려 본다면 또래상담반의 전통을 세우고 구성원이 자부심을 가지고 활동하는 데 도움을 줄 수 있다.

☞ 9~12월

9~12월은 2학기에 해당하며, 다음은 2학기에 수행해야 할 일을 소개하고자 한다. 2학기 계획은 여름방학 이전에 세워야 하는데 〈표 10-3〉은 강원도 영통고등학교에서 운영한 2학기 프로그램을 예로 든 것이다.

(1) 또래상담 활동 촉진하기

① 개별적으로 또래상담 활동을 수행하도록 격려하기: 동아리 구성원으로서 연대의식이 강해질수록 자신들끼리 모여서 오붓하게 시간을 보내거나 단합대회를 하는 데 더 몰두할 수 있다. 집단 응집력이 발달하면 나타날 수밖에 없는 현상이지만, 지도교사는 또래상담반이 구성된 취지를 학생들이 잊지 않도록 교육하고, 실질적인 또래상담 활동을 전개하도록 격려해야 한다. 또래상담반의 분위기에 따라 학생들의 태도가 달라질 수 있음을 유의해야 한다.

② 모범적인 또래상담자 발굴하기: 귀감이 될 만한 또래상담자를 발굴하여 다른 구성원이 본을 삼도록 하는 것도 도움이 된다. 그러나 주의가 필요하다. 또래상담반 반장이나 회장이 함께 협의하고 진행하지 않으면 부작용이 생길 수 있다. 반장이나 회장이 귀감이 될 만한

〈표 10-3〉 2학기 또래상담 운영 프로그램(강원도청소년상담지원센터, 김영국, 2000, p. 19)

일정	목 표	활 동	슈퍼비전 활동
1차시	상담 일지 작성요령 배우기	1. 상담 일지 작성 세부사항 2. 상담시간 자율학습 지양 3. 또래와의 라포 형성	상담 사례 발표 상담 시 지켜야 할 사항
2차시	학급생활 적응하기	1. 담임과 신뢰감 형성하기 2. 학급 지시사항 솔선수범하기	상담 사례 발표 담임과의 신뢰감 다지기
3차시	왕따 학생들에게 접근하기	1. 소외된 학생에게 접근하기 2. 학급에서 친구 만들기	상담 사례 발표 왕따 학생에 대한 접근방법
4차시	청결성 유지 노력	1. 칠판 정리 2. 교탁의 꽃 관리 3. 버린 휴지 청소하기	상담 사례 발표 학급 문화 향상에 솔선수범
5차시	친구 만들기	1. 친한 친구 만들기(놀이 프로그램) 2. 고민하고 있는 학생에게 접근하여 부담 덜어 주기	상담 사례 발표 결석한 학생에게 전화해 주기 놀이 프로그램 시연하기
6차시	친구 만들기	1. 민감성 개발 2. 공감해 주기 3. 상담 시 말 가로채지 않기	상담 사례 발표 친한 친구 3명 만들기
7차시	학급에서 일탈행위 최소화하기	1. 학급에서 고함지르지 않기 2. 남을 비판하지 않기 3. 복장 단정히 하기	상담 사례 발표 친구 칭찬해 주기
8차시	학습 향상하기	1. 자율학습 시 목표 정하기 2. 학교 시간 잘 활용하기 3. 복장 단정히 하기	상담 사례 발표 기말시험 최선 다하기
9차시	친구 고민 들어 주기	1. 친구문제 고민 들어 주기 2. 이성문제	상담 사례 발표 건전한 이성교제
10차시	학급 문화 향상에 기여하기	1. 또래와의 인간관계 돈독히 하기	상담 사례 발표
11차시	2학기 마무리 평가	1. 상담 사례 평가 및 소감문 받기 2. 신입생에게 또래상담자 홍보하기	또래상담 평가 및 봉사 점수 부여

사례라면 더없이 좋겠지만 말이다.

(2) 정기적인 슈퍼비전 실시하기

① 활동에 대한 정기적인 사례지도 실시: 또래상담자의 상담활동에 대한 슈퍼비전이 정기적으로 실시되어야 한다. 1학기 훈련 때와 마찬가지로 2학기 훈련 때도 정기적인 모임을 가지는데, 이때 슈퍼비전을 실시하면 된다.

② 사이버 공간 활용하여 슈퍼비전 하기: 지도교사가 시간을 정기적으로 할애한다고 하여도 한 달에 한두 번의 정기모임으로 슈퍼비전을 모두 만족시킬 수는 없다. 그래서 대체로 많은 학교에서 인터넷 카페 등을 이용하여 슈퍼비전을 보강하기도 한다. 급한 사례는 이메일로, 일반적인 고충은 게시판을 통해 친구들과 함께 고민할 수 있다.

③ 외부 전문가 초빙하기: 청소년상담기관 등의 전문가에게 부탁하여 한 학기에 한두 번 정도의 외부 전문가 사례지도를 실시할 수 있다.

(3) 모든 활동을 기록으로 남기기

또래상담반, 또래상담자, 또래상담 지도교사의 모든 활동을 기록으로 남긴다.

(4) 고유활동 시범 운영하기

1학기 때 정한 고유 활동거리를 시범적으로 운영해 본다. 이러한 시범 운영을 통해 또래상담자가 어느 정도의 시간을 할애하여 해낼 수 있는 일인지를 가늠해 볼 수 있고, 평가를 토대로 수정하거나 보강할 수 있다.

(5) 보상체계 적용하기

앞서 제시한 보상체계 개발의 내용을 실제 적용하는 것이 필요하다.

(6) 이벤트 만들기

① 축제일에 또래상담 소개하기

② 지역 또래상담자와 쫑파티 만들기: 등산, 주스데이 등

③ 지역 언론 등에 소개하는 노력해 보기

(7) 연말 격려 모임 개최

① 기말평가: 평가 내용을 차기 연도 훈련 및 활동과 또래상담반 운영
   에 반영

② 우수 또래상담 사례 및 또래상담자 시상

③ 1년 활동 영상 발표 및 활동 소감 발표회

④ 지도교사의 차기 연도 운영 계획 발표

학교 축제에서(출처: 안양여자고등학교 또래상담부, 2007, p. 20)

⑤ 선언문 낭독: "또래상담은 친구를 살리고 학급을 살리고 학교를 살
  리는 소중한 활동입니다."

2) 2년 이상 또래상담반을 운영할 때

또래상담을 2년 이상 운영하면 또래상담반 운영의 측면과 활동 및 슈
퍼비전을 제외하고는 대부분이 비슷한 패턴을 가지게 된다. 따라서 앞의
첫해 운영 시 고려해야 할 사항을 숙지한 후 다음의 내용을 첨가하면 될
것이다.

☞ 1학기~여름방학

(1) 첫해 운영할 때와 비슷하게 준비해야 하는 것
① 기획회의
② 지역센터 자문 구하기
③ 또래상담반 조직 관리: 학년별 기수 조직을 위한 틀 잡아 두기
④ 또래상담 운영 준비하기
  • 외부 보조인력 확보하기
  • 훈련 및 슈퍼비전 동시 진행 방안 마련
  • 장소 확보: 1학년 훈련, 2학년 후속교육 또는 슈퍼비전
⑤ 또래상담반 모집 홍보: 1학년이 신입생에게 홍보하기

(2) 또래상담자 선발
또래상담자의 면접 및 선발에 선배를 참여시킨다.

(3) 또래상담 동아리 조직 확대

① 신입 또래상담자에 대한 오리엔테이션

② 1학년 기수 조직: 학년 기장 또는 대표 등 선발

③ 지도교사와 동아리 임원 간 업무 논의

④ 자치조직 지향

(4) 학년별 1학기 훈련 및 활동에 대한 슈퍼비전 실시

① 또래상담자 고유 활동거리 적용하기

② 지역 내 유관 기관 방문하기

③ 훈련/실습, 활동, 슈퍼비전 등을 기록으로 남기기

④ 더 적합한 보상체계 개발하고 적용하기

⑤ 다양한 이벤트 꾸미기

⑥ 학년별로 훈련과 슈퍼비전이 동시에 진행되는 틀 갖추기

〈표 10-4〉 학년별 또래상담 훈련 및 슈퍼비전

학년	활동 내용	지도 담당	특기사항
1	또래상담자 양성 훈련 및 실습	외부 전문 자원봉사자	• 동아리 활동 • 고유활동 적용
2	또래상담 활동에 대한 슈퍼비전	지도교사	
3	교실 내 활동 (활동의 최소화)	지도교사	• 진학 준비 • 취업 준비

(5) 학기 말

① 또래상담자 훈련 수료식 및 임명식: 선배들의 환영 세리머니

② 전반기 또래상담 훈련, 활동 및 슈퍼비전에 대한 평가

(6) 여름방학

① 또래상담자 MT: 지역 내 타 학교, 청소년상담기관과의 연대

② 또래상담자의 자기 성장 기회 제공하기

③ 2학기 또래상담자 활동 계획하기

☞ 2학기~학기말

첫해 운영할 때와 비슷하게 해야 하는
것은 다음과 같다.

① 또래상담 활동 촉진하기

② 정기적인 슈퍼비전 실시하기

③ 모든 활동 기록으로 남기기

④ 고유활동 운영하기

⑤ 보상체계 개발 및 적용하기

⑥ 이벤트 만들기

⑦ 지역 언론 등에 소개하는 노력해
보기

⑧ 또래상담 활동 사례집 등 발간하기: 한 해 정리

활동 사례집(출처: 안양여자고등학교
또래상담부, 2007)

3) 또래상담 연간 활동 계획

또래상담반을 운영하면서 1년 동안 활동할 내용을 계획하는 것이 도
움이 된다. 계획된 활동 내용은 지도교사와 또래상담자의 충분한 협의를
거친 것이어야 하며 학교에서 실제로 수행 가능해야 한다. 〈표 10-5〉에
제시한 또래상담반 연간 활동 계획은 안양여자상업고등학교의 계획안
으로 수년 동안의 또래상담반 운영 경험을 토대로 작성한 것이다.

⟨표 10-5⟩ 또래상담반 연간 활동 계획(안양여자상업고등학교)

활동명	세부 계획 내용	참여자	장소
임명장 수여	• 또래상담 신입부원에게 ○○시장 명의의 임명장을 ○○시청소년상담실 발급, 교장선생님이 수여(방학식)	신입생	학교 강당
신입생 교육	• 또래상담 신입생 교육(1학년 신입생 및 2학년 신입부원) • 집단상담, 상담자의 자질교육(○○시청소년상담실). 3. 31.~6. 30.(격주 수, 금), 16:10~18:00(10회기)	신입생 15명	○○시 청소년 상담실
집단 상담	• 1, 2, 3학년 학년별 집단상담(1학기: 3학년, 2학기: 1, 2학년)-각 학년별 10회기, 3. 27.~11. 27.(격주 수, 금), 자율학습 시간	20명	특별 교실
사랑의 방송	• 미담이나 상담 에피소드 교내 방송, 또래상담부원이 원고 작성하여 방송 실시. 월 1회, 매월 첫째 주(토) 아침 방송	10명	방송실
심리 검사 도우미	• 답안지 분류작업 및 결과지 배포작업, 결과 해석 상담 보조(1학년: 직업적성검사, 2학년: 직업흥미검사, 3학년: 직업선호도 검사-4월 중)	3학년 10명	학급별
사랑의 편지	• '사랑의 편지쓰기' 행사에서 학급별 담임선생님 보조 역할을 수행하고 편지를 수거하여 발송(7, 12월)	20명 2회	학급별
선후배 자매 결연	• '선후배 자매결연식' 행사 프로그램을 개발하고 행사 진행 도우미 • '만남의 장' 운영(자매 간에 추후에 만날 수 있도록 주선-3월 초)	20명	학급별
봉사 활동	• 사회복지시설 '정다우리'에서 봉사활동(1, 2학년)-무의탁 장애인시설 봉사, 거리 캠페인 등. 매월(토) 14:00~20:00	1, 2 학년	정다 우리
심리극 공연	• 교내 청송축제에서 사회심리극 공연-9월 예정 준비 중, 학교 축제 기간	1, 2 학년	학교 강당
사이버 상담	• 또래상담부 홈페이지를 이용한 사이버상담	2, 3학년 11명	홈페이지

홈페이지 관리	• 학교 홈페이지(사이버상담실) 운영-또래상담 관련 정보 교환	전체	홈페이지
개인 상담	• 개인별 또래상담: 학급 학생 및 후배	전체	
담임교사 보조	• 학생과 담임교사 연결활동-학급 분위기 전달, 도울 학생을 담임교사에게 연결	전체	
상담실 홍보	• 학교 상담실, 청소년상담실 홍보 및 상담실 상담교사에게 안내	전체	전학년

4) 또래상담자 상담활동 일지

또래상담자는 자신의 활동을 기록으로 남겨서 슈퍼비전을 받거나 사례를 관리하는 데 활용한다. 또래상담자 상담활동 일지는 학교나 기관의 목적에 따라 양식이 다양할 수 있다. 필자는 강원도청소년상담복지센터(2001)에서 발간한 또래상담 사례집에 여러 양식이 있음을 발견하고 센터의 허락을 받아 이 장 끝에 참고자료로 소개한다. 이 양식과 내용은 같은 자료집 99~105쪽에 있는데, 3개 고등학교와 3개 중학교에서 사용하고 있는 양식이다.

3. 또래상담자 임명 후 활동지도하기

앞 절에서는 또래상담 정착을 지향하면서 어떻게 준비하고 진행해야 하는지에 대해서 소개하였다. 또한 연간 또래상담반을 어떻게 관리할 것인가에 대해서도 월별로 나누어서 상세하게 제시하였다. 이 절에서는 또래상담자들이 훈련을 마치고 임명된 뒤 지도교사가 어떻게 지도해야 하는지에 대해서 설명하고자 한다.

1) 임명 후 활동 초기에의 난제들

대체로 훈련을 마치고 또래상담자로 임명하면 한 학기가 거의 마무리된다. 이어서 기말고사와 여름방학을 보내고 2학기가 시작되면 본격적으로 또래상담자들의 활동을 지도해야 하는데 현실적으로 여러 가지 어려움에 직면한다. 필자가 또래상담 지도교사 후속교육 또는 슈퍼비전을 하면서 조사한 바에 따르면, 다음과 같은 상황들이 가장 빈번하게 대두되는 어려움이었다.

> 첫째, "의무적으로 지목되어 참석한 또래상담자는 동기가 없어요."

또래상담을 잘 모르는 상황에서 담임이 지목해서 보냈거나, 무작위로 또래상담반에 할당했을 경우 훈련은 받았지만 또래상담 활동에 대해 동기가 없는 경우가 있다. 이런 또래상담자가 있으면 전반적으로 분위기가 가라앉게 되고, 활동의욕을 꺾어놓는다.

하지만 다른 면에서 생각해 보면 어느 조직이든지 이런 상태의 구성원은 있기 마련이다. 따라서 지도교사는 이런 학생들이 없었으면 하거나, 또는 그들을 탓하는 데 에너지를 소비할 필요가 없다. 동기가 없으면 없는 대로 자기 속도에 맞추어 활동을 하도록 하면 된다. 만약 지도교사가 동기가 없어서 따라오지 않거나 말을 듣지 않는 이런 학생에게만 초점을 맞추면 집단 전체가 어려움에 직면할 수 있다.

그러므로 동기가 있는 또래상담자에게 초점을 맞추어 또래상담반을 지도하면서, 동기가 없는 학생들이 자연스럽게 서서히 관심을 가지도록 해야 한다.

둘째, "상담활동을 잘 못하는 애들은 어떻게 해요?"

셋째, "진정한 의미의 상담이 어려워요. 정확한 상담이 어떻게 이루어질까요?"

이런 질문에 부딪히면 먼저 지도교사가 또래상담을 무엇이라고 생각하는지를 점검해 보아야 한다. 또래상담자들에게 '진정한 의미의 상담' '정확한 상담'이란 친구를 돕는 활동(helping)이다. 더 강하게 표현하면 친구를 돕는 활동이어야 한다. 그래야 또래상담자들이 '상담활동'을 할 수 있다.

혹여 '정확한 상담'이라고 표현할 때 만약 중학교 1학년인 또래상담자에게 활동을 시작하자마자 전문적 수준을 기대하는 것이라고 한다면 중학교 1학년 또래상담자들은 아예 또래상담 활동 자체를 중단해 버릴지도 모른다.

또래상담자는 상담전문가가 아니라 자원봉사 수준의 학생이라는 것을 1장에서 자세히 설명한 바 있다. 또래상담자들에게 상담은 친구를 돕는 수준의 활동이다. 만약 또래상담자들에게 전문상담 수준의 활동을 기대한다면 매우 부적절한 것이다. 물론 어느 정도 전문상담 같은 활동을 하는 또래상담자도 나타날 것이고, 매년 전국적으로 사례공모를 하면 매우 잘 진행된 사례가 보고되기도 한다. 그렇다고 전문적인 상담 진행 수준을 전국 초·중·고등학생 또래상담자에게 요구할 수는 없다.

또래상담자의 상담활동을 구체적으로 알려 주고, 훈련과정에서 어떤 도움활동을 하게 될지 다루었던 것을 상기하도록 해서 쉽고 간단하면서도 보람을 느낄 수 있는 도움활동을 하도록 지도하는 것이 필요하다.

넷째, "또래상담반에서 갈등, 왕따, 폭력 등이 발생했어요."

"또래상담자가 교칙 위반으로 적발되어 제가 교감선생님께 혼났어요."

교사에게는 매우 곤란한 일이다. 다른 친구들을 도와주려는 목적에서 또래상담자로 훈련시키고 임명했는데, 자기들끼리 왕따를 시키거나 교칙을 위반해서 학생부에 적발되면 담당교사 입장은 매우 난처해지기 마련이다.

또래상담자들이 다른 학생들과 비교해서 모범적으로 행동하도록 지도하는 것은 중요하다. 하지만 달리 생각하면 또래상담자들도 같은 학생일 뿐이다. 훈련을 받았다고는 하지만 실수하고, 잘못할 수 있으며, 질투하고, 경쟁적일 수도 있다. 만약 또래상담반 내부에서 갈등이 발생한다면 이를 하나의 소재로 삼아 다루는 것이 필요하다. 집단상담에서처럼 갈등상황을 '지금—여기'에서 다룬다면 또래상담자들이 향후 친구들 간의 갈등을 어떻게 다루어야 하는지를 배우는 계기가 될 수 있다.

또래상담자가 교칙을 위반하는 일이 발생했다면, 그에 적합한 훈계를 하고 교칙을 지킬 수 있도록 지도하면 된다. 또래상담자의 교칙 위반이나 실수를 지도교사 자신의 무능이나 리더십 부족 등으로 과도하게 해석하고 실망할 필요는 없다.

교육을 백년지대계(百年之大計)라 하듯이, 또래상담자들이 훈련을 마치고 본격적으로 활동을 하면서 지도교사가 목표로 하는 행동을 하기까지는 인내와 기다림이 필요하다.

> 다섯째, "후속모임은 어떻게 해야 하나요? 슈퍼비전 틀이 없어요."

후속모임에 대한 오해가 있다. 또래상담 훈련 프로그램처럼 후속 프로그램이 있어서 또래상담반을 모아 계속 훈련 프로그램을 진행시켜야 한다는 오해가 그것이다. 후속모임은 또래상담 활동에 대한 슈퍼비전이어야 한다. 이와 관련된 내용은 3항에서 다룰 것이다.

> 여섯째, "또래상담자가 바뀌는 경우가 생겨요."

또래상담반을 동아리로 운영하다 보면 도중에 새로 들어오거나 반대로 학교 사정에 의해서 다른 동아리로 이동하는 경우가 발생한다. 대다수의 훈련받은 또래상담자가 교체된다면 이에 대해서는 적극적으로 의견을 개진해야겠지만 그런 일은 오히려 생기기 어렵다. 따라서 한두 명정도 변동이 생길 때는 지도교사가 의연하게 받아들이는 것도 필요하다.

> 일곱째, "외부 전문가도 실력 차가 있는데, 다음 번에 오지 말라고 못하겠어요."

또래상담반을 지원하기 위해서 외부기관 전문가들이 학교에 방문하는 일이 잦다. 이들은 상담기관 직원이거나, 상담기관 또는 교육청에 소속된 학생상담 자원봉사자, 그리고 대학원에서 상담을 전공하고 있는 석박사과정생들인 경우일 것이다.

지원인력에게 또래상담반 훈련 또는 슈퍼비전을 맡기면서 1, 2학년을 구분해서 그룹을 달리하여 지도하도록 하면, 지도를 잘하는 사람도 있지만 아이들과 눈높이를 제대로 맞추지 못하는 사람도 있기 마련이다.

또래상담 담당교사는 이런 차이가 있을 때 마음 같아서는 "○○선생님은 다음 번에는 오지 말아 주세요."라고 말하고 싶다고 한다. 하지만 무료로 봉사해 주거나 센터로부터 활동비를 받고 오는 봉사자이기 때문에 미안해서 말은 못하고, 다음에 학생들을 또 맡기는 것이 매우 걱정되어서 스트레스를 받는다는 것이다.

이럴 때는 파견한 센터에 건의하는 것이 좋다. 센터에서도 파견하는 사람에 대한 훈련을 실시하기 때문에 현장의 담당교사의 건의는 평가라기보다 훈련과정에 대한 피드백으로 활용할 수 있다.

여덟째, "현장에서 운영할 때 의논 대상이 없어요."

또래상담반을 운영하다 보면 여러 가지 예상치 못했던 상황에 부딪히게 되는데, 마땅히 의논할 대상이 학교에 없어 어려움이 많다는 호소를 듣는다.

학교 내에 또래상담 경험이 있는 선배 교사가 없다 하더라도, 청소년 상담복지센터나 위센터에는 또래상담 전문지도자 또는 또래상담 지도자가 있다. 이들에게 도움을 청하는 것이 좋은 방법일 것이다. 청소년상담복지센터나 위센터에서는 지역에 따라 '또래상담교사연구회' 등의 모임을 운영하기도 한다. 이 같은 모임에 참여하는 것도 매우 좋은 방법이 될 것이다.

아홉째, "내가 화가 나고 짜증이 나는데 잘 통제가 안 됩니다."
열째, "일이 많아요. 저 상담 몰라요."

교사는 일이 많다. 다루어야 하는 문제도 많고, 해야 하는 일도 많고, 기본적으로 가르치는 일도 해야 하고, 챙겨야 하는 행사도 많다. 거기에 또래상담반도 운영해야 한다면 업무가 과도하다고 느낄 수밖에 없다. 그래서 감정의 기복이 심할 수 있다. 현대사회 직장인들이 다들 업무 과다에 시달린다고는 하지만 사람을 다루는 일에 전념하는 교사의 고통에는 비할 바가 아닐 것이다. 그래서 소진될 수 있다. 앞서 소개한 또래상담교사연구모임 등에 참여하거나 위센터, 청소년상담복지센터 등과 함께한다면 이런 어려움에 대해 도움을 받을 수 있을 것이다.

상담에 대한 연수는 교사들에게 끊임없이 제공되고 있다. 그렇다고 해서 교과담당 교사로서 또래상담을 맡았다고 상담전문가로 포지션을 바꿀 수는 없는 노릇이다. 또 상담전문가 수준이 되어야만 또래상담반을 운영할 수 있는 것도 아니다. 따라서 전문가들로부터 도움을 받으면서 자신 있게 또래상담반을 운영하면 된다.

2) 지속 관리 방안: 사례지도와 슈퍼비전

또래상담자들은 임명 후에 또래상담 활동을 실시해야 한다. 임명 후에도 또래상담 활동을 하지 않고, 또래상담반끼리 모여서 프로그램만 하고 있다면 그것은 또래상담반이 아니다. 또래상담반이 존재하는 이유는 '훈련'이 아니라 '활동'이기 때문이다.

따라서 담당교사는 또래상담자들이 친구들을 돕는 활동을 하도록 안내하고, 지도하며, 촉진해야 한다. 그러기 위해서는 지도교사가 또래상담자들의 활동에 민감해야 한다. 다시 말하면, 아주 사소한 도움활동이라도 그것이 가지는 의미를 해석해 주고 격려해 주어야 한다는 것이다.

〈사례지도 중 활동 촉진의 예〉

교사: 자, 이제 철이가 한 활동을 소개해 줄래?

또래상담자: 선생님, 저는 별로 한 게 없어요. 그냥 우울하게 앉아 있는 친구에게 가서 "안녕? 너 무슨 일 있니?" 하고 물었더니 그 친구가 아무것도 아니라고 해서 그냥 말았어요. 이것도 또래상담일까요? (부끄러워하는 태도)

교사: 아, 그랬구나. 철이가 아주 제대로 친구를 도와준 거 같다.

또래상담자: (의아해하며) 네? 1분도 못했는데….

교사: 그렇지 않단다. 선생님은 철이가 1분을 사용해서 친구에게 보여 준 그 관심

때문에 친구는 학교생활을 잘하게 될 것이라 생각해.

또래상담자: 왜요?

교사: 그 친구가 무슨 일 때문에 우울해했는지는 사실 모르잖아. 혹시 아니? 아주 나쁜 생각에 사로잡혀서 가출이나 다른 위험한 생각을 했을지도 모르지. 그런데 철이가 다가가서 관심을 보여 준 거잖아. 그 관심이 그 친구를 위험한 행동을 하지 않도록 했을 거라고 선생님은 생각하거든. 그렇게 생각하면 넌 정말 큰 도움을 준거야.

또래상담자: 아, 그럴 수도 있군요. 선생님.

다른 또래상담자 A: 선생님, 저도 그런 활동한 거 있어요.

다른 또래상담자 B: 선생님, 또래상담 활동이 그렇게 쉬운 거예요?

교사: 너희들 입장에서는 그 정도 말 걸어 주는 게 쉬운 거라 할 수 있지만, 또래상담을 모르는 친구들에게는 어려운 행동이기도 하단다. 너희가 보여 주는 간단한 관심, 아주아주 짧은 격려의 말 한마디, 모두가 소중한 또래상담 활동이란다.

2학기가 시작되면 CA 시간 등을 통해 또래상담반이 모이는데, 이를 사례지도와 슈퍼비전 시간으로 활용하도록 한다. 또래상담반이 1학년 16명, 2학년 16명인 경우 팀을 나누어 진행하는 것이 좋다. 보통 또래상담자 한 명이 사례 한 가지만 보고해도 16사례나 되기 때문에 실제적으로는 시간이 부족하다. 그래서 팀을 나누어 지도교사 및 보조교사, 외부 전문가들과 더불어 활동에 대해 점검하고 지도하는 것이 좋다.

슈퍼비전은 전문가 사례 공개 슈퍼비전을 생각하면 안 된다. 또래상담자들의 활동 기록지는 반 페이지가 되지 않으며, 축어록도 없고, 녹음자료도 없으며, 사례개념화도 없다는 것을 감안해야 한다. 도움을 준 친구가 보인 문제행동, 나의 개입행동, 친구의 반응, 이후 친구에 대한 관심 표출, 현재 결과, 나의 소감 등을 간략하게 보고하면 지도교사가 이에 대해 좋았던 부분을 칭찬해 주고, 개선해야 하는 행동 등에 대해 이야기해 주면서 도움활동이 공유되도록 한다.

만약 또래상담자가 개입하여 해결할 수 없는 문제를 보고할 경우 지도교사가 협의하에 자신의 사례로 진행하거나 또는 학교 내 다른 상담전문가, 학교 밖 전문가에게 의뢰하는 방안을 검토해야 한다. 이것은 내담자를 위한 것이기도 하지만 동시에 또래상담자를 심리적 부담감 등 여러 위험요소로부터 보호하는 조치이기도 하다.

3) 또래상담 후속 프로그램 구성의 예

훈련을 마친 후 또래상담반 모임을 운영하는 후속 프로그램 구성의 예를 몇 가지 들어 보고자 한다. 2절의 연간 또래상담 운영 따라하기에서 어떤 활동을 해야 하는지는 이미 소개하였으므로 회기 진행을 중심으로 간략하게 설명하였다.

(1) 첫 시간: 전 과정에 대한 복습

또래상담자 임명 후 첫 시간을 어떻게 맞이하느냐는 매우 중요하다. 이미 서로에 대해서는 어느 정도 알고 있고, 또래상담자 훈련 프로그램을 마친 상태이기 때문에 또래상담자들은 자기가 이제 무엇을 해야 하는지 매우 궁금해하는 상태다. 1학기 훈련을 마치고 학기말에 임명을 받은 후 곧바로 기말고사와 여름방학을 맞이하는 경우가 많다. 따라서 첫 시간은 여름방학이 지나고 개학한 직후일 가능성이 높기 때문에 우선 전체 과정을 복습하는 것이 필요하다. 아마도 아이들이 배운 내용을 다 기억하고 있을 것이라고 기대하는 교사는 없을 것이다. 사실 교사도 다시 워크북을 꺼내어 살펴보지 않으면 다소 기억이 가물가물할 것이니 말이다. 다음과 같은 내용을 다루어 주는 것이 좋다.

① 전체 배운 내용 요약
- 친구됨의 의미
- 먼저 다가가기
- 대화의 기본자세
- 대화의 전략: 어기역차, 잠하둘셋, 원무지계

② 친구를 돕는다는 것의 의미 확인하고 촉진 시작하기
- 또래상담반의 존재 이유: 친구를 돕는 활동
- 또래상담자 임명 이후 기말고사, 여름방학 때 친구를 도운 경험 나누고 격려하기
- 상담일지 작성요령 재점검

(2) 이후 또래상담반 모임 운영: 슈퍼비전과 추가교육

이후 또래상담반 모임은 슈퍼비전이 되도록 해야 한다. 그리고 슈퍼비전 중 또래상담자들이 부족함을 드러내는 영역에 대해서 추가교육이 진행될 필요가 있는데, 추가교육은 아주 짧은 형태의 교육이어야 한다. 필자가 권유하고 싶은 교육은 한 회기로 마칠 수 있는 단타 프로그램이다. 만약 10회기 분량의 추가교육을 실시한다면 또래상담자들의 활동을 점검하고 촉진하지 못하는 결과를 가져올 것이다. 그러면 또래상담반은 이미 또래상담반으로서의 기능을 상실할 가능성이 커진다는 것을 꼭 기억하기 바란다.

① 친구를 도운 경험 나누기
- 경험에 머물러 주기, 돕는 활동을 한 경험에 충분히 머물러 주기
- 작은 경험일지라도 '의미' 찾고 부여해 주기

② 또래상담자 간 문제를 '지금-여기(here and now)'에서 다루기
- 갈등, 다툼 등을 슈퍼비전 시간에 다룸으로써 또래상담반 내 문제도 해결하고, 문제해결 과정을 통해 자기조절뿐만 아니라 친구들 간 다툼을 중재하는 지식을 얻도록 활용
- 역할극: 대화훈련 및 또래상담자 간 갈등 해결에 필요
  - 피드백 요령 가르쳐 주기: "만약 내가 상담자였다면?"
  - 역할극을 통한 다양한 접근 또는 개입방법 경험 공유하기

③ 필요한 부분에 대한 추가교육
- 각 요소별 평가 후 추가교육 진행: 친한 친구되기, 대화하는 친구되기, 도움 주는 친구되기(단회교육 실시 지향)
- 또래상담자 활동 내용에 따라 추가교육 진행(또래상담반 운영의 목적에 부합되는 내용으로)

● 요약

이 장에서는 또래상담 정착을 따라서 시도할 수 있도록 지침을 제공하였다. 또래상담 정착을 따라 할 수 있는 지침은 처음 또래상담 기획부터 예견되는 어려움에 대한 대처전략 개발과 실행에 이르기까지 구체적인 정보로 구성되어 있다. 그리고 처음 또래상담을 시작하는 해와 거듭 운영되는 해에 어떤 준비와 지도가 있어야 하는지를 지침으로 제공하였다. 독자들은 이 장을 읽으면서 실제 또래상담 운영에 필요한 정보를 얻을 수 있을 것이다.

● 학습 과제

- 3인 1조로 모임을 구성하여 또래상담 운영 계획서를 본문의 지침을 참조하여 작성해 보시오.

- 또래상담 운영 계획서를 작성할 때 실제 계획서에 들어가지는 않지만 기획 단계에서 고려하고 준비해야 할 사항에 대해 설명해 보시오.

- 또래상담 운영이 2, 3년차에 이어졌을 때 또래상담자가 학년별로 10여 명 이상 모임을 가지게 될 텐데, 담당교사로서 어떻게 학생들을 훈련시키고 슈퍼비전을 할지 그 방안을 생각하고 말해 보시오.

- 또래상담 운영 시 또래상담반을 구성하는 것에 대해 조직 관리 측면에서의 이점을 서술해 보시오.

참고자료

〈활동일지 양식 1〉

인제 원통고등학교 또래상담반(2000)

또래상담 일지

또래상담자 제   학년   반

이 름: 정 ○ ○

대상 학생	학번	2학년 ○반 번. 이름(가명): *twin*		
	특기 사항	가족사항: 부모님, 남동생, 자신, 언니, 여동생 상담목표: 학습 개선, 진로 결정, ~~친구관계 개선~~, 이성문제 개선, 　　　　기타: (　　　　) 개선, 기타: (　　　) 적응 특기사항(부적응): (대인관계) 고민		
상담내용 (구체적으로)		1. 마음 열기: 먼저 의논할 일이 있다며 말을 함. 2. 친구의 고민 이해하기: 친구의 이야기를 듣고 보니 또래 아이들이 흔히 겪을 수도 있다는 생각이 듦. 3. 친구고민 해결 찾기: 여러 가지로 예를 들어 설명도 해 주고 자신이 생각한 더 가치 있는 일을 물어보기도 하면서 서로 해결책을 찾아보기로 함. 4. 실천계획 확인하기: 물론 판단은 자기가 하는 것이지만 내가 더 가치 있다고 생각하는 일을 더 권해 주고 싶다고 말해 줌. 상대방이 조금 더 생각해 보겠다고 말하고 방과 후에 결정사항을 듣고 다시 얘기해 봄. 5. 상담 마무리: 방과 후 한 번 더 이야기하고 결정사항을 들음. 6. 추수상담 계획: 이번 일은 해결되었으나 대인관계에 관한 것이므로 추후에 다시 상담을 해 볼 계획임.		
상담일시		1회: 9월 1일 12:40~1:20. 장소: 학교교실		

〈활동일지 양식 2〉

강릉 문성고등학교 또래상담반(2000)
또래상담 일지

제   학년   반 또래상담원(   )

요상담 학생	상담주제: 힘겨운 학교생활 제 학년 반 성명 또는 별칭(옥수수)
상담 일시 및 장소	2000 년 9 월 22 일 (12:50)−(13:15) (25분) 장소: 교실 횟수: (1회)
상담 내용 및 소감	상담내용: 항상 발랄하던 아이인데 요즘따라 힘이 없다. 쉬는 시간에도 엎드려만 있다. 가서 물어보니. "모든 것이 귀찮고 학교생활이 너무 힘에 겨워서 무기력증이 생긴다. 뭐 하나를 봐도 즐겁지 않고. 말하는 거 밥 먹는 거 모든 것이 다 귀찮다. 짜증난다."라고 한다. 상담소감: 나도 그런 적이 많았기 때문에 어느 정도 이해가 가서 이 아이에게 내가 쓰던 무기력증 퇴치법을 가르쳐 주었다. 먼저 꼭 공부가 아니라도 좋아하는 걸 만들어서 그것에 몰두하다 보면 힘든 학교생활에 활력소가 되어 무기력해지는 일이 없을 것이라고 충고해 주었다. 환절기라서인지 유난히 아픈 거 같아 걱정이다.
또래친구 선행사례 또는 고민 발견	〈사례 1〉 ① 누가: ② 언제(어디서): ③ 무엇을: ④ 어떻게(왜):
	〈사례 2〉 ① 누가: ② 언제(어디서): ③ 무엇을: ④ 어떻게(왜):

참고자료

〈활동일지 양식 3〉

동해 북평여자중학교 또래상담반(2000)

또래상담자 상담활동 기록지

북평여자중학교 진로상담과

♡친구 이름: K.S.K ♡별 칭: 푸르니 ♡일 시: 2000. 6. 22	어떻게 도울까	어떻게 도왔나	친구는 어떻게 변화했는가?
♡친구의 고민거리는? (1) 학습 (2) 진로 (3) 친구 (4) 이성 (5) 성 (6) 부모/가족 (7) 학교/교사 (8) 기타 기록란: K는 요즘 들어 공부가 하기 싫어졌다고 했다. 그리고 잘하지도 못하겠다고 했다. 사실 이 아이는 반에서 모범생이었다. 이런 일 때문에 너무나 속이 상하고 앞으로는 어떻게 해야 할지 막막하고 가슴이 답답한 것 같았다. 그리고 죽고 싶다고도 했다.	우선은 친구의 마음을 편하게 해 주어야 할 것 같아 쉬운 게임을 했다. 친구가 작은 미소를 띠자 지금의 친구 모습은 부끄러운 모습이 아니라 당당하고 자신 있는 모습이라고 일러 주었다. 그러고는 지금 아주 잘하고 있으니 앞으로도 지금처럼만 노력하자고 했다. 그리고 공부에 대한 친근감을 느끼도록 자연스럽게 가까이 해 주었다.	♥ 공감 ♥ 위로 ♥ 대안찾기 도움 ♥ 정보 제공 ♡ 전문가 의뢰	공부가 인생의 전부가 아니라는 말을 전한 후부터는 성적도 더 올랐고 자신감을 갖고 더욱 활발하고 밝게 살아갔다. 죽고 싶다는 말이 장난처럼 느껴질 정도였다.
		돕고 나서 나의 느낌	다음 계획은?
		♥ 만족/편안함 ♡ 보통 ♡ 불만족/불편함 ♡ 혼란스러움 ♡ 또래상담자로서 나의 변화는? (장점과 보완점 기록하기)	점심시간에 다시 대화하기로 했다. 우리가 공부하는 목적은 단순히 지식을 쌓는 것이 아니라 자랑스럽게 내 미래를 그리기 위한 일이라고 일러 줄 것이다. 그러므로 마땅히 열심히 공부해야 하지만 지금 공부를 못한다고 해서 밝은 미래를 가질 수 없는 것이 아니라고 전해 줄 것이다.
친구를 선택한 이유는?	친구가 괴로움을 견디지 못해 나에게 찾아왔다.		

〈활동일지 양식 4〉

남춘천여자중학교 또래상담반(2000)
또래상담자 상담활동 기록

상담자 학번: 이름:

친구 이름(별칭)	. . . . ^^
친구를 선택한 이유는?	특별히 선택해서가 아니라 이야기 도중에 그냥 자연스레…
친구의 고민거리는?	아무래도 3학년이다 보니 고등학교 문제로 고민이 많은가 보다. 이 친구도 고등학교 진학문제로 고민 중…

* 또래상담자는 아래 사항을 기록할 때 상담한 날짜와 내용을 본인이 상담한 횟수만큼 기록해 주세요.

언 제	어떻게 도왔나?	친구는 어떻게 변화(반응)했는가?
11. 7	이번 기말고사를 망쳤다고 걱정하는 친구… 이번에 성적을 올렸어야 원하는 고등학교를 갈 수 있다고. 그런데 그 학교에서 특별전형으로 학생들을 뽑는데, 내 친구가 자기가 그 조건에 맞아서 갈까 말까 생각 중이라고 했다. 만약 그 특기로 고등학교를 가면 계속 그것을 해야 하니까 성적이 떨어질 것 같다며 걱정했다. 사실 나도 그 점이 많이 걱정됐다. 그래서 "잘 생각해. 난 니가 특별전형 안 쓰고 그냥… 고등학교 갔으면 좋겠어. 거기 가서 열심히 하면 되잖아."라고 말했다.	친구와 내가 걱정하는 부분이 같았기 때문에 생각도 비슷했던 것 같다. 친구도 웬만하면 특별전형을 쓰지는 않을 생각이라고 했다. "신중하게 결정을 내려야지."라고 덧붙이면서…
11. 13	아직 결정은 못 내린 것 같았다. 그래서 "아직 시간 있으니까 천천히 신중하게 생각해."라고 말했다.	글쎄, 특별전형으로 가지 않겠다는 쪽으로 조금은 더 기울어진 것 같긴 했는데…
11. 16	선생님과 상담을 했는데, 선생님도 친구의 생각과 같으셨나 보다. 그래서 성적 나오는 대로 성적에 맞는 고등학교를 가겠다고 했다. "그래, 거기 가서 열심히 하면 되지 뭐. 힘내!"라는 말밖에는 해 줄 수가 없었다.	많이 속상해했다. 갈 수 있긴 하지만 포기했기 때문일 것이다. 친구가 결정한 것이 더 나은 결정이었기를…
돕고 나서 나의 느낌	솔직히 나도 3학년이기 때문에 고등학교 문제로 신경이 많이 쓰였다. 그래서 성적 문제로 이야기한 친구들에게는 큰 힘이 되지 못한 것 같다. 하지만 정말로 최선을 다해서 상담을 했다는 것만은 그 친구들이 알아 줬으면 좋겠다.	

〈활동일지 양식 5〉

원주 북원여자중학교 또래상담반(2000)

또래상담 일지

일시 2000 년 4 월 28 일 금 요일		
1 학년 반 번	면담학생 이름	이 ○ ○
1 학년 반 번	또래상담자 이름	김 ○ ○
면담내용	오늘은 처음으로 한 친구의 상담자가 되어 주었다. 그 친구의 고민은 내가 가끔가다 하는 친구들 관계에 대한 고민이었다. 친구들의 관계는 좋다가도 멀어지는 그런 음… 고무줄이라고나 할까? 나는 오늘 상담을 하면서 그 친구의 몰랐던 점을 알게 되어서 기뻤고, 또 상담을 하다 보면 나의 마음도 차츰차츰 정리해 나갈 수 있다는 것을 깨달았다.	
상담시간	1 시간	

〈활동일지 양식 6〉

원주 북원여자중학교 또래상담반(2000)
또래상담 기록부

상담일	일시 2000년 9월 14일 (금 요일)
또래상담자	2학년　반.　성명: 한○식
상담한 학생	2학년　반.　성명: 허○식
상담영역	(　) 학교생활　　　(　) 학습관계　　　(　) 건강위생 (　) 진학문제　　　(　) 생활습관　　　(　) 교우관계 (　) 가정환경　　　(　) 성격문제　　　(　) 이성문제 (　) 기타 문제
상담내용	○ 학원에 다녀도 성적이 오르지 않음. 　스스로 집중력이 떨어진다고 생각함. ○ 학원을 그만둔 상태 　→ 친한 친구들이 많은 학원이라도 다시 수강 신청 　→ 수업 시간만큼이라도 잡담을 금하고 최소 일주일에 한 시간씩 앉아 　　있는 훈련을…
기타 사항	교우 관계는 원활

〈활동일지 양식 7〉

춘천여자고등학교 또래상담반(2000)

또래상담 일지

대상학생	2 학년 반.	성 명: 한보라 상담자: 스마일맨	
	특기사항 (현재 문제 및 상태)	엄마께 죄송스러워함.
상담내용 (구체적으로)	상담주제	엄마를 기쁘게 해 드리는 일
	상담목표	엄마를 기쁘게 해 드리자!
	상담내용	보라는 집안의 장녀라서 부모님께서 많이 기대하신 다고 한다. 보라는 마음이 착해서 항상 어머니께 죄송한 마음이 있었다고… 지난 상담 이후로 설거지를 많이 도와드 렸다고 한다. 나는 보라에게 나도 우리 엄마가 직업을 가지고 계셔 서 난 조금씩이나마 이러이러하게 집안일을 해서 도 와 드린다고 했다.
	결과	공부를 하려는 마음은 있는데 불안한 마음이 있는 게 보인다.
	기타 및 협조사항	자신의 경험을 이야기하는 것도 좋은 것 같다.

학습 목표

- 또래상담이 학교상담의 한 방법으로 자리 잡을 수 있는 방법을 안다.
- 또래상담 연구를 학교 또래상담 활동의 옹호 측면에서 이해할 수 있다.
- 학교에서의 또래상담을 위해 필요한 기법 개발의 필요성을 이해한다.

 학습 개요

학교 또래상담이 학교교육을 지원하는 학교상담의 한 축으로 자리 잡기 위해서는 그 증거를 보여 주는 연구를 바탕으로 옹호활동이 있어야 한다. 그리고 또래상담자들이 활용하기에 적합한 개별 개입전략이나 집단 프로그램 등이 학교라는 상황을 고려하여 개발·제공되어야 한다. 또한 또래상담 활동이 학교에서 효율적으로 전개되기 위해서는 국가적 차원에서의 제도 보완이 필요하다. 이런 요건은 누군가가 알아서 마련해 주는 것이기보다는 현장에서 효과가 입증된 것을 바탕으로 형성되어 가는 오랜 노고를 필요로 한다. 이 장에서는 이런 고민을 '더 생각해 볼 주제'라는 제목하에 간략하게 제시해 놓는다. 독자들은 이 짧은 장을 읽으면서 여러 가지 고민을 하게 될 것이다. 학교상담의 방법으로 또래상담의 가치를 이해하는 교사와 상담자는 이 장의 짧은 내용에 더하여 다양한 측면에서 창출해 낸 고민의 결과를 현장에서 접목하게 될 것이라고 기대해 본다.

제11장
더 생각해 볼 주제

2012년 들어 학교폭력에 대한 대책 중 하나로 또래상담이 언급되고 전체 학교에 또래상담을 적용하겠다는 방안이 발표되기도 하였지만(대통령실, 2012), 아직도 많은 학교에서는 또래상담을 적용하는 데 어려움을 겪고 있다. 상담을 전담하는 전문상담교사가 배치되기 시작한 이래로 학교상담 모형을 개발하고 현장에 적용하려는 시도가 활기를 띠면서 또래상담이 하나의 대안으로 제시되고 있기는 하지만, 전국적인 동향으로 볼 때 개개 학교에서 또래상담을 선택하는 데는 상당한 고민이 있는 것도 사실이다.

또래상담이 학생상담에 효과적이라는 것과 학교에서 적용하기에 효율적이라는 것이 연구를 통해 입증될 때 또래상담은 학교상담의 한 방법으로 기꺼이 선택될 수 있을 것이다. 또한 또래상담이 학교에서 효율적으로 적용되기 위해서는 또래상담을 수행하는 학생들이 친구를 돕는 데 적합한 기법이 개발되어 제공되어야 한다. 그것은 아마도 학생 수준에 맞는 대화방법을 포함하는 것이어야 할 것이다. 마지막으로 또래상담이 학교상담의 중요한 방법으로 적용되기 위해서는 제도적 뒷받침이 필요하다. 학교교육 관련 법과 지침 등을 통한 토대 구축과 또래상담 활동에 참여하는 학생들에 대한 제도적 지원도 필요하다. 이 장에서는 향후 학교 또래상담이 추구해야 할 과제를 앞서 서술한 세 가지 방향에서 논의하고자 한다.

1. 학교 또래상담의 옹호를 위한 다양한 연구

또래상담에 관한 연구는 2부에서 개괄하였다. 또래상담에 대한 대부분의 연구는 성과연구, 프로그램 개발 및 평가 연구에 치중되어 있다. 물론 이 연구들도 또래상담에서 소홀히 해서는 안 되는 중요한 연구임에는 틀림없다. 그러나 학교에서 또래상담을 적용하면서 확인이 필요한 다른 부분도 있다.

또래상담이 효과를 가져온다면 무엇이 그 효과를 발생시킨 것일까? 또래상담자의 상담능력 때문일까, 아니면 또래상담이라는 현상과 분위기 때문에 치료라는 현상이 부산물로 뒤따라오는 것일까? 후자에 대한 고민은 상담의 효과에 대한 설명에서 '도도새 효과(Dodo bird effect)'[10]라고 일컫는 것과 같은 맥락이 될 수도 있다(김계현, 2004). 또래상담이 효과적이었다면, 그것은 개별 또래상담자의 개입방법이 효과가 있었음을 의미하는 것일까? 또래상담자는 도움이 필요한 친구에게 어떤 모형과 기법을 가지고 상담하는 것일까? 개별 또래상담 활동은 어떤 과정을 거쳐 실시되는 것일까? 그 방법과 과정과 기법이 학교라는 장소의 특성과 청소년기라는 발달적 특성과는 어떻게 상호작용하여 대상자에게 도움을 주는 것일까? 이런 의문을 해결하기 위한 연구들은 또래상담에 효과를 가져다주는 변인을 규명하는 것과 직결된다. 그리고 또래상담 효과에 영향을 미치는 변인을 이해하는 것은 이후 효과적인 개입방법을 구성하거나 학교라는 장소의 특성에 맞는 또래상담의 틀을 구성하는 데 중요한 토대가 될 것이다.

또래상담의 효과에 영향을 미치는 변인을 이해하기 위해서는 집단의 효과를 이해하기 위한 집단 성과 검증 이외의 다른 연구 접근도 필요하다. 일반적인 상담 연구에서 활용되는 다양한 연구방법이 또래상담에서도 시도될 필요가 있다.

---

10) 도도새(Dodo bird)는 『이상한 나라의 앨리스』에 등장하는 새 이름이다. "각자가 모두 이겼어요. 모두가 상을 받아야 해요."라고 도도새가 말했다는 대목에서 인용된 은유적 표현으로, 모든 상담방법이 일정한 효과를 내고 있기 때문에 모든 상담에는 '상을 받을 만한 공통 요소가 있다.'는 가설을 표현한 것이다(김계현, 2004, pp. 286-287).

어떤 연구자는 또래상담을 하나의 운동으로 묘사하기도 한다(구본용 외, 1994; 금명자, 장미경, 양미진, 이문희, 2004; 오혜영, 지승희, 조은경, 백현주, 신주연, 2006; 이상희, 노성덕, 이지은, 2010; Carr, 1998; Steisel, 1972; Varenhorst, 1984; Zimpfer, 1974). 그 이유는 또래상담이 개인적이고 개별적인 조력활동에 국한되지 않고 또래상담이 적용되는 조직이나 사회에 포괄적으로 영향을 미치는 경향이 있기 때문이다. 그래서 국내의 연구를 보면 성과연구 중 빠지지 않는 주제가 '학급' 또는 '학교'에 미치는 영향을 검증하고자 하는 것이다. 또래상담반이라는 조직이 학교에 존재하기 때문에, 또는 또래상담 활동이 학교에서 전개되기 때문에 학교 전체의 학업 중도 탈락률, 지각 및 결석률이 감소되는지(최해룡, 2002), 또는 학급 응집력에 긍정적인 영향을 미치는지(김형일, 2010; 조성경, 2012; 채연희, 2003; 한길자, 2000), 구성원들의 학교와 교사에 대한 태도에 영향을 미치는지(김종운, 황혜자, 2005; 황미숙, 2007)를 알아보고자 하는 연구들이 그것이다. 이와 같이 조직에 영향을 미치는지에 대한 주제는 상담교사보다도 교육을 책임지고 있는 정부부처나 지역 교육청 또는 학교 관리자의 관심 대상이다. 학교 교사의 안목과 관리자의 안목은 다르다. 교사는 한 학생의 작은 긍정적 변화에도 기쁨을 감추지 못하고 교사로서의 직무에 대해 보람을 느낄 수 있지만, 관리자의 눈은 조금 더 높은 곳에 달려 있다. 한두 명의 변화도 무척 소중하지만, 관리자는 그 이상의 무엇을 기대한다. 지역 교육청의 교육행정 전문가의 눈은 학교 관리자보다 더 높은 곳에 있다. 그리고 교육을 담당하는 정부부처의 관계자들은 눈이 하늘에 있다. 그래서 대체로 개인의 학위논문은 수명 또는 수십 명의 변화에 초점을 두지만, 교육청에서 지정한 연구학교 또는 연구 프로젝트는 조직 전체에 미치는 긍정적 영향에 초점을 두게 된다. 이것은 또래상담을 수행하는 교사의 입장에서 자신들의 역할과 업무의 중요성을 알리고 옹호하기 위해 반드시 고민해 봐야 할 문제다.

하지만 조직에 영향을 미치는지를 알아보기 위해서는 단기간의 연구 수행으로는 한계가 있다. 또래상담이 장기간 어떻게 조직에 영향을 미치는지를 검증해야만 실제 조직의 변화를 확인할 수 있는 측면이 많기 때문이다. 그런데 아직까지 또래상담 관련 종단연구라든지 학교를 대상으로 계획된 장기적인 연구 프로젝트가 없다. 만약 장기적인 연구가 진행되고 그 효과가 검증된다면 학생들의 개별적인 문제해결과 더불어 학교 문화에 또래상담이 어떻게 기여하는지를 확인할 수 있을 것이다.

학교상담은 인성교육 및 전인교육을 담당하는 학교교육의 중요한 축이다. 그리고 또래상담은 학교상담의 한 대안으로 활용되고 있다. 또래상담이 학생들의 특정 문제를 사전에 예방, 조기 개입 또는 해결해 내고 동시에 지속적으로 학교 내에 존재하면서 소위 '돕는 문화' '배려하는 문화' '공동체에 어우러지는 문화' '대화로 갈등을 해결하는 문화'를 이루는 데 기여하는 것이 확인된다면, 교과교육과 더불어 인성교육이라는 축을 담당함으로써 전인교육 실현의 견인차 역할을 수행하게 될 것이다.

2. 또래상담자가 활용하기 적합한 기법 개발

또래상담이 활발하게 적용되려면 또래상담 활동을 전개하는 학생들에게 적합한 기법이 제공되어야 한다. 학교 또래상담을 수행하는 또래상담자는 초등학생, 중학생, 고등학생이다. 이들은 아무리 발달 수준이 높다고 하여도 다양한 영역에서 지속적으로 발달과정에 있는 아동 또는 청소년이다. 따라서 전문가적 지식을 이해하고 구축하거나 직업적인 전문 상담자로서의 역할을 수행할 수 없다. 그러므로 청소년기의 특성에 적합하면서도 학생의 수준에서 활용하기에 알맞은 개입방법이 제공되어야 한다.

학교 또래상담자에게 기대되는 활동의 내용은 3장에서 프로그램 개발 연구를 개괄하며 살펴보았다. 프로그램 내용으로 보면 또래상담자에게 기대되는 활동은 대체로 문제가 있는 친구를 발견해 내고, 다가가서 대화로 문제해결을 돕거나 전문가에게 의뢰해 주는 것에 집중되어 있다. 하지만 8장에 표현되어 있듯 학교 현장에서 또래상담자의 활동은 단지 개별적인 개입에 국한되어 있지 않다. 그것은 또래상담반을 운영하고 있는 학교 교사와의 인터뷰 내용에도 잘 나타나 있다. 또래상담자는 개별 개입활동을 기본으로 하면서도, 집단 프로그램 리더 또는 보조리더, 심리교육, 간단한 심리검사 실시 및 해석, 이벤트 진행 등 다양한 활동을 하고 있다. 이것은 학교 상담교사나 또래상담자의 관심사와 개인 능력, 학교의 정책 등에 따라 달라진다.

따라서 또래상담자에게 필요한 것은 개별 개입전략뿐 아니라 집단 프로그램, 심리교육 프로그램, 대화기법, 자기관리 전략 등 다양할 수밖에 없다. 그런데 다양한 전략이 개발되면 이를 또래상담자에게 훈련시켜야 하는데, 학교공부에 치중해야 하는 학생들인 또래상담자가 많은 것을 소화해 내야 한다면 지나친 처사라 하겠다. 그러므로 이러한 기법을 또래상담자가 활용할 수 있도록 개발하고자 할 때는 몇 가지 주의해야 할 점이 있고, 여러 가지 개입전략 중 필요하다고 판단되는 몇 가지를 상담교사나 또래상담자 자신이 취사 선택하여 익히도록 할 필요가 있다.

1) 기법 개발에서의 유의사항

학교에서 활동하는 또래상담자가 학생이라는 점을 감안할 때 개입방법이 하나의 교과처럼 학습하고, 외우고, 도서관에서 복습하고, 이해해야 할 만큼 복잡하다면 학생 또래상담자가 활용하기에는 적합하지 않게 된다. 이것이 현실이다. 따라서 기법은 학교 또래상담자가 학생이라는 것을 충분히 고려하고 전제된 채 구안되어야 한다.

(1) 쉬워야 함

또래상담자가 활용할 기법은 쉬워야 한다. 즉, 수월하게 익힐 수 있어야 한다. 사람에 대한 따뜻한 태도, 삶에 대한 긍정적 태도, 괜찮은 성적을 유지하기 등 브래큰베리(1995)가 제안했던 성숙한 학생의 조건을 갖추고 있는 학생이 타인에 대한 조력방법으로 쉽게 사용할 수 있어야 한다.

(2) 간단하고 단순해야 함

또래상담자가 활용할 기법은 간단하고 단순해야 한다. 이론적 배경이나 기법의 근간이 되는 심리학적 또는 교육학적 지식을 복잡하게 얽어서 전해야 한다면, 그것은 또래상담자의 기법이 아닌 전문상담자의 기법이 된다. 또래상담자에게 제공될 기법은 여러 쪽을 읽고 여타 지식을 이해한 후에 습득할 수 있는 것이 아니라 적고 간단하고 단순해야 한다.

(3) 실용적이어야 함

또래상담자가 활용할 기법은 실용적이어야 한다. 다시 말해, 친구를 돕는 데 직접 활용할 수 있어야 한다. 배우는 것이 많고 매주 경험하는 것은 많은데 실제 적용에 직접적인 도움이 되지 않는 것이라면 학교 또래상담자에게 적합하지 않다.

(4) 자기 성장에 도움이 되어야 함

또래상담자가 활용하는 기법은 그들 자신의 성장에도 도움이 되어야 한다. 친구를 돕기 위해 익혀 두는 기법이지만, 습득된 기법이 자기 자신의 성장에도 도움이 되는 것이어야 한다. 사실 상담공부는 하다 보면 자신에게 먼저 적용해 보기 마련이고, 그래서 상담자는 누군가 강요하지 않아도 여러모로 자기 분석을 시도하게 된다. 이를 통해 결과적으로 자기를 이해하는 폭이 커진다. 또래상담자 훈련 프로그램은 상담자 양성 프로그램이어서 그 내용이 다소 집약적인데도, 훈련 프로그램이 참여한 학생들을 변화시키기 때문에 많은 연구자가 이 주제에 관심을 가지고 있다는 이야기를 4장에서 언급한 바 있다. 또래상담자가 배우게 되는 기법을 통해 또래상담자 자신이 먼저 도움을 받고 변하고 성장할 수 있다는 것을 개발자들은 고려해야 할 것이다.

2) 유용한 기법

그러면 어떤 기법이 있어야 할까? 현재 활용되고 있는 기법은 대체로 대화전략에 관한 것이며, 이런 전략은 기존 상담이론을 토대로 하고 있다. 일반적으로 대화전략으로 가장 많이 가르쳐지는 것은 '대화의 기본자세' '공감훈련' '질문방법' '나 전달법' '나 전달법을 포함한 자기표현 훈련' '대화에서의 다양한 기술(micro skill)' 등이다. 이 외에도 여러 가지 단위 프로그램(units)이 활용되고 있고, 촉진활동(ice breaking) 등도 목적에 맞게 활용되고 있다. 그런데 현장에서는 직접적으로 도움을 줄 수 있는 기법이 아쉽다는 이야기를 많이 한다. 학교라는 장면에서 활용 가능한 직접적인 방법에 대한 요청이라고 보인다. 그래서 그와 같은 맥락에서 몇 가지 방안을 제시해 보았다.

(1) 학교 상황에 맞는 초단기 및 단회기 개입기법

학교에서는 친구를 만나 대화할 수 있는 시간이 짧다. 쉬는 시간은 10분이고, 점심시간은 30~40분이며, 환경 정리나 청소를 하면서 대화를 나누는 것도 집중력이 분산되기 때문에 짧은 시간 동안 대화한다고 할 수 있다. 그리고 한 번 이야기 나누는 것으로 족한 경우가 많다. 같은 친구와 여러 번에 걸쳐 이야기를 나눌 수도 있지만, 자문이나 도움이 되는 말은 한 번 듣는 것으로 그만인 경우가 많기 때문이다. 따라서 학교 상황에는 5분 또는 20분 정도에, 그것도 단회로 도움을 줄 수 있는 전략이 필요하다.

김계현(2002)은 단회상담이 현실적으로 빈번한데도 이를 다루지 못한 것에 대해 의문을 제기하면서 다양한 방안을 제안한 바 있다. 이를테면 전화상담, 방송상담, 자문 목적의 상담(법률상담, 의료상담, 심리 및 교육 자문, 정보 제공 등), 응급상담, 검사 해석 등이 대체로 단회상담으로 진행된다는 것이다. 실제 대학의 학생상담기관이나 청소년상담기관에서의 개인상담을 보아도 단회상담의 비율이 높다.

또래상담자의 경우 김계현(2002)이 지적한 바와 같이 심리상담이나 심리치료 수준이 아니라 정보 제공, 지지상담의 속성이 크기 때문에 단회기 상담이 가능하며 그 회기가 반드시 50분일 필요는 없다. 스케어(Sklare, 1997)도 학교상담이라는 측면에서 볼 때 20분 회기가 필요하다고 하였는데, 특히 초등학교 저학년일 경우 회기 시간이 길 필요가 없다고 하였다. 또래상담자들이 학교 장면에서 쉬는 시간을 활용하여 5분 내에, 또는 점심시간을 활용하여 20분 내에 이야기를 들어 주고 적절하게 조언해 줄 수 있는 기법이 정교화될 필요가 있다. 사실 기법이 없더라도 현실이 그러하기 때문에 현재 또래상담자는 친구를 만나서 제한된 시간 안에 고민도 들어 주고 도움도 주고 있다. 그런데 그 과정에 대한 연구가 없다. 연구와 함께 지침이 될 기법들을 구체적으로 제공해 주는 것이 필요하다.

김계현(2002)은 단회상담의 원리와 기술을 제시하였다. 향후 단회기 상담을 구성하는 데 도움이 될 것이라 여겨져 몇 가지 소개하면, ① 내담자가 원하는 것 발견하기, ② 원함 및 상담 목표의 논의와 합의, ③ 능동적으로 대화과정 조절하기, ④ 융통성과 단호함, ⑤ 내담자의 문제해결 동기 유지, ⑥ 조언이나 지시의 적절한 활용 등이다. 이와 관련된 상세한 설명은 김계현(2002, pp. 348-363)을 참고하기 바란다.

(2) 단회기 심리교육 프로그램

또래상담자가 신입생이나 저학년을 대상으로 심리교육의 일부를 수행하는 경우가 있다. 이때 그 내용을 또래상담자에게 구성하여 제공하라고 하는 것은 무리한 요구가 된다. 그런데 기존에 나와 있는 각종 심리교육 프로그램 또는 집단 프로그램은 5~15회기 이상의 회기를 가지고 있어 또래상담자가 활용하기에 적합하지 않다. 학교에서의 집단 프로그램이나 심리교육은 재량활동 시간이라든지 특별활동 시간 등을 활용하여 실시하는데, 다회기 프로그램을 또래상담자들이 단회기로 재구성하여 활용할 수는 없다.

또래상담자가 동료 학생 또는 후배 학생들을 대상으로 심리교육을 실시하였을 때 더 수용되고 효과가 있다면 이를 적극 확대할 필요가 있는데, 이를 위해서는 또래상담자가 활용하기에 적합한 형태의 프로그램을 제공해 주어야 한다. 따돌림과 폭력 예방 및 친구관계 문제, 이성문제, 흡연과 음주 및 인터넷 사용 문제, 학업문제, 진로 탐색, 직업 찾기, 갈등 이겨내기, 생활습관 바로 세우기 등 다양한 주제에 대하여 단회기 심리교육을 실시할 수 있도록 지침서화해 주는 작업이 있어야 한다. 하지만 개별 학교마다 욕구가 다르고 기대가 다르기 때문에 획일적으로 개발하여 마치 전체 또래상담자가 수행해야 하는 것처럼 만들 필요는 없다.

(3) 대화전략

우리나라 문화와 우리나라 학교 환경에 적합한 대화전략 개발이 필요하다. 나 전달법이나 공감훈련으로 대표되는 대화전략을 학생들에게 가르치다 보면 어렵고 어색하다는 소리를 많이 듣는다.

이상희, 노성덕 및 이지은(2010)은 학생들이 활용하기에 적합한 대화전략으로 '생기리' '어기역차' '잠하둘셋' '원무지계' 등을 개발하여 제공하였는데, 이것이 아직까지 또래상담 프로그램의 대표적인 전략으로 활용되고 있다. 우리나라 학생들이 활용하기에 적합하기 때문이 아닐까 싶다. 물론 그것도 10여 년 전에 개발된 것이기에 급변하는 문화를 특징으로 하는 요즘 청소년에게는 새로운 것이 필요하다고 생각된다. 앞으로 우리 문화, 학교 환경에 적합한 대화전략을 개발하고 적용하는 데 또래상담 전문가가 관심을 기울여야 하겠다.

(4) 자기관리 프로그램

또래상담자가 친구를 돕는 일에 몰두하다 보면 자기 자신의 중요한 과업들을 소홀히 하거나 수행에 어려움을 겪게 될 수 있다. 또는 또래상담자 역시 학생이기 때문에 어려움에 처한 친구를 돕다 보면 자기의 정서와 분리시키지 못하고 함께 몰입되는 혼란을 경험할 수도 있다. 이럴 경우 또래상담자는 약간의 활동으로도 소진을 경험하기 쉽다. 따라서 자기관리에 도움이 되는 프로그램을 제공할 필요가 있다. 또래상담자의 자기관리 향상 측면에서 방학을 이용하여 'MBTI 성장집단' '학습 클리닉' '진로탐색 프로그램' '시간관리 프로그램' 등을 제공하는 경우가 많은데, 이 외에도 간단하게 자기관리에 활용할 수 있는 도구가 필요하다. 이를테면 한국청소년상담복지개발원에서 『또래상담자 수첩』이라든지, 『또래상담자 지침서』라는 소책자를 만들어 제공한 적이 있는데, 간단한 대화 기술, 대인관계에서 활용할 수 있는 것, 학업, 진학과 관련된 의사결정 등 실제적인 문제해결에 도움이 되는 내용을 담고 있다. 이처럼 학교에서 활동하는 또래상담자가 자기 자신을 효율적으로 관리하도록 함으로써 또래상담 활동을 자기 성장의 기회로 활용하도록 자연스럽게 유도할 수 있다.

3. 제도적 뒷받침

학교 또래상담은 학교라는 조직 내에서 활용되는 상담 개입전략의 하나다. 또래상담은 교육부의 정책적인 지원이 없는 상황에서도 학교상담의 한 방법으로 확산되어 왔다. 또래상담이 학생들의 각종 문제에 대해 1차적 정신건강서비스 제공 기능을 가지고 있을 뿐만 아니라, 또래상담자로 활동하는 학생에게는 공감능력 향상, 사회성 향상, 의사소통 기술 향상과 함께 리더십 배양이라는 좋은 결과를 이끌어 냈기 때문이다. 그뿐만 아니라 학생들에게 더불어 사는 공동체 정신을 함양시키는 데도 학급 또는 학교 단위로 또래상담이 활용되어 왔다. 최근에는 학교폭력에 대한 적극적 예방 및 조기 개입의 방안으로 또래상담을 국가적인 차원에서 지원하기에 이르렀다. 그러나 또래상담을 학교폭력에 활용하기 위해서는 여러 가지 주의해야 할 사항이 있으며, 급하게 효과를 기대하기보다는 지속적 지원을 통해 장기적인 효과를 바라보아야 할 것이다.

교육부가 또래상담 시스템을 학생 지도에 정책적으로 활용한다면 인성교육의 측면, 학교에서 발생하는 문제들을 예방해 낸다는 점에서 경제적인 측면 등에서 효율적임을 알게 될 것이다. 그러나 여전히 제도적으로 마련해야 하는 것이 많이 남아 있다.

또래상담자가 학교에서 효과적으로 활동하는 데 가장 어려운 점은 '시간 확보'다. 이렇게 시간이 부족한데도 나름대로 상담활동을 전개하고 있으며, 이런 상담활동은 현재 광역 교육청에서 '봉사시간'으로 인정하고 있다. 따라서 인성교육 차원에서 또래상담자 교육 및 또래상담 활동을 창의적 체험활동의 '범교과 학습' 또는 '자기주도적 학습'의 하나로 선택할 수 있도록 제도적으로 마련해 주는 것이 필요하다. 그렇게 된다면 또래상담을 운영하는 교사가 재량껏 또래상담자 훈련이나 슈퍼비전 시간을 효율적으로 운영할 수 있다. 최근 국민이 걱정하고 있는 학교 폭력, 학교 성폭력, 비행 등의 문제가 자꾸 대두되는 상황들을 고려해 볼 때, 이 정도의 정책적 지원으로 현안 문제를 예방하거나 문제를 해결한다면 정말 효율적인 학교상담 지원정책으로 평가될 것이다.

또한 지역 교육청에서 또래상담반이 있는 학교가 제대로 활동할 수 있도록 관심을 가지고 지역의 청소년상담기관과 협력하여 지역 또래상담자대회 등을 개최한다면 전국적으로 자발적이고 자기주도적인 인성교육 활동이 전개되는 효과도 거둘 수 있다. 더욱이 각급 학교에 배치되고 있는 전문상담교사들과 위프로젝트가 지역사회의 청소년상담복지센터와 연계하여 학생상담 지원 중 하나로 또래상담을 활용하도록 한다면 또래상담반 운영과 활동이 보다 전문화될 여지도 있다.

하지만 여전히 전문상담교사의 부족으로 교과담임이면서 상담부 교사를 겸하는 교사가 또래상담반을 맡고 있는 경우에는 보직 순환 또는 지역 내 학교 배치 시에 또래상담을 지속적으로 연계하여 운영할 수 있도록 배려하는 것도 생각해 볼 수 있다. 또래상담반 운영에 열정을 가진 교사를 또래상담반 운영 전문교사로 지정하여 교과담당 시간을 줄여 주고, 또래상담반 운영에 더 집중하게 한다면 개별 학교가 가장 곤란해하는 학생문제 영역을 다루는 데도 효과가 있을 것이다. 이에 대해서는 2장에서 언급했던 현장 상담 시스템의 관점을 참고하여 효율적인 방안을 마련할 수 있을 것이다.

일반 교사에게 또래상담반을 맡길 때는 이에 대한 보상도 고려해야 한다. 현재는 청소년상담기관이나 교육청에서 부분적으로 수여하는 표창이 전부다. 교육부에서 전략적으로 보상체계를 마련해 준다면 또래상담 활용이 보다 용이해질 수 있다. 예를 들면, 또래상담반을 맡아 봉사하는 교사의 활동에 대하여 아람단이나 보이스카우트/걸스카우트 지도교사에게 부여하는 점수를 적용하는 것도 고려해 볼 사항이다. 또래상담자로 활동하는 학생들에 대한 보상도 고려해 볼 수 있다. 개별 교육청에서 인정해 주는 봉사점수를 교육부 차원에서 인정해 준다거나, 표창을 한다거나, 차세대 지도자로 지정하여 지원해 주는 등의 정책에 또래상담자를 포함시키는 것도 좋은 예다.

● **요 약**

또래상담은 학교상담의 한 전략으로 많은 학교에서 수행되고 있다. 교육과학기술부에서의 정책적 지원과는 관계없이 이미 또래상담은 학교상담의 한 축으로까지 자리 잡고 있다. 이런 상황에서 학교 또래상담이 활성화되는 것은 결국 학교에서 교과교육과 더불어 학생들의 생활지도, 인성교육, 나아가 전인교육을 이끌어 내는 결과를 가져올 수 있다. 또래상담이 그 역할을 수행하도록 하기 위해서는 역할에 적합한 효과가 있음을 보여 주는 옹호적 입장의 연구 수행이 필요하고, 또래상담자가 현장에서 활용하기에 적합한 개입전략을 개발하여 제공하는 것이 필요하다. 그리고 교육부 차원에서의 제도적 지원이 뒤따라야 학교 현장에서 효율적으로 적용할 수 있다. 이 장에서는 이런 부분에 대하여 의견을 제안하는 수준에서 짧게 다루었다.

● **학습 과제**

• 학교 또래상담이 학교 현장에서 효과적임을 드러낼 수 있는 연구를 또래상담 활동의 옹호라는 측면에서 설명해 보시오.
• 또래상담자가 학생이라는 것과 또래상담이 전개되는 곳이 학교라는 점을 고려할 때, 또래상담 개입전략 개발 시 고려해야 할 점에 대해 논의하고 토론하시오.
• 학교 또래상담자가 활용하기에 용이한 개입전략을 제시하고 그 이유를 설명해 보시오.
• 학교 또래상담을 위해 필요한 제도적 장치를 정리하고 발표해 보시오.

부록

또래상담
운영 방안 아이디어

이 부록에 실려 있는 아이디어들은 숙명여자대학교 교육대학원에서 '생활지도 및 상담' 수업을 듣는 선생님들이 제공한 것이다. 여기에 실린 운영 방안들은 독특하고 창의적인 아이디어이기에 독자들에게 좋은 자료가 될 것이다. 아마 이런 자료를 접하게 되면 독자들의 발산적 사고가 자극을 받을 것이라고 믿는다.

이 자료는 각 선생님의 동의를 얻은 후에 필자가 약간 수정한 후 실었다. 다만, 용어나 형식은 일부러 통일하지 않고 원자료 그대로 사용하였다. 지면을 빌려 다시 한 번 선생님들께 감사의 말씀을 드린다.

1 '교우관계' 개선을 위한 또래상담 운영 _ 오누리, 최이레(국어교육 전공)

2 친구에게 털어놓고, 학교폭력 털어내기! _ 김태은(유아교육전공)

3 급식시간에 발생하는 갈등 없애기 _ 원지현, 김신겸(영양교육전공)

4 인터넷/스마트폰 중독 극복 프로젝트 _ 강효은, 임나영(영어교육전공)

5 또래상담을 통한 학생 운동선수의 미래설계 _ 나정은(체육교육전공)

6 또래상담반을 통한 사이버 또래 성상담 _ 안경애(상담교육전공)

7 다문화가정 학생 지원을 위한 또래상담 _ 문수진, 정경화(음악교육 전공)

8 어울림 프로젝트 _ 박형윤(미술교육전공)

1 '교우관계' 개선을 위한 또래상담 운영 _ 오누리,[1]) 최이레[2])

1. 서론

또래상담이란 비슷한 연령이나 유사한 경험과 가치관을 가진 청소년들 중에서 선발된 학생이 일정한 훈련을 받은 후, 자신의 경험을 바탕으로 하여 주변에 있는 정상적인 다른 또래가 발달과정에서 경험할 수 있는 고민과 문제해결 등을 조력해 주고, 이들이 성장·발달할 수 있도록 생활의 제반 영역에서 지지적인 도움을 제공하는 행위다.

1) 또래상담의 목적

또래상담자 훈련은 청소년들 중 자질이 있으면서 활동에 대한 동기가 있는 학생들을 선발하고 훈련을 통해 또래상담자로 양성하여 활동하게끔 하는 것으로, 또래상담자 개개인의 성장을 도모하고, 활동을 통해 학급과 학교의 문화를 공동체 문화로 변화시키며 청소년들의 다양한 문제를 서로 도우면서 해결할 수 있는 분위기를 확산시키고자 하는 데 목적이 있다.

2) 또래상담의 필요성

또래상담이 필요한 이유는 대부분의 청소년들이 정상적인 발달과정에서 다양한 어려움에 직면하게 되는데, 이를 적절하게 해결하기 위한 심리적 자원을 제공할 필요가 있기 때문이다. 또한 또래관계가 확장되는 청소년기에는 또래를 통해서 문제를 해결하고자 하는 경향이 강하며, 또

---

1) 오누리. 국어교육 석사과정. 현재 상계중학교 국어교사로 일하고 있다.
2) 최이레. 국어교육 석사과정. 현재 숙명여자대학교 의사소통센터 조교로 일하고 있다.

래집단에 의해 영향을 많이 받는 것도 또래상담의 필요성을 증가시킨다. 그뿐만 아니라 정의적 영역의 교육활동 일환으로서 상담에 대한 증가된 요구에 부응하기 위해서는 소수 상담교사만으로는 부족한 상황이므로 또래상담은 청소년문제의 예방 및 성장·발달을 촉진하기 위한 준전문가 양성으로서 의미를 가진다.

2. 또래상담 연간 계획

학기	월	학생	교사
1 학기	1, 2월	프로그램 구조화 예산서, 계획서 제출 학교장 허가 체계 구축(동료 교사, 지역사회—Wee센터 등) 학교 홈페이지 관리 보상체계 개발 상담실 환경 조성	
	3월	1. 또래상담반 부원 모집 홍보, 선발(면접), 조직 2. 또래상담반 부원 입회식(서약서)	또래상담자 선발 면접 및 홍보(총괄 및 관리)
	4~6월	1. 자기소개, 부원 간 친밀감 형성: 자기소개하기, 게임하기 2. 또래상담 오리엔테이션: 개념, 규칙, 운영 계획, 선후배 결연 등	
		나의 모습 돌아보기: 나의 교우관계	
		또래상담자 훈련: 상담의 기초 배우기* (집단 상담)	전문가 섭외, 단체 연계
	7월	또래상담자 임명장 수여식, 방학 중 M.T. 실시 단체 봉사활동	예산서 제출

| 2
학기 | 8~
11월 | 실습: 가상 실습(부원 간) → 미션 → 자율
한 달에 한 번씩 전체 모임(보고, 자기·상
호 평가) | 1:1 피드백, 슈퍼
비전 |
| | 12월 | 총괄적 평가(발표회)
시상 및 표창 | 봉사활동 시간 인
정 부여 |

3. 또래상담 세부 계획

1) 3월
- 홍보용 포스터, 리플릿, 영상물 제작·배포
- 교장·교감 등 관리자 대상 연수, 교육, 회의 시 적극 홍보(또래상담 설명자료, 리플릿, 홍보 동영상 등 활용하여 교육청 및 연수원 단위에서 적극 홍보 인식 제고)
- 학년별 20명 정도 모집, 3월 초 동아리 조직 전 각 학급, 학생, 학부모, 식당 등에 홍보문 부착 및 홍보물 배포, 학교방송 활용 등 홍보활동 전개
  ※ 가정통신문, 학부모회, 교무회의 등 활용
- 자기소개서를 받아 1차 면접은 3학년을 중심으로 한 면접, 최종 면접은 담당교사가 참관하여 선발
- 또래상담반 부원 입회식(서약서): 자연스러운 분위기에서 부원 입회식 진행 및 서약서를 통해 '함께 지킬 약속'에 대해 알아보고 프로그램 목적을 고취하기

2) 4~6월
- 서로 친해지기
- 자기소개하기, '과일 사세요' '당신은 당신의 이웃을 사랑하십니

까' 게임을 통해서 서로 자연스럽게 친해지는 계기 마련하기

–또래상담에 대한 배경지식이 부족한 신입생을 위해 선배, 담당교사, 지역사회 초빙 전문강사가 오리엔테이션을 진행한다. 이를 통해 학생들이 또래상담의 기초적 지식을 얻게 되며, 오해하여 가입한 학생들은 자진탈퇴할 수 있도록 한다. 연간 계획과 동아리 내 규칙을 설명하여 동의를 구하고 선후배 결연관계를 맺어 1 대 1로 도움을 받을 수 있는 체계를 마련해 준다.

–자신의 교우관계 돌아보기: 다른 친구들에게 도움을 주기 이전에 나의 교우관계를 돌이켜 생각해 보며, 반성하고 개선할 수 있도록 노력한다. 또한 어떤 부분이 친구들에게 호감, 비호감을 줄 수 있는지 생각해 본다.

* 상담의 기초 배우기: 공감하기, 의사소통 기술, 관계 형성 기술이라는 목표를 중심으로 프로그램 진행

월	성취 목표	세부 목표	수행방법
4 월	공감 하기	친구 정의하기(친구의 의미 알기)	친구가 무엇인지 정의하고, 게임하다 술래가 발표하고 게임을 진행
		다름의 이해(다양성을 배우고, 다름을 이해하기)	시각에 따라 다르게 보이는 그림을 준비해 그림을 보고 소감 나누기
		나와 너 다시보기(다른 사람 감정 이해하기)	각자의 단점을 적은 종이를 모아 구성원들이 각각 긍정적인 면으로 바꾸어 쓰기
		아는 이 탐색	상담이 필요한 또래 탐색, 소외된 아이에 대한 생각을 나누고 조별 역할극 각색
5 월	의사 소통 기술	감정 알기(의사소통의 다양한 방법과 감정 알기)	감정카드를 보고 몸짓, 눈빛 등 다양한 비언어적인 방법으로 구성원들에게 설명하는 게임을 실시

5 월	의사 소통 기술	방향 · 쌍방향 의사소통(의 사소통의 방법과 쌍방향 의 사소통의 중요성 알기)	스피드게임, 방과 방 사이 그림 그리기- 피드백(게임을 통해 느낀 점 질문하기)
		대화의 걸림돌 알기(경청 하는 법 익히기)	대화에 관한 다양한 상황 연기, 경청하는 법 발표
		I-message 전달법(나 전 달법 익히기)	영화 '슈렉'에서 잘못된 의사소통 관계 보 기, 역할극으로 나 전달법 익히기
6 월	관계 형성 기술	warming up	함께 힘 모아, 지상 탈출, 꼬리잡기
		친해지길 바라(친구와 친 해지는 방법 익히기)	친구와 친해지는 방법 활동지 배부, 상황 극 진행, 소감 발표
		수호천사 뽑기(친구의 도 움을 받은 경험을 나누 고, 도움을 줄 수 있는 방 법 익히기)	친구관계 모색에서 '아는 이'로 정하였던 친구와 친해질 수 있는 방법에 대해 종이 에 써 보고, 친구 이름은 익명처리하며 써 낸 내용을 발표하여 구성원들과 함께 피 드백(12월 발표회에서 수호천사 활동 내 용 발표)*

* 수호천사 활동 내용 발표
① 수호천사를 정한 이후 자신이 활동하였던 내용을 익명으로 처리하
   여 발표할 수 있게 한다. 한 명씩 나와 이야기할 수 있도록 하며 다
   과를 즐기면서 화기애애한 분위기 속에서 아동들이 발표를 할 때
   마다 지지를 해 주도록 한다.
② 마무리로 수호천사로 활동하고 느낀 점도 덧붙여서 발표한다.

3) 7월
－임명장 수여식: 전체 조회에서 임명장을 수여함으로써 또래상담가
   로서 자부심을 가지고 활동할 수 있도록 한다.
－단체 봉사활동 실시: '나눔'의 자세를 지닐 수 있도록 도와주며, 동
   아리 부원끼리 관계를 돈독하게 만들어 준다.

-M.T.: 예산의 범위 내에서 실시한다. 안전사고에 유의하며, 담당교사는 학교 내 WEE센터 상담가, 동료 교사들의 지원을 받을 수 있도록 한다.

4) 8~11월

-처음에는 부원들 간 가상 연극의 형식으로 상담을 연습하고 서로 피드백 한다. 도움을 받는 내담자 입장을 경험해 봄으로써 상담자로서 어떻게 행동하고 말하는 것이 도움이 될지 고민해 보도록 한다.

-연습이 충분히 된 후에는 실제로 학급 내 학교에서 도움이 필요한 친구를 찾아보고 조심히 접근해 본다.

-매월 첫 번째 주 금요일 방과 후에는 함께 모여서 상담 실적을 함께 나누고 도움을 받도록 한다. 상대의 감정이 상하지 않도록 의사소통을 하도록 한다. 모든 실적과 토의 내용은 기록한다.

-앞서 이루어진 상담에 대한 피드백은 전문가 선생님을 통해 조언받도록 한다.

5) 12월

-발표회: 일 년간의 실적을 서로 돌아가며 발표한다. 학교 내 선생님들도 참석하여 격려할 수 있도록 한다(또래상담자 훈련 프로그램에서 실행한 수호천사 활동 내용 발표).

-시상 및 표창: 학교장, 교육감, 교육청, 지역사회의 각종 모범상, 봉사상 등을 연계하여 받을 수 있도록 적극 추천한다.

-추후 학년에서도 활발하게 활동할 수 있도록 격려하고, 다음 학년에서는 선배로서 후배를 교육할 수 있도록 책임감을 부여한다.

4. 기대 효과

학기	월	기대 효과
1 학기	3월	① 또래상담 운영 홍보를 통해 학교 안팎으로 관심과 협력체계를 구축할 수 있다. ② 서약서를 통해 프로그램 목적을 고취할 수 있다.
	4~ 6월	① 집단원 간 친목을 도모할 수 있다. ② 각 개인의 다양성을 인정하고, 다름을 이해할 수 있다. ③ 상대방의 마음과 감정을 이해하고 대화할 수 있다. ④ 대화의 기본자세를 알고, 의사소통에서 문제가 되는 것이 무엇인지 파악할 수 있다. ⑤ 경청을 할 수 있고, 친구의 생각과 기분을 이해할 수 있다. ⑥ 친구와 친해지는 방법을 안다. ⑦ 친구를 도울 수 있는 방법을 안다. ⑧ 도움이 필요한 친구를 직접 도울 수 있다.
	7월	① 또래상담가로서 자부심을 가지고 활동할 수 있다. ② 단체 봉사활동을 통해 협력과 나눔을 실천한다. ③ 또래상담자 자신의 인격 성숙에 기여한다.
2 학기	8~ 11월	① 상담가와 내담자가 자신의 문제를 해결함으로써 성취감과 자존감을 향상시킬 수 있다. ② 학생 간의 원만한 교우관계를 형성할 수 있다. ③ 다른 친구들의 문제를 도와서 함께 해결하려는 태도와 의지를 가질 수 있다.
	12월	① 또래상담 프로그램을 통해 배운 내용을 정리하고 또래상담자로서의 역할을 인식할 수 있다. ② 학생들이 일상생활에서 생긴 문제를 스스로 해결할 수 있는 능력을 증진시킨다. ③ 건강한 청소년기를 보냄으로써 바람직한 사회구성원으로 성장한다. ④ 자기 자신과 타인에 대한 존중, 다름의 인정과 다양성을 존중하고 평화적으로 갈등을 해결하는 리더십을 향상시킬 수 있다.

5. 한계점과 보완 방안

1) 전문성의 부족, 구조적인 문제 그리고 해결력이 부족이라는 한계점.

2) 또래상담가가 자신과 같은 청소년이기는 하지만 본질적으로 보면 상담선생님과 같은 역할을 수행하기 때문에 아무리 또래상담가라고 해도 학생들이 거리를 두게 되고 자신의 이야기를 잘 털어놓지 않을 것이라는 한계점.

3) 또래학생에게 민감한 교우관계에 대해 도움을 받는 것에 부담을 가질 수 있다. 이를 개선하기 위해 또래상담에 대해 대내 · 외적인 홍보를 하고 각종 교내 상장을 수여할 수 있도록 하며, 학교 행사에 적극적으로 참여하도록 한다. 이로써 학교 내에서 또래상담에 대한 의식을 개선하여 일반 학생들이 신뢰하고 도움을 받을 수 있도록 하며, 또래상담가도 스스로 자부심을 가지고 전문성을 키울 수 있도록 한다.

☑ 친구에게 털어놓고, 학교폭력 털어내기! _ 김태은[3]

◎ 목적

아무에게도 말 못하고 가지고 있는 고민, 학교폭력. 선생님과 부모님은 내 마음을 알아줄 수 없을 것 같아서 혼자 끙끙 앓고 있다. 누군가 내 이야기를 귀 기울여 들어 주는 것만으로도 '나는 혼자가 아니야.' 라는 생각에 안 좋은 결정을 내리지 않을 수 있다. 그것도 마음이 통하는 또래의 친구가 내 이야기를 귀 기울여 들어 준다면? 주변에 있는 친구에게 내 마음을 털어놓고, 학교폭력까지 털어버리는 것이 운용 방안의 목적이다.

◎ 방법

1. 또래상담을 할 상담자 물색

교수님이 말씀하신 것처럼 '또래상담' 을 하기 위해 교사가 임의로 또래상담자를 지목하는 것은 학생의 입장에서 부담이 될 수도 있으므로 스스로 자원할 수 있도록 한다. 본인의 지원을 받거나 친구들의 추천, 혹은 교사의 추천을 받아 결정은 상담자 스스로 할 수 있도록 한다.

2. 또래상담자가 상담 받을 친구 선택

또래상담을 받을 사람과 상담해 줄 사람을 임의로 짝지어 주는 방식이 아닌, 상담자가 보다 편안하게 다가갈 친구를 선택하여 피상담자로 정할 수 있도록 한다. 라포 형성이 쉽게 될 수 있을 것이다.

---

3) 김태은. 유아교육 석사과정. 현재 교사를 준비하고 있다.

3. 또래상담 시간을 조금 넉넉하게 제공

학교 쉬는 시간 10분을 이용할 경우, 대화가 원활하게 진행되지 않을 가능성이 있고 마음의 문을 여는 데에만도 시간이 많이 소요되므로 또래상담 동아리 시간을 따로 만들어 특정 시간에 상담자와 피상담자가 충분한 대화를 할 수 있도록 배려한다.

4. 팀 운영체제

사춘기 시기에는 또래와의 결속력이 중요하므로 1:1상담 외에도 상담자 2명과 피상담자 2명(마음이 보다 잘 맞는)을 팀으로 묶어서 두 커플이 한 팀이 되도록 구성한다. 같은 시간에 두 커플이 함께 만나 따로 상담을 하는(공간은 함께, 따로 상담) 방법을 사용하기도 하고, 상황에 따라 4명이 함께 대화를 하며 이해의 장을 넓힌다.

5. 교사의 지원 및 협력

또래상담이 잘 이루어질 수 있도록 공간적인 지원도 수행되어야 하고 둘이 편하게 대화를 나눌 수 있도록 물질적인 지원(과자, 차 등)이 이루어져야 한다. 상담자가 요청할 경우 교사와 셋이 이야기를 나누며 세대 간 소통이 이루어질 수 있도록 하고, 혹은 피상담자가 또래상담자에게 나눈 이야기를 또래상담자－교사 간 소통하며 상담이 잘 이루어지는지 체크한다. 교사와 피상담자, 또래상담자와 피상담자, 또래상담자와 교사, 또래상담자－교사－피상담자 간 소통이 원활히 이루어지도록 상담의 시간 안배와 내용을 적절히 구상해야 한다.

6. 부모와 교사 간 소통

아무리 학교 내에서 또래와의 상담이 효과적이라 할지라도 가정과의 연계도 중요한 부분이므로, 상담의 내용과 진행상황을 학부모와 나누는 것이 필요하다. 피상담자의 고충 정도에 따라 달라지겠지만 상담 내용이 심각하거나, 부모의 도움이 필요할 경우 언제든지 부모와 연계할 수 있도록 교사와 학부모 간 관계 형성이 되어야 한다. 상담을 시작하기 전, 중간, 후에 부모와 통화 혹은 만남을 통해 피상담자의 학교생활 적응 정도, 고민 등에 대해 부모-교사가 함께 고민하고 나누어야 한다.

7. 피상담자의 상황 배려

좋은 취지로 상담을 시작했다고 하더라도 피상담자가 상담 받는 것에 부담이나 불편함을 느낀다면 상담이 원활히 이루어지기 어렵고 지속되기 힘들다. 그러므로 학교 내에서 학교일과 중에 다른 친구들이 상담 받는 것을 알게 되는 것에 대해 두려움을 가지는 경우, 학교 시간 이후에 따로 만나 이야기를 나눈다든지, 통화나 문자를 통해 보다 편안하게 상황을 나눌 수 있도록 해야 한다.

8. 매체를 이용한 상담

얼굴을 맞대고 마음을 터놓는 또래상담도 효과적이지만, 직접 상담이 어려울 경우 상황에 따라서 메신저나 인터넷 공간에 둘만의 클럽을 만들어 텍스트로 상담을 하는 방법도 있다.

◎ 연간 계획

• 3~4월: 또래상담자와 피상담자 선출(새 학기 적응을 하는 것을 보며 파악. 전 학년과 신학기 적응도, 친구들의 의견, 전 담임선생님의 의견과 추천이 도움이 될 것 같다.)

　 -교사와 또래상담자, 교사와 학부모, 교사와 피상담자 면담을 통한 소통

- 4월: 또래상담 시작 전기
  - 또래상담자와 피상담자 시간 맞추기, 서로의 마음 터놓기, 라포 형성, 교사와 상담자들 간 소통 및 계획 공유

- 5, 6월: 또래상담 중기
  - 또래상담 진행상황을 보며 사용 가능한 매체와 공간 활용

- 7, 8월: 또래상담 말기
  - 한 학기 동안 또래상담을 하며 파악한 정보 등을 공유
  - 방학을 이용하여 교사와 또래상담자, 피상담자가 시간을 함께 보내거나 놀이를 통한 소통

- 9월: 1학기에 또래상담이 효과적으로 이루어지지 못한 학생은 지속적으로 또래상담 진행
  - 1학기 동안 보면서 중간에 또래로부터 소외되거나 문제가 있었던 학생을 새롭게 또래상담 진행. 또한 1학기에 또래로부터 도움을 주고 신의를 얻은 친구를 또래상담자로 선출

- 10월: 또래상담 시작 전기
  - 또래상담자와 피상담자 시간 맞추기, 서로의 마음 터놓기, 라포 형성, 교사와 상담자들 간 소통 및 계획 공유

- 11월: 또래상담 중기
  - 또래상담 진행상황을 보며 사용 가능한 매체와 공간 활용

- 12~2월: 또래상담 말기
  - 한 학기 동안 또래상담을 하며 파악한 정보 등을 공유

-방학을 이용하여 교사와 또래상담자, 피상담자가 시간을 함께 보
내거나 놀이를 통한 소통

◎ 기대 효과
• 우선 팀 운영체제를 통한 또래상담의 효과를 기대해 본다.

사춘기 시기에는 또래와의 결속력이 중요하므로 1:1상담 외에도 상담
자 2명과 피상담자 2명(마음이 보다 잘 맞는)을 팀으로 묶어서 두 커플이
한 팀이 되도록 구성한다. 같은 시간에 두 커플이 함께 만나 따로 상담을
하는(공간은 함께, 따로 상담) 방법을 사용하기도 하고, 상황에 따라 4명이
함께 대화를 하며 이해의 장을 넓히는 것도 도움이 될 것 같다. 필요와
상황에 따라 따로, 또 같이 상담을 하면 더욱 화기애애한 분위기, 혹은
마음을 더 여는 기회가 되지 않을까 싶다.

• 다음으로 주말과 방학을 이용한 충분한 소통의 기회를 갖는 것을 기
대해 본다.

상대적으로 시간적인 여유가 있는 주말과 방학 시기에 외부에서 또래
상담자와 피상담자가 따로 만나 시간을 보내고 교사도 함께하며 학교라
는 공간을 벗어나 소통할 기회를 갖는다. 피상담자에게는 학교가 부담스
러운 공간이기 때문에 공간적인 배려를 해 준다면 보다 마음속 깊은 이
야기를 꺼내 놓을 수도 있고 기분전환도 될 것이라고 본다.

• 마지막으로 매체를 이용한 상담을 기대해 본다.

직접 얼굴 보고 하기 어려운 이야기나, 만나서 못 다한 이야기들을 인
터넷 공간에 적어 봄으로써 시간적·공간적 제약을 초월할 수 있다. 또
래상담자와 피상담자가 둘 다 학생임을 감안할 때 시간적인 여유가 충분
하지 않으므로 이러한 방법도 함께 사용하면 효과적일 것 같다.

410

◎ 한계점

• 시간 활용에 대한 한계점

또래상담을 하는 상담자나 피상담자 모두가 학생이라는 신분을 감안할 때 시간적인 여유가 충분하지 않다는 한계점이 있을 것 같다. 쉬는 시간 단 10분 안에 서로를 알아가고 마음을 터놓기가 어렵다는 점이 있으므로 CA시간을 적극 활용해야 할 것 같다. 주말과 방학에도 마음껏 시간을 만들기 어려우므로 시간을 미리 정해서 계획성 있게 진행하는 것이 좋을 것 같다.

• 공간의 한계점

상담을 할 수 있는 공간이 피상담자가 마음 편히 털어놓을 수 있는 곳이어야 하는데, 학교라는 공간 내에서 또래상담을 하는 것이 어렵게 느껴질 수 있을 것 같다. 그러므로 교사실이나 휴게실 등을 또래상담실로 따로 공간을 마련해 주어 마음 놓고 편히 이야기할 수 있도록 배려해 주어야 할 것이다.

◎ 한계점에 대한 보완 방안

시간 및 공간에 대한 한계점은 매체를 이용한 상담으로 보완할 수 있을 것 같다.

얼굴을 맞대고 마음을 터놓는 또래상담도 효과적이지만, 직접 상담이 어려울 경우 상황에 따라서 메신저나 인터넷 공간에 둘만의 클럽을 만들어 텍스트로 상담을 하는 방법도 있다. 직접 얼굴 보고 하기 어려운 이야기나, 만나서 못 다한 이야기들을 인터넷 공간에 적어 봄으로써 시간적·공간적 제약을 초월할 수 있다.

❸ 급식시간에 발생하는 갈등 없애기 _ 원지현,[4] 김신겸[5]

◎ 목적

1. 현대사회는 맞벌이로 인해 시간에 쫓기다 보니 식사시간을 통해 이루어져야 할 예절지도가 소홀하게 되는 경향이 있으며, 이는 학교급식과 연계가 되어 급식실에서 차례를 지키지 않고 시끄럽게 떠들며 장난하는 일들이 매우 자연스럽게 이루어지고 있다. 이 프로젝트를 통해 공중도덕과 사회성을 길러 학생들을 학교에 쉽게 적응시키고자 한다.

2. 질서가 아직 습관화되지 않은 학생들에게 공중도덕, 잔반, 편식 지도로 학생들의 균형 잡힌 영양과 건강을 통하여 심신의 안정과 즐거운 학교생활에 이바지하고자 한다.

3. 2013년 2차 학교폭력실태조사에 따르면 학교일과 시간 중 점심시간에 발생하는 학교폭력 비율이 8.7%로 2012년 2차 조사에 비해 10.3%나 상승되었고, 급식실에서 발생하는 학교폭력 사례는 대부분 질서와 관련된 내용이다. 또래상담 프로젝트를 통해 질서와 사회성을 길러 즐거운 급식시간을 만들고 점심시간 내 학교폭력을 감소시키고자 한다.

◎ 방법

1. 동아리활동으로 '급식또래상담부'를 개설한다.

2. 급식에 관심이 있는 학생, 교사를 대상으로 공개모집 후 면접을 통해 선발한다.

---

4) 원지현. 영양교육 석사과정. 현재 경문고등학교에서 일하고 있다.
5) 김신겸. 영양교육 석사과정. 현재 경인고등학교에서 일하고 있다.

-선발 기준-
• 학교 급식에 관심이 많고 식사예절이 바른 학생
• 타인에 대한 관심과 돕고자 하는 마음을 가지고 있으며 실제로 표현 하는 학생
• 친구들과 좋은 관계를 유지하는 학생
• 따뜻하고 다정한 성격을 가진 학생
• 또래상담 참여에 관심이 많고 자발적인 학생
• 성향이 폭력적이지 않으며 온화한 성품을 가진 학생

3. 단체교육 및 개별지도를 통해 올바른 상담 자세를 배운다.

-교육 및 프로그램 내용-
① 정기적인 상담 모임: 급식 관련 클레임, 문제점과 최근 이슈화되고 있는 청소년문제(학교폭력, 자살 등)에 대해 토론을 하면서 스터디 진행, 자체 토론회도 좋고 참여토론회라고 해서 특정 주제(편식, 무질서, 자살, 성폭력 등)와 연관 있는 영화감상 후 소감이나 생각거리 등을 나눌 수 있도록 재학생 중 참여자를 모집 후 진행하는 방식
② 친구사랑의 날: 학급원 생일 챙기기, 79데이를 정하고 특별관심 친구 선정 후 미션 수행(급식 같이 먹어주기 등)
③ 간이 상담부스 운영: 점심시간 등 짧은 시간 내 잠깐의 고민을 털어 놓을 수 있도록 교내 상담실 등에 상담부스를 설치
④ 캠페인 활동: 학교폭력 근절 등을 위한 참여활동 기획 및 운영, 블루밴드 활동이라고 해서 다른 학교에서 하고 있는 활동 참고.

4. 연간 계획에 따라 또래상담 활동 추진 예정

구 분	월 별	내 용		
신입생	3월	• 또래상담자 공개 모집 　–학교 내 홍보 및 학부모 모집단을 위한 가정통신문 발송 • 면접 실시 후 선발 　–급식 담당교사, 영양사, 또래상담 임원		
	4월	• 또래상담자 대상 오리엔테이션 　–구성원 소개 　–또래상담자의 정의, 역할, 교육 등 안내 　–임원 선출 • 또래상담자 간 친분 도모 　–자기소개 　–친해지기 프로그램 활동		
	5~8월	• 또래상담자 교육 및 훈련		
	9월	• 급식에 대한 문제점 모니터링 • 선배 상담자들과의 시간 　–선배 상담자들의 실제 상담 사례 발표 후 의견 교환		
	10월	• 상담 대상 학생 모색 및 선발 　–상담자가 처음 상담 대상을 편한 상대로 선정 • 대상 학생과 친해지기		
	11월	• 대상 학생과 면밀한 대화 시도		
	12월	• 각자의 상담 사례 공유 및 의견 교환		
재학생	3월	• 학생들의 성향 파악 • 급식에 대한 문제점 모니터링 • ※또친소 소개		
	4월	• 공중도덕	• 줄서기 • 새치기 방지	
	5월		• 인사예절 • 퇴식 지도	
	6월		• 도식 방지 • 식사예절	

재학생	7월	• 4~6월 활동에 대한 리뷰 및 의견 교환	
		• 지도선생님 지도	
	9~10월	• 잔반	• 잔반 줄이기 캠페인 및 이벤트
			• 음식물쓰레기 관련 교육
	11~12월	• 편식	• 골고루 먹기 교육 및 지도
			• 영양소 부족으로 인한 결핍증상 관련 교육
	2월	• 9~12월 활동에 대한 리뷰 및 의견 교환	
		• 지도선생님 지도	
학부모	3월	• 급식 연수	
		−건강 프로젝트 알림 및 연간 계획, 급식 전반 사항	
	4~12월	• 서면교육	
		−재학생 연간 계획 관련 자료 월별 가정통신문 배포	

※ 또친소(또래상담자의 친구를 소개합니다): 또래상담자는 아니지만 비슷한 역할을 해 줄 수 있는 긍정적인 인적자원 발굴의 의미로 또래상담자가 선정한 베스트 친구를 다른 또래상담 자에게 소개하는 활동

◎ 기대 효과

1. 사회가 발전하고 변화되면서 부모의 맞벌이, 핵가족화 등으로 학생들의 식습관, 예절, 사회성 등이 예전과 많이 다른 성향을 나타내고 있다. 특히 식습관의 경우 영양사 혼자서 한다고 해서 개선되기는 힘들다. 그리하여 또래상담자들을 통해 같은 학생들의 입장에서 여러 가지 올바르지 않은 상식과 행동을 교정할 수 있을 것이라고 기대한다.

2. 학부모의 서면교육을 통해서 학교에서 진행되는 내용을 토대로 가정에서도 함께 학생들을 관리하고 지도하게 된다면 그 효과는 배로 작용하지 않을까 기대한다.

3. 핵가족화 현상에 따른 자녀의 과잉보호, 가정교육의 부재, 공교육의 교육력 약화 등으로 그 어느 때보다 공중도덕이나 질서의식이 회

박해져 가고 있는 학생들에게 때와 장소에 알맞게 행동하고 남에게 피해를 끼치지 않는 올바른 사람으로서의 생활습관이 몸에 배도록 지도하는 것이 매우 절실한 과제가 된 지금 학교 급식시간이 좋은 습관 형성을 위한 지속적인 체험학습의 장으로서 학생 생활지도의 교육적 효과를 볼 수 있을 것이라고 기대한다.

4. 정해진 규칙에 따라 질서 있게 친구들과 오순도순 즐겁게 식사하는 학교 급식시간을 통해 밝고 맑은 품성을 기를 수 있을 것이라고 기대한다.

5. 불쾌감을 주는 행동의 자제나 친구를 배려하는 행동으로의 변화를 통해 인성 지도의 효과까지 기대한다.

6. 지속적으로 질서와 사회성을 기르다 보면 점심시간 내 학교폭력도 감소될 것으로 기대된다.

7. 먹을 양 만큼 음식을 덜어먹고 남기는 음식을 줄임으로써 음식쓰레기로 인한 환경오염을 줄일 수 있을 것이라고 기대한다.

◎ 한계점

1. 학교의 학생은 적게는 몇 백에서 몇 천 명이 된다. 많은 수의 학생을 영양사 혼자서 다 관리하고 관심을 갖기에는 많은 어려움이 있다.

2. 개인의 성향이 다르듯 입맛, 건강상태, 기호도 및 선호도, 식품 알레르기 등 여러 가지가 다 다르기 때문에 모두를 만족시키는 급식이 되기는 힘들다.

3. 학교생활 중 식사시간에만 국한되어 교육하고 지도 · 권장하면 학생들의 자각 및 실천에 한계가 있다.

◎ 한계점 보완방법

1. 소수가 다수를 관리하며 도움을 주기는 불가능하다. 그러므로 학년

마다 또래상담자를 선발, 교육하여 인당 커버 인원을 줄여 나가는 것이 좋은 방법이라고 생각한다.

2. 기호도, 만족도 조사를 통해 순위가 높은 내용에 대해 최대한 급식에 반영하여 만족도를 높이도록 노력한다.

3. 학교 안에서만 관리된다면 효과와 효율성이 떨어지므로 학교와 가정이 연계되어 관리하도록 한다. 그렇게 되면 효과가 더 높아질 것이라고 생각한다.

❹ 인터넷/스마트폰 중독 극복 프로젝트 _ 강효은,[6] 임나영[7]

◎ 목적

청소년의 스마트폰, 인터넷 중독 증상은 다른 사람들과의 직접적인 상호작용이 없고 채팅이나 SNS와 같은 의사소통에만 의존하기 때문에 청소년의 사회성 발달에 큰 지장을 끼치게 된다. 또한 불면증이나 낮은 자존감, 수줍음, 감정 결여의 결과를 초래하게 된다. 특히 스마트폰 중독은 스스로 인지하고 통제하기 어렵다는 점과 현재 우리 생활에 깊숙이 자리 잡았기 때문에 통제가 어렵다는 점이 가장 큰 문제다. 그러므로 우리는 인터넷 또는 게임 중독을 근절시키고, 밝은 학교생활을 위해 또래상담을 실시하고자 한다.

◎ 방법

원인을 파악한 후, 또래상담의 활동을 살펴본다.

• 또래상담자 선출

또래상담은 동아리활동으로 각 학년별로 15명씩 고루 분포할 수 있도록 선출한다.

1. 상담이나 도움에 관심 있는 학생 지원자 모집
2. 기존의 또래상담자들과 또래상담 지도교사에 의한 면접을 통해 훈련받을 대상 선정

---

6) 강효은. 영어교육 석사과정. 현재 교사를 준비하고 있다.
7) 임나영. 영어교육 석사과정. 현재 동대문중학교 영어회화교사로 일하고 있다.

• 또래상담자 훈련

또래상담자의 훈련을 통해 체계적이고 성공적인 또래상담을 이끌어 낼 수 있다.

1. 친구의 다양성 이해하기

친구의 필요성을 이해하고, 개개인의 다름을 인정하며, 진심으로 다가 갈 수 있다.

또래상담자들 간의 대화를 통해서 각자의 특징과 고민을 이야기해 보고 문제를 해결해 주기보다는 상대방의 마음을 이해하고 진심으로 다가 갈 수 있는 시간을 갖는다.

2. 대인관계 기술 훈련하기

다른 친구들에게 스스럼없이 다가갈 수 있도록 도움을 준다.

① 또래상담자들 간의 친밀도를 향상시켜 준다. ─자기소개하기, 간 단한 게임 등등

② 경청하는 태도를 가질 수 있게 한다.

③ 친근하고 격려해 주는 언어를 사용하게 한다.

3. 리더십 훈련하기

리더십과 대인관계 능력을 개발하여, 정서적인 안정감을 가질 수 있다.

① 긍정적인 생각과 태도의 변화를 꾀한다.

② 활기 있고 자신감 넘치는 태도로 학생들에게 긍정적인 주도를 한다.

4. 문제해결 대처능력 훈련하기

예상하지 못한 상황을 만났을 때 대처하는 방안을 알려 주고 또래상담 지도자와 상담을 통해 치유할 수 있는 훈련을 한다.

• 원인 파악 방법

스마트폰/인터넷에 중독된 학생들을 관찰을 통해 알아볼 수 있다.

〈스마트폰/인터넷에 중독된 학생 구별방법〉

① 인터넷, 스마트폰에 빠진 이후로 폭력(언어적, 신체적)적으로 변했다.

② 식사나 휴식 없이 화장실도 가지 않고 인터넷, 스마트폰을 한다.

③ 인터넷, 스마트폰을 할 때 건드리면 화내거나 짜증을 낸다.

④ 인터넷 사용으로 학교 성적이 떨어졌다.

⑤ 인터넷, 스마트폰을 안 할 때 다른 것에 집중하지 못하고 불안해 보인다.

⑥ 점점 더 많은 시간을 인터넷, 스마트폰을 하는 데 사용한다.

⑦ 인터넷, 스마트폰 사용으로 인해 약속을 지키지 않고 거짓말을 자주 한다.

⑧ 스마트폰이 없으면 안절부절못하고 초조해한다.

⑨ 수시로 스마트폰을 사용하다가 지적을 받은 적이 있다.

⑩ 스마트폰 사용에 많은 시간을 보내는 것이 습관화되었다.

• 진행

여러 가지 활동을 통해서 스마트폰 중독에 노출되어 있는 친구에게 도움을 줄 수 있다.

1. UCC 제작하기

스마트폰 중독은 스스로 인지하지 못하고, 우리 생활에서 편리하기 때문에 학생들에게 스마트폰 중독의 위험성을 알리기는 쉽지 않다. 그러므로 간단한 UCC를 제작해 스마트폰 중독으로 발생하는 문제를 각인시킴으로써 강박적인 스마트폰 사용이나 내성 혹은 금단증상을 줄일 수 있다.

2. 친구와 대화 나누기

스마트폰의 상용화가 이루어지면서 친구와 메신저나 SNS를 통해 이야기를 나누는 것이 보편적인 학생들의 대화 형태라고 볼 수 있다. 그러므로 직접 만나서 친구와 대화하는 시간을 늘릴 수 있도록 도움을 주고, 또한 불가피한 상황에서는 문자 대신 전화로 이야기할 수 있도록 한다.

3. 신체적 활동하기

스마트폰 혹은 인터넷 중독에 빠진 학생들은 대체로 무기력하고, 대부분의 시간을 앉아서 스마트폰을 사용하기 때문에 신체적인 활동이 적을 수밖에 없다. 이와 같은 학생들을 걷기와 같은 작은 신체활동을 시작으로 점심시간을 통한 반별 축구리그나 간단한 게임을 통해 운동과 취미시간을 늘려 줌으로써 스마트폰, 인터넷 중독의 해결에 도움을 줄 수 있다.

4. 사랑의 우체통

문자가 아닌 손으로 편지를 써서 학생들 간의 상호작용을 이끌어 내고, 또한 서로의 마음을 표현하고 확인하면서 더욱 친밀한 교우관계를 유지할 수 있다.

5. 그 밖의 활동

친구의 생일 축하해 주기, 시험 응원해 주기, 공연 함께 보기 등과 같은 활동을 하면서 스마트폰 중독에 빠진 친구를 도울 수 있고, 사회성 발달에 도움을 줄 수 있다.

◎ 연간 계획

1단계	**1. 또래상담자 선발** • 선발방법: 담임교사 추천/지원자 • 선발 대상: 1~3학년 • 선발 기준: 또래상담에 관심이 있으며 타인을 조력하고자 하는 자발적 의지가 강하고, 교내에서 또래상담자로 활동하기를 희망하는 학생이면 누구나 가능 〈또래상담자 선발 기준 예시〉 －타인에 대한 관심과 돕고자 하는 마음을 가지고 있으며 실제로 표현하는 학생 －타인이 평가하기에 신뢰 있는 행동을 한다고 보이는 학생 －리더십을 발휘하는 학생 －친구들과 좋은 관계를 유지하는 학생 －따뜻하고 다정한 성격을 가진 학생 －타인의 감정과 자존심을 존중하는 태도를 가지고 있는 학생 －또래상담 참여에 관심이 많고 자발적인 학생 • 선발 인원: 한 학년별로 15명씩 선출
2단계	**2. 또래상담자 교육** • 일시: 2014년 4월~5월 • 장소: 명신관 302호 • 교육 시간: 12시간 • 교육 내용: 또래상담 훈련 프로그램 －친구의 다양성 이해하기 －대인관계 기술 훈련하기 －리더십 훈련하기 －문제해결 대처능력 훈련하기 • 또래상담자 학교폭력 상담 매뉴얼
3단계	**3. 또래상담 활동 지도** • 일시: 2014년 5월~2015년 2월 • 주 내용: 상담 및 홍보 활동 등 〈상담활동〉 －UCC제작하기 －친구와 대화 나누기 －신체적 활동하기 －사랑의 우체통

3단계	〈홍보활동〉 〈그 밖의 활동〉 −친구의 생일 축하해 주기 −시험 응원해 주기 −공연 함께 보기
4단계	4. 또래상담 사례 지도 • 일시: 2014년 5월~2015년 2월(약 10회 예정) • 매달 마지막 주 수요일 6교시 • 내용: 또래상담자 사례 지도 −역량강화를 위한 재교육 −사례 진행과정 검토 −피드백 주고받기
5단계	5. 또래상담 평가활동 ▶자체 평가활동 • 일시: 2015년 2월 • 내용: 2014년 또래상담자 운영평가 −1년 동안 진행한 또래상담자 활동 소감 나누기 −추후 또래상담 활성화를 위한 방안 논의하기 등

◎ 기대 효과

• 또래상담자 활동을 통해 학교부적응 학생의 적응력, 수업시간 수업에 대한 집중도가 증가할 것이다.

• 또래상담자 훈련과 활동이 또래상담자의 인간관계, 자기효능감, 학급응집력, 학교생활 만족도를 향상시킬 수 있을 것이다.

• 수업부적응, 따돌림 등의 청소년문제 예방을 위한 안전장치로 활용할 수 있을 것이다.

• 또래상담 훈련을 통한 도우미의 상담역량이 강화될 수 있을 것이다.

• 또래활동을 통해 대인관계도 훈련하며 또래문화 형성을 키울 수 있을 것이다.

• 또래상담자의 제 역할을 통해 자긍심을 기를 수 있을 것이다.

◎ 한계점

• 전문적 지도자의 현실적 지원이 필요하다.
• 전문상담교사 외에 또래상담자를 교육시킬 학교의 인력이 충분하지 않다.
• 학교 내에서 또래상담을 위한 적극적인 참여가 필요하다.
• 또래상담 도우미의 활동시간이 충분히 확보되어야 한다.

◎ 보완 방안

• 청소년 상담전문가의 실습기회를 이용하거나 대학교 학생들의 교생 실습, 교육 실습을 충분히 활용하도록 한다.
• 학교장 및 학교 소속 교육청의 지원으로 상담교사를 보충하거나 학부모 교육사를 활용할 수도 있다.
• 학교 내에서 적극적인 홍보를 통해 학생들이 자발적으로 참여하도록 주기적으로 알려 주는 것이 도움이 될 것이다.
• 또래상담을 하는 도우미들은 충분한 시간을 두어 학생을 상담하고 도와주어야 하며, 한꺼번에 몰아서 활동하지 않도록 주기적인 교사의 관심과 적절한 피드백이 있어야 할 것이다.

5 또래상담을 통한 학생 운동선수의 미래설계 _ 나정은[8]

1. 개요

프로그램의 목적
학생 운동선수의 슬럼프를 극복하고 학교생활과 운동생활의 균형을 맞춘다.

▼

프로그램의 필요성

우리나라는 일명 '스포츠 강대국'이다. 1988년 서울올림픽부터 2018 평창올림픽까지, 세계에서 손꼽히는 대표적인 선수들도 많다. 이렇게 스포츠 강대국이 되기까지 모든 운동선수들은 모두 학창시절을 보냈다. 학생 운동선수들은 학생이 아닌 일명 '특기자'로 구분 짓는다. '특기자'가 된 순간부터 이들의 꿈, 목표 그리고 이들이 걸어야 할 길은 정해져 있다. 다른 학생들과는 다른 길. 이들에게 '학생'이라는 신분은 단순히 나이에 맞춰 주어진 것에 불과하다. 학업과 운동을 병행하여야 하는 학생 운동선수들은 본인의 전공으로 운동을 선택했다는 이유로 학교교실에서 보내는 시간보다 훈련을 하며 보내는 시간이 더 많다. '특기자'들은 운동기술을 익히고, 각종 대회에 나가서 수상을 하여 실적을 올리는 등 상위학교 진학, 혹은 프로 전향에 앞서 모든 시간과 에너지를 운동에 전념하고 있다. 그 결과 '특기자'의 학습권은 침해당하고 있으며, 많은 부작용도 나타나고 있다.

학생 운동선수들이 학교를 졸업하고 직업으로 운동을 계속 이어나갈 수 있는 비율은 1% 미만이다. 대학진학과 프로팀 입단에 앞서 최선을 다했지만, 선택이 되지 않은 학생 운동선수들은 중도 탈락의 아픔을 겪어야 하며, 또한 다른 진로에 대한 준비가 전혀 되어 있지 않은 경우가 많다.

본 프로그램을 통해 학생 운동선수의 미래에 대한 또래의 고민, 충고, 해결 방안 등으로 마음속에 있는 불투명한 진로에 대한 불안감을 털어놓고 서로 보완해 주고 이해하는 관계를 형성하여 더 발전적인 학생생활을 보낼 수 있게 도와주고자 한다.

▼

---

8) 나정은. 체육교육 석사과정. 현재 스포츠심리상담을 진행하며 교사를 준비하고 있다.

프로그램의 목표

1. 학생 운동선수들이 본인의 선택 전공에 대해 자신감을 갖고 확신을 갖는다.
2. 운동선수로서 자신의 롤 모델을 찾고 롤 모델의 학창시절을 알고 모방할 수 있다.
3. 자신이 바라는 선수로서의 구체적인 모습을 그린다.
4. 자신과 같은 전공의 중도 탈락한 선배, 선생님과의 면담시간을 갖는다.
5. 자신의 중도 탈락한 후의 삶을 그려봄으로써 미래에 대한 준비를 한다.
- 본 또래상담 프로그램을 통해서 학생 운동선수들의 꿈을 응원하고, 본인이 원하는 구체적인 삶을 그려보며, 구체적인 삶에 도달하기까지 어떤 노력이 필요한지 조사한다. 또한 나에게서 부족한 점은 무엇인지, 또래의 관점에서 찾아주고 보완해 준다. 학업과 운동생활 사이에서 힘든 점을 서로 위로하고 앞으로 나아가야 할 방향을 구체적으로 생각할 수 있다. 제2의 장래희망을 찾고 그것에 대해서도 준비하는 마음을 갖는다.

2. 연간 또래상담 운영 계획

월	또래상담 운영 내용
1월	− 또래상담에 대한 기초지식 습득하기 − 또래상담 경험 교사에게 자문 구하기 − 또래상담 지도자 교육받기 − 또래상담 전체적인 밑그림 그리기 − 또래상담 계획안 작성하기(청소년상담복지센터, 타 교사에게 자문 구하기)
2월	− 또래상담 1년 운영 계획을 구체적으로 세우기 − 월별로 이루어질 계획을 구체적으로 그려보기 − 또래상담 운영 계획안 제출하고 승인 얻기 − 운영을 위한 준비하기 　(협력할 선수 감독님, 코치, 또래의 선배 등의 동의 얻기) − 운영 예산 확보하기 − 협력단체 알아보기(프로팀과 연계된 멘토 프로그램, 1일 레슨 등)
3월	− 또래상담 훈련생 면접과 선발 − 또래상담 훈련 준비하기

4~6월	−또래상담자 선발 후 훈련시키기 −또래상담 활동의 내용과 범위 논의하기 −또래상담 활동 내역 구체적으로 계획하기 −훈련/실습 내용 기록으로 남기기 −보상체계 개발하기
7월	−또래상담자 훈련 수료식 및 임명식 −또래상담자 훈련에 대한 평가
8월	−또래상담자 활동 계획하기 −하반기 활동 프로그램 계획서 만들기 −또래상담 참여 홍보 포스터&안내문 만들기 −또래상담 참여 학생 모집하기
9~12월	−또래상담 활동 촉진하기 −정기적인 슈퍼비전 실시하기 −모든 활동을 기록으로 남기기 −고유활동 시범 운영하기 −보상체계 적용하기 −또래상담 사례집 등을 발간하기: 한해 정리

3. 또래상담 회기별 활동 프로그램

회기	회기 목표	활동 내용
1회기	프로그램의 목적과 진행방식을 알고 집단 간의 친밀감을 형성한다.	−집단상담의 목적 및 프로그램 소개하기 −서약서 쓰고 목표 정하기 −프로그램 진행과정 규칙 설명하기 −경청하기 기술 및 방법 연습하기 −경청하기 게임을 통한 흥미 유발 −서로의 별명을 정하고 인사 나누기 −서로를 지지해 주고 격려하는 방법 연습하기
2회기	내가 원하는 꿈을 친구들에게 솔직하게 말할 수 있다.	−몇 가지 심리검사 실시하기(자신감, 집중력, 목표 설정, 심상, 의지력) − '나의 꿈' 을 시로 써서 표현하기 −표현한 시를 발표해서 친구들과 공유하기 −친구가 표현한 꿈을 이룬 인물 찾아주기(예: 골프 선수 박인비)

3회기	친구들과 장래희망에 대해 이야기할 때 잘 들어 주고 지지해 줄 수 있다.	−지난 회기에 찾은 꿈의 유사인물 기억해 주기 −롤 모델의 성공 스토리를 찾아서 조사하고 '나는…'으로 이야기를 바꿔서 발표하기 −이야기를 듣고 지지해 주기 −추가적으로 하나씩 더 조언해 주기
4회기	친구들과 장래희망을 이루기 위한 구체적인 목표를 설정하고 계획표와 체크리스트를 만들 수 있다.	−단기적, 장기적인 계획표 작성하기 −작성한 계획표를 발표하고 단기목표의 설정에 맞는 체크리스트 작성하기 −체크리스트를 잘 수행할 것을 선서하고 친구들과 함께 서약하기
5회기	체크리스트의 수행사항을 체크하고 수행함에 따른 어려움과 보완점을 서로 지지해 주고 응원한다.	−체크리스트를 만든 후 진행사항 이야기 나누기 −힘든 점과 아쉬웠던 점을 서로 이야기하고 공유하기 −좋았던 점 이야기하기 −나아가 올 하반기까지의 목표 설정 구체적인 체크리스트 작성하기
6회기	초청 선배와의 면담시간을 통해 여러 가지 조언을 얻고 친목도모의 시간을 갖는다.	−선배의 학창시절 이야기 듣기 −선배의 슬럼프 이야기와 극복방법 이야기 듣기 −전공과 연관된 질문과 관련 진로에 대해 이야기하기 −기념사진 촬영 겸 자신감 불어넣기
7회기	전공 관련 관심 분야의 진로를 찾아보고 다양한 직업군에 대한 생각을 하는 시간을 갖는다.	−'내가 운동을 하지 않았다면…?'이라는 주제로 운동을 하고 있지 않은 나의 모습 상상하기 −관심 있는 직업군 세 가지 선택하기 −드라마 속의 관심 있는 직업 찾아보기 −서로 이야기를 듣고 어울리는 직업 매칭해 주기
8회기	좋아하는 과목을 찾고 자신의 전공과 관련된 직업과 관련 학과, 관련 산업에 대해 알 수 있다.	−학교 교과 중 좋아하는 과목 세 가지 선택하기 −관련 과목에 대한 흥미로운 부분을 기술하고 공부방법에 대해 이야기하기 −지금 전공하는 스포츠와 흥미 있는 과목의 연계된 학문이나 산업 알아보기(예: 과학+스포츠=체육역학, 영양학 등)
9회기	또래상담을 시작하기 전과 시작하고 난 후의 나의 삶의 변화된 모습을 평가하고, 친구들의 시선에서 변화된 점을 이야기해 준다.	−자신의 삶의 변화된 부분 찾아보기(운동 훈련시간, 학교생활, 교우관계, 가족관계, 시합이나 경기할 때 등) −친구의 시선에서 바라본 내 친구의 변화된 점 이야기해 주기 −상담 전의 나와 상담 후의 나를 한마디로 표현해 보기

| 10회기 | 집단상담을 마무리하고 운동생활과 학교생활의 균형을 잘 맞춰서 생활할 수 있는 구체적인 목표와 자신감을 가질 수 있다. | -10년 후의 나의 모습 그려보기(운동선수로서의 나, 일반인으로서의 나)
-앞으로 실천 계획 및 다짐 위주로 수정 보완하기
-소감 말하기
-몇 가지 심리검사 실시하기(자신감, 집중력, 목표 설정, 심상, 의지력) |

4. 또래상담의 기대 효과 및 한계점과 보완점

프로그램의 기대 효과

또래상담의 기대되는 효과는 같은 전공자로서의 다양한 정보교류와 비슷한 고민을 서로 나누고 해결 방안 등을 또래의 시선에서 바라보기 때문에, 전문상담사나 학교선생님, 감독이나 코치와 상담할 때보다 이해의 폭이 더 깊고 현실적으로 인식할 수 있다. 진로에 대한 고민과 구체적인 방법 및 계획을 진행하기 때문에 운동수행 시 효율적인 운동방법과 명확한 목표의식을 갖게 할 수 있고, 다양한 직업군의 탐색을 통해 혹시 모를 중도탈락에 대해서도 대비할 수 있다.

한계점	보완점
-또래상담자 또한 같은 학생의 입장이다 보니, 다양한 사례나 경험 등에 비추어서 상담하기에 어느 정도 한계가 있다. -많은 시간과 노력을 운동에 집중하고 투자하는 학생들이다 보니, 다른 직업군을 탐색하거나 조사하는 것에 현실과의 괴리감을 느낄 수 있다. -당장 눈앞에 있는 경기나 시합이 급급한 학생들은 미래설계나 다른 진로를 위한 공부방법 연구 등의 상담 주제에는 집중하지 못할 수 있다.	-또래상담자는 학생들과 상담 후 다양한 고민들 중 몇 가지를 정리해서 감독님이나, 선배들에게 조언을 구하고 학생들과 공유한다(그러기 위해서는 몇몇 멘토와의 유기적 관계를 유지해야 한다). -상담 시마다 매번 오늘의 목표를 인식하고, 현재의 과정이 당장 내가 수행해야 할 과제와 미래의 나에게 긍정적인 도움이 된다는 것을 확신하고 상담에 임한다.

6 또래상담반을 통한 사이버 또래 성상담 _ 안경애[9]

◎ 목적

• 청소년들이 쉽게 이용하는 사이버 공간에서 무분별한 음란물에 노출되어 있는 학생들의 잘못된 성 지식을 바로잡고, 올바른 성 가치관을 심어주기

◎ 사업 방안

▲ 대상: 1년 이상 또래상담자로 활동한 또래상담자 5명

▲ 주 내용: 이미 또래상담자 활동을 1년 이상한 청소년을 대상으로 또래친구들에게 성상담을 해 주는 것으로, 또래상담자에게 성교육을 실시한 후 성 지식 테스트, 올바른 성 가치관 훈련을 제공하고, 실제 사이버상에서 활동한다.

◎ 연간 계획

▲ 준비단계: 또래 성상담자 선발

• 선발 방법: 면접

• 선발 대상: 학내 3학년

• 또래 성상담자 선발 기준 예시

① 타인에 대한 관심과 돕고자 하는 마음을 가지고 있으며 실제로 표현하는 학생

② 타인이 평가하기에 신뢰할 수 있는 행동을 한다고 보이는 학생

③ 리더십을 발휘하는 학생

---

9) 안경애. 상담교육 석사과정. 현재 중학교에 미술치료로 출강하며 상담교사를 준비하고 있다.

④ 친구들과 좋은 관계를 유지하는 학생

⑤ 따뜻하고 다정한 성격을 가진 학생

⑥ 타인의 감정과 자존심을 존중하는 태도를 가지고 있는 학생

⑦ 또래상담자로서 1년 이상 활동한 학생

▲ 1회기. 임명장 수여

• 장소: 교내 상담실

• 주 내용: 또래 성상담 부원에게 교장선생님 명의의 임명장을 교장
선생님이 수여

▲ 2회기. 또래 성상담 활동지도

• 주 내용: 성상담이 무엇인지, 왜 또래 성상담이 필요한지에 대해서
교육

• 또래 성상담자 활동 예시

① 이성친구 문제에 관한 고민 들어 주기

② 성문제로 고민하는 친구에게 올바른 성 지식 전달하기

③ 교내 홈페이지에 또래 성상담실 코너 운영

④ 사이버상담실 게시판에 답글 달기

⑤ 상담전문가, 교사 연계하기(성폭력, 성추행 등과 같은 위기상황에서
바로 교사와 연계하기)

▲ 3회기. 성 지식 교육

• 주 내용

① 청소년기의 2차 성장 및 그에 따른 정서적 민감성에 관한 교육

② 강간뿐만 아니라 원치 않는 신체접촉, 음란전화, 인터넷을 통해서
접하게 되는 불쾌한 언어 및 음란물 배포 등의 성을 매개로 가해지

　는 신체적·언어적·정신적 폭력 모두 성폭력이라는 것에 대한
　교육
　③ 성폭력 피해나 성희롱 피해 후 대처 시 유의사항에 대한 교육
　④ 여성·학교폭력 One-stop 지원센터 031-216-1117에 대해서 알
　려 주기
• 장소: wee클래스 집단상담실

▲ 4회기. 성 지식 테스트
• 주 내용: 3회기 때 배운 성 지식을 올바로 잘 습득하였는지 O/X 및
　빈칸 채우기의 성 지식 테스트. 70점 미만인 청소년은 재교육한다.
• 장소: wee클래스 집단상담실

▲ 5회기. 성 가치관 훈련
• 주 내용: 올바른 성 가치관을 가질 수 있도록 '아하 성문화 센터' 방
　문견학
• 장소: 서울시 영등포구 아하 성문화 센터

▲ 6회기. 사이버 성상담 실습
• 주 내용: 2인 1조로 사이버 성상담을 시연해 보기
• 장소: 컴퓨터실

▲ 훈련 후 사이버 성상담 활동과 사례지도(12월까지)
• 주 상담활동
지금까지 학습하였던 것을 토대로 교내 홈페이지 wee클래스 또래상
담부 홈페이지 사이버 성상담자 활동하기(게시물에 맛글을 다는 형식으로
상담함)

• 사례지도

　① 또래 성상담자 사례지도

　② 역량강화를 위한 재교육

　③ 또래 성상담 수첩 검토 등

• 장소: wee클래스 집단상담실

▲ 학기말 방학식 즈음 또래 성상담 자체 평가

• 일시: 12월

• 주 내용

　① 일 년 동안의 또래 성상담자 운영평가

　② 또래 성상담자 활동 소감 나누기

　③ 추후 또래 성상담 활성화를 위한 방안 논의 및 다과회

• 장소: wee클래스 집단상담실

◎ 기대 효과

• 또래 성상담자의 역할을 통해 자신에 대한 자긍심 고취

• 또래 성상담자의 긍정적 역할로 청소년들의 올바른 성 가치관 확립
　및 올바른 성 지식 함양에 기여

• 또래 성상담 활동을 통해 안전하고 건전한 학교분위기 조성

◎ 한계점

　사이버상담의 한계점과 마찬가지로 상담이 비지속적이고, 자신이 필요한 정보만을 쏙쏙 빼어내어 이용하여 일회성으로 그치기가 쉽다. 또한 게시판에 익명으로 올리는 형식으로 대면상담이 아니기 때문에 상담자와 내담자 간의 신뢰문제가 있으며, 의사소통에도 제약이 따른다.

　특히 성상담은 성폭력, 성매매 같은 위기상황에 적극적이고 신속하게

대처하기가 어렵다. 또한 익명이라고 하여도 같은 학교 친구에게 성에 관련된 지식 및 자위행위, 이성교제, 성행위에 대한 궁금증을 드러내기 어렵고 더 나아가 성폭력, 성추행 같은 위기상황에 있음에도 자신이 드러날까 봐 망설이는 경우가 많다는 한계점을 가지고 있다.

◎ 한계점에 대한 보완 방안

기본적인 성 지식 및 이성교제 등의 문제가 아닌 성폭력, 성추행, 성매매와 같은 위기상황에 대한 상담은 전문상담교사만 볼 수 있도록 게시판의 권한을 설정하여 좀 더 신속하게 위기상황을 처리할 수 있도록 대처해야 하고, 여성 · 학교폭력 피해자 One-Stop 지원센터 전화번호라든지, 여성긴급전화 1366 등 위기상황에서 도움을 요청할 수 있는 기관의 정보를 반드시 제공해 주어야 한다.

또한 사이버상담은 익명성의 장점과 단점이 공존하기 때문에, 사이버상담을 이용하는 청소년은 익명을 사용하되 또래 성상담자는 실명을 사용하는 것이다. 실명이 들어간 만큼 상담에 좀 더 책임감을 가지고 임할 수 있을 것이다. 이것으로 대면상담처럼 상담자와 내담자 간의 신뢰감이 형성이 될 수 있다. 그렇게 되면 단순히 일회성에 그치는 것이 아닌, 지속적으로 상담을 요청해 올 수도 있을 듯하다.

7 다문화가정 학생 지원을 위한 또래상담 _ 문수진,[10] 정경화[11]

◎ 목적

오늘날 전 세계가 국경과 민족, 인종의 경계가 점점 사라지고 있는 지구촌 공동화 현상이 많이 나타나고 있는 가운데, 최근 우리나라에도 다문화가정이 급속히 증가하고 있다. 따라서 세계 여러 나라의 다양한 문화를 접할 기회도 많이 늘고 있고, 이로 인해 문화적 충돌이 일어날 수도 있다. 그래서 모두가 함께 더불어 살아갈 수 있는 사회를 만들도록 서로가 이해하고 배려해야 하는 것이 무엇보다 중요하며, 이것이 다문화가정을 연구해야 하는 목적이기도 하다.

다문화가정이란, 한 가족 내에서 다양한 문화가 공존하고 있다는 의미에서 국적에 따른 차별성을 내포하고 있던 국제결혼가족이라는 용어를 대신한다. 내국인과 외국인이 결혼한 가정을 일컫는 표현은 크게 '혼혈인가족(서로 다른 인종 간 태어난 자녀)' '국제결혼가족(국경을 넘나드는 결혼의 형태)' '다문화가족(다양한 가족의 형태 중 하나)' 등 세 가지로 압축된다. 최근에는 한국인 남성과 결혼한 이주여성가족, 한국인 여성과 결혼한 이주남성가족, 이주민가족(이주노동자, 유학생, 북한이탈주민 등)을 포함해 그 범위가 확대되고 있다. 그리고 최근 저임금 외국인 노동자의 고용정책으로 외국인의 한국 이주가 증가하고, 주변국 여성이 빈곤탈출을 위해 한국인 농촌남성과 결혼하는 사례 역시 빈번해지면서 미혼모의 혼혈 아동문제, 빈곤문제, 교육문제 등 여러 사회문제가 발생됨에 따라 이들을 우리 사회의 한 일원으로 포섭하고, 이들로부터 발생하는 문제를

---

10) 문수진. 음악교육 석사과정. 현재 숙명여자대학교 경제학부 조교로 일하고 있다.
11) 정경화. 음악교육 석사과정. 현재 교사를 준비하고 있다.

해결하고자 하는 노력이 필요하다.

특히 결혼이민자지원센터에서 한국사회 조기정착에 필요한 한국어 교육, 우리 사회 이해교육, 가족생활 전반에 대한 교육 등 맞춤 형태로 지원해야 한다. 건강지원센터, 사회복지관, 문화원, 대학, 주민자치센터 등에서도 다문화가정을 위한 다양한 프로그램이 진행되어야 할 것이다. 그런 의미에서 우리는 학교 안에서 이루어질 수 있는 다문화가정 학생을 위해 학교생활 적응을 목표로 하는 또래아이들과 함께하는 프로그램을 만들어 보려 한다.

다문화가정 학생들은 또래아이들에 비해 학습 환경도 열악할 뿐만 아니라, 언어적 문제나 학습능력이 떨어지는 경우가 많다. 그리고 한국 사회의 편견으로 인해 학교에서도 불안한 생활을 하고 있다. 불안정한 상황에 놓인 다문화가정 자녀들의 학교 부적응이 심각한 만큼 이를 그대로 둔다면 앞으로 큰 사회적 문제로 대두될 것이다.

이에 친구가 옆에 있어 줌으로써 소외되지 않는 다문화 친화적인 학교 분위기, 환경을 조성한다면 함께 살아가는 사회에 대한 기본적 이해를 도울 수 있고 문화적 다양성을 경험할 수 있을 것이다. 이해하고 존중하고 배려하는 마음을 바탕으로 틀림이 아닌 다름에 인식하도록 하여 글로벌 시민으로 행복하게 성장할 수 있도록 지원하는 목적을 갖고 이번 프로그램을 진행하고자 한다. 또한 이런 교육을 통해 좁은 편견에 갇혀 있던 생각에서 벗어나 삶의 세계를 보다 폭넓고 깊이 있게 볼 수 있도록 하여 서로 다른 문화를 존중하고 이해할 수 있는 학교 분위기가 정착하는 데에 목적을 두고 있다.

◎ **방법**

본 프로그램에서는 다문화가정 자녀와 그의 또래친구 간의 친해지기는 물론 서로의 문화를 이해하고 다양한 문화를 체험하게 하기 위한 활동을 많이 준비하였다. 먼저 한국문화에 대한 체험 기회가 부족한 다문화가정 학생들에게 지역문화와 한국문화에 대한 이해를 높이기 위해서 우리나라만의 문화유산, 유적지 탐방을 준비하였다. 직접 방문하여 보고 느낄 수 있는 경험을 하게 함으로써 다문화가정의 자녀가 한국문화에 대해 흥미와 관심을 갖게 하고 그 현장에 또래친구와 함께함으로써 친밀도를 높일 것이다. 그리고 캠프, 운동회 등의 협력 체험활동 참여를 통해 또래친구들끼리 서로의 도움을 받으며 더불어 살아가는 화합의 장을 경험하도록 할 것이다. 명절에는 한국의 전통의상, 전통음식, 놀이 등 한국문화의 다양성을 체험하게 하고, 연말에는 크리스마스 공연을 함께 준비하고 1인 1악기를 담당하여 연주하는 오케스트라 공연이나 중창, 합창을 통해 다른 나라의 음악을 다뤄보기도 하고, 음악적 특색을 느끼게 하면서 또래친구 간의 음악적 교류를 하며 더욱 화합할 수 있는 기회를 제공할 것이다. 또 우리나라에서만 겪어 볼 수 있는 김치 담그기 등도 친구와 함께 경험할 수 있도록 할 예정이다. 참고로 학생뿐만 아니라 다문화가정의 학부모들의 참여도 유도할 계획이다.

　프로그램을 진행하는 과정 중 제일 기본적이기도 하고 핵심적이고 중요한 것은 또래친구 간의 소통이 이루어지게 하는 것이다. 어떠한 활동을 하더라도 서로가 대화를 나누며 서로를 이해하려는 노력이 필요할 것이다. 그리고 다문화가정의 자녀가 본인의 또래친구에게 도움을 받기도 하고 반대로 일반학생이 다문화가정 친구의 도움을 받기도 하며, 서로에게 자기 자신이 도움이 될 수 있다는 큰 의미를 전해 주고 싶다. 자신도 누군가에게 힘이 되고 도움이 된다는 것을 느낀다면 그 학생은 자존감이 높아질 뿐만 아니라 서로를 더욱 소중히 여기고 학교생활을 하는 데에 매우 큰 교훈을 얻어가게 될 것이다. 특히 캠프나 운동회와 같은 활동에서 학생들이 실제로 몸을 부딪혀가며 어떠한 일을 수행하고 이루어 낸다면 그만큼 친밀도가 높아지고 또래친구 간의 우정이 커지며, 또한 이 프로그램의 목적인 다문화가정 학생이 학교생활은 물론이고 우리나라에서 생활을 하는 데에 큰 도움이 될 것이라 생각한다.

◎ 기대 효과

- 다문화가정 학생과 일반학생이 상생하는 여러 교육, 활동 프로그램을 통해 친밀한 또래관계를 형성함으로써 다문화가정 자녀들이 학교생활과 학습활동에 능동적으로 참여하고, 원만하고 친밀한 또래관계를 형성하는 데 많은 효과가 있을 것으로 기대한다.
- 우리 문화를 알려 주는 다양한 프로그램을 통해 다문화가정 자녀들의 다문화 정체성을 확립하고 더 나아가 우리 사회의 주역으로 성장할 수 있도록 한다.
- 캠프나 운동회 등의 협력 체험활동과 해양스포츠 체험 등을 통해 실제로 활동을 하며 때론 어려움을 겪고 때론 성취감을 느끼며 자존감을 높이고 서로를 소중히 여길 수 있는 기회를 갖게 된다.
- 또래친구와 대화하는 시간이 많아지고 친해질 기회를 살려서 다문화가정 자녀가 학교나 사회에서 소외감을 느끼지 않게 할 수 있다.
- 누군가에게 도움이 될 수 있다는 깨달음을 계기로 앞으로 모든 일에 적극적이고 남을 먼저 생각할 수 있는 배려심을 배울 수 있다.

◎ 연간 계획

3월	4월	5월
4대궁 방문하고 친구와 인증사진 찍기	또래친구 가족과 벚꽃놀이 가기	-어린이날, 어버이날, 스승의날 의미 알기 -부모님께 드릴 카네이션 만들기
창덕궁&창경궁, 경복궁&덕수궁을 방문하여 친구와 역사 공부도 하고 우리나라 전통 궁궐의 소중함을 배운다.	벚꽃길이 유명한 곳을 방문하고 또래친구 가족과 교류를 할 수 있다.	기념일과 더불어 우리나라 법정 공휴일의 의미를 알 수 있다.
6월	7월	8월
미니 운동회	여름 캠프&레저스포츠 체험(강원도 영월)	이중 언어 말하기 대회
달리기, 줄다리기, 풍선 터트리기 등의 활동을 통해 건강한 시간을 보내며 친구들과 친해질 수 있다.	래프팅 체험, 레일바이크 타기 등의 활동을 할 수 있다.	다문화가정 학부모의 모국어와 한국어를 서로 배우며 문화, 언어의 차이를 인식하고 배울 수 있다.
9월	10월	11월
-추석 명절 준비하기 -한국 전통한복 입어 보기 -송편 만들기	외갓집 체험마을 & 큰삼촌 1박2일 체험	김장하기
추석이라는 한국의 대명절의 의미를 알고 대표 옷, 대표 음식을 입어 보고 만들어 본다.	가족이 함께하는 농촌생활 체험, 송어 잡기, 모닥불 놀이를 할 수 있다.	엄마와 함께 친구와 함께 김치를 담그며 김치문화에 대해 배울 수 있다.
12월		
크리스마스 공연 준비하기		
여러 나라의 음악 중 합창곡을 배우며 음악을 통해 서로 더 다가갈 수 있다.		

◎ 한계점 및 보완방법

다문화가정 자녀와 그의 또래친구를 중심으로 만들어진 프로그램이다 보니 다문화가정의 학생 집에는 부모님이 일터에 나가 계시거나 학부모가 한국어 대화에 능숙하지 못한 상황이라면 아이의 학교 적응 교육은 물론 한국생활 적응 노력이 어려울 것이라고 생각한다. 프로그램이 다문화가정 아이를 위주로 짜여 있으나 다문화가정의 학부모가 참여할 수 있는 활동이 있을 때 학부모들의 참여를 독려한다면 다문화가정 학부모 역시 아이의 학부모로서 아이가 학교생활에 적응이 더욱 수월하도록 도울 수 있을 것이다.

자녀가 학교에서 수행한 활동이나, 체험활동을 한 후 집에서 학부모와 함께 대화하며 때론 자랑하며 이야기 나눈다면 학부모는 자녀가 얼마만큼 학교생활에 만족감을 느끼고 있으며, 어느 정도 학교 및 친구들과 적응을 잘 하고 있는지 알 수 있을 것이다. 또한 학부모 공개수업, 학부모 총회 등 부담스럽고 피하고 싶을 수 있는 자리를 더욱 친근하게 만들어야 할 것이다. 이를 위해서는 근본적으로 다문화가정 자녀의 가정과 한 또래친구의 가정의 교류가 있을수록 좋다. 학부모들끼리의 모임을 만들거나 다문화 학부모 국어교실 (역할극 등 학교운영체제) 등을 통해 학교 학부모 참여활동에 소극적이었던 외국인 학부모의 커뮤니케이션을 향상시킬 수 있는 기회를 제공한다.

연간 계획 중에 다문화가정의 학부모 역시 참여할 수 있는 활동이 많다. 캠프나 운동회는 물론이고 추석 명절 준비를 함께 한다거나 함께 김장하기 프로그램을 통해 가정 간의 교류를 키워 나갈 수도 있고 한국 가정의 문화를 배울 수 있는 좋은 기회가 되리라 기대해 본다.

8 어울림 프로젝트 _ 박형윤[12]

◎ 목적

　학급 학생 중 어울리지 못하는 소외된 학생을 자연스럽게 단체 속으로 함께 어울리도록 유도하는 것을 목적으로 한다. 학급에는 소외된 학생들이 1~2명씩 있기 마련이다. 특히 현재 학교 현장에는 다문화가정의 학생, 특수아동의 통합교육 등을 통해서 일반학생들과 쉽게 어울리지 못하는 학생들이 많다. 그뿐만 아니라 일반학생 중에서도 내성적인 성격을 지닌 학생, 여러 가정환경에 어려움이 있는 학생 등, 이들은 학급수가 많은 반에서 더욱 자신의 존재를 드러내기 힘들어할 것이고, 담임선생님이 관심을 가져주지 않는다면 소외되기 쉽다. (또한 이렇게 소외되거나, 관계 형성에 실패의 경험이 반복된다면 후에 사회생활에서도 적응하기 어려울 뿐만 아니라, 반사회적으로 성장할 가능성이 있다.) 이 학생들을 담임선생님이 나서서 학급에 속할 수 있도록 지도하는 것은 같은 반 학생들에게 차별이라는 의식을 갖게 할 수 있으므로 효과적인 방법이 아니다. 담임선생님이 아닌 같은 반 또래학생을 통해 소외된 학생이 함께 단체 속에 어울리도록 이끌어 주는 것이 중요하다. 여기서 또래상담자의 역할이 부여되는데, 이 또래상담자들은 같은 반에서 소외된 친구의 존재를 관찰해 보도록 하고, 겉으로 드러나지 않고 무리 속에서 어려움을 겪는 학생을 파악할 수 있어야 한다. 또한 소외된 학생들이 무리를 형성한 경우 다른 학생들에게 놀림의 대상이 되지 않도록 학급의 분위기를 파악하는 것이 요구된다. 이러한 상황을 파악하고 이 학급에서 또래상담자가 역할을 다하여 어울릴 수 있도록 이끌어 주는 것이 이 프로젝트의 목적이다.

---

12) 박형윤. 미술교육 석사과정. 현재 교사 준비 중. 작품활동과 교육활동에 참여하고 있다.

더불어 학급에서 학년으로 학교로 단위를 크게 보고 학생들이 학교라는 공간에서 소외되지 않고 모두가 함께 어울리는 환경을 조성할 수 있도록 너와 나, 우리의 어울림을 목표로 또래상담자들이 활동하도록 한다.

◎ 방법

또래상담자를 구성하는 것이 우선시 된다.

또래상담자는 학급에서 친구들을 돕거나, 어려움이 있는 친구들에게 귀를 기울일 수 있고, 어울림 프로젝트에 적합한 학급 분위기를 구체적이고 체계적으로 파악할 수 있어야 한다.

* [나랑] 나를 먼저 알아보기
−나는 누구
  (또래상담자로 선출된 학생들은 자신을 소개하고, 각자 자신의 친구관계에 대해 알아봄. 또한 각자 생각하는 친구에 대한 의견을 들어 보도록 함)
−나의 육하원칙(또래상담 소개 및 나와 적용해 봄)
  (나는 또래상담자로서 어떤 활동을 해야 하는가)
  언제, 어디서, 무엇을, 어떻게, 왜
  나는 언제 친구를 도와줄 수 있을까, 힘든 친구는 어디에 있을까, 친구를 위해 무엇을 도와줄 수 있을까, 어떻게 도와줄 수 있을까, 나는 왜 또래상담자 활동을 할까
−나는 너(역할극, 공감하기)
  (내 주위에 관계 맺기에 어려운 친구들을 생각해 보고, 그의 입장이 되어 봄)

* [너랑] 너를 알아보기
−너는 누구
  (학급의 분위기 무리 형성, 무리 형성과정에서 어려움을 겪는 친구, 무리 형

성 후 그 속에서 어려움을 겪는 친구, 또는 무리 형성에 아무런 관심이 없는 친구를 파악하기. 파악된 친구 무리 속에 들어가 그 속에서 어울려 봄. 무리마다 특징, 분위기 파악하기)

쉬는 시간, 등하교시간, 이동수업 시간을 활용하여 관찰할 수 있다.

－너의 육하원칙(간단한 인사로 친구에게 관심 가져주기)

언제, 어디서, 무엇을, 어떻게, 왜

(친구야, 너는 언제 왔어?, 어디가?, 뭐 하고 있어?, 그것은 어떻게 해?, 왜 무슨 일 있어?)

－너와 나(대화하기)

(무리에 속하지 못한 학생, 무리 속에서 어려워하는 학생들과 어울려 봄. 소외된 학생이 다른 학생들과 관계 맺기에 어떤 어려움이 있는지 알아봄)

* [어울림] 나랑 너랑 어울려 보기

－나랑 너는 누구(공감온도표)

(나랑 너랑 함께할 때 서로에게 긍정적인 공감해 봄)

－나랑 너랑 육하원칙

우리 언제 모일까, 우리 어디 갈까, 우리 뭐 할까, 우리 어떻게 해볼까, 왜 우리가 함께할까

－나랑 너랑 함께 어울려 보기

(가족처럼 공동체를 형성해 봄. 형식적인 표현의 방법이어도 그럼으로써 소속감을 느껴 봄)

의: 우리 반의 상징 색을 정하고, 이름표처럼 달아 봄

식: 방과 후에 다 같이 모여 과자파티, 식사하며 대화하기

주: 같은 방향에 사는 친구들끼리 조를 형성해서 하교(집에 같이 감)

◎ 연간 계획

* 〈3~4월 [나랑] 나를 먼저 알아보기〉

3월-오리엔테이션. 또래상담자에 대한 개념 파악

　　또래상담자 간의 관계 형성

　-나는 누구

　　또래상담자로 선출된 학생들은 자신을 간단히 소개하고, 전 학년
　　에서의 학급에 대한 분위기, 이번 배치된 학급에서의 분위기를
　　편안히 얘기해 봄. 각자 자신의 친구관계에 대해 진솔하게 이야
　　기하며, 그들이 생각하는 친구에 대한 의견을 들어 보도록 함. 어
　　울림 프로젝트와 함께 내가 어떻게 성장할 수 있을지 고민해 봄

4월-나의 육하원칙(또래상담의 목적 및 나와 적용해 언제, 어디서, 무엇을,
　　어떻게, 왜 육하원칙에 맞추어 구체적으로 또래상담자의 역할에 대해
　　알아보고 자부심을 가짐)

　　'나는 또래상담자로서 어떤 활동을 해야 하는가' 스스로 정립할
　　수 있는 계기

　　나는 언제 친구를 도와줄 수 있을까, 힘든 친구는 어디에 있을까,
　　친구를 위해 무엇을 도와줄 수 있을까, 어떻게 도와줄 수 있을까,
　　나는 왜 또래상담자 활동을 할까

　-나는 너(역할극, 공감하기)

　　내 주위에 관계 맺기에 어려운 친구들을 찾아보고, 그의 입장이
　　되어 역할극을 하여 그와 같은 상황에 공감해 봄. 공감은 직접적
　　인 경험이 가장 효과적임

* 〈5~6월 [너랑] 너를 알아보기〉

5월-너는 누구

　　(학급의 분위기 무리 형성, 무리 형성과정에서 어려움을 겪는 친구, 무

리 형성 후 그 속에서 어려움을 겪는 친구, 또는 무리 형성에 아무런 관심이 없는 친구를 파악하기. 파악된 친구 무리 속에 들어가 그 속에서 어울려 봄. 무리마다 특징, 분위기 파악하기)

쉬는 시간, 등하교시간, 이동수업 시간을 활용하여 관찰할 수 있음

-너의 육하원칙(간단한 인사로 친구에게 관심 가져주기)

언제, 어디서, 무엇을, 어떻게, 왜

(친구야, 너는 언제 왔어?, 어디가?, 뭐 하고 있어?, 그것은 어떻게 해?, 왜 무슨 일 있어?)

6월-너와 나(대화하기)

(무리에 속하지 못한 학생, 무리 속에서 어려워하는 학생들과 어울려 봄. 소외된 학생이 다른 학생들과 관계 맺기에 어떤 어려움이 있는지 알아봄)

-대화는 어려움을 겪는 친구와 둘이서만 시행할 것이 아니라, 어울려야 할 공동체를 생각하고 무리가 이루어진 친구들과도 함께 이야기를 해 보도록 함

* 〈7~8월 방학 중, 1학기에 했던 활동들이 원점이 되지 않도록 관계를 유지하도록 해야 함〉

7월-방학 중 친구에게 전화해 안부 묻기

8월-2학기를 시작하며 얼마나 변화했고, 앞으로의 계획 설정

* 〈9~12월 [어울림] 나랑 너랑 어울려 보기〉

9월-나랑 너는 누구(공감온도표)

(우리가 함께할 때 서로에게 긍정적인 공감해 봄. 온도계 모양의 표를 만들고 한 주간의 이슈에 대한 찬반 의견 낸 것을 공감하는 의견에 스티커를 붙여 봄. 서로의 공통된 생각들을 알 수 있음)

-우리의 육하원칙

우리 언제 모일까, 우리 어디 갈까, 우리 뭐 할까, 우리 어떻게 해 볼까, 왜 우리가 함께할까

10월 – 우리 함께 어울려 보기

(가족처럼 진정한 공동체의 의미를 가져 봄. 가족은 사람이 생활하는 데 기본이 되는 옷과 음식과 집인 의, 식, 주 행위를 하며 공동체를 형성하는 데, 이러한 것을 형식적인 표현의 방법이어도 적용해 봄으로써 소속감을 느껴 봄)

의: 우리 반의 상징색을 정하고, 이름표처럼 달아 봄. 반티 같은 것을 제작하는 것도 좋지만, 비용적으로 부담이 될 수 있기에 간단히 교복에 옷핀을 꽂아 리본이나 배지 형식으로 반의 상징색을 다 함께 착용하여 소속감을 느껴보도록 함

11월

식: 방과 후에 다 같이 모여 과자파티, 식사하며 대화하기. 일주일에 한 번씩 날짜를 정해서 방과 후에 간단한 과자와 음료수를 준비하여 힘든 친구와 또래상담자 둘만이 아닌, 모두가 함께 대화하는 시간을 통해서 어울려 봄

12월

주: 같은 방향에 사는 친구들끼리 조를 형성해서 하교(집에 같이 감). 학교와 학원에서 학업으로 보내는 시간이 많아지면서 친구와 함께하는 시간도 적어졌음. 이렇게 친구와 함께 하교를 하면서 함께 어울리는 시간을 가져 봄

◎ 기대 효과

또래상담자와 소외된 학생이 상담을 통해 긍정적인 부분을 찾는 것은 중요하다. 그러나 가장 중요한 것은 소외된 학생이 힘든 일을 이겨 내고 얼마나 이 학급에, 이 공동체에 잘 적응할 수 있는 가다. 이것은 또래상

담자와 소외된 학생의 둘만의 상담으로 해결하기보다는 또래상담자가 직접적으로 친구와 함께 어울릴 수 있는 어울림 프로젝트가 효과적일 것으로 기대한다.

어울림 프로젝트는 또래상담자가 소외된 학생을 학급 친구들과 함께 잘 어울릴 수 있도록 인도해 주는 것을 목적으로 할 수 있다. 이처럼 소외된 학생이 자연스럽게 학급에 함께 할 수 있는 좋은 방안일 뿐만 아니라 어떤 한 무리에 속해 있어도 그 안에서 표면적으로 드러나지 않는 어려움을 겪는 친구들을 아는 것 등 학급의 학생들이 함께 어울려 은근한 방법으로 우리 공동체의 중요성, 나와 너의 관계에서 우리의 의미를 실질적으로 깨달을 수 있을 것이다.

요즘은 학생들이 아주 바쁜 시간을 보내면서 개인적 성향이 매우 강해졌다. 이에 소외된 학생이 학급에, 또 학교에 함께 잘 어울리는 것은 무척 중요하다. 따라서 우리 학생들이 학교라는 공간에서 상호작용하는 것은 우리 사회라는 공간의 축소판임을 알고, 또래상담자만이 관계 어려움을 겪는 친구를 이끌어 주는 방법보다 학급의 모든 학생들이 또래상담자의 역할을 부여받아 모두가 관계의 책임감을 가지고 함께 어울릴 수 있는 좋은 기회가 되리라고 기대한다.

◎ 한계점 및 보완방법

어울림이라는 주제로 모두가 참여하는 것에 의의가 있고 중요성이 있지만 이러한 참여의 중요성은 인원이 많아질수록 규칙을 지키기 어렵다는 한계점이 나타난다. 따라서 우리 모두가 책임감을 가지고 함께 시간과 마음을 투자하는 것이 중요하다. 어느 공동체이든 이러한 어려움은 갖고 있을 것이다. 성숙된 자세로 진정성을 가지고 함께 어우러질 수 있도록 또래상담자뿐만 아니라 그 외에 친구들 모두 시간과 마음을 들여 충실하게 해 준다면 이러한 문제는 어렵지 않게 극복될 것이다.

참고문헌

강경자(1996). 의사소통 증진을 위한 훈련프로그램의 효과. 창원대학교 대학원 석사학위논문.

강순원(2007). 또래중재. 서울: 커뮤니티.

강영미(2004). 또래상담 훈련이 농촌 중학생의 의사소통 및 학교생활 태도에 미치는 효과. 전주대학교 교육대학원 석사학위논문.

강원도청소년상담지원센터(2008). 2007년 또래상담사례집, 제9호. 춘천: 강원도청소년상담지원센터.

강원도청소년종합상담실(2001). 2000년 또래상담사례집, 제4호. 춘천: 강원도청소년종합상담실.

강선영(2011). 초등학교 학급차원의 구어적 또래칭찬 중재가 학생들의 문제행동과 자아개념에 미치는 영향. 이화여자대학교 교육대학원 석사학위논문.

강주영(2009). 또래상담 프로그램이 고등학생 또래상담자의 의사소통 능력과 리더십에 미치는 효과. 강원대 교육대학원 석사학위논문.

강진영(2009). 또래상담병제도 도입을 통한 군내 상담 활성화 방안 연구. 국방대학교 국방관리대학원 석사학위논문.

광주광역시청소년종합상담실(2000). 광주광역시 청소년 의식조사 연구. 광주: 광주광역시청소년종합상담실.

교육인적자원부(2005). 또래상담 활성화. 교육마당21, 4월호. 서울: 교육인적자원부.

구광현, 이정윤, 이재규, 이병임, 은혁기(2005). 학교상담의 이론과 실제. 서울: 학지사.

구본용(1999). 학교상담의 활성화 방안. 사학 88호, 78-89. 전국사립중고등학교장회.

구본용, 구혜영, 이명우(1994). 또래상담 훈련프로그램 개발연구. 서울: 청소년대화의광장.

구본용, 금명자, 송수민(1997). 청소년 또래상담 훈련프로그램 Ⅳ. 서울: 청소년대화의광장.

구본용, 이재규, 박한샘, 공윤정(1995). 청소년 또래상담 훈련프로그램 Ⅱ. 서울: 청소년대화의광장.

구은정(2010). 반복읽기 중심의 상급학생 또래교수 중재가 학습장애 학생의 읽기능력에 미치는 영향. 서울교육대학교 교육대학원 석사학위논문.

권선영(2005). 인기아동 중심의 또래상담이 초등학교 아동의 자아개념에 미치는 효과. 한국교원대학교 교육대학원 석사학위논문.

금명자, 장미경, 양미진, 이문희(2004), 청소년 또래상담. 서울: 한국청소년상담원.

금회라(2001). 가상공간에서의 또래상담 유용성 연구: 사이버또래상담 만족도 조사를 중심으로. 가톨릭대학교 복지대학원 석사학위논문.

기영애(2005). 또래상담자 훈련이 또래상담자의 자기 존중감과 의사소통능력에 미치는 효과. 대구한의대학교 교육대학원 석사학위논문.

김경화(2008). 또래상담 프로그램이 남녀중학생의 의사소통 능력과 사회성에 미치는 효과. 아주대학교 교육대학원 석사학위논문.

김경화(2006). 또래주도 중재 역할극이 장애유아의 사회적 상호작용 기술과 의사소통 기술에 미치는 효과. 공주대학교 교육대학원 석사학위논문.

김계현(2000). 상담심리학연구. 서울: 학지사.

김계현(2002). 카운슬링의 실제. 서울: 학지사.

김계현, 권대훈, 이상란, 이창호, 최균희, 추석호, 홍태식(2003). 학생 상담활동 어떻게 활성화시킬 것인가. 교육마당21, 6월호. 서울: 교육인적자원부.

김계현, 김동일, 김병석, 김영석, 김원중, 김창대, 김혜숙, 박성수, 박성희, 박재황, 반신환, 유성경, 유정이(1999). 카운슬링의 원리. 서울: 교육과학사.

김계현, 김동일, 김봉환, 김창대, 김혜숙, 남상인, 조한익(2009). 학교상담과 생활지도(2판). 서울: 학지사.

김계현, 이윤주, 왕은자(2002). 국내 집단상담 성과연구에 대한 메타분석. 상담학연구, 3(1), 47-62.

김광은(1992). 동료 상담자 훈련에 관한 일 연구: 사관생도를 위한 프로그램 개발 및 평가를 중심으로. 이화여자대학교 대학원 박사학위논문.

김명주(1997). 교육과정 내 클럽활동으로서의 또래상담자 훈련 및 활동에 관한 연구. 한국외국어대학교 대학원 석사학위논문.

김미정(2005). 또래상담 프로그램이 초등학생의 자기능력 지각에 미치는 효과. 대구대학교 재활대학원 석사학위논문.

김미혜(2005). 또래상담이 아동의 사회성숙도 및 학급응집력에 미치는 효과. 부산교육대학교 교육대학원 석사학위논문.

김병석, 하창순, 김현순 공역(2007). 교사를 위한 학교상담기법. 서울: 시그마프레스.

김상은(2007). 또래상담 프로그램 적용이 초등학교 고학년의 교우관계와 학교생활만족도에 미치는 효과. 대구교육대학교 교육대학원 석사학위논문.

김영돈(2011). 피드백을 적용한 현실치료 또래상담 프로그램이 중학생의 자아탄력성에 미치는 효과. 백석대학교 교육대학원 석사학위논문.

김영순, 이정자, 구미영, 차승희, 박선주, 진종순(2002). 충남지역 청소년의 학교폭력 실태조사. 천안: 충청남도청소년종합상담실.

김영진(2007). 학습상담연구. 서울: 양서원.

김영희(2004). 초등학생의 또래상담 훈련경험이 자아존중감과 의사소통 기술에 미치는 효과. 춘천교육대학교 교육대학원 석사학위논문.

김용태, 김인규, 구본용(1996). 청소년 또래상담 훈련프로그램 III. 서울: 청소년대화의광장.

김윤옥(2003). 특수아동상담입문. 서울: 문음사.

김은미(2003). 또래상담 프로그램이 초등학생의 의사소통 및 자아개념에 미치는 영향. 건국대학교 교육대학원 석사학위논문.

김은애(2003). 또래상담 프로그램이 또래상담자의 교우관계와 자아개념에 미치는 영향. 진주교육대학교 대학원 석사학위논문.

김은정(2002). 또래상담이 초등학생의 자아개념에 미치는 영향. 인천교육대학교 교육대학원 석사학위논문.

김정미(2007). 또래상담이 또래상담자 아동의 자아개념과 의사소통능력의 향상에 미치는 효과. 광주교육대학교 교육대학원 석사학위논문.

김정미(2008). 또래상담 프로그램이 여중생의 자아존중감과 인간관계에 미치는 효과. 동아대학교 교육대학원 석사학위논문.

김종운, 황혜자(2005). 또래상담 훈련이 성별에 따른 아동의 학교관련 태도에 미치는 효과. 부산교육학연구, 18(1), 39-56. 서울: 한국청소년상담원.

김지정(2004). 또래상담이 초등학교 아동의 의사소통 및 사회성 발달에 미치는 효과. 부산교육대학교 교육대학원 석사학위논문.

김진희, 이상희, 노성덕(1999). 또래상담 운영방안 연구. 서울: 한국청소년상담원.

김태창(1986). 또래에 의한 집중적 집단상담이 남중학생의 자아개념에 미치는 효과. 계명대학교 교육대학원 석사학위논문.

김향희(2005). 또래상담훈련이 인간관계와 학교생활관련태도에 미치는 효과. 한서대학교 교육대학원 석사학위논문.

김형일(2010). 또래상담훈련프로그램이 초등학생의 자기효능감, 사회성 발달 및 학급응집력에 미치는 효과. 강남대학교 교육대학원 석사학위논문.

김혜경(2006). 사이버 또래상담 활동이 또래상담자의 의사소통 능력 향상에 미치는 효과. 여수대학교 교육대학원 석사학위논문.

김혜숙(2000). 교대학생 또래상담 교육프로그램 개발과 적용연구. 청소년상담연구, 8(1), 100-121.

노성덕(2006). 고등학교 또래상담 정착과정에 대한 연구. 서울대학교 대학원 박사학위논문.

노성덕(2007a). 고등학교 또래상담 정착에 영향을 미치는 요인에 대한 질적 분석. 청소년상담연구, 15(2), 15-27.

노성덕(2007b). 인문계 여자 고등학교 또래상담 정착과정에 대한 근거이론 분석. 아시아교육연구, 8(3), 189-222.

노성덕(2008). 찾아가는 상담. 서울: 학지사.

노성덕, 김계현(2004). 국내 또래상담 성과연구에 대한 메타분석. 청소년상담연구 12(2), 3-10.

노성덕, 김계현(2007). 학교 또래상담 정착평가 기준에 대한 연구 –고등학교를 중심으로. 청소년상담연구, 15(1), 29-38.

노성덕, 이문희(2001). 2001년 전국 또래상담 운영현황. 또래상담소식, 6, 14-21. 서울: 한국청소년상담원.

노성덕, 이상희(1999). 학교에서의 또래상담 활용을 위한 운영방안. 상담교육연구, 2(1), 57-70.

노성덕, 정지연, 명선희, 김병관(2010). 소년원 또래상담프로그램. 서울: 학지사.

노안영(2006). 상담심리학의 이론과 실제. 서울: 학지사

대구광역시교육과학연구원(2003). 또래학생 상담자 훈련 프로그램 –중 · 고등학생용. 대구: 대구광역시교육과학연구원.

대통령실(2012). 학교폭력 반드시 해결하겠습니다. 정책소식 110호.

류부열(2007). 또래상담자 훈련이 고등학생의 공감능력, 친사회적 행동 및 자아존중감에 미치는 효과. 건국대학교 대학원 박사학위논문.

박광원(2005). 또래상담 활동이 집단따돌림 학생의 대인관계 특성 및 또래수용에 미치는 영향. 전주대학교 상담대학원 석사학위논문.

박민영(2003). 또래상담활동 경험이 또래 상담자의 자아개념 향상에 미치는 효과. 여수대학교 교육대학원 석사학위논문.

박선종(2003). 가상공간에서의 또래상담을 통한 요선도 학생 인성 지도 연구. 경상대학교 교육대학원 석사학위논문.

박선주(1999). 청소년의 또래상담자 훈련경험이 자아개념에 미치는 효과. 외국어대학교 대학원 석사학위논문.

박성희(2001). 상담과 상담학: 새로운 패러다임. 서울: 학지사.

박승민(2005). 온라인게임 과다사용 청소년의 게임행동 조절과정 분석. 서울대학교 대학원 박사학위논문.

박영희(2013). 또래상담훈련프로그램이 중학생 또래상담자의 의사소통과 교우관계에 미치는 효과. 경북대학교 대학원 석사학위논문.

박은경(2006). 또래상담이 초등학교 아동의 자아개념과 학교생활 적응에 미치는 효과. 부산교육대학교 교육대학원 석사학위논문.

박은정(2007). 또래상담자훈련 프로그램이 또래상담자의 자아존중감과 대인관계에 미치는 영향. 영남대학교 대학원 석사학위논문.

박인숙(2003). 긍정적 교우관계 형성을 위한 사이버 또래상담 프로그램 구안·적용. 교육경북, 130, 93-98.

박인영(2006). 또래중재 찰흙놀이활동이 ADHD 특성 발달지체유아의 부적응행동에 미치는 효과. 대구대학교 특수교육대학원 석사학위논문.

백세연(2006). 또래상담 프로그램이 초등학생의 자아개념과 자기표현능력에 미치는 효과. 전주교육대학교 교육대학원 석사학위논문.

백수정(2006). 또래상담 훈련 프로그램이 중학생의 부모—자녀 간 의사소통에 미치는 효과. 울산대학교 교육대학원 석사학위논문.

백향하(2004). 고등학생의 또래상담 활동경험에 관한 질적분석. 한국교원대학교 대학원 석사학위논문.

법무부범죄예방정책국(2009). 범죄예방 개요, 범죄예방정책소식 6.

법무연수원(2005). 2005년도 소년보호교사과정. 제1기 또래상담지도자 양성과정 워크숍 자료집. 용인: 법무연수원.

변상해, 김세봉(2011). 또래상담 프로그램이 인문계 고등학생의 의사소통기술과 사회적 효능감에 미치는 효과. 한국콘텐츠학회논문지, 11(2), 466-476.

서정숙(2005). 또래상담 훈련 프로그램이 인문계 여고생의 사회적 효능감에 미치는 효과. 울산대학교 교육대학원 석사학위논문.

서형옥(2004). 또래리더에 의한 또래상담 훈련 프로그램이 여중학생의 인간관계에 미치는 영향. 울산대학교 교육대학원 석사학위논문.

설기문(2002). 인간관계와 정신건강. 서울: 학지사.

성태제(2001). 타당도와 신뢰도. 서울: 양서원.

소원미(2003). 또래상담 훈련이 중학생의 의사소통 및 인간관계에 미치는 효과. 경기대학교 대학원 석사학위논문.

송영희(2013). 중학생의 또래상담자 훈련이 자기표현능력 및 의사소통기술에 미치는 효과. 전남대학교 교육대학원 석사학위논문.

송인아(2000). 상담자 유형과 성, 그리고 상담내용이 상담효과에 미치는 영향: 청소년 상담의 경우. 경남대학교 교육대학원 석사학위논문.

송정화(1998). 여자중학생에 의한 동료상담이 선도학생의 비행성향감소에 미치는 효과. 동아대학교 교육대학원 석사학위논문.

송효진(2006). 또래상담이 초등학교 고학년 아동의 사회성 및 학급응집력에 미치는 효과. 광주교육대학교 교육대학원 석사학위논문.

신금란(2013). 국내 또래상담 성과연구에 대한 메타분석: 2004년부터 2012년까지 성과연구 중심으로. 숙명여자대학교 교육대학원 석사학위논문.

신래영(2003). 또래상담 훈련이 여고생의 자아존중감 및 인간관계에 미치는 효과. 순천대학교 교육대학원 석사학위논문.

신미희(2006). 조형놀이 활동을 통한 또래중재가 ADHD 아동의 주의산만행동과 충동성에 미치는 효과. 대구대학교 특수교육대학원 석사학위논문.

신옥(2001). 또래조력망을 활용한 청소년상담 프로그램 개발연구. 한남대학교 대학원 석사학위논문.

신현근(2003). 또래상담이 초등학교 아동의 자기효능감과 사회성 발달에 미치는 영향. 경인교육대학교 교육대학원 석사학위논문.

안양시청소년상담센터(2006). 2006 또래상담동아리 담당교사 – 회장 연합회의 자료. 안양: 안양시청소년상담센터.

안양여자고등학교 또래상담부(2007). 안양여고 또래상담 U.S. 활동사례집. 안양: 안양여자고등학교.

안창일(1999). 학교상담의 발전방안. 교육연구, 364호, 14-17. 한국교육연구소.

양금옥(2002). 또래상담 훈련과 청소년의 통제 소재와의 관계. 순천향대학교 산업대학원 석사학위논문.

양미진, 신효정, 송미경(2008). 군 솔리언 또래상담 훈련 프로그램 개발. 서울: 한국청소년상담원.

연문희(2003). 한국 학교상담의 현재와 미래. 한국학교상담학회 학술대회 및 워크숍 자료집, 13-28. 한국학교상담학회.

연문희, 강진령(2002). 학교상담 — 21세기 학생생활지도. 서울: 양서원.

오정아(2006). 또래상담프로그램이 초등학교 아동의 공감능력에 미치는 효과. 고신대학교 교육대학원 석사학위논문.

오혜영, 지승희, 조은경, 백현주, 신주연(2006). 또래상담 조직의 운영체제 구축 및 활성화 연구. 서울: 한국청소년상담원.

오화진(2011). 중학교 신입생의 학교생활적응력 향상을 위한 또래지지 집단상담 프로그램 개발. 한국교원대학교 교육대학원 석사학위논문.

우승희(1999). 또래상담자 훈련프로그램이 또래상담자 자신의 교우관계에 미치는 효과. 대구대학교 대학원 석사학위논문.

유수연(2008). 요리활동을 이용한 또래중재가 자폐아동의 사회적 상호작용에 미치는 영향. 이화여자대학교 대학원 석사학위논문.

유순덕, 김현미, 김상수(2003). 경기도 청소년 의식 실태조사. 수원: 경기도청소년종합상담실.

유인애(2006). 초등학교 또래상담 운영이 고립아의 심리적 특성 변화에 미치는 영향. 경인교육대학교 교육대학원 석사학위논문.

유형근(2002). 종합적인 학교상담 체제 구안에 관한 연구. 청소년상담연구, 10(1), 55-70.

윤재웅(2002). 집단의 유형에 따른 집단상담 훈련프로그램의 효과연구: 고등학생 또래상담 훈련프로그램을 중심으로. 영남대학교 대학원 석사학위논문.

윤현미(1997). 또래상담자에 의한 진로결정 집단상담의 효과. 전남대학교 교육대학원 석사학위논문.

이경리(2013). 솔리언 또래상담 프로그램이 중학생의 의사소통과 인간관계에 미치는 영향. 창원대학교 교육대학원 석사학위논문.

이관용, 김순화(1983). 대학에서의 동료카운슬링. 학생연구, 9(1), 18-29. 서울: 서울대학교 학생생활연구소.

이나미(2011). 학급임원을 대상으로 한 또래상담 프로그램이 초등학생의 또래수용도 및 공감능력에 미치는 효과. 전남대학교 교육대학원 석사학위논문.

이남록(2005). 또래상담자 활동이 교우관계 및 학급분위기에 미치는 효과. 서경대학교 사회대학원 석사학위논문.

이명희(2004). 중학생의 또래상담 활동 실태 및 문제점에 대한 연구. 연세대학교 정경대학원 석사학위논문.

이보리(2013). 초등학생의 학교폭력예방을 위한 또래상담 프로그램 개발 및 효과. 경성대학교 교육대학원 석사학위논문.

이상민, 안성희(2003). 학교상담자 무엇을 해야 하는가? 상담학연구, 4(2), 281-293.

이상숙(1999). 또래상담 프로그램 적용을 통한 따돌림 아동의 공동체 의식 함양. 부산교육, 290, 74-82.

이상희, 노성덕, 이지은(2000). 단계별 또래상담프로그램 개발연구. 서울: 한국청소년상담원.

이상희, 노성덕, 이지은(2010). 또래상담(2판). 서울: 학지사.

이상희, 이지은, 노성덕(2000). 중·고등학교에서의 또래상담 운영의 효과. 상담학연구, 1(1), 75-92.

이석두(2004). 또래상담자 활동이 초등학생의 열등감에 미치는 영향. 청주교육대학교 교육대학원 석사학위논문.

이선숙(2005). 또래상담자 훈련경험이 여자중학생의 자아존중감과 사회성숙도에 미치는 효과. 전주대학교 교육대학원 석사학위논문.

이승연(2008). 청소년 자살 예방 전략으로서의 또래도우미 프로그램 개발을 위한 기초연구. 청소년상담연구, 16(2), 17-31.

이영미(2004). 또래상담 심화훈련이 또래상담자의 인간관계 태도와 의사소통 기술에 미치는 효과: 인문계 여고생을 중심으로. 울산대학교 교육대학원 석사학위논문.

이영선, 강석영, 김병관, 정혜연, 방나미(2010). 솔리언또래상담 학교운영모형 개발: 운영지침을 중심으로. 서울: 한국청소년상담원.

이원이(2002). 학습전략 프로그램의 효과에 관한 메타분석. 서울대학교 대학원 석사학위논문.

이은미(1991). 동료상담자 훈련 경험이 내담자의 교우관계와 학교관련태도에 미치는 효과. 계명대학교 교육대학원 석사학위논문.

이장호(2005). 상담심리학, 제4판. 서울: 박영사.

이장호, 김순진, 정남운, 조성호(1997). 상담의 연구 방법. 서울: 박영사.

이장호, 정남운, 조성호(2005). 상담심리학의 기초. 서울: 학지사.

이재규(2005). 학교에서의 집단상담: 실제와 연구. 서울: 교육과학사.

이종성(2001). 델파이 방법. 서울: 교육과학사.

이태수, 김동일(2006). 또래중재가 읽기장애아동 및 또래교사의 읽기유창성 향상에 미치는 효과. 특수교육저널: 이론과 실천 7(3), 121-135.

이형득, 김정희(1983). Peer Group Counseling의 효과에 관한 연구. 지도상담, 8, 41-63. 계명대학교 학생생활연구소.

이혜미(2013). 또래상담이 초등학교 집단따돌림 예방에 미치는 효과. 서울교육대학교 교육대학원 석사학위논문.

이황은(2009). 또래 집단 미술치료 프로그램이 고등학생의 의사소통기술과 대인관계에 미치는 효과. 영남대학교 대학원 박사학위논문.

임은미, 임찬오(2003). 국내 집단 진로지도 및 상담 프로그램의 효과에 관한 메타분석. 청소년상담연구, 11(2), 3-11.

임지선(2001). 자아존중감 향상을 위한 인본주의적/인지·행동적 집단상담 효과의 메타분석. 충남대학교 대학원 석사학위논문.

임희수(2008). 또래상담프로그램이 초등학교 고학년의 자아존중감과 인간관계 향상에 미치는 효과. 동아대학교 대학원 석사학위논문.

장미경, 양미진, 이문희, 김은영(2003). 2003년 전국 또래상담소식. 또래상담소식, 8, 16-21. 서울: 한국청소년상담원.

장혁표(1986). 동료집단상담을 위한 훈련프로그램. 연구보, 22, 35-49. 부산대학교 학생생활연구소.

장혜영(2011). 통합학급 내의 또래도우미 활동이 일반아동의 정서능력 및 장애아동에 대한 수용태도에 미치는 영향. 충북대학교 교육대학원 석사학위논문.

전선숙(2010). 또래상담프로그램이 고등학생의 자기표현능력과 자기조절능력 향상에 미치는 영향. 창원대학교 교육대학원 석사학위논문.

전영희(2006). 또래상담 훈련이 또래상담자의 자기평가와 학급구성원의 집단따돌림에 미치는 영향. 강릉대학교 교육대학원 석사학위논문.

전용표(2002). Internet을 이용한 또래 성 상담자 양성을 위한 CAI프로그램 개발에 관한 연구. 순천향대학교 교육대학원 석사학위논문.

정미(2004). 또래상담 활동이 초등학교 5학년 아동의 교우관계와 학급응집력에 미치는 영향. 경인교육대학교 교육대학원 석사학위논문.

정영실(2005). 또래상담자 훈련이 중학생의 자아존중감 및 사회성에 미치는 영향. 우석대학교 교육대학원 석사학위논문.

정인호(2003). 또래상담자 훈련이 중학생의 사회성 향상에 미치는 효과. 여수대학교 교육대학원 석사학위논문.

정정임(2006). 또래상담활동이 따돌림피해 학생의 자아존중감 및 대인관계와 학교적응에 미치는 효과. 덕성여자대학교 교육대학원 석사학위논문.

정춘옥(1989). 상담전문가와 또래상담자 간의 집단상담 효과 비교 – 정상집단과 부적응집단을 중심으로. 부산대학교 교육대학원 석사학위논문.

조성경(2012). 또래상담 프로그램이 통합학급 일반학생의 장애학생 수용태도 및 학급응집력에 미치는 효과. 부산대학교 교육대학원 석사학위논문.

조영자(2005). 또래상담프로그램이 중학생의 자아존중감 및 또래와의 의사소통능력 향상에 미치는 효과. 건국대학교 교육대학원 석사학위논문.

조혜진(2004). 또래상담 훈련이 고등학생의 자아개념과 부모 – 자녀 간 의사소통에 미치는 효과. 명지대학교 교육대학원 석사학위논문.

채연희(2003). 또래상담 운영이 또래상담자의 자기평가와 학급 응집력에 미치는 효과. 영남대학교 박사학위논문.

채유경(2001). 대학생 또래상담자 훈련프로그램 개발과 효과에 관한 연구. 학생생활연구, 33, 25-37. 전남대학교 카운슬링센터.

천경화(1992). 집단구성원의 상호신뢰척도와 동료상담빈도수의 상관연구. 울산대학교 교육대학원 석사학위논문.

천성문, 설창덕, 박순득, 조상희, 김금순, 박노해(2004). 중등학교 상담실 운영방안. 한국학교상담학회 2004연차대회 자료집, 17-53.

천성문, 설창덕(2003). 행복한 학교를 만들기 위한 학교 상담자의 역할과 과제. 상담학연구, 4(3), 563-575.

청소년보호위원회(2002). 폭력 없는 우리학교를 위하여. 서울: 청소년보호위원회.

최달수(2004). 또래상담 훈련이 중학생의 자아존중감 및 발표력 신장에 미치는 효과. 경상대학교 교육대학원 석사학위논문.

최미옥(2001). 또래상담자에 의한 진로탐색 집단상담이 여중학생의 진로성숙도에 미치는 효과. 울산대학교 교육대학원 석사학위논문.

최승희(2000). 학급 또래관계를 활용한 지지적 프로그램의 효과성에 관한 연구. 재활복지, 4(2), 135-177.

최병순, 안현의, 서선우, 강진영(2008). 군 자살사고 예방을 위한 제도개선 연구. 서울: 국민권익위원회.

최해룡(2002). 또래상담 활동을 통한 부적응 학생 지도. 대구교육, 36, 87-93

최해룡(2004). 또래상담 프로그램이 공업계 고교생 또래상담자의 자질에 미치는 효과. 경북대학교 교육대학원 석
　　사학위논문.

최현주(2003). 또래상담 프로그램이 중학생의 자아존중감과 인간관계에 미치는 효과. 영남대학교 교육대학원 석사
　　학위논문.

최혜숙(2003). 또래집단상담이 학교생활 부적응 학생의 자아개념과 학교적응에 미치는 효과. 영남대학교 교육대학
　　원 석사학위논문.

최혜숙(2006). 또래상담 훈련과 활동이 또래상담자 및 소속 학급에 미치는 효과. 영남대학교 대학원 박사학위논문.

최혜정(2004). 또래상담 활동이 청소년 약물남용 예방에 미치는 효과. 전북대학교 대학원 석사학위논문.

최희경(2008). 약물남용 청소년을 위한 또래상담 프로그램의 효과성에 관한 연구. 경기대학교 사회복지대학원 석
　　사학위논문.

추석호(1987). 동료집단상담 장면에서 의사소통기술 훈련의 효과. 경북대학교 교육대학원 석사학위논문.

한국청소년상담복지개발원(2014). 또래상담 사업결과 보고집. 서울: 한국청소년상담복지개발원.

한길자(2000). 또래상담 훈련이 교우관계 및 학급의 응집력에 미치는 효과. 한남대학교 대학원 석사학위논문.

한숙경, 오인수(2002). 효과적인 학급경영을 위한 집단상담 프로그램. 서울: 교육과학사.

홍경자, 김선남(1986). 또래상담자 경험이 또래상담자 자신의 자아실현도, 인간관계능력, 자기발표력의 향상에 미
　　치는 효과. 학생생활연구, 18, 43-59. 전남대학교 학생생활연구소.

홍경자, 노안영(1985). 자아개념 및 자존심에 미치는 또래상담자에 의한 집단 훈련의 효과. 학생생활연구, 17, 75-99.
　　전남대학교 학생생활 연구소.

홍미경(2009). 초등학생의 외모만족도 향상을 위한 또래상담프로그램 개발. 한국교원대학교 교육대학원 석사
　　학위논문.

화성시청소년상담실(2003). 화성시청소년실태조사. 경기도: 화성시청소년상담실.

황미숙(2007). 또래상담 활동이 또래상담자의 의사소통 능력과 학교생활 관련 태도에 미치는 영향. 전남대학교 교
　　육대학원 석사학위논문.

황성자(2011). 협동미술활동을 통한 또래중재가 발달지체유아의 의사소통 발화에 미치는 영향. 단국대학교 특수
　　교육대학원 석사학위논문.

황재연(2009). 대학생 또래상담자가 사용할 자기효능감 향상 프로그램 개발연구. 공주대학교 대학원 석사학위
　　논문.

허희선(2011). 초등통합학급 또래도우미 활동이 비장애학생의 장애학생과의 친구관계와 장애학생의 학교생활
　　적응에 미치는 영향. 이화여자대학교 교육대학원 석사학위논문.

Anderson, L. W., & Pellicer, L. O. (2001). *Teacher Peer Assistance and Review*. CA: Sage.

Barbknecht, A. (2001). *Peer Coaching: The learning teach approach*. NY: Skylight Professional Development.

Bobias, A. K., & Myrick, R. D. (1999). A peer facilitator led intervention with middle school problem-behavior
　　students. *Professional School Counseling, 3*, 27-34.

Bowman, R. P., & Myrick, R. D. (1980). I am a junior counselor having lots of fun. *School Counselor, 28*, 31-38.

Brackenbury, C. (1995). *Peer Helpers Plus*. Ontario: Pembroke Pub.

Campbell, H. J. (1988). Starting a college or university peer support centre. *Paper presented at the Annual*

Convention of the American Association of Suicidology. (EDRS Ed 298419)

Carr, R. A. (1983). *Peer career counsellors*. Victoria: Peer Resource.

Carr, R. A. (1993). Peer helping in Canada. *The Peer Facilitator Quarterly, 11*, 15-18.

Carr, R. A. (1998). *The theory and practice of peer helping*. Victoria: Peer Resource.

Carr, R. A., & Saunders, G. A. K. (1998). *Peer counselling starter kit*. Victoria: Peer Resource.

Chickering, J. N. (1987). *Warmline training manual: peer counseling returning adult students*. Memphis State University.

Cole, T. (2001). *Kids helping kids*. Canada: Peer Resource.

Corey, G. (2002). *Theory and practice of counseling and psychotherapy* (6th ed.). Pacific Grove, CA: Brooks/Cole.

Dollarhide, C. T., & Saginak, K. A. (2003). *School counseling in the secondary school: a comprehensive process and program*. Boston: Allyn & Bacon.

Egan, G. (2002). *The skilled helper: A problem-management and opportunity-development approach to helping* (7th ed.). Pacific Grove, CA: Brooks/Cole.

Fors, S. W., & Jarvis, S. (1995). Evaluation of a peer-led drug abuse risk reduction project for runaway/homeless youths. *Journal of Drug Education, 25*, 321-333.

Gilhooley, J., & Schench, N. S. (2000). *Using peer mediation in classroom and schools*. CA: Sage.

Gladding, S. T. (2009). *Counseling: A comprehensive profession* (6th ed.). Pearson. 노성덕, 김호정, 이윤희, 윤은희, 채중민, 김병관 공역(2014). 상담심리학. 서울: 학지사.

Glaser, B., & Strauss, A. (1967). *The discovery of grounded theory*. Chicago: Aldine.

Gottesman, B. L. (2000). *Peer coaching for educator*. (2nd ed.) Md: Scarecrow Press.

Grant, T. H. (1987). *Peer assistance and leadership program*. Paper presented at the Annual National Peer Helpers Association Conference.

Gray, H. D., & Tindall, J. A. (1978). *Peer counseling-in depth look at training peer helpers*. Washington: Accelerated Development

Guanci, J. A. (2002). Peer mediation: A winning solution to conflict resolution. *The Education Digest, 67*, 26-33.

Hamburg, B., & Varenhorst, B. B. (1972). Peer counseling in the secondary schools: A community mental health project for youth. *American Journal of Orthopsychiatry, 42*, 566-581.

Heppner, P. P., & Johnston, J. A. (1994). Peer Consultation. *Journal of Counseling and Development, 72*, 492-499.

Hill, C. E., & O'Brien, K. M. (1999). *Helping Skills: facilitating exploration, insight, and action*. Washington, DC: American Psychological Association.

Ivey, A. E., Ivey, M. B., & Simek-Downing, L. (1987). *Counseling and Psychotherapy: integrating skills, theory, and practice* (2nd ed.). NJ: Prentice-Hall.

Lombardi, J. S., & Carek, R. (1978). Making the helping network for students. *Journal of College Student Personnel, 19*, 367.

Lucian, J. (1977). Training college peer counselor. *Journal of College Student Personnel, 18*, 66-67.

May, R. J., & Rademacher, B. G. (1980). The use of paraprofessionals as environment assessors in students affairs agencies. *Journal of College Student Personnel, 21*, 61-67.

Mazur, E. (1997). *Peer Instruction.* NJ: Prentice-Hall.

McKeon, L. H., & Dinero, T. E. (Oct. 1999). Positive peer solutions: One answer for the refected student. *Kappan Professional Journal* from http://www. pdkintll.org/kappan/kross9910.htm.

Myrick, R. D., & Erney, T. (1979). *Youth helping youth: A handbook for training peer facilitators.* Minneapolis, NM: Educational Media.

Myrick, R. D., & Sorenson, D. L. (1997). *Peer helping: A practical guide.* MN: Educational Media.

Nenortas, G. V. (1987). *A drop out prevention program utilizing peer group counseling with middle school alternative students.* Florida: Nova University.

Rapp, H. M., DowrKin, A. L., & Moss, J. L. (1978). Student to student helping program. *The Humanist Educator* (De.), 81-90.

Rogers, C. R. (1942). *Counseling & Psychotherapy.* Boston: Houghton Mifflin.

Schellenberg, R. C. Parks-Savage, A. Rehfuss, M. (2007). Reducing levels of elementary school violence with peer mediation. *Professional School Counseling, 10*, 475-481.

Schrumpf, F., Crawford, D. K., & Bodine, R. J. (1997). *Peer mediation: conflict resolution in schools.* IL: Research Press Co.

Sklare, G. B. (1997). *Brief Counseling that Works.* CA: Corwin Press, Inc.

Snyder, B. (1990). *Middle school peer counseling curriculum.* Fla.: Orange County Public Schools.

Steisel, I. M. (1972). Paraprofessionals-questions from a traditionalist. *Professional Psychology, 3*, 331-333.

Strauss, A., & Corbin, J. (1998). *Basics of qualitative research: Techniques and Procedures for Developing Grounded Theory.* Newbury Park: Sage Publication.

Studer, J. R. (2005). *The Professional School Counselor.* CA: Cengage Learning.

Tindall, J. A. (1995). Peer Programs. In *depth look at training peer helpers: Planning, Implementation and Administration.* Bristol: Accelerated Development Inc.

Tindall, J. A. (2014). Peer Power. Dr Tindall 초청 2013 학교폭력 예방 및 개입 프로그램 워크숍, 239-291. 서울: 한국청소년상담복지개발원.

Tindall, J. A., & Gray, H. D. (1985). *Peer power—Becoming an effective peer helper Book 1. Introductory programs.* Bristol: Accelerated Development Inc.

Tindall, J. A., & Salmon, S. (1990). *Peers helping peers.* UK: Taylor & Francis.

Tobler, N. (1986). Meta-analysis of 143 adolescent drug prevention programs: Quantitative outcome results of program participants compared to a control or comparison group. *Journal of Drug Issues, 16*, 537-567.

Topping, K., & Croom, H. (1988). *The peer toturing handbook: promoting co-operative learning.* Cambridge: Brookline Books.

Trux, C. B., & Carkhuff, R. R. (1965). Lay mental health counseling: The effects of lay group counseling. *Journal of Counseling Psychology, 29*, 426-431.

Varenhorst, B. B. (1980). *Curriculum guide for student peer counseling.* Palo Alto, CA: Palo Alto Unified School District.

Varenhorst, B. B. (1984). Peer Counseling: Past promises, current status, and future directions. In S. D. Brown & R. W. Lent (Eds.), *Handbook of Counseling Psychology* (pp. 716-750). New York: John Wiley & Sons.

Vriend, T. J. (1969). High-performing inner-city adolescents assist low-performing peers in counseling groups. *Personnel and Guidance Journal, 47*, 897-904.

Zimpfer, D. G. (1974). *Paraprofessionals in counseling, guidance and personnel services*. APGA Reprint Series No. 5. Washington, DC: American Personnel and Guidance Association Press.

강원도 또래상담 동아리 연합회 카페 홈페이지(http://cafe.daum.net/deepure)

강원도청소년상담복지센터 홈페이지(http://www.gycc.org)

미국 NPHA 홈페이지(http://www.peerhelping.org)

안양시청소년상담복지센터 홈페이지(http://www.egfriend.or.kr)

캐나다 Peer Resource 홈페이지(http://www.peer.ca)

한국청소년상담복지개발원 홈페이지(http://www.kyci.or.kr)

찾아보기

인명

내용

저자 소개

노성덕(盧星德, Rho Sungdurk)

서울대학교 대학원에서 상담 전공으로 교육학 박사학위를 취득하였다. 현재 한국청소년상담복지개발원 상담교수로 일하고 있으며, 숙명여자대학교 교육대학원과 안양대학교 대학원에 출강하고 있다. 안양시청소년상담센터 소장, 서울대학교 BK21사업단 상담연구원, 전북대학교 학생생활연구소 전임상담원 등으로 일한 바 있다.

청소년상담사 1급(여성가족부), 정신보건상담사 1급(한국상담심리학회/한국상담학회), 전문상담사 1급 (한국상담학회), MBTI일반강사(한국MBTI연구소) 등의 자격을 보유하고 있다.

저서로는 『찾아가는 상담』(학지사, 2008), 『학교 또래상담』(학지사, 2009), 『소년원 또래상담프로그램』 (공저, 학지사, 2010), 『또래상담』(2판, 공저, 학지사, 2010), 『전문상담교사와 학교상담』(학지사, 2010), 『지역사회상담』(공저, 한국청소년상담원, 2011), 『전문상담교사 길라잡이』(학지사, 2013) 등이 있고, 번역서로는 『상담기관의 카운슐러되기』(공역, 시그마프레스, 2008), 『DSM-IV-TR 진단에 따른 아동·청소년 상담 및 심리치료』(공역, 시그마프레스, 2010), 『상담심리학』(공역, 학지사, 2014) 등이 있다.

학교 또래상담 2판 School peer counseling-2nd ed.

2014년 9월 5일 2판 1쇄 인쇄
2014년 9월 15일 2판 1쇄 발행

지은이 • 노성덕
펴낸이 • 김진환
펴낸곳 • (주) **학지사**

121-838 서울시 마포구 양화로 15길 20 마인드월드빌딩
대표전화 • 02-330-5114   팩스 • 02-324-2345
등록번호 • 제313-2006-000265호

홈페이지 • http://www.hakjisa.co.kr
커뮤니티 • http://cafe.naver.com/hakjisa

ISBN 978-89-997-0461-1 93180

Copyright ⓒ 2014 by Hakjisa Publisher, Inc.

정가 18,000원

인터넷 학술논문 원문 서비스 **뉴논문** www.newnonmun.com

이 도서의 국립중앙도서관 출판시도서목록(CIP)은 서지정보유통지원시스템 홈페이지(http://seoji.nl.go.kr)와 국가자료공동목록시스템(http://www.nl.go.kr/kolisnet)에서 이용하실 수 있습니다.
(CIP 제어번호: CIP2014025985)